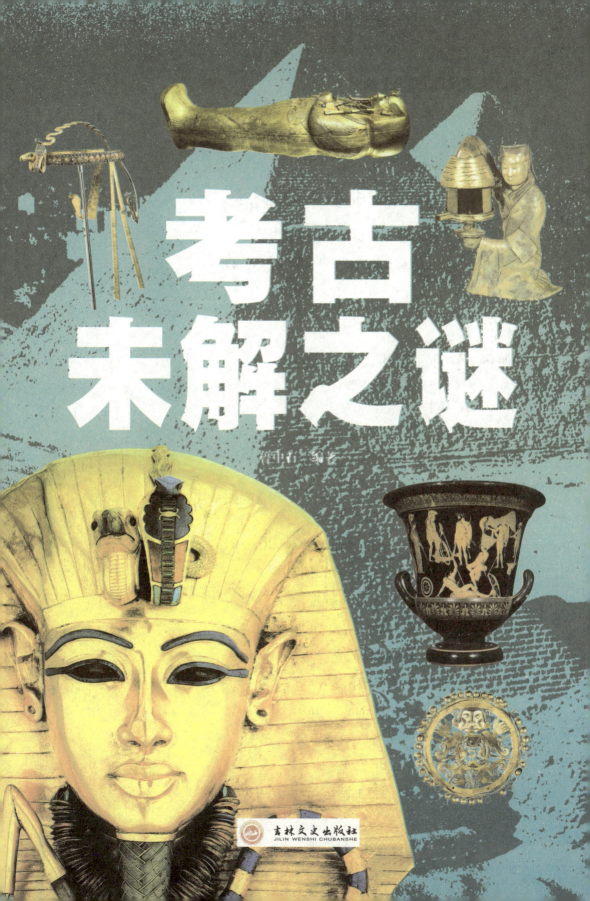

考古未解之谜

管中石 编著

吉林文史出版社
JILIN WENSHI CHUBANSHE

图书在版编目（CIP）数据

考古未解之谜 / 鲁中石编著 . -- 长春：吉林文史出版
社，2017.5
ISBN 978-7-5472-4342-8

Ⅰ.①考… Ⅱ.①鲁… Ⅲ.①考古学—通俗读物
Ⅳ.① K851-49

中国版本图书馆 CIP 数据核字（2017）第 124443 号

考古未解之谜
Kao Gu　Wei Jie　Zhi Mi

编　　著：鲁中石
出 版 人：孙建军
责任编辑：陈春燕　崔月新
封面设计：子　时
图片摄影：孔　群　郝勤建
部分图片来自：www.quanjing.com&www.ICpress.cn
出版发行：吉林文史出版社有限责任公司
地　　址：长春市人民大街 4646 号
电　　话：0431-86037509
网　　址：www.jlws.com.cn
印　　刷：北京楠萍印刷有限公司
开　　本：720mm×1020mm　　16 开
印　　张：20
字　　数：420 千
版　　次：2017 年 7 月第 1 版　2017 年 7 月第 1 次印刷
定　　价：56.00 元
书　　号：978-7-5472-4342-8

前言

PREFACE

考古，就是经由科学、系统的发掘，通过对一处处遗址遗存、一件件珍贵文物等的考察研究、与现有史料相互对照补充，试图把古代人类活动的场景真实再现，把残缺、破碎、消失的文明重新连接，并揭示更多的事实真相。

考古工作曾取得过无数的辉煌。罗马城的考古，使我们看到了2000多年前古庞贝城和赫库兰尼姆城的壮观；希腊考古，使传说中的特洛伊城得到确认；北京人的发现，让世界看到了人类演进的清晰进程；殷墟的考古，把传说中的商王朝变成了信史；三星堆的发掘，则惊现了一段失落的灿烂文明……

然而，在辉煌的考古进程中，总有些真相难以探寻，成为长久困扰着人们的未解之谜：复活节岛的人面巨石像有何玄机？玛雅文明为何在高度发达之后几乎于一夜之间消失了呢？矗立在英国的巨石阵是何人所建，又有什么用途呢？金字塔是外星人留在地球的基地吗，为何至今人们都无法拥有建造金字塔的技术？另外，红山文化女神庙里的女神究竟是谁？秦始皇敕造的传国玉玺到底流落何方？马王堆汉墓里的女尸为何能千年不腐？北京人头盖骨到底去了哪里？

这些考古未解之谜就宛如最遥远太空的神秘星体，以其散发的巨大魅力和隐含的种种玄机，像磁石般吸引着人们好奇的目光，并刺激着人们去一探其真相。

本书以全新视角来探索研究中外考古史上影响最大、最有研究价值和最被关注的考古未

解之谜，让读者随考古学家一铲一铲地挖掘，与他们一起感受那激动人心的辉煌时刻，或接受一次最后无果的失落。

全书分"世界考古未解之谜"和"中国考古未解之谜"两部分。通过"古代遗址的不解之谜""解读古文明密码""神奇的语言文字""墓葬的神秘王国""文物的奥秘世界"等方面透析一个个中外考古未解之谜，时间上从远古时期一直到近现代，内容上则涵盖宗教、哲学、政治、军事、艺术、科技等诸多领域，引领读者触摸真实生动的古代社会，零距离感受历史文化的魅力。

书中参考大量文献、考古资料，并吸收最新的研究成果，通过科学而严谨的分析论证，徐徐开启一扇跨越古今、通往神秘殿堂的大门。这些谜题虽未完全揭开，有些真相甚至可能永远无从得知，但其精彩却在于探索过程本身，在于沿途的风景，在于对读者的震撼启迪和潜移默化中的历史文化素养提升。

同时，本书通过简明的体例、精练的文字、新颖的版式、精美的图片等多种要素的有机结合，将探秘之旅全方位、立体地展现出来，引领读者进入精彩玄妙的未知世界，使大家在快乐阅读、丰富知识的同时，获得更为广阔的文化视野和想象空间。

目录

CONTENTS

中国考古未解之谜

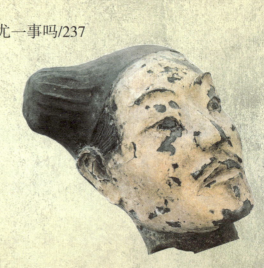

文物的奥秘世界/284

世界考古未解之谜

古人类的遗迹

人类的年龄到底有多大

　　从人类诞生起，对自身的追问就从未停止过。人类是怎样起源的？人类又是怎样进化的？人类的年龄到底有多大了？这些问题一直萦绕在人们心中，促使人们不断地去探索、去追寻。

　　中国学者们根据"北京猿人"，也就是早期称为"中国猿人"的、在北京周口店发现的猿人的资料，推测出人类的诞生已经有了77万年的历史。而与此同时，外国的学者却依据"爪哇猿人"的化石，认为人类的年龄已经有100万年的历史。后来，随着东非地区坦桑尼亚"东非人"与"能人"化石的发现，随着肯尼亚等地砾石工具的发现，学者们又认为，人类的诞生已有200万年的历史了。除了这些含混的观点外，还有人认为人类的年龄已有300万年，甚至500万年等说法。看着学者们莫衷一是的观点，我们更加困惑了：人类的年龄到底有多大了？今后关于人类年龄的说法还会有变化吗？如果有变化，是否变得更久远呢？的确，从现有的资料来看，"先木器论"与"先木器时代论"的说法是有一定道理的。如果这样的两种观点能够得到大多数学者的认同，那么人类的年龄之说，很有可能要

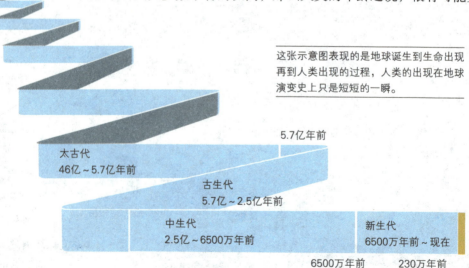

46亿年前

这张示意图表现的是地球诞生到生命出现再到人类出现的过程，人类的出现在地球演变史上只是短短的一瞬。

5.7亿年前

太古代
46亿~5.7亿年前

古生代
5.7亿~2.5亿年前

中生代
2.5亿~6500万年前

新生代
6500万年前~现在

6500万年前　　　230万年前

- 圣阿舍利, 法国
- 海德堡, 德国
- 阿拉戈, 法国
- 特拉巴/阿姆拉那, 西班牙
- 特尼芬, 阿尔及利亚
- 周口店, 中国
- 蓝田, 中国
- 图尔卡那湖, 肯尼亚
- 奥勒格赛利, 肯尼亚
- 奥杜威峡谷, 坦桑尼亚
- 特利尼尔, 爪哇
- 桑基兰, 爪哇

这张图标注的是早期人类在地球上分布的示意图。一般来说, 学术界普遍认为人类诞生在300多万年前。

大大地提前了, 那么能提前多久呢? 从什么时候开始提前呢?

要测定人类的年龄, 自然要从发现的最古老的人类化石算起。自从 1973 年开始, 在埃塞俄比亚的哈达一带 330 万 ~ 290 万年的地层里, 出土了大批化石, 学者们认为, 其中一部分, 应该是人类的化石; 同时同地所出土的"露西人"化石, 显示其生存年代应该在 400 万年前左右。1974 年, 在距离奥杜威峡谷 40 余千米的莱托里尔, 出土了 13 块化石, 这些化石应该是属于人的系统或人科的化石。其中一块下颌骨, 被明确地定为了人属, 用钾氩法测定这个下颌骨的主人的生活年代距今已经 335 万 ~ 375 万年。1965 年, 布·帕特森在肯尼亚的图尔卡纳湖西南的卡纳坡发现一块肱骨化石, 判断它的年龄在 400 万年之前。这个化石与现代人的肱骨相似。学者们以"功能鉴别分析法"测定其功能特点已经接近人类。从 1932 年到 1967 年, 国际科学考察队在埃塞俄比亚的奥莫盆地的 70 个地点发现有人类化石, 年代最古的在 400 万年前。1982 年美国加利福尼亚大学的学者们在埃塞俄比亚的阿瓦什河谷发现了十分完整的原始人类化石, 也就是我们通常所说的"露西人", "露西人"的年代也在 400 万年之前。所有这些挖掘表明东非一带 300 万 ~ 400 万年前就已经有了人类, 这表明人类至少已经有了 300 万 ~ 400 万年的历史了。但

当挖掘尸体时, 考古学家必须非常小心。这并不是仅仅因为它们脆弱, 而且因为它们是真人留下的, 因此应该以尊敬的心情对待它们。在法国莱塞济的一座墓穴中, 考古学家们缓慢地工作来移动这一人骨, 它至少已经1万岁了。

相对于地球诞生的漫长岁月来说，人类的诞生简直可以说是弹指一挥间的事儿。如果将地球的诞生压缩成一天的话，直到中午12点，地球上才有最原始的生命在蠕动；下午6点，各种植物开始出现；晚上10点，开始出现鱼类；晚上11点45分是恐龙在地球上称霸；直到11点59分30秒，最原始的人类才开始在地球上活动。

是，有没有新的证据表明人类的出现比这更早呢？

1984年，肯尼亚与美国的专家合作，在肯尼亚发现了一块500万年前的古人类颚骨化石。参加发掘的美国哈佛大学人类学专家D.匹尔比姆说，以往的发掘表明东非一带300万～400万年前就有人类，这次出土的颚骨，把人类在地球上的出现时间又向前推进了100万年。

尽管这些化石的出现没有石器伴存，有的还在争论之中，但从总的情况来看，通过"化石形态"与"功能鉴别分析法"已经基本判定它们属于"人属"。如果按照"先木器论"的观点，它们就是通过木器制造而转变成人的。因此，人类的年龄已经不是200万年，最少也是300万年之前，甚至有400万～500万年的可能。

综前所述，人类的年龄已经有了50万年、100万年、200万年、300万年与400万年（先木器论的说法）等说法，但没有一种说法是可以作为定论的。因为50万年、100万年、200万年与300万年等说法都被否定了，随着考古资料的增多，更古老的人类化石将会不断地出现，这些说法的不足之处是显而易见的。而300万年与400万年之说证据尚显不足，就是连"先木器论"与"先木器时代论"本身能否成立尚处于争论之中，更何况由它们推断出来的结论。

就目前情况来看，"300万年"之说属于多数，但世界上已经发现的最古老的打制石器也不过只有250万年的历史。尽管"先木器论"与"先木器时代论"的说法还有

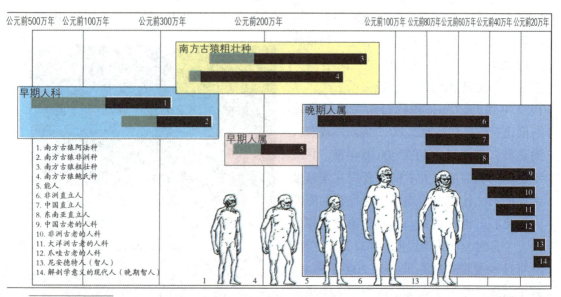

↗ 人类起源示意图

争论，但随着考古学与人类学资料的不断丰富，300 万 ~ 400 万年之说的证据必将日益增多，但是它是否最终会得到学者们的公认呢？这样的说法的前途究竟如何，这些都不是目前的我们可以预料的。如果依据东非地区现有资料来说，人类的年龄已经不是 200 万 ~ 300 万年，而是 300 万年之前，或者更长。至于能提前多少，目前尚难定论。

南方古猿鲍氏种：奥杜威大峡谷觅踪

1972 年，东非奥杜威峡谷热浪袭人，骄阳炙烤着这片起伏的谷地。

峡谷形成于数千万年前，有大量古人类遗骸和工具被埋在地层中间。在近 50 万年时间里，一条溪流穿过堆积的地层，将遗迹暴露了出来，使它成为一个对研究人类起源有重大价值的考古遗址。

在峡谷里，一个白人青年顾不上当头的烈日，贴着滚烫的地面在仔细地寻找着什么。此时他已经闷热得都快要喘不过气来，浑身黏糊糊的，可还得不停地驱赶着大群令人厌恶的苍蝇。

"该死！真不该来这种鬼地方做什么古人类研究！"他不禁心生怨气，这时候要是能够躲进阴凉的树荫下，该有多好。

这位嘟嘟囔囔的小伙子名叫理查德·利基。

说起"利基"这个姓氏，不能叫人不联想到著名考古学家路易斯·利基。这位自负且固执的英国人在早年就决心在东非寻找早期人类化石遗存，并于 1931 年首次在奥杜威峡谷发现了原始手斧。他认为这些工具是大约 100 万年前由一个早期人类种属制造的。

尽管他粗枝大叶的工作作风被许多专家批评并被视为蛮干，但自 1959 年夏天起，利基家族的一系列重大发现，却足以让"利基"这个姓氏在考古界闪闪发光。

那年，他的妻子玛丽·利基在峡谷找到了 400 多块头骨化石碎片。经钾氩法年代测定，该头骨属于一个生活在 179 万年前大致与人相似的动物。由于它硕大的牙齿像夹子一样，报界称之为"胡桃夹子人"。可惜后来证实，"胡桃夹子人"并不是人类的直系祖先，它其实是人类进化路线上的一个已灭绝的旁支，因此后来被改属南方古猿，称为"南方古猿鲍氏种"。

一年后，在距离"胡桃夹子人"不远的地方，他

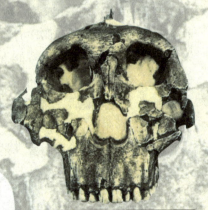

📷 南方古猿鲍氏种头骨

在奥杜威峡谷中发现的这具"南方古猿鲍氏种"颅骨比以往发现的头骨要大，两颊较宽，无明显的眉脊骨。由全球科学家参与的最新基因变异研究显示，东非古猿可能是中华民族的祖先。

古生物学家路易斯于1960年在非洲奥杜威峡谷发现了第一块能人化石。

们的长子乔纳森发现了一个大约生活在170万年前的灵长目动物头骨遗存。与"胡桃夹子人"不同，它的脑容量更大，更接近人类。1964年，路易斯·利基和他的同事经过研究后，认为它才是当时业已发现的奥杜威工具的制造者，因此把它命名为"能人"，即"有才能的人"。

利基家族的一系列发现不仅为进化论提供了进一步的证据，也有力地支持了人类的"非洲起源说"。

理查德·利基是利基家最小的儿子。尽管从未上过大学，但理查德继承了父亲独立的性格，他加入了一家帮助旅游者徒步穿越东非的探险公司，足迹踏遍了整个东非大地。

面对家族其他成员辉煌的成就，理查德坐不住了，于1968年组织了一支探险队进入东非大裂谷。他选择了奥杜威峡谷北端的库比福勒进行考古发掘。那段时间虽然有所收获，但发现的化石影响都不太大。

1972年，也就是老利基生命的最后一年，理查德终于取得了一项惊人的成就。在特卡那湖附近，他找到了一个属于能人的头盖骨碎片。这一头盖骨比其兄长发现的那个更加完整，也更加古老。在那里，理查德还发现了一些简单的石制工具。

该化石的头盖骨比以往发现的类似化石的头盖骨要大，而且不像其他颅骨化石那样有明显的眉脊骨。尤其令人感兴趣的是，其脑容量要比"能人"多出100毫升。经审慎分析，认定该头骨化石的年代为190万年前，并且"他"已能制造工具。最后，"他"被正式划定为人类的一个新属，即"卢多尔夫人"。

这一成就对老利基而言真是一个莫大的安慰，他的儿子仅用了4年时间，就将人类进化的时间表向更古老的年代推进了一大步！

除了辉煌的发现，利基家族的贡献还包括一种科学的

↗ **露西**
这是目前发现的最完整的生活在超过300万年前的一个人种的骨骼复原图。考古学家们给它取名"露西"。这些骨骼显示它是一个瘦的女性，身高超过1米，体重大约27千克，能够直立行走。纤细的身材与直立的姿势表明它比其他南方古猿更类似人。

探索精神：他们勇于发现，同时也敢于坚持自己的观点；而当自己的成就被超过时，他们更乐于保持一种开放性的态度。

　　与此相反，尽管"露西"的发现者——唐纳德·约翰逊取得了更大的成就，但他深知"最古老"一词的价值，因而特别热衷于宣称自己找到了最古老的人类。尽管新的考古发现源源不断，他仍沉浸在当年的光辉中。直到 1996 年，约翰逊在一篇文章中还坚持："露西也许不是我们最古老的祖先，但她仍是我们了解得最多的先人。"

人类是由猿进化来的吗

　　19 世纪中期，英国伟大的博物学家达尔文发现了一套轰动全世界的理论——生物进化论。1831 年，达尔文参加了英国海军"贝格尔"号巡洋舰的环球航行，在南美洲地区整整航行了 5 年，对热带与亚热带动植物进行了广泛的考察。回国以后，根据对生物界大量的观察与实验，他得出了自己的结论：物种的形成及其适应性和多样性的主要原因在于自然选择，生物不断发生变异的原因就是为了适应自然环境和彼此竞争。适应生存环境的变化，通过遗传而逐代加强，反之则被淘汰。归纳起来就是：物竞天择，适者生存，优胜劣汰。达尔文的这套学说，奠定了进化生物学的基础。他还将进化论用于人类发展的思考，阐明了人类在动物界的位置及其由动物进化而来的依据，得出了人类起源于古猿的结论。

　　达尔文在《物种起源》中提出人类起源于古猿的说法，经过一番激烈的学术辩论和宗教界的大争论，进化论渐渐被科学界所接受。在以后的岁月里，古生物学家通过对古生物化石的研究，在达尔文学说的基础上，形成了现代人类起源说。然而，进化论真的反映了人类起源的真实情况吗？人类真的是由猿进化而来的吗？根据进化论，人类的进化可分为了三个阶段：1400 万 ~ 800 万年前的古猿，400 万 ~ 190 万年前的南猿和 170 万 ~ 20 万年前的猿人。明显地，在古猿与南猿之间有 400 万年的空缺，在南猿与猿人之间有 20 万年的空缺，但是，直到现在，我们也没有发现

↗ 达尔文像

DE L'ORIGINE
DES ESPÈCES
PAR SÉLECTION NATURELLE
OU
DES LOIS DE TRANSFORMATION DES ÊTRES ORGANISÉS
PAR
CH. DARWIN
TRADUIT EN FRANÇAIS AVEC L'AUTORISATION DE L'AUTEUR
PAR
CLÉMENCE ROYER
AVEC
UNE PRÉFACE ET DES NOTES DU TRADUCTEUR

DEUXIÈME ÉDITION
AUGMENTÉE D'APRÈS DES NOTES DE L'AUTEUR

PARIS
VICTOR MASSON ET FILS | GUILLAUMIN ET Cᵉ
PLACE DE L'ÉCOLE-DE-MÉDECINE | RUE RICHELIEU, 14
M DCCC LXVI

达尔文的生物进化论提出了人是由猿类进化而来的理论，引起了巨大的轰动，它与能量转化与守衡定律、细胞学说并称为19世纪三大科学发现。进化论的提出，在生物学领域、思想界以及农业生产和园艺实践中都产生了划时代的影响。

任何的关于人类起源中间过渡阶段的化石，这就向传统的进化论提出了挑战。

1958年，美国国家海洋学会的罗坦博士，在大西洋3英里深的海底，拍摄到了一些类似人的奇妙足迹。1968年，美国迈阿密城的水下摄影师穆尼，在海底看见过一个奇怪的生物，脸像猴子，脖子比人长4倍，眼睛像人眼但要比人眼大得多。20世纪30年代，美国南卡来罗纳州比维市郊的沼泽地区，多次发现过"蜥蜴人"，它们高达2米，长着一条大尾巴，每只手仅有3根手指，可以直立行走，力气大得惊人，能轻易掀翻汽车。这种生活在水中、沼泽中

1800万年前的普罗猿是最早的类人动物。在它的身上已经形成了许多现代意义上人的特征。如它的大头盖骨同现代人已经非常相似；它的前肢与后肢已开始分工。这些都是从猿到人必须具备的条件。

的类人生物，其祖先又是谁呢？

因此，有人提出了这样的假设：化石空白期人类的祖先不是生活在陆地上，而是生活在海洋中。也就是说，在人类的进化史中，存在有几百万年的水生海猿阶段。他们的理由是800万～400万年前，在非洲曾有大片的陆地被海水淹没，迫使部分的古猿下海生活，进化为海猿。几百万年后，海水退却，海猿重返陆地，它们是人类的祖先。这就是"海猿说"。

"海猿说"发现人的许多的生理特征是存在于海豹、海豚等水生哺乳动物身上的。比如，所有的灵长类动物都是浑身有浓密的毛，而人与水兽一样，是皮肤裸露没有体毛的；再有，灵长类动物是没有皮下脂肪的，人却与水兽极其相似，是有皮下脂肪的；而且，人类眼腺分泌泪液以及排出盐分的现象，也是水兽所具有的特征。这在灵长类动物中是绝无仅有的；还有，妇女在

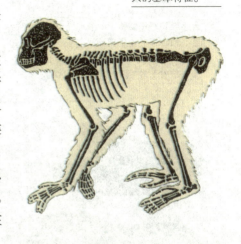

图为350万年前的南方古猿阿法种人复原图，人类学家普遍认为其具有现代人的基本特征。

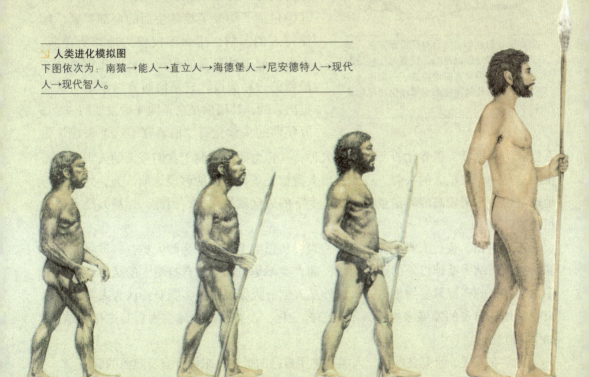

人类进化模拟图
下图依次为：南猿→能人→直立人→海德堡人→尼安德特人→现代人→现代智人。

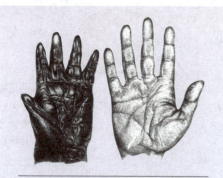

人手与猿手在结构上具有十分明显的相似性，但人手的拇指比猿手则要长，且具有更大的活动的范围；猿手的手掌比人手手掌长是由于握东西的需要而形成的。

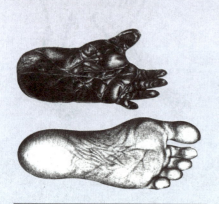

猿脚的长脚趾和拇指分离是抓握东西的需要；人的脚趾短则是为了提高站立的稳定程度；猿脚没有人脚的拱曲——足弓，人类能把每一步的冲压都化解在这种足弓结构中。

水中分娩是没有痛苦的，婴儿天生喜欢水，并有游泳的本领，这些都说明了人类与水的关系是非同寻常的。

近年来，一系列的发现又重新唤起了人们对生命天外来源说的热情。首先，生命尽管是多样的，它们都有着相似的细胞结构，这使得人们不得不问：既然地球上的生命是由无机物进化来的，那么为什么不会产生多样的生命模式？其次，钼在地球的含量是很低的，但是钼在生命中有着重要的作用，这又是为什么呢？最后，人们不断地从天外坠落的陨石中发现有起源于星际空间的有机物，其中包括了构成了地球生命的全部要素。这使得人们深信，生命不仅仅为地球所垄断。人类起源于外星人的假设，是近几年来西方最新的一种假设，它是由西方科学家马莱斯提出来的，其根据是在圣地亚哥发现的一个5万年前的头骨化石。他研究了这个头盖骨化石后认为，这具头盖骨化石所代表的人种，其智力要远远高于我们今天的人类，从而推测这是一个外星人的头骨，进而提出人类祖先是外星人的假说。他认为，外星人与地球上智力水平较高的雌猿进行杂交，生下的后代就是人类，因此，外星人是人类的祖先。

不难看出，现代人类起源的各种假设，从思维上可以分为两大类：一类将人类起源的原因归结为地球以外的偶然因素，即人类不是地球生物自身演变的结果，而是由宇宙深处来的高智慧生物创造的，如外星人创造人类说；一类则坚持认为人类的起源只能从地球自身的发展来考虑，不论怎么变化，人类总是地球生物自身进化的结果，如生物进化论。

科学在发展，研究在发展，人类必将用自己的智慧，来揭开自身起源的谜团。

什么人是现代智人的起源

　　大约距今4万~5万年前，人类的体质已经发展到与今天的现代人没有太大差别的程度，称为现代智人。这一时期，冰河渐渐消退，天气转暖，人不仅居住在山洞里，也居住在平原上，这时，除了两极之外，地球上其他地方都已经有人类居住了。那么，究竟什么人算是现代智人了呢？现代智人是如何进化的呢？什么人是现代智人的起源呢？

　　被古人类学家称为晚期智人、现代智人或干脆就叫作现代人的是最早的在身体的解剖结构上与现代人完全相同的人类，现代智人与早期智人形态上的不同主要表现在面部以及前部的牙齿缩小、眉脊减弱、颅骨的高度增加，使其整个脑壳和面部的形态越来越与现代的人一样。整个躯干的结构表明他们已经完全能直立行走，脑容量达到了1400毫升以上，他们的出现表明人类体质发展的过程已经到了最后完成的阶段。

　　关于现代智人的起源问题，目前存在两种截然不同的假说。一种假说认为现代智人起源于直立人群，直立人经过演化成为了现代智人，这种假说被称为多地区进化假说；另一种假说则认为现代智人在约10万年前起源于非洲，并走出非洲扩张到世界各地，取代了当地的直立人和远古智人。走出非洲的这部分智人进一步演化为现代智人，这样的假说被称为非洲起源说。持多地区进化假说的科学家，他们的主要依据来自于对各种化石的研究，研究结果表明当地的古人化石与现代人在解剖学上呈现一定的连续性变化。持非洲起源说的科学家的主要证据则来自各种理论分析和考古研究，现代

图为美国科罗拉多一处保存很好的古人类活动遗址。它使我们能大概了解古人所处时代地球上的自然状况。

↗ 山顶洞人居住的岩洞

明暗对比强烈的住所显示了早期人类适应不同气候环境的方式。在中国的周口店，生活于46万～23万年前的直立人一直住在如图所示那样的石灰石洞穴里，用来取暖的火同时也用来烤炙食物和防备野兽。在气候稍微温暖的法国南部，早期人类住在用叶子茂密的树枝搭成的临时木棚里，利用小树做成简陋的框架，再把树枝固定在框架上，就建成了一个可以居住的木棚。

知识链接

关于人类的起源问题一直是人们探讨的话题，曾经有多种说法流行，其中最具代表性的有三种：一是神造说，在中外各民族中都有许多关于神造人的说法，罗马教廷甚至将神造人的"时间""精确"地"推算"到具体的年、月、日、时、分；二是自然产生说，持这种说法的人认为，人与其他生物一样是自然产生的，但这种说法因缺乏让人信服的说服力很快便销声匿迹了；三是由猿进化而来，自从19世纪达尔文提出这种观点后，经过一番激烈的大讨论，进化说终因其有充足的证据和强有力的科学说服力逐渐为科学界所接受。

分子遗传学的研究成果也有力地支持这一假说。究竟孰是孰非呢？我们先看考古中最重要的化石资料。那么在现代智人的起源问题上，化石的资料是什么样的呢？

在埃塞俄比亚东北部地区发现了3个头骨化石，是年代最早、保存最完整的"现代人类直系祖先"化石，包括基本完整的一个成年男子头骨、一个儿童头骨和一个残缺的成年人头骨。解剖学特征显示了他们是人类进化过程中的一个重要环节，因为现代人类的面部特征已经显现：明显的前额、扁平的面部和淡化的眉毛，这与早期人类向前凸出的头骨特征已大为不同。他们是不是已经可以称为现代智人了呢？

现在最早被发现的现代智人化石是法国的克罗马农人，但是迄今发现的生活时代最早的现代智人的化石都出现在非洲大陆，包括年代在距今 10 万年以上的南非的边界洞人和年代最早为距今 12 万 ~ 13 万年，最晚为距今 6 万年的克莱西斯河口人。除此之外，还有埃塞俄比亚的奥莫人，他们的生存年代为距今 13 万年；在坦桑尼亚莱托里地区发现的现代智人的生活年代为距今 12 万年。同时，比过去的石器技术更为进步的、在窄石叶基础上发展起来的石器技术也在 10 万年以前就在非洲开始出现，而那个时候的欧洲还是掌握着相对原始的莫斯特技术的尼安德特人的天下。

但是，非洲的上述人类化石，其形态接近现代人，其年代的可靠程度不一，都存在一些问题。现有的证据也不能肯定非洲撒哈拉沙漠以南的解剖学结构上的现代智人分化较早的观点。人类是否就是在非洲起源的呢？现有的证据是不能完全证明这个观点的。

至于多地区进化假说，是有一定的依据的。现代智人是否是由直立人进化而来的呢？在直立人发展到现代人的过程中有一个

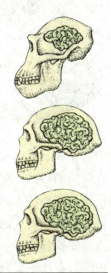

黑猩猩、南方古猿及现代人（从上至下）大脑容量的比较示意图。脑量大增是人类进化的最显著标志之一。

现代智人迁徙路线示意图

这是20世纪30年代在以色列加尔默山的斯库穴发现的智人遗骸，是一个成年男性的头骨及其他骨骼，科学家通过碳14测定法得知他是生活在10万年前的早期智人，这意味着他们要比克罗马农人和古尼安德特人要早3倍的年代。这些遗骸是真正意义上的现代智人，也是完全意义上的现代人，不管从学术研究上还是医学解剖学意义上来看。

大量地制造和使用简单工具使晚期智人的生活范围和获取食物的范围得到了进一步的扩大。这枚带有侧刺的鱼叉是大约1.2万年前的晚期智人使用的工具。它充分说明智人已经进化成了完全意义上的现代人。

中间阶段，那就是尼安德特人。解剖学的证据表明，尼安德特人的头骨有许多原始的近似猿的形状，是从直立人发展到现代人的中间环节。但是，也有的学者根据一些年代比尼安德特人更早，而形态上却远比尼安德特人更为现代的骨骼化石，认为尼安德特人不是现代人的祖先，而是与现代人祖先平行发展的另外的一种类型。现代智人是由尼安德特人以前的智人演化而来的。那么，究竟是什么样的直立人进化成了现代智人呢？在这个问题中有一个关键点就是尼安德特人的命运问题。尼安德特人究竟到哪里去了呢？他们是现代智人起源的祖先吗？根据考古挖掘的地层中尼安德特人的突然消失并为现代智人所代替的现象认为，这种迅速的变化发生在3万～4万年之间，但是这样短的时间里可能发生这样巨大的变化吗？因为近来众多的证据也表明，实际上进化的时间要长得多，也就是说，直立人进化为现代智人是值得再认真思考的问题，是需要更多的考古资料来支持的。

东非是人类的发源地吗

人类的发源地在哪里？自20世纪50年代在东非大量出土距今200万～400万年前属于早期人类的化石后，非洲已经被普遍认为是人类起源的首选地。因为在非洲发现的早期人类化石，从埃及古猿到非洲最早的直立人，前后相继，中间没有缺环，形成一个发展序列，所以从60年代起人们就公认人类起源在非洲。

其实早在1871年，达尔文在《人类起源和性的选择》一书里就推测人类是从旧大陆某种古猿演化来的。他根据动物分布的规律，就是说世界上每一大区域里现存的哺乳动物是跟同一区域里已经灭绝的种属有密切关系的，由此得出结论，认为古代非洲必定栖息着和大猿、黑猿极其相近的已经灭绝的猿类。而大猿特别是黑猿，它们与人类的亲缘关系较之其他动物是最近的，所以人类的祖先最早居住在非洲的可能性比其他各洲都要更大一些。那么，达尔文的观点是否正确呢？

　　从20世纪20年代开始，在非洲首先发现了南猿化石，接着许多猿类化石和古人类遗骸也陆续在这里被考古学家发现。50年代特别是60年代以来，找到了大量的古猿、南猿和直立人的化石，这些化石经放射性同位素方法测定其生存年代，发现有些南猿生存在距今400万年以前。这些化石为非洲是人类的发源地的说法提供了事实根据。

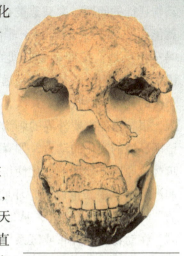

发现于中国的蓝田人头骨，它表明直立人还散居在非洲以外的地方。

　　的确，非洲有可能是人类的发源地。根据推测，在10亿多年以前，地球上曾经存在一个巨大的超级大陆，它分裂成几个板块后开始漂移分离，最终变成了我们今天所知道的亚洲、欧洲、非美洲等这几个大陆。这些大陆直到今天仍在漂移之中。非洲的东部边缘跟亚洲一起向东移动，而非洲的其余部分则缓缓地向西漂移，这被认为是造成巨大平行裂口的原因。这些裂口导致岩层中部向下滑落而形成一个很深的谷地，在谷地的两侧就形成了高高的峭壁。在肯尼亚的图尔卡纳湖岸和坦桑尼亚的奥杜威峡谷所发现的化石，证明在300多万年以前这里曾经有类人的动物居住过，有些科学家根据这些证据认为大裂谷是人类的发源地。也就是说，东非可能是人类的发源地。

　　但是也有人不同意人类起源于非洲的主张，他们的理由是：首先，达尔文忽视了

↗ 奥杜威峡谷遗址

位于东非塞伦格迪平原的奥杜威峡谷是最重要的人类遗址之一，包括能人在内的几种人属化石就是在这儿发现的。这使得它成为寻找人类起源的一个重要的场所。奥杜威峡谷遗址包括了从10万年前到200万年前诸多化石的遗址，最古老的化石深埋于最深的岩石中。从粗糙的鹅卵石到石斧，散落的工具就在制造这些工具的生物的尸骨旁边。

动物迁徙的问题,大型猿类在非洲出现就能得出人类一定起源于非洲的结论吗?相反地,按照动物迁徙的规律来说,它们的祖先还是应该到远离现代分布区的地方去寻找的。其次,古猿变成人,很有可能需要外界的刺激,这就是地区环境的变化的动力,如森林区变成

知识链接

关于人类是否起源于非洲,考古界一直存在着分歧。因为根据板块构造学说和其他有关证据表明,在100多万年前,地球上各个大陆之间都是有陆地相连的,古人类完全可以在各个大陆(南极洲除外)之间相互迁徙。在中国、南欧、美洲、非洲都发现了古人类的遗迹,因此,人类究竟起源于何时何地,目前尚无定论。

疏林草原区。环境的变化使得古猿不得不改变生存方式。但是,现在的科学研究表明,非洲地区从中新世以来,环境变化不大,虽然地形多变,但都不是对古猿变人的强烈的"外界刺激"。另外,从地理位置上来看,非洲其实只是亚洲大陆突出去的一个半岛。在动物地理分布或区系划分上,非洲和亚洲大陆同居"古北区"。那么我们就可以推测,在非洲发现的大量的化石猿类和亚洲大陆发现的材料关系很密切,很可能北非的那些古老的化石代表是从亚洲来的。这些古猿有可能是从亚洲迁徙到非洲的。那么,有没有可能人类是由亚洲起源的呢?

散落在非洲的人科考古遗址分布示意图

人类起源亚洲说早在1857年就有人提出了。最早提出亚洲起源说的美国古生物学家赖第就主张人类起源于中亚。1911年,另一古生物学家马修在一次题目叫《气候和演化》的演讲中列举了种种理由,强调高原是人类的摇篮,影响很大。1927年在我国发现"北京人"之后,中亚起源说更加风靡一时,30年代还组织了中亚考察团到蒙古戈壁里去寻找人类祖先的遗骸。主张中亚说的人阐述他们的理由,最重要的是那些用来反对非洲说的几个方面。第一,非洲缺乏"外界刺激",中

亚却有，就是喜马拉雅山的崛起，使中亚地区高原地带的生活比低地困难，对于动物演化来说，受刺激产生的反应最有益处，这些外界的刺激可以促进人类的形成；第二，按哺乳动物迁徙规律说，常常是最落后的类型被排斥到散布中心之外，而最强盛的类型则留在发源地附近继续发展，因此在离老家比较远的地区反而能发现最原始的人类。恰好当时发现的唯一的早期人类化石是爪哇直立人，和这一假说正好吻合。

↗ **粗壮的南方古猿**
矮壮的、像猿人的粗壮南方古猿大部分时间生活在树上，但也不时到地面觅食。像现代的黑猩猩一样，它们以植物为主食。

除了中亚起源说之外，还有人主张人类起源于南亚。这种假说最早是海克尔提出的，海克尔用绘图表示现在的各个人种由南亚中心向外迁徙的途径以此来证明人类起源于南亚。他认为，非洲的黑猿和大猿，和人类亲缘关系相近，除此之外，还有南亚的褐猿和长臂猿，它们的化石遗骸在南亚发现得很多。并且，有人用分子生物学的研究方法证明褐猿和人类的关系甚至比非洲的猿类与人类的关系更密切，这又为南亚起源说提供了有利的论据；其次，在南亚和东南亚地区还找到了南猿型甚至可能是"能人"型的代表和它们使用的石器。初步地分析，这些化石在年代上可能和东非的材料比较接近。并且这一带也找到了更新世早期的直立人的遗骸和文化遗物，因此，有些古人类学家根据世界上腊玛古猿、南猿和更新世早期人类的发现地点分布情况，来证明人类的发祥地很可能就在南亚。

人类的起源究竟是在非洲还是亚洲、是中亚还是南亚，我们现在还无法确定。看来，我们只能期盼着更多的考古资料的出土来证明我们的假想了。

尼安德特人真的绝迹了吗

在 1856 年 8 月份的一天，一个德国工人在德国西北部的尼安德特河谷附近的石灰石采矿场中发现了最初认为是洞熊骨头的遗骨。他把这些遗骨放到一边，让当地一位名叫约翰·弗浩特的学校老师进行研究，同时他也是一位热心的自然历史学家。

弗浩特立刻认识到这些遗骨远比起初认为的熊骨有意义得多。头骨的尺寸和人的差不多大小，但是它的形状却有所不同，前额比现代人的要低，眉骨高于眼睛，鼻子突出，前牙很大，后背有一些驼。从发现的遗骨来判断，看起来更像是人类骨骼——尽管有些矮小、粗壮，但是远比正常人更加强壮。弗浩特认识到，让这些骨头更有意义的是，它们是在一处古遗址的地理沉积物中发现的。

这位学校老师联系了附近的伯恩大学解剖学教授赫尔曼·夏夫豪森。他也认识到这些骨头非同寻常的意义，正如他以后所描述的"跟目前已知的种类不同的一种自然存在"那样。实际上，夏夫豪森认为这个发现，是一个全新的——或者是一种非常古老的——人类，可以被称为尼安德特人。也许，夏夫豪森教授甚至可能还怀疑尼安德特人是现代人类的祖先。

如果这位教授和学校老师期望科学界庆祝他们的这项发现，那么他们会非常失望。此比查尔斯·达尔文在1859年出版的《物种起源》里阐述的进化论还早了3年。对大多数科学家而言，如果他们抱着人类是从其他物种进化而来的观点的话，那么就会显得非常可笑，更别说仅从这些骨头所做出的结论了。鲁道夫·魏尔啸是当时最有名的病理学家，他检查了这些骨头，然后断定它们是现代人的骨头，并且受到了某种不寻常疾病的影响。其他专家也都跟风做证。

但是到了19世纪末的时候，达尔文主义在科学界大部分领域都占了上风。有些科学家，比如法国的加布里埃尔·德·莫尔蒂耶，则对这些骨头有不同的看法，认为现代人类是从尼安德特人进化来的。后来在法国、比利时和德国，发现了越来越多的尼安德特人遗迹，更加佐证了这种说法。这些化石可以追溯到1.1万至2.3万年以前，从而证明"患病"或者"现代人"的说法是站不住脚的。

但是大部分科学家在另外一位法国人马塞林·普勒的带领下，仍然顽固地拒绝承认尼安德特人是人类的祖先。普勒承认，这些骨骼可能是很久以前的，但是却跟人类没有什么血缘关系。普勒认为，这种膝盖弯曲、短脖子、脊背弯曲的尼安德特人更像是猿类，而非人类。

在20世纪大多数时间里，这种科学上的分歧不断扩大。一边是莫尔蒂耶的追随者，他们认为尼安德特人是我们有些原始但直接的祖先；另一方面则是那些跟普勒等持有共同观点的人，把尼安德特人认为最多可以称为我们的"远亲"——注定被现代人类替代的进化史上的死结。仅仅在数年之前，科学家才开始尝试着在这些分歧之间修筑一座桥梁。

普勒主义的追随者对尼安德特人不屑一顾的原因之一，就是在20世纪的时候，他们可以更好地证明自己的观点，找到更为人所知、更有说服力的人类祖先的候选者。这就是在1912年发现的声名狼藉的皮尔当人。一位叫查尔

砍砑器

刮削器

穿孔器

↗ 尼安德特人的工具
尼安德特人发明了各种工具用来刮、切、剁、割。这些技巧经过了许多代的发展才完成。

↗ 花粉粒
在显微镜下研究史前的花粉，科学家们发现如桤木、桦树、橡树以及榆树生长在尼安德特人生活的地区。

斯·道森的业余的化石猎寻者发现了皮尔当人的骨骼，地点是英格兰苏塞克斯郡一个普通之地；它们立刻就引起了骚动。跟尼安德特人头骨不一样的是，皮尔当人的骨头跟现代人的头骨非常类似。只有类似猿类的下颚看起来有些原始，它们甚至还有与人类相似平滑的牙齿。这就是普勒喜闻乐见的人类祖先。

问题是皮尔当人原本就是一场骗局。某个人，也许就是道森本人，拿现代人类的头骨与猩猩的下颚伪造成了皮尔当人，然后故意把头骨弄脏，显得很旧。伪造者把牙齿撬掉，从而把调查者引向歧途。直到 1953 年，科学家们才有了在显微镜下观察牙齿这个主意，从而发现撬的痕迹是清晰可见的。

↗ **尼安德特人的墓穴**
在法国圣沙拜尔的一个墓穴中发现的骨架呈弯曲状。这意味着此人患有关节炎。

现在科学界的趋势开始认为尼安德特人是人类的祖先。跟以往关注点放在它们与现代人差异上不同的是，科学家们开始关注它们与人类的共同之处。1954 年，两位美国解剖学家威廉·施特劳斯和卡福重新审视了被普勒描述为"野蛮和非人类"的尼安德特人的化石。这块化石是在 1908 年法国南部的一个岩洞中发现的，被称为拉夏披化石。

施特劳斯和卡福首先观察到的是，拉夏披人患有关节炎。普勒也注意到了这一点，但却忽略了其中所隐藏的含义。对于施特劳斯和卡福来说，关节炎就意味着尼安德特人采用的是弯曲的姿势，并且尼安德特人其他的特征看起来跟现代人区别不大。这两位解剖学家断定如果尼安德特人可以再生并且站在纽约地铁站——前提是洗过澡、刮过胡子还穿着现代人服装的话，人们很难分辨出他是否跟周围其他人有所不同。

在后皮尔当人时期，就跟此前对尼安德特人长相的不断评估一样，人们见证了对他们行为的新研究。在 20 世纪 60 年代，美国人类学家 C. 罗瑞·布里斯开创了研究尼安德特人工具、技术和生活习惯等的先河。比如说，从他们遗留下来的用火的痕迹来看，布里斯推断尼安德特人是在浅坑中烧烤食物的，而这与现代人没什么大的区别。其他人则质疑尼安德特人埋葬的方式似乎是有意而为的——这是典型的人类的埋葬方式。各个地方的尼安德特人都仔细摆放着动物的骨头，同样看起来像是某

现代人

尼安德特人

↗ **骨骼对比图**
有着大头脑的矮壮身材的尼安德特人的脑容量与我们一样大，他们是健壮的原始人，当然现代的人类显得更高更直立。

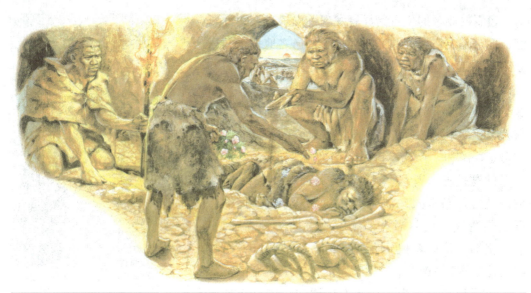

一群尼安德特人安葬他们一个死去的同类。当哀悼者旁观时，两个尼安德特人把花粉和花仔细地撒在死者的身上和周围。同时放置动物的角，以此为坟墓做记号。像这样的安葬是已知的最早的祭奠仪式。

种宗教祭祀活动；克拉皮纳地区发现的尼安德特人的骨骼都是断裂的，意味着某种嗜食同类现象的存在。虽然这听起来有些毛骨悚然，但却是一种宗教行为，毫无疑问是人类行为。

对尼安德特人的研究于 1971 年达到了顶峰，标志便是拉尔夫·索列基在伊拉克一个名叫商尼达的洞穴中发现了尼安德特人遗骨。墓地土壤取样研究发现，里面含有大量的野花花粉，根本不可能来自于风吹或者是动物脚上沾的。

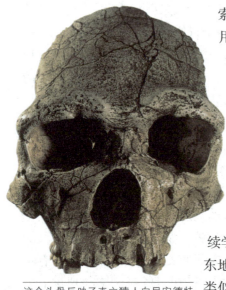

这个头骨反映了直立猿人向尼安德特人进化的中间阶段的特征。

索列基断定商尼达洞穴的尼安德特人在下葬的时候使用了鲜花，并且把自己的著作名称定为《第一个使用鲜花的人》，作为证明他们具有人类特性的证据，索列基还指出这位老年人的遗骨右胳膊残疾，并且眼睛还是瞎的。这些身体状况很可能导致了他过早去世——除非他的家人或者族人能够照料他。

据索列基的书中所言，尼安德特人的进化已经很完全了。跟普勒所想象的如同猿类般野蛮不同的是，他们更像是现代的嬉皮士，并且在很多方面比现代人更加和善。这本书同样也是"地区连续学说"的巅峰之作，该理论认为现代人是从欧洲和中东地区的尼安德特人进化而来的，其他地区的人则是从类似的古人进化而来的。但是尼安德特人的形象（并且连同"地区连续学说"）则受到了质疑和颠覆。质疑不是来自于考古学或者人类学的发现，而是来自于分子生物学。

生物学家对化石学知之甚少，也不懂考古学或者人类学。但是他们对基因物质，如DNA或者线粒体基因却了如指掌。一支由伯克利大学生物学家——包括丽贝卡·坎、马克·斯通金和阿兰·威尔逊等成员的专家队伍，计算出了人类线粒体基因变异的概率，并且在1987年得出来人类起源的大概时间为20万年以前。

这种对人类祖先的猜想，被称为是线粒体夏娃。

这里有个人类新的祖先，不像皮尔当人那样是一场骗局。如果生物学家们是正确的，并且夏娃生活在20万年以前，那么现代人类的祖先应该生活在10万年之前，这比科学家们此前的估计要早很多年。这就意味着第一个现代人恰好出现在尼安德特人消失之后不久——根据伊比利亚半岛出土的化石来看，其中一部分在2.8万年前仍然存在。

支持尼安德特人是人类祖先这种观点的人陷入了混乱之中。毕竟，如果部分尼安德特人比现代人生活的时代更晚，那么就很难说前者是否进化成为了后者。并且如果现代人出现得比尼安德特人还要早——就像现在看到的这种可能性一样，那么尼安德特进化论就更是荒谬不可能的。

更多新的测量古代遗物时间的方法提供了更多的证据，即现代人类的历史可以追溯到比尼安德特人更早的时期。科学家们认为尼安德特人在6万年前分布在中东各个地方，比之前他们预测的范围大得多。但是现在的证据显示，现代人类历史是让人十分震惊的。在9万年前就出现了，远比人们先前的认识更早。

考古工作者发现的尼安德特人的骨骸

同时，考古学家也在非洲的次撒哈拉地区重新发掘那些遗迹，它们证实现代人类至少在10万年前就出现了，并且有可能追溯到20万年前。考古学家们这种不正常的发现，认为夏娃的家乡——她的伊甸园——是在非洲。丽贝卡·坎、马克·斯通金和阿兰·威尔逊发现现代非洲人的线粒体基因要比其他种族的更加多样化。他们把这种现象解释为非洲人拥有更长的进化时间，因此人类起源于非洲大陆。

因此，根据广为人知的"走出非洲"理论，人类首先起源于非洲，然后迁徙到中东，最后到了欧洲。在后两个大陆中，现代人类遇到了更加原始的尼安德特人——就如同其他种类生物遇到人类一样——尼安德特人走向灭亡。在20世纪90年代初期，"走出非洲"理论替代"地区连续学说"成为主流理论。

对"地区连续学说"最近的一次打击发生在 1997 年，也是由分子生物学家引起的。慕尼黑大学的马提亚·科林斯和他的同事设法从一个真正的尼安德特人骨头中提取出了线粒体基因——实际上，是富尔罗特发现的。于是他们把尼安德特人的线粒体基因同现代人的基因做了比对，发现在所检查的 379 对儿 DNA 中有 27 处不一致。与此形成对比的是，非洲人的线粒体基因表明，他们的基因比任何现代人类的都要更加多样性，只有 8 对儿不同。科林斯总结认为，尼安德特人和现代人在基因上存在的差距，证明他们不可能是人类的祖先。

"地区连续学说"的支持者并没有置之不理。他们质疑基因检测的可靠性和年代的准确性，并且在 1999 年用他们发现的一个戏剧性证据进行反驳。在里斯本以北 90 英里的地方，葡萄牙考古学家发现了一具 24500 年前的男孩儿骨骼，它看起来部分像是人类的，部分像是尼安德特人的。从时间上看，这个男孩儿出现在纯正的尼安德特人灭亡之后，暗示着他可能是尼安德特人和现代人的杂交。

如果尼安德特人和现代人确实存在过杂交现象——"地区连续学说"的支持者迅速指出，那么他们很难没有双方的特征，而这恰好是"走出非洲学说"倡导者所争论的。

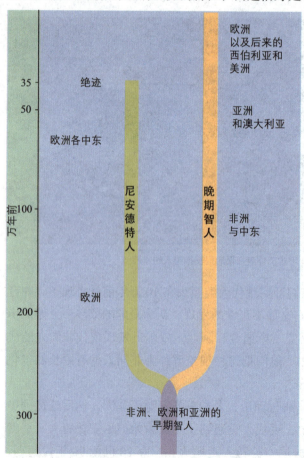

↗ 早期智人分布演化示意图

葡萄牙人的发现，进一步加重了两种学说的分歧，使它们看起来更加不可调和。从某种意义上说，的确发生了下面的事实：每一方长久的辩论使得各自都会欢迎新发现或者故意忽略新证据。但是他们的辩才在后来新证据发现后似乎没有什么用武之地，也许是因为双方辩论的重点发生了变化。他们不再像以前那样对尼安德特人或者其他古人类是否进化为现代人而争论不休，反而是越来越关注尼安德特人是怎样与现代人杂交的。

他们打败对方了吗？他们从对方身上学到些什么吗？他们互相交谈、互相通婚，或者仅仅是忽视对方的存在？

也许考古学家或者微生物学家——或者其他完全不同学科的参与者——在某一天会回答这些问题。就现在而言，答案是很不确定的。比如说，德国人类学家甘特·布劳曾经提出了一个"走出非洲学说"的修正版。据他的推测，现代人类确实起源于非洲，然后从非洲走向了世界。但是尽管他们跟欧洲和中东地区的尼安德特人有很多不同，但是他们的差异并没有到达无法通婚的境地。因此布劳认为，尽管尼安德特人的基因和现代人类的相似点很少，但是部分尼安德特人可能仍然是现代人类的祖先。

另一方面，"地区连续学说"的追随者，比如田纳西大学人类学家弗雷德·史密斯认同人类身体基因在非洲时发生了变化，但是他却认为欧洲和中东的尼安德特人不会被新来者控制，并且接受他们，与他们结合并吸取他们长处。

不管布劳的妥协还是史密斯的让步，都不会完全被认可，也不能说已经就尼安德特人在人类前史上的地位达成了一致意见。但是目前大部分科学家认为，不管尼安德特人和现代人类有什么样的渊源，它们之间总有时间和空间上的交会点。因此，在历史上某个地方，很可能先是在中东，然后在欧洲大陆，这两个种群——两个比现在任何存在的种族都有很大差异的种群，可能每一个都拥有人类的特征——第一次面对面站在了一起。

缺失的一环：不完整的进化故事

人类进化的故事并不完整。除了诸如"皮尔当人"之类的骗局和"露西"之类引人注目的发现之外，许多谜团仍然未被解开。归根结底，"缺失的一环"到底意味着什么呢？而关于人类进化领域之争，在不远的未来，也许基因学家会取代考古学家成为权威。

1856年，就在达尔文出版《物种起源》一书的3年之前，人们在德国杜塞尔多夫的尼安德特山谷地带发现了一部分骨骸。这一发现引来了很多猜测，因为那些骨骸看上去确实很奇特。然而，当时只有一个人认出这些骨骸不是人的，他就是英国人类学家威廉·金。他创造了"尼安德特人"一词，认为这是一类十分特别的原始人（即两足灵长动物，包括古猿及现代人的祖先）。于是，这个名词就这样固定了下来，即使威廉后来又改变了主意，认为那些骨骸属于另一类物种，但是直到半个世纪以后，这一概念才开始得到广泛接受。

人们迟早会明确，这种骨骸在很早以前就曾被发现，但是其重要性当时却受到了忽视。威廉最初认为那些骨骸属于不同于人类的原始人，这一想法受到了广泛关注，因为达尔文的进化论及其对手艾尔弗雷德·拉塞尔·华莱士的进化思想已在科学界大有名气，他们的思想已经激起了一场旷日持久的辩论。于是，有些人对人类与古猿的关联感到恐怖，认为这是一种对人对神都不敬的概念。1974年，唐纳德·约翰逊发现了著名的"露西骨骸"，那就是尼安德特人的骨骸，而其他一些人类学家也喜欢用"尼

直立人

穴居的直立人准备在他们的洞前烤肉。在烤肉之前，一人在准备石头工具以切割动物，另一个看护火，两个小孩儿协助一个大人肢解动物尸体。

安德特人"这个词。

不过，很多科学家认为，尼安德特人是野蛮的。19世纪，宗教人士都非常厌恶我们现代人可能与"野蛮动物"紧密相关的思想，而即使专业的科学家们也似乎都在某种程度上受到了这种厌恶情绪的影响。

唐纳德·约翰逊及其他一些专家指出，对尼安德特人的贬低看法一直延续到20世纪50年代，而这一现象的始作俑者就是法国人类学家马赛林·布尔。布尔称，这些原始的野蛮人并不同于35000年前定居欧洲的克罗马农人，克罗马农人普遍被认为是现代人类的一种早期人种。1868年，人们在法国的多尔多涅地区首次发现了克罗马农人的尸骨。布尔认为尼安德特人近似于人类，但是他将克罗马农人形容为"身形更优美，头脑更精致，额头垂直宽大，他们在居住的洞穴中留下了大量证明，向我们展示了其手工技术、艺术宗教偏好及抽象才能，因此，他们才值得首先荣获'现代人'的称号"！这一内容写于1908年，而畸形尼安德特人骨骼的发现要早于这一时间。我们现在了解到，尼安德特人易患关节炎，其骨骼也因此而发生了变形。

总的来说，整个科学界都认同法国人类学家马赛林·布尔的观点，即我们人类不是由这种野蛮动物进化而来的。然而，考虑到进化的缓慢过程，一定有某种生物介于古猿与高贵的人类之间，这一点很明确。由此诞生了"缺失的一环"这一概念，成百上千的非专业地质学者都走出家门，去寻找可能具有重要意义的骨骼。19世纪晚期～20世纪初期，这些热心人所扮演的角色令人想起近年来业余天文学者们寻找新彗星的现象。1912年，一个人发现了有可能解决问题的答案，他就是英国律师查尔斯·道森。在英格兰刘易斯附近的皮尔当沙砾层，道森发现了一个类似于人类的头盖骨，但是其上颚却更像是古猿的。

查尔斯·道森在英国发现的这个头盖骨，很多专家都将其定为证明人类进化中"缺失的一环"的有效证据。1953年，有人揭露这是一个骗局。

这种所谓的"皮尔当人"当时在世界范围内引起了巨大的轰动。顶尖科学家们对这个头盖骨进行了一系列的试验，并最终宣布了它的真实性。有人担心该地区并没有发现其他骨骼，但是理论学家们总会有办法为反常的发现编造理由，其中很多理由还用到了这个案例之中。作为经证实的缺失一环，皮尔当人被写进了生物教科书，对于那些宣称人类与猿类无关的人，皮尔当人为他们带来了明确的答案。总有少数人类学家会对皮尔当人的存在表示质疑，而他们的担心最终在 1953 年催生了新一轮的试验，试验采用了最新推出的化学分析法。报纸头版曾充满了《缺失的一环找到了》之类的标题，而现在取而代之的则是《皮尔当人恶作剧》。

人们看到，类似于人类头颅的这个头盖骨接上了一个猩猩的上颚，结合处显示出高超的技艺，但是这或许并不足以用来辩解其 41 年来卑劣的欺骗行为。

之后又过了 43 年，执行这一恶作剧的人才被找到，这堪称科学史上最成功、最具杀伤力的恶作剧之一。接下来的几十年期间，这个谜团吸引着无数的研究人员，他们提出了各种各样的疑虑。这个头盖骨的发现者——可怜的查尔斯·道森——不可避免地变成了一个最知名的"凶犯"。然而，没人能证明他具有制造人猿模具的技术。1996 年，两位英国古生物学者在经过了近 10 年的研究之后，最终解开了这一谜团。布赖恩·加尔迪纳和安德鲁·卡伦特在大英博物馆一棵腐朽的古树干中发现了重要证据。《探索》杂志中的相关报告指出，树干中的一些骨骼一直浸泡在酸性物质中，并经过了锰及氧化铁的处理使其老化，就像人们看到的皮尔当人头骨那样。树干上刻着"M.A.C.H."几个字母，代表 20 世纪三四十年代大英博物馆的一位动物馆馆长，他的姓氏为亨顿。

亨顿的动机的可能是什么呢？进一步的调查显示，20 世纪的第一个 10 年期间，亨顿是作为志愿者进入博物馆工作的，他曾冒冒失失地要求发工资，受到了时任古生

→ **取火棍**
早期人类生火的一种方法是把干草放在钻木取火的棍儿上。然后通过摩擦，擦出火花点燃干草。

← **朴树果**
采集的坚果与水果，如朴树果为直立人提供了大部分的食物。他们不断地学习辨别哪些浆果可以食用，哪些浆果有害。

↗ **毛犀牛**
直立人尝试吃猎物的肉。他们可能吃像这种毛犀牛的大型动物，集体狩猎并分享猎物。

↗ **东图尔卡纳**
靠近肯尼亚山脉与河流的东图尔卡纳是 150 万年前直立人的第一个家园。

物馆馆长亚瑟·史密斯·伍德沃的讥笑与拒绝。由于古生物馆馆长伍德沃肯定会被请来审查皮尔当人头骨这样的发现，那么制造这样一个假头骨的陷阱就会使他难堪，而伍德沃当时的确是验证头骨真实性的专家之一。然而，亨顿那时也即将步入优秀科学家的行列，揭露这一骗局也会给他带来同样的麻烦。据推测，亨顿故意将树干留在了大英博物馆内，希望最终能有人发现这个秘密。此外，亨顿还在自己的有生之年埋下了另一个重要线索，他在《英国名人录》的兴趣列表中添加了"骗局"这一条目。

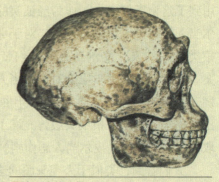

↗ 直立人的头颅
直立人的头颅比能人的要大要宽，这就使得大脑更大。由于直立人的颚骨向前凸，所以这一人属比现代人类看起来更像猿。

1953年，皮尔当人被揭露为一个骗局，而不是缺失的一环。因此，无论如何，对于原始人进化链条的研究都需要重新加以修正。

布尔关于尼安德特人是毛茸茸野蛮人的概念曾一度受到削弱，很多科学家已准备承认，这种类猿人与人类的关联可能是十分紧密的。于是，专家们立即拥护一种全新的观点，这一观点由人类学家威廉·施特劳斯和卡福在1956年的研讨会上提出。他们对1908年发现的骨骼进行了分析，布尔正是基于这一分析对尼安德特人做出了贬低性的总结。两位专家的分析还证明了关节炎的存在，根据其他发现，还有一点很明确，即健康的尼安德特人完全能够直立行走，而不是像古猿那样垂头弯腰地行走。

↗ 早期原始人的居住地——东非
绝大多数能人与直立人的早期遗址聚集在东非的肯尼亚和坦桑尼亚。那儿的岩石构造有助于保存这些化石。例如在欧杜瓦伊峡谷，原始人的骨头与工具被遗弃在河岸，后来被泥浆和火山岩覆盖保存。再以后，地理断层把岩石移开，使得化石重见天日。

此后的30多年时间，大多数科学家得出了这样的结论，尼安德特人极有可能是我们最直接的祖先，而不是某种原始的庞然大物。一些新的化石发现表明，尼安德特人制造了工具，会使用火，而且其头脑似乎比我们的还要大。不过，疑问仍旧存在。尽管人们普遍接受，尼安德特人比尼安德特山谷发现后100年期间人们所想象的更高级，但是有些问题仍然存在。其中一个主要问题在于，缺乏解剖学上的证据证明尼安德特人具有语言能力。首先，尼安德特人喉咙的位置似乎太高了，只能有利于产生大猩猩发出的那种噪音。不过，我们认识到，即使是这种咕哝尖锐的叫声，也能向其他大猩猩传达一定的信息。据一些现场调查人员说，其中包含的信息量超出了我们人类的估算。然而，1983年夏天，有人在以色列的卡夫扎山洞中发现了大体完整的男性尼安德特人骨骼，这证明以前的大多数科学家对重大发现都失去了希望。那是一块U形舌骨，就像人类喉咙处的一块软骨一样。这一发现表明，我们人类的直接祖先更有可能是具有语言能力的尼安德特人。

数年之前，在某杂志上，解剖学家及插图画家杰伊·麦顿尼斯发布了一张关于一个男性尼安德特人的肖像图（由化石的石膏模型制成），看上去与人类竟然如此相似，只是他的鼻子呈球根状，眉毛更为浓密。

有些人甚至提出，这个秃头的家伙看上去很像毕加索。这篇著名的文章、U形舌骨的发现，以及在远离西欧的以色列发现尼安德特人的情况，都越来越清晰地说明，这些原始人类就是我们的直接祖先。即使唐纳德·约翰逊也认同，尼安德特人是我们的同族，他曾于1981年写下《露西：人类始祖》的文章。不过，约翰逊后来又改变了这一思想，这说明人类学领域的发展变化如此迅速，大量不同的观点仍然存在。

1974年，约翰逊及其法国的同事们发现了"露西"，即一个年轻女性尼安德特人40%的完整骨骼，这一发现成为了继发现皮尔当人以来的最重大发现，两者之间只有一点不同，那就是露西的真实性丝毫没有受到质疑。发现露西的地点位于埃塞俄比亚阿尔法地区的哈达尔，该地区1975年又出土了13具骨骼的碎片，可能是露西和她的家人，他们可能是在山洪暴发中丧命的。这一发现立即引起了大众想象力的发挥，其中有这样几个原因：这些骨骼是前人类时期（300万～400万年前）的唯一化石；约翰逊成功地说服大多数人类学家，这些骨骼代表着所有后来原始人类进化的根源种族。因此，新闻界将露西称为"我们所有人的母亲"，这一概念所含的传奇之谜深深吸引着

↗ **躲藏处**
在法国南部的阿马塔，有证据显示原始人用简单的遮盖物建立了营地。这些小屋由树枝组成，用石头压住。

广大民众。然而，这是否意味着，露西和她的同类——即约翰逊所称的"南方古猿"——就是猿类与人类之间那"缺失的一环"吗？这个问题十分复杂，最终的答案要么就是"可能……"，要么就会引出另一问题："缺失的一环"究竟指什么？

"南方古猿"一词是用来描述整个原始人类群体的，其中包含至少5个不同的种族。露西的种族为阿法种，生活在至少350万年前，而其中有些猿人种族出现得更晚，整个种族于90万年前灭绝。这个问题变得有些复杂，因为人类学家已将南方古猿分为两个明确的群体：纤瘦群体和强健群体，其中的含义不言而喻。

约翰逊在其《祖先》一书中指出，这两个名称具有误导性，因为人们由此会想起"芭蕾舞演员和摔跤选手"，而实际上这两类种族在形体上有可能是十分接近的。尽管这种相似性还未最终确定，因为主要证据只有猿人头骨及牙齿的化石，但是这些头骨、脑体大小及其所提供的一些面部特征却是最有力的证据。通过这一标准，在非洲发现的南方古猿显然可以分为两类纤瘦种族（阿法种露西及后来的非洲种）和三类强健种族。

然而，不是所有的人类学家都赞同这种强调头骨的观点，他们认为这会使其他一些重要差异受到忽视。一场体面而又激烈的辩论拉开了序幕，辩论一方为首先对露西骨骼进行分析的解剖学家欧文·洛夫乔伊，另一方为由兰迪·苏斯曼领导的纽约州立

↙ **直立人**
直立人看起来更像现代人——除了他们那像猿的脸。但是他们没有现代人高。

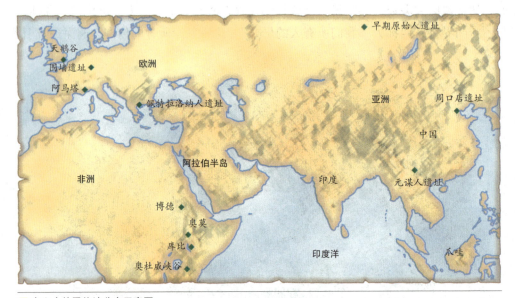

↗ **直立人的居住地分布示意图**
这些成功的原始人从非洲迁徙到亚洲与欧洲。除了在中国的遗址外，在欧洲还有许多的遗址。绝大多数欧洲的遗址中，专家们不能确定这些定居者是直立人还是我们人种的早期形态。

大学石溪分校小组。美国自然历史博物馆的伊恩·塔特萨尔指出，洛夫乔伊认为露西是生活在陆地上的，能够靠双足直立行走，具有很强的适应能力；而苏斯曼及其同事则认为，露西有些弯曲的长臂和双足是其栖息于林木之间的证据，并指出这类原始人出于安全原因习惯于睡在树上，而且还有可能在树上觅食。与洛夫乔伊和约翰逊的观点相比，苏斯曼眼中的露西及其同类更为原始。自 20 世纪 80 年代以来，这场辩论一直处于几乎令人痛苦的状态之中，对于那些外行的读者来说，问一声"为什么呢"似乎也情有可原。然而，这场辩论背后的意义产生了一些重要结果。如果露西接近于古猿，那么她作为"我们所有人的母亲"的资质就要打折扣，而她被确定为缺失一环的可能性也会变得更具说服力。尽管如此，辩论双方依然围绕着这些重要意义纠缠不休，原因很简单，往下推论出来的其他原始人会产生更为重要的不同意见。

20 世纪期间，伴随着一些原始人骨骼的重大发现，我们对于人类祖先及早期人类的认识得到了很大的提高。这些重大发现涉及人类及前人类，包括 20 世纪 20 年代在中国发现的北京猿人化石，20 世纪 30 年代晚期在爪哇岛发现的爪哇人化石，1968 年初在澳大利亚发现的蒙哥人化石，以及 20 世纪 60 年代之后在以色列的一些发现，如 1983 年发现的一具近乎完整的尼安德特人骨骸。

然而，这些发现也导致了新一轮的争议。20 世纪期间在非洲的一些发现成果，包括利基家族（路易斯、他的妻子玛丽、儿子理查德及女婿米夫）在坦桑尼亚北部靠近塞伦盖蒂平原的奥杜威大峡谷的发现、埃塞俄比亚哈达尔地区露西的发现，以及雷蒙·达特早期在南非突昂的一些发现——所有这些发现几乎能使该领域的所有人确信，直到 100 万年前生活在非洲的直立人时期，整个的原始人进化过程始终发生在这块大陆上。然而，此后，专家们分成了两个观点不同的独立阵营。

"走出非洲"阵营认为，不仅所有早期的原始人种都进化于非洲，而且我们人类的早期种族——智人也于 50 万年至 10 万年前首次出现在这里，然后才开始在世界范围内活动。他们向北到达欧洲，向东穿越现在的以色列和伊拉克到达亚洲，并乘竹筏最终到达南太平洋岛屿及澳大利亚。另一个阵营被称为"多元区域"阵营，他们认为走出非洲到达世界各地的是直立人，智人当时是在全球多个地区独立进化而成的，他们具有不同的种族特征，这些特征是由各种各样的环境因素造成的。

直立人是否走出非洲的问题不存在任何争论——从中国到澳大利亚，很多地方都发现了他们的骨骸。直立人的体型比我们还要高大，能够适应长途旅行，他们的骨骼差异赋予他们行走时速度和体力上的

> 颜料

在欧洲波希米亚的比科福，人们发现石头上点缀了红赭色，一种自然土的颜料。这些发现所属的年代是 25 万年前，这表明人类或许已经在装饰他们自己的身体或他们制造的东西了。他们把赭石和脂肪混在一起作画。

↗ 双刃石器

直立人最常用的且最有用的工具是双刃石器。这种双刃石器用来砍或剁东西，拿在手里正合适，易于携带。

优势。即使直立人在几千年间足迹遍布全球，也并不能证明他们到达每个地方之后都进化成了现代人。"多元区域"阵营的观点与之恰恰相反，认为到达世界各地的直立人都进化成了现代人，而"走出非洲"阵营则否决了这一说法，认为现代人是由在非洲生活的直立人进化而来的，然后他们又以同样的方式走遍了全球，取代了他们之前的种族及在某些地区进化的"古代人"。

在这场辩论中，如果分别审视双方的观点，那么他们摆出的证据都十分可信。然而，如果逐一进行辩驳，双方观点的漏洞都会立即显现。在目前情况下，鉴于南非开普海岸的卡莱斯河口的发现，这一评判的天平可能会趋于倾斜。这些化石看上去很像今天的人类，专家们利用几种不同的测时法技术测量其年龄，结果显示这些化石形成于 75000 ～ 115000 年前。从解剖学的意义上讲，世界其他地方再也找不到更早的现代人（智人）骨骸了。尽管有些反对"走出非洲"理论的人表现出了一定的公正性，表示这样古老的智人化石可能存在于中国或爪哇，但除非能在别处找到这样的化石，否则现代人只可能在非洲进化的观点仍是最可信的。

"走出非洲"理论还有一点引人注意，即从 350 万年前的露西及其阿法种族直接沿袭到了约 10 万年前的现代人，而且二者都是在同一大陆上发生进化的。这样看来，露西就是现代人的"曾祖母"，不过她可能还是其他一些迅速消亡分支的"母亲"。大约 100 万年前，我们人类最直接的祖先直立人出现了。在这一情形下，露西成为了古猿与原始人种之间的缺失一环，我们人类就是由此进化而来的。然而，还有一个谜团有待揭开，它将引出另一种完全不同的缺失环节。

现在，我们必须回头来看尼安德特人的故事。前面提到，这类原始人种近一个世纪期间一直被认为是野蛮动物。此后，在 20 世纪 50 年代，这种情况出现了彻底的转变。尼安德特人被奉为我们最直接的祖先，介于直立人与我们现代人之间。

↗ 狩猎
一群直立人一起努力在沼泽地中捕杀大象。他们正准备靠近一头大象，用木矛和木棍攻击大象。

不过，虽然有人仍持此观点，但是这个观点后来却引发了巨大的麻烦。1988 年，法国考古学家海林·瓦拉达斯发明了一种被称为热发光（TL）的新测时法，他当时在法国伊凡特的低放射性中心工作。直到 20 世纪 50 年代，碳测时法才被引进。通过测量化石及其周围土地的放射性衰变，考古学家们就可以确定约 4 万年前的日期。然而，通过利用 TL 热发光法，在某些情况下则可测定 30 万年前的日期。这种方法还证实了考古学家欧弗·巴尔约瑟夫和范德梅尔斯的论点，即以色列不同地区的证据显示，现代人及尼安德特人同时生活在那块区域，而且他们可能还互有往来。

20 世纪 90 年代，这一情况的真实性得到明确。尼安德特人似乎从现代人那里学会了制作更精细的石制工具，那些工具都是现代人自己发明的。此外，有一点可以明确，即现代人早于尼安德特人生活在那一地区，时间大约是在 9 万年前。这样一来，尼安德特人是人类直接祖先的观点完全被驳倒了。尽管早期的尼安德特人出现得更早（至少 18 万年前），但克罗马农时期的尼安德特人和现代人几万年以来是同时存在的，因此他们只能被看作是两个不同的种类。然而，他们交往的密切程度如何，这只能靠人们的推测了。

伊恩·塔特萨尔在其 1995 年出版的《最后的尼安德特人》一书中，开头便写到了两个十分不同的传奇故事。在第一个故事中，他构思了一个尼安德特老女人（即 40 出头，因为我们所知的尼安德特人一般都活不过这个年龄），这个女人看着自己的孙子在点火，她的孙子看上去更像是一个"现代人"，因为她年轻时同意嫁给了一个身材高大的"侵略者"，这个人不知是从什么地方冒出来的，而他的基因血统显然要超越她的。在第二个虚构故事中，"最后的尼安德特人"是一个男人，正被一群侵入者（我们称之为克罗马农人）穷追不舍。实际上，这两种情况分别代表两类思想。早期人类曾与尼安德特人交配，凭借其优越的血统清洗了尼安德特人，还是他们残暴地将尼安德特人赶尽杀绝？

还有第三种可能性，目前正获得越来越多的认可。对于很多考古学家、解剖学家及物种灭绝专家来说，这两个不同的种族千年以来可能共同生活于很多地方（包括前面提到的以色列多个地区），他们虽不能繁衍和生育后代，但是只要存在足以养活两个群体的食物，他们就可以相对和平地生活在一起。在这种情况下，尼安德特人消亡的唯一原因就是，与长寿的克罗马农人相比，他们不够聪明，寿命十分有限，因此无法繁殖那么多的后代。无论发生了什么，大多数专家强调，尼安德特人曾是地球上最先进的人种，他们存活的时间是现代人存活时间的 2 倍，因此他们不应受到任何形式的贬低。换句话说，我们人类要在 10 万年之后才有资格去嘲笑他们。

尽管在过去一个世纪我们发现了很多化石证据，并且对现代人在诞生之前的进化过程有了更多了解，但是对于露西之后 350 万年期间的情况，我们却仍然一头雾水。我们所知甚少，很多重要问题仍未解决。新的考古挖掘、更先进的测时法及 DNA（脱氧核糖核酸）研究或许有助于我们了解得更多，但是大量"缺失的一环"似乎依然未解。我们不仅需要了解露西那种真实骨骼及人造的皮尔当人头骨，还要真正了解原始人在进化为现代人的长期进程中所发生的变化，其中有些变化极为费解，就像走进了死胡同，而另外一些则再也找不回来了。

为什么原始种族一开始就能站立并直立行走？专家们进行了各种各样的推测，但是

我们依然弄不明白。难道非洲的丛林曾经减少吗？塞伦盖蒂平原的延伸极具吸引力，提供了某种需要特殊运动才能得到的食物？难道这只是一种反常的进化结果，是一种进化巧合？唐纳德·约翰逊说过，靠双足直立行走毕竟是自然界所发现的最古怪的行为之一。而且，这一现象为我们带来了各种各样的问题，有些甚至仍要我们付出悲痛的代价。

意义更为深刻的是，这意味着，虽然人类需要更大的脑部来适应双足世界，但是他们的骨盆部位必须变得更小一些。

归根结底，这就是说，婴儿出生时脑部必须还未发育完整，否则他们的头就无法通过产道。婴儿出生后一年间脑部会长大 2 倍以上，而要到六七岁时才能长到成年人脑部的大小。换句话说，与猿类的后代相比，人类的婴孩需要父母更长时间的照顾。因此，为了照顾自己的婴孩，人类需要更大的脑部，以及某种更为复杂的社会组织，从而提供所需的援助。

所以，直立催生了进化过程中更深层次的变化，这些变化本身又会导致其他一些变化。在近 400 万年的变化之后，真正的人类开始出现。在整个这一时期，每一个环节都充满了各种谜团，远远不是考古学家们在沙漠、山洞及沼泽中所发现的生物链能够解释的。这些变化逐渐被视为一种含义更为深刻、更难以捉摸的缺失一环，而不仅仅是任何头骨或骨骼能够说明的问题。

最大的一个谜团发生在约 10 万年前，当时尼安德特人一直是地球上最高级的种族，他们会使用火和一些原始工具。同时到来的还有另一种族，无论是从非洲而来还是从邻近地区来的，他们具有更强的语言能力，还能制造出更好的工具。然而，这些进化成果的意义并不是最重要的，突然在这些新原始人之间出现了克罗马农人，他们则拥有创造艺术的动力。例如，我们发现了 32000 年前克罗马农人关于马的雕刻，以及类似于 17000 年前法国拉斯科岩画那样的石洞壁画。尼安德特人创造了火和工具，而且他们似乎也具有制造更先进工具的能力，但是他们却没有艺术创造力。艺术能为一种崭新的思考方式拉开序幕，能创造最终产生文字及人类历史记录的符号。尼安德特人并没有大脑中某些新的联想，而正是这种联想带来了人类新的文明。

这种联想是怎样发生的？我们不得而知，然而，从根本上说，这才是真正的缺失一环。

最早的澳大利亚人：独木舟上的航行者

为了寻找食物和适合的居住地，早期的澳大利亚人跨越了很长的距离来到这里。当他们定居下来后，他们在这片未知的大陆逐渐扩展开来。居住地的发展过程是非常缓慢的，扩展到整个澳大利亚花费了上千年的时间。

在冰川期，海平面比现在低很多。把澳大利亚与其他大陆诸如印度尼西亚的帝汶岛分开的海峡很狭窄。因此，岛上的人乘着简易的竹筏或小船就可以出海捕鱼或捕捞贝类。3.2万年前，一些印度尼西亚人发现自己来到了现在的澳大利亚海岸。没有人知道他们是有意来到这块大陆，还是在他们捕鱼的时候被风吹来的。他们离开了原来的岛屿，来到这里，成为澳大利亚大陆第一批定居者。

在澳大利亚留下的早期定居点遗迹很分散。人们分散在大片土地上，并通过乘船和行走到达了很远的距离。石头工具、钻木取火、贝类残骸、鱼骨头和其他的残留物表明，在3.2万~2.4万年前，存在着分散的人口。重要的遗迹包括澳大利亚西部佩思地区附近的莱尔洞穴、北部地区克里兰山附近的石头躲避所，以及澳大利亚南部的库纳尔达洞穴。

↗ **探险图**

由于海平面降低，大片的陆地高出大海，于是第一批人来到澳大利亚的路途要比现代人短。他们可能从爪哇或西里伯斯岛穿过，逐岛航行来到澳大利亚的西南海岸。即使是如此短的距离，也需要好的船员与领航员。通过在东南亚海岸长年捕鱼，他们练就了航海的技巧。

在莱尔，考古学家们发现了用于宗教仪式的东西。它们是几个石片以及一个有着人类牙齿的坑，这些牙齿是被人狠狠打下来的。在库纳尔达洞穴，居民们在石壁上勾画了线条。当地的澳大利亚人一直到20世纪还进行石雕活动。这些史前时期的发现表明了澳大利亚本地文明可以追溯到很早以前。

许多早期的澳大利亚遗迹已经被使用了几千年，对考古学家来说，鉴别真正的古代艺术与现代的赝品是困难的。在普里提加拉，有一个石头躲避所已经被使用了近7000年了。

3.2万年前，人类已经到达了澳大利亚东南顶端的塔斯马尼亚岛。他们在那儿一直生存到冰川期的结束，那是最严寒的时期，大陆的许多地方都被草原和冻原覆盖。他们生活在洞穴和石头躲避所中，依靠猎捕当地的动物——主要是袋鼠和沙袋鼠——为生。新的塔斯马尼亚人发展出自己的艺术形态。他们在石墙上作画，工具是一种天然的玻璃。这些玻璃是他们在一个陨石撞击所形成的火山口中发现的。

↙ **独木舟**
早期的航海者凿空并打磨木头来制造简易的独木舟。

澳大利亚土著人很早就发展出一种生活方式，在一些地方，这种生活方式一直保存到现在。数万年来，他们适应了环境的变化，从严寒的冰川期到现在炎热的气候。

最早的美洲人：穿过大陆桥的第一批人类

1933 年，在美国新墨西哥州早已干涸的科罗维斯湖中，发现了一只十分独特的古代矛尖，稍后它被命名为"科罗维斯矛尖"，成为在北美大陆上发现的最古老的人工制品。科罗维斯风格的矛尖不仅在美国的所有州都有出土，而且在墨西哥、哥斯达黎加和洪都拉斯等美洲国家也有发现，说明它很有可能是美洲最早的重大技术发明之一。

最早的美洲人可能来自于亚洲的最北端，现在称为西伯利亚的地方。在冰川期，这两块陆地由大陆桥连接。穿过大陆桥的第一批人类发现自己来到北

编织物

在秘鲁硅塔罗洞穴中发现的麻线残留物表明，1 万年前人类已经会缝衣服了。这些碎片可能是一个包或者相似物体的一部分。

猛犸牙

这些猛犸牙化石是在南达科他热斯普润猛犸遗址中发现的。它们表明，最早的美洲猎人与他们的亚洲祖先捕杀相同的猎物。

西伯利亚的征途

从西伯利亚穿过大陆桥到达北美是一段漫长艰苦的路途。我们不知道是什么使得人类开始这次征途的，或许冰川期艰苦的生活使得他们希望寻找一个食物更多、环境更温暖更舒适的地方。

美最严寒、最荒凉的地方。这里几乎没有植物，他们绝大多数的食物来自打猎和捕鱼。由于西伯利亚的气候与北美相似，因此他们可以适应。一些人向南迁徙，希望寻找更温暖的环境和更多的食物。

考古学家们对第一批美洲人何时到达这一问题没有达成一致的意见，比较有力的最早的证据证明是在 1.5 万～1.2 万年前。然而，同一时期，也有许多的证据表明在北美中部存在着以打猎为生的人，考古学家称他们为科罗维斯人。他们留下了

▶ 大迁徙

我们如何知道第一批美洲人是从西伯利亚来的呢？一个线索是早期美洲人制造工具与武器的方法。许多削成碎片的燧石刀刃是由大块的石头而来的。他们沿着骨头的边缘把这些燧石塞入到槽中制成矛头。这种设计的矛头在西伯利亚与北美都有所发现。

科罗维斯尖状器

北美猛犸猎人把这些制作精良的尖状器装在木矛上。他们利用几种不同的石头原料来制造这些尖状器。

新来者

最早的北美洲人在两块主要的冰盖间行走。由于海平面比现在低约100米，在西伯利亚和阿拉斯加之间出现了白令大陆桥。一些人也可能乘小船或竹筏沿着西海岸航行。当他们最终到达冰山边缘时，他们发现了一个巨大空旷的大陆。一些人很快向东和西移动，另一些人则向更南方前进。

制作精美的燧石做成的矛头，现在被称为科罗维斯尖状器，这是以这些工具被发现的城市命名的。特别在新墨西哥和亚利桑那，在诸如猛犸、北美野牛等大型动物骨头的附近发现了这些工具。科罗维斯人可能猎捕单个的动物，把它们驱赶到沼泽地，以便捕杀。

随着冰川的融化，大型的动物逐渐地灭绝了，现在也不知道其灭绝的原因。由于各种不同的环境——从大的草场到贫瘠的沙漠——在北美的发展，科罗维斯人灭绝了。活着的人类开始学会适应不同的气候，演变成不同的社会，他们的生活方式直到最近的世纪才发生了改变。

在南美，1.2万年前，也存在人类居住的证据。在智利的维娜蒙特的一个洞穴中发现了人类火葬的遗迹。这一遗址还包括两排小屋的遗迹，小屋用动物的皮毛遮盖，以木结构支撑。小屋内有土坑用来煮饭，同时在外面还有大的、公用的炉膛。

或许在南美，维娜蒙特地区并非人类最早生活的地方。在巴西的一处石头躲避所，人们发现了一些带着图案的石头，一些科学家认为是约3.2万年前的。并不是所有的专家都赞同这一观点，有人认为是与维娜蒙特石器同年代。假如3.2万年前这一日期正确，他们有可能比在北美的人类定居更早，但是并没有留下其他可为证据的遗迹。

维娜蒙特

智利维娜蒙特地区的小屋是用木头做成的，上面覆盖兽皮，这是美洲人修建躲避所最早的证据。

解读古代文明的密码

米洛的维纳斯断臂之谜

在古希腊神话传说中，有一个女神叫阿芙罗狄特，专管"美"和"爱"。到了古罗马时代，罗马人将她称为维纳斯。没有人见过这位女神，但是关于她的雕像却留下很多，其中最有名的就是一尊断臂的维纳斯雕像。

1820年4月的一天，希腊农民伊沃高斯带着他的儿子在爱琴海中的米洛岛上耕地。当他们正打算铲除一些矮灌木时，突然一个大洞穴出现在他们面前。他们走进这座山洞，发现了一座非常优美的半裸的女性大理石雕像，这就是"断臂维纳斯"神像。

法国驻希腊代理领事路易·布莱斯特很快得知了这个消息，他立即向法国公使利比耶尔侯爵做了报告。侯爵以高昂的代价从伊沃高斯手中买下了这座雕像，价格高达2.5万法郎，又把它装上法国军舰，运往法国。现在这座雕像就陈列在法国巴黎著名的卢浮宫美术馆里，成为卢浮宫的镇馆珍品之一。

从那以后世上就广为流传有关断臂维纳斯的故事，人们不仅惊叹于维纳斯之美，也充满了对它的疑问和困惑。它是谁？它的制作者又是谁？它的手哪里去了？臂

↖ 断臂的维纳斯

希腊化时期(公元前4~前1世纪)的经典作品,体现了该时期的艺术新风尚:裸体美神像成为创作主流,风格由庄严崇高向世俗化转变,但仍带有大气磅礴的精神气质。在这件作品中,美神阿芙罗狄特端庄秀丽,表情宁静平淡,身体曲线呈螺旋上升状,起伏变化中暗含着音乐的节律。裸露与遮掩恰到好处,尽显女性的婉丽娇媚之姿,错落有致的衣褶变化又添其优美的神韵,同时,作者对人物整体简洁阔大的处理又增加了雕塑纪念碑式的崇高感。这种优美与崇高的完美结合使这件作品成为古希腊人体雕塑中美的典范。

断之前它又是怎样的姿态呢？

　　这尊在米洛岛上发现的雕像是维纳斯公认的形象，被命名为《米洛的维纳斯》。有些人认为这个名字过于外国化，因此将它命名为《米洛的阿芙罗狄特》。又因为这座石像的脸型很像公元前 10 世纪古希腊著名雕像家普拉克西德雷斯的作品《克尼德斯的维纳斯》的头部，所以这件作品又被叫作《克尼德斯的阿芙罗狄特》。

　　正因为这两件作品如此相似，很多人断言它的创作者就是普拉克西德雷斯。但是也有相当一部分人认为这么优美的作品的作者应该是公元前 5 世纪古希腊伟大的雕像家菲狄亚斯或菲狄亚斯的学生，因为作品的风格和这个时代相似。时至今日，比较公认的看法是认为这是一件晚至公元前 1 世纪希腊化时期的作品；还有一种看法认为这只是一件复制品，是仿制公元前 4 世纪某件原作而雕塑出来的，而原件已经消失了……总之众说纷纭，让人莫衷一是。

　　现在人们又对另一个问题产生了兴趣：她断了的两只胳膊原来是什么姿势？是拿着金苹果、是扶着战神的盾，还是拉着裹在下身的披布……近年来的考据家则较一致地认为，她的一只手正伸向站在她面前的"爱的使者"丘比特。虽然不少人曾依照各自的推测补塑了它的双臂，但总觉得很别扭，不自然，还不如就让它缺两只胳膊，让人们用自己的想象力去补全它，从此它就以"断臂美神"而闻名遐迩了。

　　虽然这是一尊半裸的女性雕像，而且优美、健康、充满活力，可是给人的印象并不是柔媚和肉感。她的身姿转折有致，显得大方甚至雄伟；她的表情里有一种坦荡而又自尊的神态，显得很沉静。她无须故意取悦或挑逗别人，因为她不是别人的奴隶；她也毫

▶ 两尊完整的维纳斯像
维纳斯历来是雕刻家钟爱的表现主题，从这两尊完整的维纳斯雕像（上、左）中，我们虽可全视女神之美，但断臂的维纳斯似乎更多出一种神秘和尊贵的意味。

知识链接

► **神话中的维纳斯**

维纳斯是古希腊神话人物。她是宙斯和大海女神之一狄俄涅的女儿。又说她从浪花中出生，故称阿芙罗狄特（出水之意）。

最初为丰收女神之一。奥林波斯教形成后，被作为爱情及美的女神。

最早崇拜她的地方是塞浦路斯、库忒拉岛、小亚细亚，后来对她的崇拜传入希腊。

作为女海神，她的祭品是海豚。

作为丰收女神，她的祭品是麻雀、鸽子和兔子。

作为爱情女神，她有一条神奇的宝腰带。在古希腊女子结婚时，要把自己织成的带子献给她。

传说她的女祭司用肉体换钱来为之服务，这与当时的婚姻制度有关。

在奥林波斯教中，她是工匠之神赫菲斯托斯的妻子，但却与别人相好：与战神阿瑞斯私通，生下5个子女（小爱神爱罗斯是其中之一，他的罗马名字是丘比特）；与赫耳墨斯生子；与英雄安喀塞斯生下埃涅阿斯，由于她是埃涅阿斯之母，故被视为尤里乌斯皇祖的女始祖。

米洛的维纳斯
古希腊，公元前2世纪。

无装腔作势、盛气凌人之感，因为它也不想高居他人之上。在它的面前，人们感到的是亲切、喜悦以及对于完美的人和生命自由的向往。

自普拉克西德雷斯以来，艺术家们为了歌颂这位女神的美丽与温柔，塑造了各种姿态的裸女造型，而最成功的就是这尊雕像。它体现了菲狄亚斯的简洁、普拉克西德雷斯的温情，也具有留西波斯的优美的人体比例。它的面庞呈椭圆形，鼻梁垂直，额头很窄，下巴丰满，洋溢着女性典雅与温柔的气息。虽然衣裙遮住了它的下肢，但人体动态结构准确自然，艺术家的不凡技艺尽在其中。

然而，现在可能还是它的断臂让人们最感兴趣：美人的手臂在何处呢？

人们曾经在发现石像的同一座洞穴里找到过一些断臂与手的残碎石片，但这些究竟是不是这座雕像的手与臂的残片呢？目前还没有一致的看法。

"断臂"使这座雕像显得很神秘，却更增添了它的残缺美。人们为了解开断臂之谜，还发挥着无尽的想象力，但这个谜也许永远都不会有答案。

↗ 维纳斯的诞生 意大利 波提切利
全裸的维纳斯从海中贝壳里升起，她是宙斯和大海女神之一狄俄涅的女儿。

↗ 沉睡的维纳斯 意大利 乔尔乔内
维纳斯比例匀称的裸体流露出一种纯真，右手枕入脑后，右腿弯在左腿下，人体弧线宛转柔和。背景画面坡度很小，丘冈宁静，起伏的线条与人体的轮廓相呼应。这幅画可算是文艺复兴时期表现女性人体美最具艺术魅力的作品。

史前 "图书馆" 之谜

我们的祖先以何种方式生存，他们如何交流，与自然有着怎样的关系？

无论在世界的哪个角落，我们都会发现他们为后人留下的记载，而且其中不乏惊人的相似之处。现在让我们去看一下意大利的瓦尔卡莫尼卡，那里同瑞典、法国和葡萄牙一样，成千上万的岩石雕刻讲述着人类的史前史。让我们试着解读一下这些先于任何字母的沟通体系。

瑞典博赫斯兰的塔姆地区有着巨大的弗松岩刻。这里是欧洲后旧石器时代岩刻艺术荟萃之地，著名的岩刻就多达 1500 余处，共计 4 万多个形象，内容包括船舶、武士、武器和动物等，雕刻的年代大约在公元前 1500 ~ 前 500 年之间。

瓦尔卡莫尼卡的农民称岩石雕刻为 "皮托蒂" ——玩偶。在这个曾居住过卡穆奈人的伦巴第大区的峡谷里，每年都会有新的岩刻被发现。这些岩刻画包括武士、走兽和武器，还有狩猎和耕耘的情景。这些仍是谜团的符号在向我们讲述着远古的人类，我们的祖先。

现在让我们想象一下当时的情景：一个人以灵活而准确的动作，锤击着一块巨大而平滑的岩石。岩石离村庄不远，上面被冰川冲刷出许多条划痕。他锤凿的技巧是：用一块削尖的坚硬石头重复地敲击巨石的平面，获得一系列的米点效果，从而构成各种造型。有时造型周围已经有一些被填平了的浅线条的雕刻。

常常有这种情况出现：新的形象靠近甚至重叠到一些更为古旧的形象之上。在同一块岩石上，有一部分充满史迹，而另一部分则令人费解地空白在那里。结果就形成了一种繁杂的壁画，成了难以想象的和等待人们去破译的史前史图书馆。破译谈何容易。这些岩刻的含义还是学者们仍在研讨的课题。

学者们进一步解释说："尽管说综合诠释并不那么简单，因为岩石艺术显示的技巧高超，风格多样，内容和质量博大精深，但是我们还是有理由去到神灵的领域里寻求答案。" 这些雕刻起初似为一种象征性的东西。铜器—青铜器时代（公元前 3000 ~ 前 1000 年）的武器和工具是单独放置的，从未握摸和使用过。有时会出现一种难以解释的构图神

↗ **塔姆地区崖刻画**
塔姆崖刻画位于瑞典哥德堡，形成于公元前 1500 ~ 前 500 年的青铜时代。

话，也可理解为一种宗教思想。

随着铁器时代（公元前1000年左右）的到来，岩刻表现的场景特色具有了讲述故事的性质。在这个年代，特别是在瓦尔卡莫尼卡这地方，尽管岩刻主题各异，但有些题目却占有重要地位，比如武士的造型和鹿的造型。很多画面都表现了狩猎此种动物的情景，但带有怪诞色彩。比如，我们不明白为什么猎人握着投枪，而不是使用射程更远的弓箭这一更为有效的武器；还有，骑手常常是站在马上，好像是考验他的灵巧性；决斗者被刻画成携带着非真实性武器的形象，不是流血形象。这就使人将岩刻的含义与青年进入青春期时要经受的考验联系在一起。

还有专家认为，可能是刚刚迈入青春期的贵族征战者在启蒙导师的指引下，聚集在远离村庄的一块僻静之地，去度过他们能够享有成人权利的过渡期。在发现的一张19世纪的地图上面标有瓦尔卡莫尼卡地区现在的阿夸乃岩刻天然公园和阿夸乃的解说词。从现在仍在阿尔卑斯山东部和中部一代流传的神话故事中得知，阿夸乃是水族中的一群仙女，她们的使命就是帮助年轻人克服生活中的困难，因此雕刻中的故事可能就是当时神话需求的反映。对卡穆人来说，那些神仙可能就生活在那里的岩石之上。

↗ **瓦尔卡莫尼卡岩石画**

瓦尔卡莫尼卡岩石画的创作年代，最早可以追溯到1万年以前。更新世的冰川退去之后，一些半游牧的狩猎部落在瓦尔卡莫尼卡定居。因此，最初的岩画主要描绘的是大型野兽。

这种解释还不能使意大利史前史艺术权威之一的埃玛努尔·阿纳蒂完全信服。要知道，不管是谁从事这方面的研究都离不开他的研究成果和由他领导的卡穆人史前史研究中心所展开的工作。他认为，瓦尔卡莫尼卡铁器时代的造型，首先表现的是对死者丰功伟绩的怀念与赞颂以及对神话的崇拜。这些形象反映了人们同逝者、祖先、英雄人物以及至高无上的超自然力量之间进行精神对话的需求。在一些画面中，有狩猎或者猎物的场面，这好像就是人们为了得到他们所期望的物质在祈求神灵的恩佑。在岩刻中也不乏对日常生活的现实描绘。还有，人们都拥有自己的圣地。瓦尔卡莫尼卡、贝戈山和奇迹山谷位于阿尔卑斯山伸向法国一边的那些山坡就曾经是青铜时代人们定期朝觐的圣地，他们在那里举行隆重的庆祝仪式。贝戈山巍峨壮观的雄姿和有时突发的暴风骤雨、雷电交加的情景，给那个时代的人类留下了十分深刻的印象，他们很可能把这一切都归因于那是神灵居住之地。

这类史前史图书馆在欧洲的许多地方都存在，但瓦尔卡莫尼卡的史前史图书馆却是首屈一指的。它拥有30万个造型，涵盖了从中石器时代（即从公元前8000年起）至罗马人到来这一时间的所有内容。法国的奇迹山谷讲述了铜器和青铜器时代文明的

许多故事，而人们在瑞典的博赫斯兰地区、挪威的阿尔塔、葡萄牙的科阿河谷也发现了几十个动物造型，可以称得上是 1 万年以前旧石器时代动物形态的典型索引。

然而，这一人类的遗产正在遭受巨大的威胁：在这些有着丰富的岩石雕刻的地区，人们进行了水力发电站水库的建设，很大一部分岩刻被湮没在水下和泥土之中。在葡萄牙公众舆论的压力下，这一破坏行为才被制止。

在瓦尔卡莫尼卡地区正在进行相同的工程：建设中的隧道和高压输电网距切莫大岩石仅有数米，竖立的电线支架就紧靠着著名的岩刻，而道路则刚好从阿夸乃国家公园的底下通过。数千年保留下来的这些人类财富，在我们还没弄清楚它的来龙去脉时就可能被人类毁于一旦。

荒原石头标记之谜

在秘鲁首都利马南部，一个叫毕斯柯湾的地方。那里有一个古印加人建造的红色岩壁，高达 246 米。在岩壁上雕刻着一个巨大的图案，这个图案看上去呈三叉戟或者三足烛台形状，而且，三叉戟的每个股有 3.9 米宽，也是用含有像花岗岩一样硬的雪白磷光性的石块雕成的，所以，假如没有现在的沙土覆盖，它将会发出耀眼的光芒来。

那么，是什么样的动机使印加人建造这样的石头标记呢？

后来，一些考古学家推测说，在毕斯柯湾的岩壁上的这个石头标记，可能是为了指示船只航行的路标。但是大多数的考古学家不同意这个说法。他们指出，在这个海湾中，即使绘制出这个三叉戟石头标记图案，也不能使所有航行的船只都看到它；另外，在那样遥远的古代，是否存在远洋航行本身就是值得怀疑的。假如有些航行的确可能要航标来指路的话，那么古代的印加人为什么不利用两座岛屿呢？况且，这两座岛屿就在三叉戟石头标记的中古延伸线的同一个海平面上，这已经提供了有利的自然条件，不管船只是从哪个方向驶向海湾的，这两个岛屿都从遥远的地方就可以被看到了。但若是用三叉戟石头标记当航标的话，从南方或者北方来的船员就不可能看

岩壁上的条线标记和花纹。人们一直在探讨这些标记到底意味着什么。

到。而且，最重要的一点是，当初绘制三叉戟石头标记的人，是使它的方向朝着天空的。另外还有值得提的一点，在三叉戟石头标记所在的位置，除了一片沙滩之外，实在是没有任何东西能够吸引船员。

基于此，考古学家们认为，这个曾经在古时候光芒闪耀的三叉戟石头标记图案，一定是作为某些会"飞"的人的航空标记而设立的。

考古学家们推测，假如三叉戟石头标记是航空标记，那么它的周围应该还有另外的一些东西。果然不出所料，20世纪30年代，在距三叉戟石头标记图案160千米外的纳斯卡荒原上，考古学家又发现了许多的神秘图案。这些已经发现的图案分布广泛，在从巴尔帕荒原北部到纳斯卡的南部

岩壁上的奇怪图案，考古学家一直在试图弄清这些图案的真实用意。

岩壁上另一个图案，人们一直怀疑这是为外星人指路的标记。

的大约59.2千米的狭长地带，都有发现。它们主要是一些几何图案、动物雕绘，以及排列得很整齐的石块，这些布局，看上去十分像是一座飞机场的平面图。

假如是坐飞机在这个荒原上空飞行，人们就会发现许多闪闪发光的巨大的线条。这些线条常常绵延达到数千米，时而平行，时而交错，时而又构成巨大的不等边四边形。另外，人们还可以看到一些巨型的动物的轮廓，其中有长长的鳄鱼，有卷尾的猴子……还有一些地球上从未见过的奇禽怪兽。

到底是谁制作出的这些图案呢？又为什么要把它们绘制得那么巨大，以至于只能从一个极高的高度——比如飞机上面——才可以见得到整个图案的全貌呢？这许多的问题已经引起了考古学家们的浓厚兴趣。

据当地传说，在过去的某一时间段里，曾经有一群来历不明的智慧生物，登陆在今天的纳斯卡城郊附近一块无人居住的荒原上，并在那里为他们的宇宙飞船开辟了一座临时机场，还设置了一些可作为着陆向导的醒目标记。从那以后，就不断有他们的飞船在那里升降，直到他们完成使命回去为止。

有些考古学家还进一步推测说，假如纳斯卡荒原是作为登陆点的话，毕斯柯湾上的三叉戟石头标记就极有可能是登陆航标，假如真是那样的话，应该在纳斯卡的南边还会有一些航标才对。

果然，后来在距离纳斯卡400千米的玻利维亚共和国英伦道镇的岩石上，人们又

↗ 秘鲁毕斯柯湾岩壁远眺图

发现了许多的航标。在智利的安陶法格斯塔省的山区以及沙漠中，也陆陆续续地发现了这样的航标。在那附近的许多地方，有着呈现三角形、梯形、直角形的图形，在同一个平面内的整个区域里，峭壁山还刻画着光芒四射的圆盘以及棋盘形状的椭圆形图案。更令人惊奇的是，在人迹罕至的泰拉帕卡尔沙漠的山坡上，有一幅规模巨大的机器人图案。据估计，这幅机器人图案大约有 99 米高，总体呈现长方形，形状像棋盘，两腿笔直，脖子纤细，特别是长方形的头颅上面，居然有 12 根同样长度的天线似的东西竖立着。在从臀部到大腿之间，又像超音速战斗机的粗短翅膀那种的三角鳍连接着身体的两边。这幅图案现在位于距纳斯卡荒原大约有 960 千米的地方。

　　到目前为止，考古学家们推测，这些图案可能与"宇宙来客"有关系，而且它们作为古代遗址，是值得进一步研究的。

毕斯柯湾岩壁近观图。这是一处明显的人工建筑。

巨石阵究竟是何阵

埃及的金字塔、希腊的帕台农神庙和罗马的圆形剧场，这些都不禁让人想起伟大的古代文明、法老和哲学家、皇帝和史诗。巨石阵却不会让人产生这些想法。这些巨大的石块仍然屹立在索尔兹伯里平原上，并不被古代的城镇所包围，而是被现代化的高速公路环绕，并且一直向东到伦敦。在巨石阵，既没有象形文字可以破译，也没有苏格拉底的语句可以去解读。

图为法国卡纳克巨石阵，它们曾经都是直立的，其中最高的一块有22米高，在当时极其简陋的条件下，要竖起这些巨石需要很多人的智力与劳力。

建造了巨石阵的石器时代和青铜时代的人们，还建造了一些小规模的石头纪念碑，散布在乡村各个地方。但是他们没有留下任何证据来说明为什么要建造，或者是如何建造这些建筑史上伟大的巨石阵。在索尔兹伯里平原居住过的古代居民在其他方面表明，他们的文化生活仅仅是在饥饿线之上。直到20世纪后期之前，历史学家们还一直称呼他们为"野蛮人"。

那么，毫无疑问的是，从中世纪起，那些研究这个古代巨石阵的人们在解释巨石阵之谜时，就把眼光放在了索尔兹伯里平原之外的地方。12世纪时期，威尔士牧师蒙默斯的杰弗里把这些巨石阵的修建归功于亚瑟王的宫廷男巫师梅林。根据杰弗里的

建造巨石阵

在英国韦尔特郡的史前巨石阵是最大的环形石群。它是用最简单的技术建成的，建造者可能撬动或者使用滚轴来移动这些石头，每块石头重约40吨，距离遗址有25千米远，人们用绳子和杠杆把它们运到这里。

↗ 神秘的巨石阵

《不列颠国王传》所讲，这些纪念碑是受亚瑟王的叔叔——奥利里乌斯·安布罗修斯之托建造的。安布罗修斯当时正在寻找一种适当的、不朽的方式来纪念一次战胜盎格鲁—撒克逊入侵者战斗的伟大胜利。梅林建议从爱尔兰一个名叫基拉罗斯的地方采集石头，建造石头的纪念碑，然后用船把纪念碑运到不列颠。

在17世纪的时候，詹姆士一世对巨石阵非常感兴趣，命令自己的御用建筑师伊尼格·琼斯去研究。当琼斯研究完这些巨石阵之后，不得不认可蒙默斯的杰弗里的观点，即巨石阵不是石器时代或者青铜时代的居民就能建造出来的。琼斯说："如果缺乏（建造巨石阵的）知识，即使他们穿着衣服，他们也没有力量完成巨石阵这么宏伟、壮观的工程。"

琼斯认为如此精致的设计构造，只能由罗马人完成，而且巨石阵是一位身份不详的罗马神灵的庙宇。

在接下来的几年中，人们尝试着把巨石阵的修建归功于不列颠人之外的某些建筑师——或者是任何其他地方的建筑师。比如说，丹麦人、比利时人以及盎格鲁—撒克逊人等都有自己的支持者，还有些古代凯尔特牧师认为是古代德鲁伊特人。

所有这些理论都有一个共同的问题。虽然直到20世纪人们才发明了放射性碳元素测年代法，但是早期考古学家们使用的简单测年代法表明，这些巨石阵很可能建造于公元前1500年。大部分学者也都认可德鲁伊特人来到不列颠不早于公元前500年，而罗马人则更晚。因此，这样计算的结果就是，巨石阵在德鲁伊特人和罗马人到达不列颠之前的1000年就已经完工了。

因此，这个未解之谜一直到20世纪也未能解开。到底是谁建造了巨石阵？

令阿特金森兴奋不已的是那把匕首，而非四把斧头。与此相类似的匕首从来没有在英格兰发现过，在北欧也没有发现过。最类似的典型器物是希腊迈锡尼的皇家坟墓出土物。

只有与更加先进的文明发生联系，才能让人们有理由相信修建这样的巨石阵的可能性。更让人高兴的是，迈锡尼发现的匕首的年代是公元前1500年左右，恰好与某些专家在20世纪50年代所讲的巨石阵的修建属于同一时期。跟罗马人修建说或德鲁伊特人修建说不同的是，从修建年代上看，迈锡尼说还是有一定的可能性。

阿特金森逐渐形成了一个详细的理论，即巨石阵是由一位来自更加文明的地中海地区的到访英国的设计师设计的。他猜测说，也许还有一位迈锡尼王子埋葬在索尔兹伯里平原。考古学界接受了这一假说，并且为最终找到了解开巨石阵之谜的答案而兴奋不已。

但是就在迈锡尼假设被认可的时候，这一学说却很快就被证明为错误的。在20世纪60年代出现了一种新型的放射性碳元素测代方法，考古学家们突然就遇到了新的证据挑战：巨石阵比人们之前的想象要古老得多——也比迈锡尼文明古老得多。新的放射性碳元素测代法表明迈锡尼城堡修建于公元前1600年~前1500年，但是巨石阵的起源要往前推移，远比任何地中海文明都要早，因此不可能受到它们的影响。

根据这个最新的推断，巨石阵周围的河床和外围沟壑大约形成在公元前2950年。一些木质结构大约建于公元前2900~前2400年，然后就被目前我们所见到的这些石头结构所替代。

新的测代方法不仅动摇了迈锡尼假设的理论根基，还动摇了整个迈锡尼学说传播者的整个思想体系。巨石阵非常古老，远非任何大的欧洲文明所能建造，同时非欧洲文明距离这儿又过于遥远。大部分学者们不得不第一次接受这样的观点，即建造巨石阵的人就居住在巨石阵附近，而且他们是在没有任何外界力量帮助的情况下修建成功的。这些原始的人类是如何建造成世界上历史最悠久的纪念碑的？

如果这还不是最让人惊讶的事情，那么当你知道他们建造巨石阵的石头是从威尔士东北241千米以外的普利斯里山运过来的时候，你就会认识到这些人的成就是多么伟大。

在1932年，地质学家H.H.托马斯发现了建造巨石阵的原料——蓝砂岩（实际上这种岩石更像是一种污渍斑斑的灰色石头）。这些蓝砂岩中的三种类型跟巨石阵周边发现的任何岩石都不同，但是他发现同样类型的岩石却可以在威尔士的卡梅宁山山顶和福尔特里岗山顶之间的裸露岩找到。

索尔兹伯里平原上的人们是如何把

↗ 卡拉斯石群

这是一个小型的由13块高的、细的石头组成的环形石群，位于苏格兰的赫布里底群岛。这些石头有一些4.5米高，是从遗址附近很近的地方采掘的。考古学家计算，每块石头得由约20个人才能拖动。

爱维伯里的祭祀

在韦尔特郡的爱维伯里有另一个环形石群，它可能像上图描绘的，是每年收获或耕种节日举行仪式的地点。我们不知道仪式的形式，但是可能有游行、祭祀并观察星空。

这些重达5吨的石头从威尔士运到英格兰来的呢？

托马斯的发现使一部分人对杰弗里关于梅林的魔力的"蒙默斯"传说有了新的观点。根据考古学家斯图尔特·皮戈特的说法，也许还会有些民间传说至今仍然存在于人们的脑海中。毕竟，杰弗里曾经有过梅林从西方运送石头的记录（尽管不是从威尔士，而是从爱尔兰）。根据杰弗里的记载，这些石头可能是通过海路，穿越爱尔兰海，从而被运到了巨石阵。在索尔兹伯里平原附近有大量其他类型可供建筑使用的石头的情况下，那些建造巨石阵的人们为什么要千里迢迢地到那么远的地方采石呢？杰弗里甚至也对这个问题提供了暗示：也许这些巨石阵的建造者，就如杰弗里所讲的梅林，相信这些石头具有魔力。

大部分历史学家认为皮戈特的说法有些牵强，尤其是杰弗里对历史的普遍看法。但这仍然留下了这样一个悬而未解的问题：至少85块甚至更多的石块是怎样从普利斯里山运到索尔兹伯里平原的？

一些地质学家，比如最著名的是G.A.克拉维认为，这些蓝砂石是通过冰川而非人力所运过来的。但是大多数专家不认可这种说法，因为他们不相信最近的冰川世纪会向南一直延伸到普利斯里山脉或者索尔兹伯里平原。即使冰川确实到达了这里，冰川要想把威尔士一小块地区的蓝砂岩集中到一起，然后再把这些石头沉积到英格兰的另一个小地方，而非散落在各地，这种可能性微乎其微。布里斯托尔海峡南部或者东部没有任何证据显示存在蓝砂岩，证明了冰川理论的不可信。

因此，最普遍的解释就是，来自索尔兹伯里平原的人们把一些独木筏绑在一起，穿越爱尔兰海，然后把这些石块运送过来。如何证明索尔兹伯里平原的人们拥有这种惊人的、非凡的技术是问题的关键。

伴随着知识分子们在认识上的紊乱，20世纪60年代出现了更多值得引起关注的关于索尔兹伯里平原居民的说法。这些说法不是来自考古学家或者地质学家，而是天文学家。

20世纪60年代不是天文学家们第一次登台亮相。早在18世纪，威廉·斯塔克里就曾经注意到巨石阵的主线在白天最长时太阳升起的地方，并且很多学者也注意到了它的方向是面朝太阳、月亮或者星星的。然而所有这些研究都没有一个能像波士顿大学的天文学家杰拉尔德·霍金斯的研究那样具有轰动效应。他的著作《破译巨石阵》出版于1965年，并且很快成为世界上最畅销的书籍之一。

霍金斯发现纪念碑上165个主要点之间的连线与太阳和月亮的升落位置有密切的联系。更加有争议的是，他认为巨石阵上被称为奥布里圆孔的圆圈曾经被用作预测月亮的圆缺。霍金斯怀疑巨石阵就是"新石器时代的计算机"。

阿特金森自发现"迈锡尼"雕刻以来就一直被认为是巨石阵问题的首要专家学者，他也以醒目的《巨石阵石柱上的月光》为题对《破译巨石阵》进行了反驳。阿特金森认为这些天体上的连线很有可能是偶然形成的，而非人为。至于奥布里圆孔是用来测量月亮圆缺的工

史前巨石遗址分布图

不列颠、爱尔兰以及法国北部是发现巨石的主要地区。这也表明，在这些巨石被建造时，这三个地区的人们穿过英吉利海峡和爱尔兰海，存在着交往。他们有着相似的宗教信仰和仪式，尽管我们现在对此知之甚少。曾经存在过更多的巨石遗址，但在1700～1800年，农民从他们的田里清除了许多巨石以耕种庄稼。

具，阿特金森则证明这些孔洞曾被用作火葬的坑洞，并且在挖掘后不久就被埋掉了。

从某种意义上来说，支持孔洞连线学说的天文学家们反对考古学家们的言论，随着每一种理论的提出而频繁出现，并且他们在互相理解对方的技术层面观点上都有很

巨石阵结构示意图

大的分歧。天文学家们提出多种方法来论证巨石阵可能被用作观测天文，其中一些方法比霍金斯的方法更加让人迷惑不解。但是天文学家们有这么一种倾向，即他们重视的是不同的点位与太阳或者月亮如何成为一条直线，而忽视了这些想当然的圆点中的一个可能比另外一个晚出现几百年或者几千年这样的情况。考古学家们很快就在这些理论中找到了漏洞。

在20世纪末的时候，尽管这种争论仍在继续，但是双方却有取得一致意见的迹象。大部分考古学家们（包括阿特金森）都认为天体线学说的内容，至少有一部分绝非巧合，尤其是指向太阳的那些线条。大部分人都认可这种观点，即至少从现代科学的意义上说，纪念碑从来就没有用作过天文观测台，但是建造巨石阵的人们很可能把这些石柱当成宗教仪式的一部分，用来观测太阳。

但是，这种不确定的天文学表明，索尔兹伯里平原的人们研究过天空，并且有某种方式来记录他们的发现。尽管这些巨石阵的建造者在某些方面看起来是很原始的，但是在其他方面确实是高度发达的。从这种意义上讲，最新的发现一方面加深了我们对巨石阵的理解，另一方面也让到底是谁建造了巨石阵这一谜团更加模糊不清。

金字塔是怎样建造的

谈及埃及，就不能不说代表其灿烂文化的"世界七大奇迹"之一的金字塔建筑群——胡夫金字塔、卡夫拉金字塔和门卡乌拉金字塔。胡夫金字塔位于开罗西南郊，

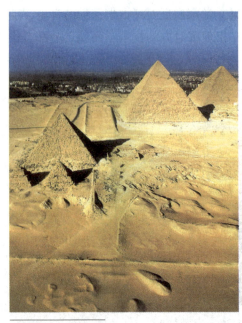

是埃及最大的金字塔，由230万块巨石建造，其中最轻的2.5吨，最重的达40吨。这些金字塔由于修建时期在5000～6000年前，目前没有发现任何记录它建造的文字，因而在建筑学、数学、几何学、物理学等方面给后人留下了种种离奇、有趣的暗示，也留下了无数的难解之谜！

胡夫金字塔的底面呈正方形，每边长230多米，绕金字塔一周，要走近1千米的路程。胡夫金字塔，除了以其规模的巨大而令人惊叹以外，还以其高超的建筑技巧而著名。塔身的石块之间，没有任何黏着物，而是一块石头叠在另一块石头上面。每块石头都磨得很平，至今已历时数千年，人们也很难用一把锋利的刀刃插入石块之间的缝隙，这不

▲ 埃及金字塔建筑群

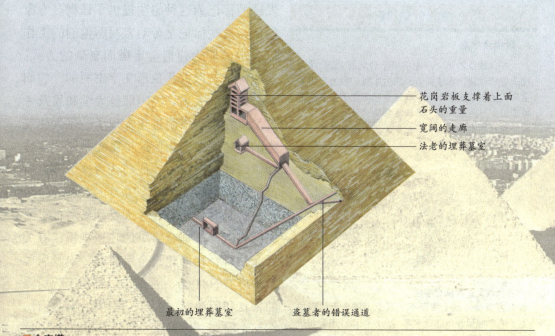

花岗岩板支撑着上面石头的重量

宽阔的走廊

法老的埋葬墓室

最初的埋葬墓室

盗墓者的错误通道

↗ 金字塔

在吉萨的胡夫金字塔是最著名的金字塔。胡夫金字塔高约146米,由超过200万块石灰石组成,一些石头重15吨。

能不说是建筑史上的奇迹。另外,在大金字塔身的北侧离地面 13 米高处有一个用 4 块巨石砌成的三角形出入口,因为如果不用三角形而用四边形,那么,100 多米高的金字塔本身的巨大压力将会把这个出入口压塌。而用三角形,就使那巨大的压力均匀地分散开了。在 4000 多年前对力学原理就应用得如此巧妙,不能不令人叹为观止。

而著名的 π = 3.14159……这一数字,是金字塔的地基周长除以其高度的两倍。究竟是什么力量、什么机器和什么技术,把这块岩石地带整平的? 建筑师是如何挖掘通向地层下的隧道的? 他们如何使光线渗入内部?

多年来,人们公认的说法是,埃及金字塔是由埃及的劳动者在公元前 3000 多年用手工建造的。当时的劳动者用没有轮子的运载器械运送如此沉重的石块,而且他们只能借助畜力和滚木来艰难地移动石块,把巨石运到建筑地点,他们又将场地四周天然的沙土堆成斜面,把巨石沿着斜面拉上金字塔。就这样,堆一层坡,砌一层石,逐渐加高金字塔。每批 10 万人,每一大群人要劳动 3 个月,历经 20 多年的劳动才换来胡夫金字塔的建成。多年来,专家们认为劳动者都是被强迫来做工的奴隶,然而新的发现使他们相信劳动者并不是奴隶,他们是埃及的平民。在金字塔的一些石块上

知识链接

▶ 阶梯金字塔

古代埃及的第 1 座金字塔于公元前 2650 年为国王佐瑟修建，它被称为阶梯金字塔，因为它沿层层巨大的台阶逐渐增高。阶梯金字塔位于孟斐斯古城遗址上。后来的金字塔表面都砌上了石头，于是每个面都变得很光滑。不过今天金字塔的表面已经被磨损和侵蚀得很粗糙了。

↗ 古代埃及的阶梯金字塔

看上去很像修建于美索不达米亚（即今天的伊拉克）的金字型神庙。金字塔下是由地道、走廊和房间构成的迷宫。

发现的标记为这种想法提供了证据。专家们认为这些标记是劳动者写明他们的工作以表示他们为建造金字塔而自豪的方式。这些标记是以古代象形文字书写的，它们是劳动者的人名。美国耶鲁大学和埃及考古学家在金字塔附近还发现了一座大建筑物的废墟。他们相信这里曾经是储藏食物和烘烤面包的场所。他们认为这个地方所产生出来的食物可供养 10 万工人。

但这种说法却在今天受到了考古学家们的挑战。根据金字塔的建造规模，有关专家估计，在修建大金字塔时，埃及居民至少应有 5000 万，否则难以维持工程所需的粮食和劳动力。然而，据历史资料统计，在那个时期，世界总人口才有 2000 万，这是一个多么惊人的矛盾。更令人不解的是，建造金字塔的石块都是从很远的地方运到吉萨沙漠去的。这些石块大的有 50 吨，小的也有 2.5 吨，仅胡夫大金字塔就用了 230 万块这样的石块。按埃及当时科技水平来看，还没有能力运输如此重又多的大石块。因此，有人大胆设想，石块不是从陆地或水上运输的，而是由宇宙来客在空中运输的。这种大胆设想或许被认为太荒谬了。但是，以胡夫金字塔来说，该塔底边的边长 230 米，误差不到 20 厘米。塔高 146.5 米，相当于

↗ 古代埃及人建造金字塔示意图（想象）

40层楼高，东南角与西北角的高度误差仅为1.27厘米，如此低的误差率，即使许多现代建筑也望尘莫及。更让人惊奇的是，胡夫大金字塔的塔高乘上10亿等于地球到太阳的距离；用2倍塔高除以塔底面积，等于圆周率π，即约为3.14159，而该塔建造好差不多3000年后，人们才把圆周率算到了这个精度。塔的四边正对着东南西北四个方向，塔的周长米数正好与一年的天数相吻合（即365.24天），其周长乘以2正好是赤道的时分度，坡面的高是纬度的6%，塔的自重乘以10的15次方正好是地球的重量。因此，无论是谁选定的这个塔址，都应该对地球体结构、陆地和海洋的分布等有充分了解。

因此，一位叫戴维·杜维斯的法国化学家，提出了一个关于金字塔建造的全新见解，他认为，建造金字塔的巨石是人工浇筑的。他从金字塔上取下来的小石块逐个加以化验，结果证明，这些石块是由人工浇筑贝壳灰石组成。尽管考古证明，人类在几千年前就已掌握混凝土制作技术，但这些贝壳石灰石浇筑得如此坚如磐石，以致很难将它们与花岗岩区别开来，实在是令人难以置信。由此他推测，在埃及，奴隶建造金字塔很可能是采用"化整为零"的办法，先将搅拌好的混凝土装进筐子，再抬上正在建造中的金字塔。这样，只要掌握一定的技术，就能浇筑成一块块巨石，将塔一层一层加高，这种做法既省力又省工，或许是上天特意为了证明他所说是正确的，这位法国科学家还在石块中发现了一缕人的头发。也许这缕头发就是当时辛勤劳动和灿烂智慧的见证。可惜的是，这些推论都是后人的一种猜测，当时的人是如何建造这样的一个奇迹，我们无从知晓。修建金字塔，一定是集中了古代埃及人的所有聪明才智。今天，当我们再次漫步在金字塔世界时，我们只有陶醉在它谜一般的神话传说中。

神秘的奥尔梅克石像

奥尔梅克文明的历史，可以追溯到公元前2000年，但是在阿兹特克帝国崛起之前的1500年，这个古老的文明就已经消失了。但是仍然留下了很多关于奥尔梅克人的美丽动人的传说，人们甚至亲切地称呼他们为"橡皮人"——根据传说，他们居住在墨西哥湾沿岸的橡胶生产基地。

传说中的奥尔梅克人的家乡，正是科泽科克斯河注入墨西哥湾的地方。"科泽科克斯"这个地名的意思就是"蛇神出没的地方"。相传远古时代，奎札科特尔和他的门徒就是在这个地方登陆墨西哥的，他们搭乘船身光亮有如蛇皮一般的船舶，从地球的另一端渡海而来。也就是在这里，奎札科特尔登上一艘"蛇筏

↗ **美洲虎神**
在所有奥尔梅克人物品上，都出现美洲虎神的画像。

↗ 奥尔梅克雕像与马修·斯特灵
美国人马修·斯特灵于1939年在奥尔梅克雕像发现地塔巴斯科的拉文塔对雕像进行首次科学考察。

子"扬帆而去，从此离开了中美洲。

就在科泽科克斯西边，从圣地亚哥·图斯特拉镇出发，向西南方向行驶25千米，穿过葱翠的原野，便是崔斯萨波特古城；科泽科克斯的南边和东边则是圣罗伦佐城和拉文塔城，在这些地方，无数的典型奥尔梅克人雕刻品相继出土。有些雕刻的是庞大的头颅，重达30吨，其他的是巨型的石碑，上面镌刻着两个相貌完全不同的种族——都不是美洲印第安人——相会的情景。制作这些杰出艺术品的工匠，肯定是属于一个精致的、高度组织化的、繁荣富裕的、科技相当发达的文明。研究者们困惑的是，除了艺术品之外，这个文明没有留下任何东西，让后人探寻它们的根源和性质，它们的存在又有什么样的代表意义。唯一能够确定的是奥尔梅克人在公元前1500年左右，带着已经得到了充分发展的、高度的文明，突然出现在了中美洲这片神奇的土地上。

考古学家挖掘出的巨大人头像中，最大的一尊是在耶稣基督诞生之前不久雕制完成的，它重达30多吨，是公元前100年左右制作的，大约高1.8米，圆周5.4米，重量超过了10吨。它们呈现的大多是非洲男子的头部：戴着紧密的头盔，绑着长长的颚

科泽科克斯城中圣奥古斯丁公园里的石像群，人们一直在探讨它是何种文明留下的成果。

安第斯文明

这幅地图显示的是查文的安第斯文明以及其主要的城市查文·德·万塔尔。它也显示了奥尔梅克的遗址，奥尔梅克文明出现在墨西哥。奥尔梅克文明的宗教中心与主要城市是拉文塔。

带，耳朵穿洞，鼻孔宽阔，鼻梁两旁显露出一道道很深的沟纹，嘴巴肥厚下垂，下巴紧贴着地面，有的两只大眼睛冷冷地睁着，宛如两颗杏仁，有的则是安详地闭着双眼。在那顶古怪的头盔底下，两道浓密的眉毛高高翘起，显出一脸怒气。看上去总会感觉有一种阴郁、深沉的凝重气息。奥尔梅克人留下5座非同一般、庞大的雕像，其面貌具有明显黑人特征的男子。当然，2000年前的美洲并没有非洲黑人，直到白种人征服了美洲之后，黑人才被抓来当奴隶。然而，考古学家发现的人类化石却显示，在最后一个冰河时代，移居美洲的许多种族中，就有非洲黑人。

这一尊尊人头像，都是用整块的巨大玄武岩雕成，竖立在粗糙的石板叠成的基座上。尽管体积十分庞大，雕工却显得十分细致老练，五官的比例均匀完美。

显然，奥尔梅克人曾经建立了相当辉煌灿烂的雕刻文明，进行过大规模的工程计划。他们发展出高超的技艺，有能力雕琢和处理巨大的石块（他们遗留下的人头像，有些用一整块巨石雕刻而成，重达20吨以上）。不可思议的是，尽管研究者一再努力挖掘，在墨西哥他们始终没有找到任何的证据和迹象可以证明奥尔梅克文化曾经有过发展阶段。这个最擅长雕刻巨大黑人头像的民族，仿佛从石头里蹦出来，突然出现在了墨西哥。有趣的是，这些让考古学家百思不得其解的5尊巨大的、显露黑人五官特征的人头雕像，被刻意埋藏在地下，以一种独特的形式排列着。

那么这些巨型的人头像雕刻品代表什么意思呢？有人推测是奥尔梅克人自己的自画像，有人认为那不是他们制作的，而是出于另一个更加古老的、已经被遗忘的民族之手。

史学界一贯主张，公元1492年之前，美洲一直处于孤立的状况之中，跟西方世界没有接触。思想比较前卫的学者，拒绝接受这种教条式的观念。他们认为，奥尔梅克雕像所描绘的那些深目高鼻、

人头石像 公元前900～前600年 奥尔梅克文明

大头孩儿

这个陶制小孩有着拉长的头和歪斜的眼睛，这是奥尔梅克画像的特征。考古学家们对这一特征一直迷惑不解。这可能是留在庙宇中的一个宗教供品。

满脸胡须的人物，可能就是古代活跃于地中海的腓尼基人，早在公元前1000年之前，他们就已经驾驶船舶，穿过直布罗陀海峡，横越大西洋，抵达美洲。提出这个观点的考古学家进一步指出，奥尔梅克雕像所描绘的那些黑人，具体地讲，是腓尼基人的奴隶，他们在非洲西海岸捕捉到这些黑人，然后千里迢迢地将他们带到了美洲。

然而还有一个问题，纵横四海的腓尼基人，在古代世界许多地区留下了他们独有的手工艺品，却没有在发现奥尔梅克人的聚居地留下属于他们的任何东西。事实上，就艺术风格来讲，这些强劲有力的作品似乎并不属于任何已知的文化、传统、艺术类型。不论在美洲或是在全世界，这些艺术品都没有先例。

奥尔梅克文化究竟从何时形成，又是如何衰亡？这是个连历史学家都无法回答的问题，缺乏刻在石头上的日历以及历史，就更加难以解释了。总之，奥尔梅克文化隐含着诸多未知，对它的了解和研究才刚刚开始，历史学家和科学家们不知道还要经历多少年的不懈努力，才能够找到它的谜底。

尼尼微城的雕塑探秘

尼尼微城建于公元前8世纪末，位于中东的美索不达米亚地区，即今天的摩苏尔地区，这里被考古学家们视为文物的"富矿带"，主要部分是库羊吉克土丘，公元前612年被新巴比伦王国毁灭，它曾是亚述帝国的首都，在当时影响极大且极其兴盛，尤其是在辛赫那里布和亚述巴尼拔王统治时期（公元前7世纪），尼尼微城的宫殿和壁画等巨型浮雕记载了人类神秘而辉煌的过去。它还是《圣经》中所说的先知约拿布道的城市，为人们所传诵多年。

尼尼微城的巨型浮雕

该浮雕反映了当时两河流域高度发达的文明。

　　传说公元前 883～前 627 年,在国王辛赫那里布和国王亚述巴尼拔王在位期间,尼尼微形成一座真正的城市,并成为美索不达米亚地区的文化中心之一。亚述巴尼拔王当政时,尼尼微成为亚述帝国的首都,从此开始了自己的鼎盛时期。辛赫那里布对战争不感兴趣。他把大部分时间和精力都用在尼尼微的建设方面。他兴建了一座每边长近 200 米的"盖世无双王宫"。这座王宫包括两座亚述风格的大殿、一幢椭圆形建筑物,以及一个植物园和一座凉亭。王宫里的浮雕长达 3000 米。辛赫那里布还在他的"盖世无双王宫"的西北,为他的后妃们盖了一座后宫,为皇太子盖了一座东宫。他还拓宽了尼尼微的马路,增加了城市公园,修建了供水网,并且从郊外 60 千米处的山上引水入城,以保证尼尼微城里的供水。辛赫那里布王的继承者阿萨尔哈东王在位时,仍继续扩建尼尼微,从而使它成为一座像《圣经·约拿书》中所描绘的有 12 万多居民的大都城。 阿萨尔哈东的继承者就是大名鼎鼎的亚述巴尼拔王。他除了大量收藏亚述人的图书——泥版文书外,还兴建了巨大豪华的亚述巴尼拔王宫。

　　公元前 7 世纪中叶,亚述帝国渐渐衰落。公元前 626 年,居住在新巴比伦的迦勒底人和东边的米底人联合起来进攻亚述。公元前 612 年,新巴比伦和米底联军攻进了尼尼微。尼尼微在被洗劫一空后,又被放了一把大火,一代名城尼尼微和庞大的亚述帝国一起,就这样从地面上消失了,同时消失的还有那些巨型浮雕。

　　几千年过去了,人们除了从史书上知道曾经有过尼尼微城和其巨型浮

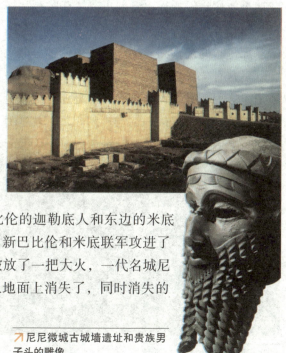

↗尼尼微城古城墙遗址和贵族男子头的雕像

↗ 表现残酷的战争场面的浮雕

雕之外，其他的东西就一无所知了。而美索不达米亚，这个"两河流域间的土地"，众所周知的古代文明之乡，以一种特别的诱惑力，使19世纪的欧美人分外疯狂，尤其是尼尼微城这座非凡的城市和它的巨型浮雕。

尼尼微城的发掘是一个漫长的过程。最早进入这个地方探索的人是一个意大利人，他于1616年进入美索不达米亚，带着许多巴比伦遗迹中的纪念品返回了欧洲，其中包括刻有楔形文字的陶碑。1802年，对古代史和古遗迹充满兴趣的英国外交官利奇也在这里收集了大量的楔形文字陶碑，但是他还梦想寻找到消失了的尼尼微城，可惜在库羊吉克的土丘顶发现了一个破碎的陶器和一些刻有楔形文字的陶砖后就因霍乱死了。后来，英国考古学者亨利·罗林逊在波斯小镇比里斯屯发现了一面百余米高的巨大悬崖石刻，上有大量的人物像，用三种楔文语言描述了古波斯国王达林斯准备惩罚造反诸侯的故事，约1200行。与此同时，一个叫波塔的法国人带领了一些人发掘了库羊吉克土丘，但一无所获。随后，在往北几千米外的一个叫喀霍沙巴德的地方，他们找到大量的刻文砖，看见了刻有巨大的人和怪兽的墙壁，有的是公牛像，有的是大胡子人像，还有的是带翅膀的狮身人面像。

不久，英国人勒亚德按照《圣经·约拿书》中对尼尼微城址的描述，在这里找到了两个亚述宫殿遗址，发掘出了象牙雕刻，还有楔形文字碑和记载战斗场面的雕塑画板。1847年，勒亚德开始发掘库羊吉克，经过6年的发掘，发现大量的文物，找到了辛赫那里布的王宫和亚述巴尼拔王的部分藏书室。证明这里就是亚述帝国的首都尼尼微。王宫有71间房间，至少有27个入口，每一个都由巨大的牛、狮或者狮身人面石雕卫士守卫，最令人难忘的要算是那些记载着亚述历史和神话的石雕壁画。勒亚德估计，如果把画一幅接一幅地排列起来，几乎有3千米长。而在亚述巴尼拔王的藏书室

↗ 表现整装待发的军人的浮雕

↗ 表现贵族生活的浮雕

里，堆满了刻有亚述楔形文字的大大小小的泥版。最大的一块楔形文字泥版长达3米，宽2米多；最小的一块还不到1寸长，只刻着一两行文字。这些泥版就是2500年前亚述人的图书，包揽了古亚述历史、法律、宗教以及文学、天文、医学等方面的知识，是研究当时历史的最宝贵的文献资料。

过了几年，伊拉克考古学家拉萨姆，再次来到这里。他在1852年到1854年期间，又在库羊吉克土丘下发现了亚述巴尼拔王的王宫，找到了许多新的楔形文字泥版和浮雕。他在亚述巴尼拔王王宫废墟的墙上，发现了著名的浮雕"皇家狩猎图"。在新发现的泥版文书上，刻有许多亚述和古巴比伦的神话，其中就有著名的神话史诗《吉尔伽美什》，诗中描述了关于古巴比伦时期，上帝派大雨和洪水来惩罚邪恶有罪的人类时的情景。在那次大灾中，一个名叫尤特纳·比利姆的人造了一只木船，载上家人和许多动物，在洪水中幸存了下来。这个描述跟《圣经》中挪亚方舟的故事，几乎完全一样，而且，用的是第一人称，表明这是一位亲眼目睹洪水的幸存者的记叙。还有一块描绘当时亚述的奴隶劳动情景的浮雕，这些奴隶多半是亚述人俘获的战俘，他们带着手链脚镣，有的被铁索相互系在一起，旁边有手执武器的亚述士兵在监督。这些浮雕现在都收藏在大英博物馆。

经过几代探险者、考古学家和学者们的努力，尼尼微城消失了的辉煌又再次被展现在当今世人眼前，所有的遗迹都远去了，只留下空旷的尼尼微城在岁月的风雨中感受历史的沉重。

玛雅人为何修建金字塔

大凡讲到金字塔，人们往往会想到埃及的金字塔，毕竟它是"世界七大奇迹"之一。其实，古代美洲的金字塔不仅数量超过了埃及的，而且特色更鲜明。埃及的金字塔是国王法老的陵墓，而美洲玛雅人的金字塔，则不完全是帝王的陵墓，更多的是一种祭坛。

中美洲的玛雅人是一个特别的人种，语言自成一体，脸形轮廓很独特，前额倾斜、鹰钩鼻、厚嘴唇。他们在美洲这片沼泽低洼、人迹罕至的热带雨林中，创造了令人难以想象的辉煌文明，如平顶金字塔祭坛、浮雕、石碑等众多杰出的建筑物。玛雅人创造了一套精巧

体现玛雅人高度发达文明的天文观测台

图为玛雅人建造的金字塔。它与埃及金字塔在建筑技术及材料上有根本不同。

玛雅文明时期的金字塔群及月亮广场。

的数学，来适应他们按年记事的需要，以决定播种和收成的时间，对于季节和年度中雨水最多的时间，准确地加以计算，以期充分利用贫瘠的土地。他们所掌握的数学技巧，在古代原始民族中，高明得令人吃惊，尤其是他们熟悉"0"的概念，比阿拉伯商队横越中东的沙漠把这个概念从印度传到欧洲的时间早 1000 年。凡此种种，使得玛雅文化也成为世界文明史上的奇葩。

玛雅文化诞生于公元前 1000 年，分为前古典期、古典期和后古典期三个时期，直到公元 9 世纪突然消失。据考证，大约公元前后，玛雅人达到了第一个兴盛期，在尤卡坦半岛南端的贝登湖周围建立了第一批城邦，营造了一个繁华的城市。现今整个遗迹面积达 130 万平方米，其中心地带包括金字塔、祭坛等多处建筑。中心大广场东侧的美洲豹金字塔，塔高达 56 米，分为 9 级，塔顶建有尖型小庙；西侧是 2 号金字塔，高 46 米。最高的 4 号金字塔高达 75 米，站在塔顶可一窥全岛全貌。与埃及最早的几座金字塔进行比较，发现它们竟然如同孪生的姐妹一般。苏格兰天文学家斯穆斯对埃及的两座金字塔做了为期 4 个月的勘测，他们得出了一些令人深思的数据：塔的 4 个面都是等边三角形，它们正好朝着东南西北四个方位；底边与塔高之比，恰好为圆周率与半径之比；塔的高度为地球周长的 27 万分之一，也是地球到太阳距离的 1 万亿分之一。

不过玛雅人的金字塔的天文方位计算得更为精确：天狼星的光线经过南墙上的气流通道，直射到长眠于上面厅堂中的死者头部；北极星的光线通过北墙的气流通道，径直射进下面的厅堂里。

一直以来，人们都认为金字塔是一种坟墓，而且确实在很多金字塔中找到了木乃伊。那么，玛雅人会不会不谋而合地也用工程浩大的金字塔作为坟墓呢？如果是，为什么金字塔与塔顶上的神龛是这么不相称，整个塔的建造水平是如此之高，而神龛却是相当粗糙，这不能不令人怀疑神龛可能是后来加上去的。根据这些，人们又推测，金字塔原先很可能是玛雅祖先的祭坛和用来观察天象的神坛，这是由于玛雅人对神有种近乎狂热的崇拜。玛雅人信奉的神主要有：太阳神、雨神、风神、玉米神、战争之神、死亡之神等。在玛雅人看来，神的世界远比人间凡世丰富伟大。他们经常举行祭祀典礼，每个玛雅人都认为，为神献身是一件非常神圣的事情。因此，玛雅人依照自己的历法建造的金字塔，实际上都是一种祭祀神灵并兼顾观测天象的天文台。

这些宏伟遗迹处处显示的不平凡，使得它与如今毗邻的印第安人居住的茅屋和草棚格格不入，而且这些宏伟的建筑并不是出于实际生活的需要，而是严格按照玛雅人的宗教信仰和神奇的玛雅历法建造的，简直令人难以置信。从考古学家掌握的证据来看，当时玛雅人仍巢居树穴，以采集或狩猎为生，过着相当原始的生活，似乎没有文明前期过渡形态的痕迹；那奇迹般的文化并没有经过一个由低级向高级逐渐发展的过程，而似乎是在一夜之间从天而降，骤然间涌现出了各种超越时代的辉煌成就。任何民族对外部世界的认识都必须和他们的生产方式相一致。后来，在金字塔里发掘出了

此为位于尤卡坦半岛上的玛雅人建立的金字塔远眺图。这种金字塔与古埃及金字塔有明显的不同，不管在建筑风格上还是使用上。

一些精致的透镜、蓄电池、变压器、太阳系模型碎片、不锈钢和其他不知什么合金制成的机械、工具等。因而有些学者以此为基点，认为这些建筑不是玛雅人自己创造的，而是别人传授给他们的，可是又有谁能把这样先进的知识传授给他们呢？

而且从早期的人类文明历史来看，文明的创造和辉煌都离不开河流。埃及和印度的古代文明，首先发祥于尼罗河以及恒河流域，中国古代文明的摇篮则在黄河和长江流域。为何偏偏只有玛雅人把他们的灿烂文明建筑于热带丛林之中呢？

不管怎样，不知出于何种原因，公元900年前后，玛雅人放弃了高度发展的文明，大举迁移，他们所创建的中心城市停下了新建筑物的建造，城市在某一天被完全放弃，繁华的城市变得荒芜，任由热带丛林将它们吞没。玛雅文明一夜之间消失于美洲的热带丛林中。后来从发掘出来的仅完成了一半的雕刻来看，这场劫难似乎来得十分突然，然而当时又有什么灾难他们无法抵挡呢？玛雅人抛弃自己建造起来的繁荣城市，却要转向荒凉的深山老林，这种背弃文明、回归蒙昧的做法，是出于自愿，还是另有隐情？

关于玛雅文明的消失有着种种的猜测，有人说他们是受到了瘟疫、战争等的袭击，但是为什么没有见到尸体？它的消失与它的崛起一样，充满了神秘的色彩，为世人所瞩目。

有人认为，玛雅人有可能被外族入侵，他们被迫离开家园。可是，有谁比正处于文明和文化兴盛时期的玛雅人更强大呢？

有人认为玛雅人是由于发生地震而被迫离开家园。可是直到今天，那些雄伟的石构建筑，虽然有些已倒塌，但仍有很多历经千年风雨依然保存完整。

有人认为，可能是因为隔代争斗，或是年轻的一代起来反对老一代，或是发生内战，或是因为一场革命，玛雅人离开了故土。如果真有上述情况中的任何一种发生的话，那么也只有一部分居民，即失败者，离开国家，而胜利者则仍留下生活。但调查研究没有发现有玛雅人留下来的任何迹象，哪怕是一个玛雅人！

当历史渐行渐远、成为一种遥远的回忆后，我们所能了解到的只是梦呓般的神话，以及一幢又一幢遗弃的建筑，然而神秘的玛雅人、神秘的玛雅文明、神秘的玛雅金字塔无不让我们记住不只有一个埃及金字塔……

金字塔中的神秘力量来自何方

在位于北非埃及的尼罗河畔散落着80多座金字塔，成为世界八大奇迹之一。金字塔在人们心目中不仅仅是法老的陵墓，还成为一种神秘力量的象征。围绕着金字塔也产生了一系列的未解之谜。据说金字塔具有的这种神秘之力作用于人体或物体，会产生某种神奇的结果。那么这种力量是什么？又是从哪儿来的呢？有什么作用呢？目前世界上已有许多科学家对这些问题进行了探索。

↗ 金字塔内部实景

法国人鲍比最初发现金字塔具有神秘之力量。鲍比进入大金字塔里考察时，发现塔内温度十分高，但残留于塔内的生物遗体却并不腐烂变质，反而脱水变干，保存久远。鲍比据此推断塔内可能有某种不可思议的力量在起作用。

意大利的学者还发现，如果人长时间在塔内逗留，会精神失调，意识模糊。为了证实这一点，有人在胡夫大金字塔里睡了一宿，第二天早晨果然头脑发昏不能清醒过来，幸而被人救出。不少游客到塔内参观游览，时间一长，也有这种感觉。学者们认为这就是所谓神秘之力在发生作用。防腐和麻醉可能就是这种力量所带来的效应。

鲍比用薄木板裁成底边为1米的三角形，把4块三角形的薄板拼起来组成一个金字塔模型，然后把动物的内脏、加工过的肉和生鸡肉等放入模型内部，几天后拿出来一看，并未腐烂，依然新鲜。鲍比以此证明金字塔确有一种神奇的力量存在。

鲍比的模型实验进一步引起了各国学者的兴趣。后来美国的研究人员又做了一项模型实验。他们把1000克牛肉分成两份，每500克为一份，一份放在自制的金字塔模型之内，另一份放在模型之外进行对照实验。在同样的室温条件下，放在模型内的牛肉5天后完全脱水，变成了牛肉干。而放在模型外的牛肉，不到4天，就腐烂发臭了。

接着，日本的研究人员也做了几项对比实验。他们把同样的牛奶分装两杯，自制的金字塔模型之内放一杯，另一杯放在模型之外，经过50小

通风口　　　通风口

国王的葬室
狭窄的斜坡

↗ 大金字塔内部结构示意图

5000年前埃及人以非凡的智慧建造了金字塔，5000年后的人们仍在探究它的神秘。

时，模型内的那杯牛奶变得像奶酪一样干硬，但未变质，而在模型外的那杯牛奶已经变质了。

在临床医学方面是否适用金字塔力呢？对此，美国牙科医师派力司·盖费斯博士也做过一项实验，他把铝合金板块制成了72个小型金字塔模型，挂在自己诊疗所的天棚上，在这些模型下边给牙病患者做手术，效果比较显著，患者说疼痛比以前减轻，术后恢复也加快了。美国盖费斯博士把这研究成果写成学术报告，发表在《齿科学术》杂志上，指出可能是金字塔内的防腐保鲜效应对牙科手术的成功起了一定作用。

但是，尽管科学家们做了如此多的对比实验，也只能说他们对神秘之力量的现象有了更多的了解。至于"金字塔之力量"的形成原因，至今也没有人能做出科学合理的解释，仍是一个未解之谜。

罗德岛太阳神巨像

古希腊罗德岛太阳神巨像在世界八大奇迹中最为神秘，因为它只竖立了56年便因地震而倒下，没有留下任何痕迹，或许它正是因为历史短暂却留给世人如此多的离奇故事和传说而成为了世界的奇迹，至今考古学家仍无法确定它的位置及外观，传说巨像位于希腊罗德岛通往地中海的港口处。

希腊在历史上大部分时间中都是由各个城邦制的国家组成的，这些城邦国家在国界之外只拥有很有限的权利。在小小的罗德岛上就有三个城邦：伊利索斯、卡密罗斯和林多斯。在公元前408年，这三个城邦联合成了一个区域，并有统一的首都——罗德。这座都城商业发达，并和它的重要盟友——埃及的托勒密一世有着很牢固的经济联系，是重要的商务中心，位于爱琴海和地中海的交界处。历史上罗德岛曾经被许多势力统治过，深受战乱之扰，其中先后包括摩索拉斯和亚历山大大帝，其中摩索拉斯死后埋葬他的陵墓后来也是七大奇迹之一，而亚历山大城的古灯塔也是奇迹之一，可见当时在这个地方的文明和传说有多么的令人不可思议，为什么那么多的奇迹都发生在时间相隔并不遥远的年代，而且还在差不多相同的领地呢？这或许只是我们众多疑惑中的一个，让我们还是去领略一下关于罗德岛太阳神巨像的传说吧。

在亚历山大大帝之后，全岛又陷入了长时间的战争，常年兵荒马乱。公元前305年，托勒密一世的对手，马其顿王国安提柯一世，为了打破罗德—埃及联盟，带领超过全岛人口的4万军队包围了罗德岛，准备掠夺这个城市。但他们从未能攻入这座城市，因为罗德岛的人民经过艰苦的战争，想尽各种办法，阻止了侵略者快速占领要地，使得自身占据了有利位置。罗德岛居民最终击败了这些侵略者，保卫了自己的家园。公元前304年达成和约时，安提柯一世撤除对罗德岛的包围，而且舍弃了大量的军事设备。罗德岛人为了颂扬他们团结一致的精神，为了庆祝这次伟大的胜利，他们决定用敌人遗弃的青铜兵器修建一座雕像，这就是后来传说中的太阳神巨像。巨像修筑了12年，高34米，和众所周知的纽约自由神像高度差不多，只是两者的姿势不一样而已，或许现代的纽约自由女神雕像也有某些灵感取自于这一巨像。巨像中空，里面用复杂的石头和铁的支柱加固。传说中巨像两腿分开站在港口上，船只能从腿中间过去，傲视着过往的船只。可以想象，那是一种多么气势磅礴而生动有趣的场景！

罗德岛上的太阳神巨像绘图

图为希腊罗德岛的古建筑，传说罗德岛人就靠这种古建筑抵御住了外族的入侵。

生长于巨像屹立时代的菲罗认为它的建造就像建造房子一样，其巨大雕像残片显示，建造技巧之精妙不亚于菲亚斯的宙斯像，其以大理石为结构基础，肌肤则是浇铸铜片建成。他甚至这样描述："罗德岛巨像就像躺在海上太阳升起光华之处。"可见当时的罗德岛巨像的形象有多么的光辉，人们对它的喜欢又是多么的极致。古代作家也有这样描述："巨像曾矗立此地，是与第一个太阳面向相对的第二个太阳。"巨像没有留下复制品或模型，只能依据古代文献的记载而推测它的外观，可是文献中只把它当作一件奇物而不是一件艺术品来描述。更令人遗憾的是，巨像未倒塌时的样子根本就没有直接的报道。事实上，主要资料都是来自普利尼，他说，最使人赞赏的是罗德岛太阳神巨像。那是卡雷斯的得意之作，他当时是亚历山大大帝宫廷雕刻家利西波斯的学生。这尊巨像竖立56年后，在地震中倒塌。不过就算是躺在地上时，它仍然是一个庞然大物，很少人能够用双臂环抱它的大拇指，每只手指都要比一整座普通雕像粗。在它的面前，你真的可以感受到自己的渺小了，只是不知当时的人是否会有这样的概念。而且，倒塌后，巨像断口处呈现巨大的洞穴，里面巨石累累，孩子们甚至可以爬进去玩耍，或许那是用来竖立巨像时起稳定作用的。

传说还认为，这座巨像其实是希腊人的太阳神及他们的守护神赫勒斯，以大理石建成，再以青铜包裹，以后更被用作灯塔，可惜大地震把这幢巨像给毁坏了，空留下巨大的躯体。公元654年，阿拉伯人入侵罗德岛，入侵者把倾颓的巨像遗迹运往叙利亚，由入侵的阿拉伯士兵敲碎当破铜烂铁卖掉，此后杳无踪迹，这就使得这个奇观的考察和研究更加困难，使后人找不到蛛丝马迹。

然而，研究分析显示，如果以港口的宽阔度和巨像的高度来计算，以上传说和设计结构都是不合常理的，因为巨像跨越港口入口必须要250米高才能办到，不论以金属或石块来建造，跨立的巨像绝对无法承受巨大的张力和冬季强风，而且倾倒后，巨像的遗迹亦会阻碍港口，所以估计真实的巨像应该立于港口东面或者更内陆的地方。至于姿势根本不知道，到底是站立、坐着，或是驾着马车？至今仍无人知晓，人们所有的有关巨像的描述都只是想象。

今天，圣约翰骑士团所建造的尼可拉斯堡垒就屹立在罗德岛港口的城墙尽头，只

太阳神庙遗址
通过这个庞大的遗址，人们似乎能够想象出当年太阳神庙的雄伟壮观。

是旁边没有了太阳神这一巨像。堡垒由古代砖石结构筑成，其中最有趣的是一些大理石块。仔细观察这些大理石，你会发现它们最先是由古希腊雕刻家切割，但耐人寻味的是大理石块非方形，而是略呈圆形的碎块，每块都有微微弯度，或许它们就是罗德岛太阳神巨像的残骸，愿它们安息吧！

斜而不倒的意大利比萨斜塔

意大利比萨斜塔修建于 1173 年，由著名建筑师那诺·皮萨诺主持修建。它位于罗马式大教堂后面右侧，是比萨城的标志。

开始时，塔高设计为 100 米左右，但动工五六年后，塔身从 3 层开始倾斜，直到完工还在持续倾斜，在其关闭之前，塔顶已南倾（即塔顶偏离垂直线）3.5 米。1990 年，意大利政府将其关闭，开始进行整修。

比萨斜塔全景
比萨斜塔位于比萨市奇迹广场，它是由著名建筑师皮萨诺建造的。比萨斜塔奇特的结构和宏伟的外观吸引了众多游人，它与大教堂、洗礼堂和公墓构成了比萨"奇迹区"。

在实际工作中，许多专家对比萨斜塔的全部历史以及塔的建筑材料、结构、地质、水源等方面进行充分的研究，并采用各种先进的仪器设备进行测试。比萨中古史学家皮洛迪教授研究后认为，建造塔身的每一块石砖都是一块石雕佳品，石砖与石砖间的黏合极为巧妙，有效地防止了塔身倾斜引起的断裂，成为斜塔斜而不倒的一个因素。但他仍强调指出，现在当务之急是弄清比萨斜塔斜而不倒的奥妙。

从事观测该塔的专家盖里教授根据比萨斜塔近几年来倾斜的速度推测出，斜塔将于 250 年后因塔身的重心超出塔基外缘而倾倒。但是公共事务部比萨斜塔服务局的有关人员却针对盖里教授的看法提出了反驳，认为只按数学方式推算是不可靠的，比萨斜塔是一个由多种事实交织成的综合性问题。另一些研究者通过调查发现，比萨斜塔塔身曾一度向东倾斜，而后又转向南倾斜，他们同样认为 250 年后该塔会不会倒不能仅限于简单的假设和预测。

当然，最关心斜塔命运的自然是比萨人，尽管他们也对斜塔的倾斜感到担忧，但更多的是骄傲和自豪，为自己的故乡拥有一个可与世界上任何著名建筑物媲美的斜塔而感到自豪。他们坚信它不会倒下，他们有这样一句俗语：比萨塔像比萨人一样健壮结实，永远不会倒下去。他们对那些把斜塔重新纠正竖直的建议深恶痛绝。如 1934

年，相关部门在塔基及四周喷入 90 吨水泥，实施基础防水工程，塔身反而更加不稳，向周围移动、倾斜得更快。

人们目前还难以预言比萨斜塔今后的命运，但仍感叹它斜而不倒的壮观景象。

新巴比伦王国修建过通天塔吗

如今的人们，已能利用航天飞机深入宇宙，更能用望远镜探望宇宙深处的秘密，但人们还是很向往更遥远的天外，希望能达到世界的顶端。这种愿望自古有之。

基督教经典著作《圣经旧约·创世记》第 11 章曾有这样一段记述：古时候，天下众多的人口，全都说着同一种语言，人们在向东迁移时，走到一处叫示拿的地方，发现那里是肥沃的平原，就定居下来。他们商定在这里用砖和生漆修建一座城和高耸通天的塔，以此传播声名，免得四处流散。这件事惊动了耶和华，他看到城和大塔就要建成，十分嫉妒人们的智慧和成就，便施法术变乱了人们的口音，使人们的言语各不相同。结果工程不得不停下来，人们从此分散到了世界各地，大塔最终没有建成，后人把这座大塔称作巴别，"巴别"就是"变乱"的含义。

如何看待《圣经》中这段记述，史学界众说纷纭，有的人认为《圣经》中这段传说有所根据，认为《创世记》记载的那座大塔的原型，就是古代两河流域（即示拿）新巴比伦王国时代巴比伦城内的马都克神庙大寺塔。这座大寺塔，被称作埃特曼安基（意为天地之基本住所）。它兴建于新巴比伦国王那波帕拉沙尔（公元前 626～前 605 年）在位时，到其子尼布甲尼撒（公元前 604～前 562 年）在位时才建成。这一传说也反映了新巴比伦王国时代，巴比伦城内居民众多、语言复杂的情况。公元前 5 世纪，古希腊历史学家希罗多德在其所著的《历史》一书第 1 卷 181 节中，记载了如下事实："在这个圣域的中央，有一个造得非常坚固、长宽各有一斯塔迪昂（古希腊长度单位，约合 185 米）的塔，塔上又有第 2 个塔，第 2 个塔上又有第 3 个塔，这样一直到第 8 个塔。人们必须循着像螺旋线那样地绕过各塔的扶梯

↗ 巴比伦宝塔式建筑遗迹

走到塔顶的地方去。那里有一座宽大的圣堂。"希罗多德说塔共 11 层，可能是把塔基的土台或塔顶的庙也计算在内了。公元前 331 年马其顿亚历山大到巴比伦时，这座大塔已非常破败。为了纪念自己的武功，亚历山大曾有意重建此塔，可是，据估算，光是清除地面废料，就需要动用 1 万人，费时 2 个月。由于工程浩大，亚历山大只好放弃了这个打算。

相反，有的学者不同意《圣经》中提到的通天塔就是新巴比伦时代马都克神庙大寺塔的观点，认为在巴比伦城内，早在新巴比伦时代以前就曾有两座著名的神庙，一座叫作萨哥—埃尔（意为"通天云中"），一座叫作米提—犹拉哥（意为"上与天平"），它们很可能就是关于通天塔的传说的素材。但是，有关这两座神庙，没有更多的史料可以参考。

复活节岛神奇的人面巨石像

因为极为偏远的地理位置，地球上几乎没有任何一个地方能与它媲美。它东面与南美洲相距 6920 千米，西面距离塔希提岛有 3701 千米。尽管它远离技术发达的现代文明社会，岛上的居民们还是以某种方式制造了成百上千个巨人雕像，其中很多雕像都是人形的，甚至比三层楼还高。然后他们把这些雕像用某种方式运到岛屿的各个地方，把它们竖立在石头底座上，并且用红色的岩石覆盖这些雕像。

↗ 复活节岛上的人面巨石像

当 1722 年荷兰探险家雅各布·洛加文在周日复活节那天（此岛也是因此而命名）登上岛屿的时候，这些雕像仍然屹立着。洛加文写道："这些石像让我们感到非常震惊，因为我们无法理解这些人……是如何把这些石像竖立起来的，这些石像足有 9.1 米高和 9.1 米厚。"

仅仅过了 52 年，詹姆斯·库克船长在复活节岛上做了短暂的停留，当时他正在南太平洋上寻找一个人们普遍相信存在但实际上并不存在的岛屿。库克船长同样也感到非常震惊："我们无法相信，这些岛民没有任何机械知识和机械工具，如何能够建造这些巨大的石像，还能在它们的头顶盖上圆柱形的石头？"

是谁修建了复活节岛上这些巨大的石块？为什么而修建？

大多数科学家认为它们是出自波利尼西亚移民之手，这些移民可能是从东面的某个岛屿（马克萨斯群岛）向西出发，经过了漫长而又不是不可能的长途跋涉后，最终到了复活节岛。挪威科学家托儿·海尔达尔在 20 世纪 40 年代曾经提出，南美洲的印第安人曾经居住在复活节岛上，并建造了这些巨人雕像，但是很少有人认同他的这种观点。

海尔达尔为了证明自己的观点，他决定造一个简单的木筏，并乘坐它孤身穿越太平洋。

海尔达尔发现复活节岛上的居民中流传的神话与秘鲁古代印加人的神话有明显的相似之处，因此提出了他的这个学说。复活节岛上的居民信仰一位白皮肤的神灵——提基，认为他创造了这个种族；印加人的传说中提到过他们的祖先曾把一个白皮肤的神灵——康·提基赶出了秘鲁，到了太平洋。

海尔达尔回忆说在 18 世纪，当第一批欧洲人来到复活节岛的时候，他们惊奇地发现岛上除了土著的棕色皮肤的波利尼西亚人之外，还有些白色皮肤的居民。提基和康·提基应该是同一个神灵，并且这里白皮肤的居民就应该是他的后代。

岛上居民的其他口头流传下来的习俗似乎也证实海尔达尔的观点。岛上的居民曾经提到过一个"长耳朵"的种族，他们在耳朵上打孔，在耳垂上悬挂重物，故意把耳朵拉得很长。这些耳朵很长的人统治了岛屿，一直到那些耳朵短的人不满现状而推翻了他们的统治。由于那些巨像的耳朵都很长，几乎垂到了地上，因此海尔达尔自然而然地就认为它们是由那些长耳朵的人修建的。但是这些人是从哪儿来的呢？岛上居民的传说给出了答案：他们来自东方，那里有一望无际的大海以及南美洲。

海尔达尔认为，如果那些长耳朵的人，提基以及康·提基等能够乘坐小木筏穿越太平洋，那么他也应该可以。

因此他前往厄瓜多尔的丛林地带，在那里与同伴儿一起，砍倒了他们认为是最大的一棵树。然后剥去树皮，按照印第安人的方法，用麻绳把 9 根大木头绑在一起，未用一颗钉子或者铁器就造成了一艘木筏。他们在木筏的上面修建了一个开放的小屋子，竖起了两根船桅，还挂上了一块方形的风帆。

他们在船头砸碎了一个椰子，把木筏命名为"康·提基"号。1947 年 4 月，在加入了另外六个人和一只鹦鹉之后，"康·提基"号从秘鲁海岸起航。

海尔达尔的海上冒险可以与《大白鲸》相提并论。他们在海上曾经遇到过一只巨大的鲸鲨，它是如此之大，以至于当它游到木筏下面时，它的头在木筏前面，而尾巴的全部则还在木筏的后面。最终船员们

↗ **复活节岛国家公园石雕**
石像全用整块火山熔岩雕凿而成，一般高 7~10 米。这些石像线条简洁粗犷，长耳高鼻，凸眉凹眼，昂首挺胸，遥望大海，若有所思，给人一种神秘感。

用鱼叉击退了这条鲸鲨。两个月之后，饮用水开始变咸，但是雨水及时补充了饮用水的短缺。早餐通常是那些在夜间跳上木筏的鲣鱼以及飞鱼。

海洋洋流和信风推动着木筏继续向西航行，但是实际距离远远超过了复活节岛。经过101天的海上漂流，木筏停在了塔希提岛东面一个荒无人烟的南太平洋小岛上。木筏上所有6个人都幸存下来，但是那只鹦鹉却被海浪给冲走了。

海尔达尔感到兴奋不已："康·提基"号的航行证明了用一只简陋的木筏就能横渡太平洋。但是它的成功只是证明了一种可能性，而无法证明真的发生过这样的事情。海尔达尔还需要更多的证据来证明南美洲的印加人在复活节岛上生活过。

↗ 波利尼西亚人的船
波利尼西亚人的独木舟长达30米。它们是由两个或是一个船壳以及一根舷外斜木组成的。船帆是用椰子树叶紧密地缝合在一起制成的。

在1955年，海尔达尔再一次朝着复活节岛的方向航行。这次他乘坐的是一艘改造过的拖网渔船，随行的还有一些科学家。但是很有讽刺意味的是，这些跟他航行的科学家，后来普遍对他的理论产生了怀疑。

首先，放射性碳元素测代结果显示，岛上第一批居民早在公元5世纪的时候就存在了，而最早的巨像建于公元900年至1000年之间。与此同时，海尔达尔曾经认为是复活节岛上居民的祖先是秘鲁高原和玻利维亚高原的蒂亚瓦纳科人，他们的影响力在公元1000年前后才到达南美洲的海岸线。在这些南美洲人还未到达高原的时候，他们怎么会横渡太平洋呢？

另外，人们在复活节岛上探寻的时候，从未发现过任何陶器或者纺织品的痕迹，而这两者恰恰是秘鲁文化的标志性产品。同时，在太平洋群岛中的一个、靠近南美洲的加拉帕戈斯群岛，考古学家们发现了大量的陶器碎片，这些碎片中的一部分是印加人到达南美洲之前生活在该洲上的居民所遗留下来的。

其他学科的研究进一步动摇了海尔达尔的理论。植物学家们发现复活节岛上的芦苇与秘鲁的芦苇属于不同种类；海尔达尔认为岛上的番茄源自南美，但是植物学家们则认为它们可能来自于波利尼西亚群岛。

语言学家们分析认为，岛上的居民是从西方来的。他们的语言中有很多单词与波利尼西亚语中相对应的词很类似，这些词汇之间微小的差别应该是长时间相互隔离所产生的变异。岛上文字的写法，同波利尼西亚群岛文字的写法更加接近，而与秘鲁语言的写法差距明显。

对骨骼进行的检测结果也表明，复活节岛上的居民跟东南亚人很接近，而非南美

洲人；并且大多数科学家认为那些早期到达复活节岛上的西方人关于岛上生活着"白色皮肤"居民的描述，是夸大其词的。毕竟，关于复活节岛上生活着白色皮肤居民的描述仅仅是很小一部分，并且其他人，比如最著名的库克船长对此并没有什么描述："他们在皮肤颜色、长相和语言等方面，跟西面一些岛屿上的居民很相似，毫无疑问是同一种族。"

至于有关提基和康·提基的古老传说，很多学者认为这并不可信，仅仅是故事而已。借用保罗·巴恩的话，就是要对它们"留有余地，不可全信"。巴恩批评海尔达尔，认为他在利用口耳相传的故事断章取义，只强调那些能够支持他的理论的部分，对其他内容却视而不见——比如说，他对复活节岛上首位国王霍图·马图阿来自西瓦岛的传说只字未提。西瓦岛是马克萨斯群岛中的一个微不足道的小岛，在复活节岛西北 3379 千米处。

即便是"康·提基"号的戏剧性航行也受到了科学家的严格审视。生活在印加人之前的印第安人使用的是船桨，而非风帆；并且秘鲁海岸线附近的沙漠也不可能提供它们制造木筏或者独木舟所需的轻质木材。另外，"康·提基"号还曾经被船拖离海岸线达 50 海里，这样就能避免洋流把他们冲到巴拿马海岸的某地，而不是其他接近波利尼西亚的地方。

科学家分析对海尔达尔 1955 年至 1956 年期间所进行的考察活动的批评，导致更多的人达成一致意见：波利尼西亚人就是复活节岛上最早的居民。跟南美洲的印第安人不一样的是，他们有着丰富的海上航行经验，并且在诸如夏威夷以及新西兰等岛屿开拓他们的殖民地。因此一些科学家甚至认为，南美洲和波利尼西亚文化的融合（比如在智利发现的一些有着复活节岛巨石雕像风格的长矛尖部），应当归功于那些波利尼西亚的水手们，因为他们冒险登上了新大陆，然后又乘船回到了家乡。

对于海尔达尔来说，这是无法接受的。他仍然坚持认为最早的移民是从东往西航行，而非从西往东。他决定继续跟史学界的观点相抗衡，再次造访复活节岛，捍卫自己的理论，即便他的支持者越来越少。

🡖 半身人像

但是我们不应该抹杀海尔达尔的贡献，正是他开创了到复活节岛科学考察的先河，还带上了一批科学家，允许他们开展不带成见的研究。也正是因为海尔达尔广为人知的考察活动，激励着更多的科学家亲自考察复活节岛，并继续石像的研究工作。

关于波利尼西亚人是第一批到达复活节岛的观点得到了普遍认可，这种说法至少能够在一定程度上解释这些石头雕像形成的原因。对波利尼西亚人而言，对祖先的崇拜是非常普遍的事情，因此那些石头雕像可能是由岛上的部落或者家族建立起来纪念先人的墓碑。石像上面放置一块红色石头的做法，很可能是沿袭马克萨斯群岛人的传统，因为他们习惯在死者的雕像上放一块石头以示哀悼。

但是关于这些巨石雕像，还有另外一个未解之谜，而这也被库克船长在岛上首次停留的时候记录下来，这个谜就是：很多雕像从它们的底座上翻倒下来，并且很多雕像的头部被故意砍掉了。

为什么这个民族花费如此大的努力建造了这些巨石雕像，但却又故意破坏它们？当洛加文在 1722 年首次造访时还完好无损，而库克船长在 1784 年到来时却出现了另外一番景象，其间发生过什么事情？

↗ 戴巨大石帽的复活节岛石像

海尔达尔认为要把这些都归咎于波利尼西亚移民身上，他认为这些移民在欧洲人来到之前就到了复活节岛，并和来自南美洲土著居民的后代发生了战争。他再次援引了复活节岛上的传说，认为岛上那些"短耳朵的人"反抗"长耳朵的人"，推翻"长耳朵的人"的统治，还把他们的雕像一起推翻破坏了。

由于缺乏考古学的证据，海尔达尔的猜测再次受到了人们的怀疑。没有任何建筑学或者手工艺方面的证据能够证明，在复活节岛的历史或者某段时间上，曾经突然遭受过新的文明的侵袭。

考古学家发现过大量的长矛的矛头和匕首，它们是在欧洲人到达岛屿之前出现的，这就导致很多人认为战争对摧毁巨人雕像、摧毁岛上的文化起到了一定的作用。岛上发现的岩画——"鸟一般的人"，似乎表明岛上曾经有短时期出现过取代对祖先崇拜的另外一种崇拜方式。

大部分科学家认为，生态危机使复活节岛的居民为了日益匮乏的资源而战乱纷起。人口的过度增长和森林的滥砍滥伐在 16 世纪的时候已经非常严重了，此时恰好最大的一些石像被建造起来。一些考古学家认为，这种无节制地建造巨人雕像的行为，可能表明人们希望神圣力量拯救自己的强烈愿望。当他们的祖先无法帮助他们时，愤怒的人们就失去了对祖先的敬仰，并把石像推翻。

复活节岛人的祖先或者神灵并没有拯救他们，但是欧洲人却很快就来到了这里。到 19 世纪，复活节岛上原有的文化和宗教几乎被毁灭了。欧洲人和美国人曾经为保护复活节岛上的文化进行过努力，并且受到过赞扬，虽然这种努力为时已晚。在 20 世纪 60 年代，一些科学家，包括海尔达尔的考察队员们，修复了一些倾倒的巨人雕像，并把它们重新安放在基座上。现在，这些巨人雕像依然屹立在岛上，默默注视着岛上的居民——现在也有很多游客慕名而来。

它们的脚下，依然是浩瀚的太平洋。

隐藏在孤寂中的荣华

阿迪密斯神庙建造之谜

充满神话色彩和宗教气氛的阿迪密斯神庙坐落在希腊的埃菲索斯喀斯特河口的平原上，被希腊人称为是"希腊的神奇"和"上帝的居所"。

阿迪密斯是古希腊的一位女神。直到公元4世纪末期，当地的埃菲索斯人仍然是她忠实的崇拜者。在圣窗上有她的塑像，塑像的技法是粗糙的，僵硬而呆板。在塑像的身上刻满了各种图画，有公牛、狮子、鹿，还有带翅膀的怪兽，其中有狮身人面的形状和半人半鸟的图像。学者认为这座神庙是古希腊精妙的艺术和东方精神的完美结合，是世界的共同拥有的一个来自神的馈赠。

目前，人们并没有清晰的关于神庙的架构的概念，只是通过发掘出来的残存物进行推测。从神庙的遗址上可以看到庙的支柱是经过雕琢的圆形基座，这在其他的庙宇建筑里是常见的，并不能说明它的特色。从神庙出土的钱币上，还可以看到平台的外延，距离很长，人们想象神庙一定是一个极大的、向外扩展的造型，以象征神的无限包容能力。尽管柱子的确切数目和它们各自的位置还存在疑问，但这种做法在萨莫斯神庙里已经存在。一些保存较好的钱币上的图案向我们显示了神庙的屋顶结构和山墙的设计。阿迪密斯神庙的中央并没有顶，而是10根圆柱，在和中央相连的部分是由屋宇的结构支撑的，由于考古学家又发现了内殿区内有排水沟的迹象，证明了这座神庙是露天的，但有的专家从黏土制的屋顶砖和喷水头等方面出发，坚决说神庙的屋顶是存在的。

神庙建筑的神秘来自于遗物的难以存留和现代人们丰富的想象力，但真正神秘的是来自阿迪密斯的魅力。在发掘现场，最壮观的是成堆的塑像，是由金子、象牙或黏土制成的。我们无法想象在古罗

古希腊人经常到特尔斐的阿波罗神殿聆听神谕。阿波罗神的声音，通过年轻的女祭司皮提亚之口就可以听到。

马和古希腊，女神的神秘力量有多大，但神庙的非凡构造应属于那些具有重大作用的人，这是不是表明在古希腊女性依然像原始社会那样具有主导地位？

现在，人们依然崇拜着这位来自远古的女神。阿迪密斯以她的精神使神庙得以圣化，神庙也使女神的影响得到充分的扩大。

在古代希腊，庙宇有双重功能，它一方面是宗教圣地，另一方面是战争和瘟疫

的避难所。对于所有的逃难者来说，圣庙的遮风避雨是女神的最好的照顾，同时也是人们灵魂皈依的处所。据记载在 6 世纪，一个妙龄的少女遭受残忍的暴君毕达哥拉斯的追捕，逃往神庙，在绝望中悬梁自尽。再比如，波斯王耶克萨斯被希腊人打败，无路可走，为了保存自己的后代，将他的孩子送往阿迪密斯神庙。这座庙宇曾经承受了希腊和罗马人民的风风雨雨，它是历史的见证，是多难的人们的庇护所，在今天，它的建筑已经被毁灭了，甚至都无法想象和恢复它的历史风貌，但它依然吸引了众多的朝拜者。阿迪密斯的多乳塑像和相似的塑像在今天还存在。考古学家和地质学家一直没有停止对神庙的发掘和考察，从各种发现的古文物中探索神庙的遗留，重新绘出神庙的原样，是考古学家最大的愿望，因为阿迪密斯神庙是古代希腊人灵魂的表达方式。尽管神庙和她的主人有着巨大的魔力，但神庙的建筑结构和女神的身份等具体情况并不清晰，这个建筑来自远古，也带来了难以解开的谜。

图为阿迪密斯神庙遗址。其中作为神庙支柱的10根儿圆形的大石柱依然保存完好，似乎是神庙存在的见证，它的默默无闻也见证了曾经辉煌的过去。

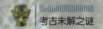

玛雅都市是怎样消失的

大约从公元1700年开始，美洲的学者就已经发表了一批介绍中美洲玛雅文化的考察报告，可惜只是浮光掠影，表述得不很详尽。1885年，年轻的美国探险家桑普逊由印第安人作为向导，在古代玛雅帝国所在的墨西哥尤卡坦半岛丛林中艰辛跋涉，终于发现了奇琴伊察城。后来在他担任尤卡坦领事的24年里，几乎都泡在那里挖宝。1930年前后，曾经动用飞机对这座遗址进行了多次空中拍摄，1947年开始在这里进行有组织的大规模发掘，终于使奇琴伊察城得以重见天日。

奇琴伊察城遗址位于今天墨西哥尤卡坦州的中南部，是古代中美洲玛雅文化的三大城市之一。这里属于干旱区域，水源主要是来自石灰岩溶洞的天然井，所以水源备受该地重视。"奇琴"在玛雅语中的意思就是"井口"，"伊察"意思是"伊察人"，"奇琴伊察"的意思就是"伊察人的井口"。

有的学者认为，早在公元前1500年到公元300年，玛雅人就已经占领了这个地区，并且在公元6世纪占据了奇琴伊察城。早期的建筑中有神秘文字大厅、鹿厅、神堂等，公元10世纪被异族占领后，又修建了大金字塔、大祭司冢、武士神庙等。1450年前后，城市被废弃，玛雅文化随之消失。今天我们所见到的遗址就是后期的建筑。

总体来讲，整个遗址大约占地6平方千米，南北长为3千米，东西宽为2千米，各种建筑物总共有数百座之多。其中，卡斯蒂略金字塔、战士金字塔、球场等处保存得还算完整。至于"圣井"中的宝物早就已经被盗窃殆尽了。

图为艺术家笔下描绘的部分奇琴伊察市的城堡建筑。这些建筑一般呈金字塔形。

卡斯蒂略金字塔，应该说是一座巧妙的天文台。它高24米，有9层，四面对称，底边各个边长为75米。四面各有364级台阶可以通到塔顶，加上台基共365级，恰好与1年的天数相吻合。塔顶是平顶庙宇，三面开门，南面开着窗户。正门的大门两侧，分别立着一座羽毛蛇像石柱，每年的春分和秋分世界可见到"光影蛇形"之奇景。古代的玛雅人就是在大门前面的广场上载歌载舞，宣告春耕、秋收的开始。

在距遗址大约1.5千米的地方，有两口直径约为60米的水井。井的旁边有一座大理石柱建成的金字塔，塔基边长是60米，宽30米，顶部的平坛有神庙。在金字塔到另一处神泉之间，有宽4.5米、长60米的石径连接着。另一

奇琴伊察的一个天文观测台，它位于奇琴伊察遗址的中心（上图）。古老的交易市场（下图）。

处神泉就是玛雅的"神泉"，是"雨神"居住的地方。当年桑普逊在察看这口圣泉时，发掘出一些美洲狮、鹿的残骸，还有玛雅人专用的祭祀香料。当然，也陆续发现了古瓶、矛头、翡翠碗，甚至人的骸骨，还有更多的金盘、金铃铛、玉石……可以说，桑普逊探宝活动获得了巨大的成功。此外，他还意外地证实了玛雅人用活人祭雨神的传说。玛雅人崇拜雨神，相信天气的变化、作物的丰歉都是由它来主宰的，所以人们会不定期地给雨神送美女做"新娘"，也就是从全族中挑选出最漂亮的少女，在献祭的当天，全族人在神庙面前，把打扮好的少女连同陪嫁的金童玉女，一同投入神泉中，随后投入大量的金银财宝，以便压着他们下沉。

值得注意的是，在奇琴伊察城还有几个球场，最大的一个位于城北，总体面积达到了22576平方米。场地的两头有石墙，墙上面镶有石环，以供投篮之用。据民间传说，1200年前，玛雅人就已经普遍流行着一种类似现代的篮球赛了。球像排球那样大小，是实心橡胶的，很重，要将球投入墙上的石环中得有很好的体能和技巧，而胜利

天堂之鸟
恶魔 美洲豹 星星 世界之树
宇宙怪物 宇宙怪物
东边的头 西边的头

地狱 地狱
水 雨神
水生植物 地狱之海

↗ 玛雅"宇宙盘"
这只盘子表达了玛雅人的宇宙观。

从奇琴伊察古城遗址出土的雕有人物形象的石柱，它形象地反映了当时玛雅人的特征。

者也受到很高的荣誉，甚至可以随意向观众索取财物作为奖赏；失败者却往往丧失一切，也可能会被砍头示众，球场墙壁上就刻有一个球员被斩首，而首级被插在看台杆顶的浮雕。这种生死比赛，是何等的激烈和悲惨！

众所周知，玛雅文明达到登峰造极的地步，是在 6 ~ 9 世纪的时候，紧接着在 10 世纪后急转直下，乃至湮没消亡。那么，是什么原因造成了他们的灭亡呢？难道是气候的剧变、地震等自然灾害，或是瘟疫的流行，令人们无法维持生存，以至于田陌荒芜、人烟稀少？或是由于遭到了内乱、外族的入侵，迫使他们背井离乡而逃往别处？但是他们后来又去了哪里呢？在人类的文明史上，却再也没有出现过关于他们的记录！难道说一个辉煌的民族就这样不明不白地毁于旦夕之间了？

透过以上的种种迹象，有关的学者认为，玛雅文明实际上是毁于自己手中，是他们自作自受。是他们刀耕火种的生活方式，造成了毁林、水土流失、地力的衰竭。同时人口的急剧增长，特别是从公元 800 年开始，人口每隔 400 年就翻一番，在公元 900 年已经到 500 万人，远远超出了土地的承载力，所以社会崩溃也是必然的趋势。再者，玛雅人的文明有高度发达的一面，也有风俗落后的一面。他们狂热地崇拜鬼神，用活人祭祀，甚至还从自身的耳朵、舌头、生殖器上钻眼儿取血，以便献给神灵，结果导致人们体弱多病，一代不如一代，最终使得整个民族灭亡！

玛雅的金字塔气势恢宏，其价值丝毫不逊于埃及的金字塔。

神奇的羽蛇城因何得名

在法国布列塔尼半岛上，有一群庞大的石柱群，平列蜿蜒，远远望去犹如长蛇在空中飞舞。其平列总长度达近 10 千米，巨石总数达 4000 块，最重的达到 350 吨，可以说是世界上迄今为止已发现的最壮观的石柱群了。

布列塔尼半岛突出在大西洋的海面上，卡纳克石柱群就是在半岛上的卡纳克镇附近。在那里，现在竖立的花岗岩巨石有 3000 多块，另外还有近 1000 块残破或者失落了。每块立石一般的高度是 1 ~ 5 米，而且石柱以天然大理石作为垫底。具体说来，它一共包括三个石阵。

第一个石阵距离卡纳克镇 500 米左右，石柱成 12 行纵队排列，呈东西方向，蜿蜒在高低起伏的土地上，一直延伸到松林极目的远处，总长度达到 4000 米之多，巍然壮观。石柱行列微微弯曲，石与石间距长短不一，石面打磨得相当平滑。在石阵的起点处有甬道，甬道的两壁和顶部是由花岗岩石板砌成的，里面很黑很低，必须手持电筒、屈身前进。过了甬道，就进入一个小石室里，石室的四壁雕有图案，相当美观。

卡纳克镇上部分伸入大西洋的石柱。布列塔尼半岛上的许多石柱都具有像这些伸入海中的石柱一样的特征。

大约隔有一个小丘的距离，就是第二石阵。排列成 7 行，在总体长度上超过第一石阵。在石阵的中间有一座古老的磨坊，游人可以登上磨坊顶部，俯视两旁绵延不绝的石柱阵容。过了一片稀疏的树林，就会看到第三个石阵。排列成 13 行，可惜长度仅仅有 355 米，不过在排列上远比前面两阵的更为密集。

考古学家试图将石柱与当时的拜蛇教联系到一起。历史上，当地高卢人是十分崇拜蛇神的，因而那些弯弯曲曲的石阵，有可能是摹仿蟒蛇蜿蜒爬行的姿势来建造的。又因为那些石柱匍匐于高低起伏的大地上，远远望去，颇有振翅飞动的气势，因此，也就称其为"羽蛇城"。

这么惊人的石阵阵容，18 世纪以前的史书上竟然没有一个字的记载！当今的各种辞书和地理图书也极少提及，那么，这么神奇的"羽蛇城"，是什么年代建造的，又是如何建造起来的呢？

1764 年，有位考古学家偶然路过这里，见到了石柱群，并做了报道，他认为，是罗马时代的遗物，才引起了世人的注意。而该说法也仅仅是依据民间传说而已。传说公元 3 世纪，罗马军队不断进犯布列塔尼半岛，卡纳克的守护神康奈里大展神威，亲

↗ 法国布列塔尼半岛海岸的自然风光

临山巅，玉手一指，将追赶的罗马士兵封死在原地，一个一个地化成了石柱，那罗马的统帅就化成了最大的一块。这位考古学家虽不信这样的神话，但他坚信这是罗马时代的遗物。

当然还有更多的猜测，有认为是庙宇是祭坛的，有认为是外星人访问地球时的"登陆台"的，如此等等，莫衷一是。

20世纪60年代，考古学家使用放射性碳测试技术，确定石柱存在于公元前4650年～前4300年，距今约6000多年，比英国的斯通亨石环要早得多，可谓人类新石器时代最早的文化遗址之一。

但是，石阵所在地没有石头，须从4千米以外的山岩上开采。古人最先进的搬运工具也就是绳索、滚轴、杠杆、滑车，还有利用土坡的斜面。他们是如何搬动350吨重的大石柱的呢？是什么鼓动他们狂热地进行这么浩大的工程呢？英国考古学家哈丁翰说："卡纳克石柱群比金字塔更神秘，是考古学史上年代最久远而又未被人类解破的秘密。"如果要揭开石柱的秘密，必须先弄清营造石阵的那批古人的来历，继而了解当年的生活情景。留存下来的墓葬，为此提供可靠的见解物证。

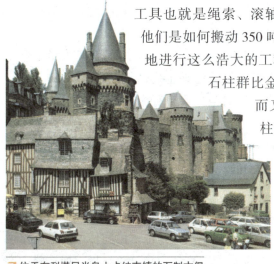

↗ 位于布列塔尼半岛上卡纳克镇的石制古堡

1900～1907年，法国的考古学家勒胡西率领一支队伍，发掘卡纳克附近的圣米谢尔古墓。该墓的体积是7.5万立方米，出土了大量公元前 4000 年前后的遗物。1979 ~ 1984 年，另一位考古学家勒霍斯带队发掘卡纳克相邻的格夫尔林尼斯岛上的甬道墓，发现该墓是个气势不凡的地下建筑，大理石块砌成的同心圆台如同露天运动场的看台一样，墓壁上还有精美的浮雕图像。他们还在距那里 20 千米外发现了另一古墓，墓内的石雕也有类似的图案。格夫尔林尼斯岛上的甬道墓今天已经被辟为地下博物馆供游人参观。29 块墓道墙壁石板中有 27 块刻有图案，6000 年前的无名大师雕刻下许多同心圆弧、枞树、斧头、蛇、牧羊者手杖等精美图案，还有类似女神的人像。墓的内室顶端的一块巨石上面，刻着一头长角的牛头和其前半身以及一把斧头。

　　卡纳克人有高超的本领营造这样的"地下宫殿"就已经充分说明，6000 年前的卡纳克人已经具有相当高的文明程度了，自然也有足够能力建筑出规模庞大的石柱群落来。神奇的"羽蛇城"建筑群正是卡纳克人高度文明的最佳体现。

米诺斯迷宫何以保存得如此完整

　　相传远古希腊克里特岛上有个富裕强盛的米诺斯国，国王米诺斯是最高天神宙斯的儿子。王后与一头公牛怪私通，生下一个牛首人身的怪物。牛首怪不食人间烟火，只爱吃人，刀斧不入，横行宫廷，国王对它毫无办法，又怕丢丑，于是就命人建了座迷宫。这就是米诺斯迷宫。迷宫有无数通道和房间，牛首怪关进去以后出不来，而外人也难以进去。牛首怪每 9 年要吃 7 对童男童女，由臣服于米诺斯的雅典城邦国进贡。

　　这种情形直到雅典第三次进贡时才得以改变。雅典王子提修斯自愿充当牺牲品。王子来到米诺斯迷宫，米诺斯公主对他一见钟情，两人相爱了。公主送他一团线球和一柄魔剑，叫他将线头系在入口，边走边放线。王子在王宫深处找到了牛首怪，经过一场殊死搏斗，终于用魔剑刺死了它。然后顺原线走出王宫，携公主返回雅典，从此，王子和公主幸福地生活在一起。

　　这个故事出自《荷马史诗》《奥德赛》和古代希腊的神话。世上真的有米诺斯迷宫吗？直到 1900 年，英国考古学家在经过了 25 年的考古工作以后，终于发掘出了 23300 平方米的米诺斯迷宫遗址。在清理出无数浮土后，古王宫墙基重现于世人眼前。

↗ **米诺斯宫殿**
米诺斯王及其大臣居住的宫殿，不只是政治权力的中心，它们还主宰全国经济。宫殿里充满了浓厚的宗教气氛，犹如令人敬畏的神庙。

米诺斯迷宫建于什么年代，为什么能够保存得这样完整？

古代希腊文明源于爱琴海。克里特文化是爱琴海文化的代表。早在公元前3640年，克里特岛居民就懂得使用青铜器。按历史分期，公元前3000～前2100年为早期米诺斯文化。克里特岛面积8336平方千米，是爱琴海最大的岛屿。中期米诺斯文化是以岛北克诺索斯城为中心建立了统治全岛的奴隶制国家，并控制了爱琴海大部分岛屿和希腊南部沿海地区，是当时欧洲第一海上强国，因而有雅典进行活人牺牲祭祀之说。公元前1700年前后的一次大地震使岛上建筑物大部分被毁坏。公元前1700年开始复建的米诺斯王宫更加雄伟壮丽。可是200年后，王宫忽然销声匿迹，米诺斯文化也突然中断。

人们苦苦思索：早期克里特人有能力复建被毁的建筑物，晚期反而弃之而去，当时的人到哪里去了呢？从遗址出土的2000块线形文字泥版，被鉴定为前1500年左右的遗物。1952年，英国学者破译其内容，确认那是希腊半岛迈锡尼人的希腊文字。这证明米诺斯的主人已经换成迈锡尼人，米诺斯王国已经不复存在了。既然迈锡尼人统治了克里特，为何不享用这宏丽的宫殿，却忍心把它毁了呢？

提修斯激斗"米诺牛"

对此，美国人威斯、穆恩、韦伦3人在合撰的《世界史》中这样说："约在公元前1400年，克里特发生了一个突然而神秘的悲剧。米诺斯的伟大王宫被劫掠了、被焚毁了，克里特的其他城市也遭到了同样残酷的命运。"是叛乱吗？是地震吗？

有人说，公元前1450年克里特再次发生的地震毁了米诺斯的文明。但通过查证灾害地理档案，人们发现这一年并没有发生足以毁灭米诺斯的地震。倒是公元前1470年前后，发生过一次骇人听闻的火山灾害。

克里特岛北方130千米处有个78平方千米的桑托林岛，岛上有座海拔584米的桑托林活火山。公元前1470年前后，这里发生了人类历史上伤亡十分惨重的一次火山大喷发。桑托林火山喷出625亿立方米的熔岩、碎石、灰尘，仅次于人类有史以来喷出物最多的坦博拉火山（1815年，印度尼西亚境内，喷出物1517亿立方米）。火山灰覆盖了附近的岛屿，50米高的巨浪席卷地中海的岛屿和海岸，造成数以十万计的人口死亡，同时毁灭了克里特岛的一切。

持上述观点的学者认为，米诺斯迷宫除了顶盖外，地基、墙体、壁画保存得那样完整，只能用霎时的天降之灾来解释了。若是人为破坏，必然有盗掘、剥离的痕迹。火山之灾毁灭克里特文明，可能更为接近实际。

米诺斯迷宫留给人们太多的谜，也许根本就找不到什么真实的答案。

克里特岛上的迷宫是寝陵吗

在中国古代，认真思考生死问题的人们把人的身体称为"逆旅"，意思是身体只是灵魂在尘世间暂时歇脚的一个寓所。生和死、住所和寝陵，真的是没有什么分别吗？

4000 年前，地中海克里特岛山上居住的是米诺斯人，他们专门从事航海贸易，创造了比希腊还早的物质文明，而且成为一个光辉灿烂的文化中心。

世人早已不记得米诺斯曾有的文明及成就了。3000 多年来，世人对米诺斯文明的了解，除了那个广为流传、有关克里特岛国王米诺斯及其半人半牛、藏身黑暗地下迷宫的贪婪怪物米洛斯的神话以外，几乎是一无所知了。然而，英国考古学家艾文斯爵士在 20 世纪初叶，把米诺斯首都克诺索斯的遗址发掘了出来。这次发掘的工程相当浩大。克诺索斯城自身就很大，加上所属港口，一共有近 10 万居民。这座庞大的建筑物是艾文斯最轰动一时的发现，他同大多数考古学家一样认为那座建筑物是王宫，属多层建筑结构，其中有好几层筑在地下。其建造之奇、藏品之丰，为世人所惊叹。王宫中有以海洋生物、雄壮公牛、舞蹈女郎和杂技演员为题材的色彩鲜明的壁画。另外，还有许多石地窖；有斧头的残片、铜斧乐器；以及一个以小片釉陶和象牙包金加镶水晶造的近 1 米见方的棋盘。细加琢磨的雪花石膏在看似国王的宝座上、在接待室

↗ 双面斧
在米诺斯人所有的宗教象征物中，双面斧是用来宰杀献祭的神圣之物。

↗ 米诺斯王朝的王宫遗址壁画
湿壁画是一种绘于泥灰墙上的绘画艺术，这种创作手段是米诺斯文明的主要艺术形式。

↗ 米诺斯王宫内景

的铺路石板上、在那些显出典型米诺斯建筑风格的上粗下细的柱子上、在门道附近闪闪发光。

那么，这座富丽堂皇、结构复杂的巨大建筑物真的是一座王宫吗？虽然历史学家和考古学家一般都同意这种说法，但德国学者沃德利克则不赞同，而且其说法好像有所依据。在1972年出版的一本书中，沃德利克说："克诺索斯这座宏伟建筑，绝对不是国王生时居所，而是贵族的坟墓或王陵。"依据沃德利克的说法，被大多数考古学家所认为的是用作储藏油、食物或酒的大陶瓮，其实是用来存放尸体的。尸体被放在里面后，加入蜜糖浸泡以达到防腐的目的；石地窖则被用来永久安放尸体；壁画代表的是灵魂转入来生，并且把死者在幽冥世界所需物品画出来。沃德利克还认为那些精密复杂的管道，不是为活人设置的，而是为了防腐。

为了支持自己的说法，沃德利克提出几项很有意思的事实，比如说米诺斯这座建筑物的位置，绝对不是建筑王宫的绝佳位置，因为它所处的地方过于开敞，四面受敌，如若有人从陆上进攻即无从防卫。同时，当地没有泉水，必须用水管引水，水量很难供应那么多居民。"王宫"及附近范围内也无一望即知是马厩和厨房之类的房屋，这里的居民难道不需要交通工具和食物？至于那些被认为是御用寝室的房间，更都是些无窗、潮湿的地下房舍，在气候和暖、风和日丽的地中海地区，绝不可能选择这样的地方来居住。

谁修建了非洲石头城

在津巴布韦共和国境内，有石头城遗址 200 多处，最大的一处在首都哈拉雷以南 320 千米的地方，占地面积达到 7.25 平方千米，人们通常称其为"大津巴布韦遗址"。

↗ 用微红皂石雕成的津巴布韦鸟

津巴布韦是"石头城"的意思。大津巴布韦遗址在丘陵地带上，三面环山，背面是风景优美的凯尔湖。所有建筑都使用长 30 厘米、厚 10 厘米的花岗岩石板垒成，虽不用胶泥、石灰之类的粘连物，却十分严整牢固，浑然一体。石头城由三部分组成：呈现椭圆形的大围场，呈现山顶堡垒状的卫城及平民区。大围场依山而建，城墙长达 420 米，高 10 米，城内面积 4600 平方米。城墙的东、西、北各开一个小城门，东南墙外又加筑一个与城墙平行的石墙，形成长 100 米、宽 1 米的通道。在通道的终端有一座圆锥形实心塔，塔旁长有两棵参天的古树，该塔据说是王室祭祀使用的"圣塔"。城中心有个半圆形内城，周长为 90 米左右，可能是王室最高统治者的居住场所。内外城之间有一组组的建筑群，有小围墙相连，门、柱、墙、窗都装饰有精美的浮雕图案，可能是后妃、王室人员起居的地方。城门和石柱顶端大多雕刻着一只似鸽又像燕的鸟，当地人称为"津巴布韦鸟"，现在已经被立为"国鸟"。

出城门沿着石阶可走向高度达 100 米的卫城。这是整个遗址的制高点。原来城堡高 7.5 米，底厚 6 米，正面有大门通向大围场，背面是绝壁。堡内有小围墙，将建筑物分割成许多块，其间通道多得像走迷宫，建筑与雕饰之精美，并不在王城之下。

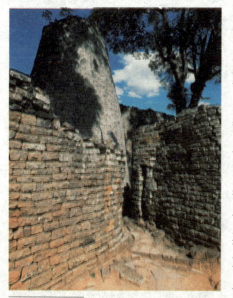

↗ 石头城的卫城

大围场和卫城周围还没有发现大型的建筑物遗址，但是墙基纵横交错，并且留有作坊、商店、货栈、炼铁炉、住宅、水井、税区、梯田等的遗迹，还发掘出中国明代的瓷器、阿拉伯的金器、印度的念珠等珍宝，这里显然是庞大复杂的平民生活区了。早在 16 世纪初，葡萄牙人侵占莫桑比克时，就已经风闻西边有座石头城，但是始终不能证实。1868 年，探险家亚当·论德斯进入津巴布韦狩猎，因为追杀一只狮子，偶然见到了一座巨大的城堡。他持枪大胆闯进城内，发现原来是一个空荡荡的废墟。

1872 年，德国地质学家卡尔毛赫闻讯潜入现场，被当地人捉住无功而返。1877 年，他再度潜入，绘制地图，搜刮大量文物，回国后向全世界宣布他的"伟大发现"，说石头城就是《圣经·旧约》所示的所罗门国王开采金矿的所在地。

20 世纪，统治津巴布韦的英国殖民当局采取了保护性的措施，同时组织多批考察队进行系统研究，终于使神秘的石头城日渐明朗。

知识链接

12～15 世纪是津巴布韦文明最为繁盛的时期，像大津巴布韦石头城这样的各种居民点曾经有成百上千处之多，现在我们发现的只有其中的一小部分。由于当时盛产黄金，加之人口过快增长，津巴布韦人对环境的索取严重超支，致使自然资源枯竭，生存环境严重恶化，自然灾害从天而降，津巴布韦文明就这样在欧洲殖民者来到之前悄无声息地消亡了。

在公元前 2000 年到公元初，位于地中海东岸的腓尼基人穿过撒哈拉大沙漠，定居在津巴布韦，创建了一系列的石头城。15 世纪，欧洲人开始进入非洲南部，劫掠财富，掠夺黑人，致使石头城荒废。另外的说法排除了"腓尼基人创造说"，他们认为石头城是欧洲人创建的，或是由另外的"优秀"民族来指导非洲人民建的。这外来民族可能是"天外来客"，即来自于地球以外的外星人。

现代以来，运用放射性碳法测定石头城及其出土物以及其他一系列的考古论证，已经基本否定了某些西方学者的偏见。石头城最晚至公元 5 世纪时才有人类定居，公元 10～11 世纪时成为铁器时代一个部落的大聚合点，13 世纪时发展为一个强大的国家中心。最有说服力的证据是"津巴布韦鸟"石雕，因为这鸟是津巴布韦一个部落世代崇拜的图腾，并且至今那里的许多居民仍信奉着。此外，王城与卫城分离，政权与宗教分离，是非洲中部的典型习俗，并没有什么外来的影响包含在内。特别是津巴布韦全国 7 个省的调查显示，在民间口头传说中，确有一个擅长片石砌墙的部族。在 11 世纪这个部族创建了马卡兰加王国，定都于大津巴布韦遗址，开始营建都城。后来这里又被莫诺莫塔帕王国取代了，该国继续扩大都城，15 世纪进入极盛期。那么，石头城是"土产"的事实，已经是肯定的了。

↗ **大津巴布韦遗址俯瞰图**
这座遗址是非洲南部最具特色的民族建筑之一。它的发现证明了南部非洲确有较为先进的古代文明。

悬崖宫是如何建成的

　　1888 年的冬天，在美国科罗拉多州西南部高原上，两个牧民正在赶着牛群行走，突然被眼前的一片悬崖挡住了去路。他们定睛一看，原来那悬崖竟然是层层叠叠的房子，最前面还有一座巨大的"宫殿"呢。他们惊奇万分，这么蛮荒的地方怎么会出现这么多的房子呢？于是他们随口把"悬崖宫"作为该地的名字。

　　当然，发现"悬崖宫"的消息很快传遍全世界，一批批冒险家到这里探寻宝藏，许多珍贵文物遭到了破坏。1906 年，美国国会被迫通过了保护悬崖遗址的法令，定名为"弗德台地国家公园"。1909 年，最大的悬崖宫村落正式出土，1979 年，这里被联合国教科文组织列为"人类文化遗产"，予以保护。

　　这里到处是遍布悬崖绝壁的台地，地面上长着草，树木稀疏，很适宜于放牧。"弗德"就是"绿色"的意思。16 世纪末，西班牙占领墨西哥后，侵入科罗拉多高原，称这里的印第安人为"普韦布洛人"。普韦布洛是西班牙语"村、镇"的意思。19 世纪初，台地同科罗拉多州一起被并入美国。

　　弗德台地发现的 1300 年前的"普韦布洛人"村落遗址迄今已经达到 300 多个，方圆达到 210.7 平方千米。几万人聚居在这个台地上，各村落之间相对独立，又由于彼此近在咫尺，既能互助互济，又可以共同对付强敌。每个村落就是一个家族的集体聚居地，外有土砖墙加以维护，内有多层成套住房和公共建筑。多层房仿照印第安人的原始祖先悬崖穴居的样式，逐层向上缩进，使整幢房屋好像呈锯齿形的金字塔。下层房顶就成为上层的阳台。上下层

弗德台地考古遗址的发现证明了土著印第安居民的确曾有过发达的古代文明。

考古学家在弗德台地国家公园进行考古发掘。

之间有木梯，上层大部分房间与邻室有侧门相通，底层则是专供贮藏食物之用的，也就不开侧门。在中心庭院有供集体使用的活动空地、祭祀房，地下还有两个礼堂（地穴）。

在哥伦布发现新大陆之前，人们关于美洲社会，仅仅知道这样的情况：在中美洲出现过有玛雅文明、托尔特克文明、阿兹特克文明，在南美洲仅仅有印加文明，并且大多建立了农业王国。至于北美的印第安人基本上被看作是不懂耕作、不会造房的野蛮部落。弗德台地的发现，改变了这种传统的偏见。

1909 年，美国的考古学家出土了台地上最大的村落遗址，俗称梅萨维德"悬崖宫"。这座村落依傍崖壁而建，占地近 1.4 万平方米，据估计当时施工周期达 50 年。村落的布局十分紧凑，有许多方形、圆形的各种高楼，其内共有 150 间民房、23 间地穴祭祀房间。著名的云杉大楼，也就是两个牧民见到的"宫殿"，因楼板是由云杉板铺成而得名。该楼是三层楼，长达 203 米，宽为 84 米，地面有 114 间住房，地下还有 8 件祭祀房间，而其中最大的一间地穴祭祀房竟然足有 7 间住房那么大呢。云杉楼的北边有个"杯子房"，里面藏有 430 只彩陶杯子、盆子、饭碗之类，这里或许是祭器贮藏室。

村落的四周都是悬崖绝壁，即使是野兽都难以攀登。在壁面有凿出的一个个的小洞，仅容手指和脚趾插入进去。村民便是靠着这些小洞来攀爬崖宫，进出村落。显然，这有对付外敌入侵的功用。村落周围还陆续发掘出蓄水灌田的水渠、水塘，编织篮筐的作坊，精美的陶器、玉器、骨器等。总之，村落处处闪烁着普韦布洛人的智慧和文明。

那么，普韦布洛人是以何为生，又是如何建造其悬崖宫的呢？

考古证明，早在公元初始时，西方称为"编篮者"的北美印第安人就已经能编织篮筐，栽种玉米。这些人曾经居住在洞穴或者土穴的圆形小屋里，过着频繁的迁徙生活。到了公元 5 ~ 10 世纪，这些"编篮者"居民制作陶器、种棉织布，还建造房屋。到了大约 7 世纪，他们进入弗德台地，12 世纪前后达到全盛期。在那里，这

知 识 链 接

弗德台地是美洲印第安人的一支——阿纳萨齐人在此 13 世纪为自己修建的家园。1829 年，由一支西班牙探险队首次发现弗德台地"悬崖宫"。1859 年，地质学约翰·纽伯利博士等人首次登上了弗德台地"悬崖宫"；1874 年，摄影师威廉·亨利·杰克逊开始向外界宣传弗德的"悬崖宫"；1882 年，弗吉尼亚·麦克郎等人发起了对弗德台地"悬崖宫"的保护运动；1916 年，美国政府宣布这里为国家公园。

些"编篮者"居民聚族而居，建筑其规模宏大的"悬崖宫"聚落，使外族不敢轻易靠近和进犯。当时的"编篮者"居民尚处于母系社会，部落长是女性，妇女掌管着祭祀大权，把持家政，专司制陶工艺。男人则从事农耕狩猎、编织和保卫村落等活动。此外当时集市贸易兴起，已经

↗ 弗德台地国家公园古村落遗址
这些村落体现当时印第安人高超的建筑技巧和对地理环境巧妙的利用。

实行物物交换了。

　　尽管西方殖民者称这些居民为"普韦布洛"，"编篮者"也被称为"普韦布洛人"，但实际上他们有自己的族名：阿纳萨齐族。

　　但是几代人辛勤建造而成的弗德台地大村落，后来为什么又被弃置了呢？这是到现在也没有搞清楚的谜团。目前，持自然灾害说的人最多了。普韦布洛人在弗德台地上平平稳稳地度过了几百年，人口基本趋于饱和，地力负荷也近于极限。1276～1299年，这里发生了一场长达23年之久的大旱灾，饮水枯竭。人们被迫忍痛放弃家园，向东逃荒到水源充足的地方去。从此，"悬崖宫"大村落被废弃。

弗德台地遗址的民居，它地势险要，需要借助其他工具才能够进入。

罗马古城为何神秘失踪

　　无独有偶，在古罗马城，有一座古城有着与庞贝城相似的命运，它就是赫库兰尼姆。

　　它的发现是一个偶然：1709年，一群工人在那里挖井，发现了古时剧场的舞台，进一步挖掘以后，陆续发现了众多的大理石构件。就这样，古城被发现了。

　　但当时意大利处在奥地利军队占领之下，奥国的亲王闻讯后只关心攫取大理石，以建造他的新别墅，根本不重视考古发掘的事情，更别提能否意识到挖掘的是世界上独一无二的珍宝———一座完美无缺的古城了。

20世纪30年代挖掘出的奥斯蒂亚剧院局部图，它也是当时赫库兰尼姆城最具代表性的建筑之一。它充分显示出了当时罗马人高超的建筑水平。

直到 1738 年，意大利的皇家图书馆馆长、人文学家唐·马赛罗·凡努提侯爵开始在赫库兰尼姆城发掘。他清理出土了 3 个穿长袍的罗马人的大理石雕像，又找到一方铭文，借此了解到曾经有个叫鲁福斯的人出资兴建了"海格立斯剧场"。依据这一点，专家们断定，这里就是失踪千年的罗马古城赫库兰尼姆。

1763 年，庞贝城出土了刻有"庞贝市公所"铭文的石碑，人们的目光都聚集到那里，甚至掀起了一股发掘庞贝城的热潮，相应地，赫库兰尼姆的发掘受到了冷落。直到 1927 年，意大利政府终于决定分阶段发掘赫库兰尼姆城，赫库兰尼姆城的原貌开始逐步展现在世人面前。

赫库兰尼姆城，又叫海格立斯，是以希腊神话中的英雄海格立斯的名字命名的。在人类历史上，这座城市曾经被意大利几个不同的民族相继占领和统治过。公元前 89 年，它和庞贝城一起被罗马人占领，成为罗马帝国的一个属地。公元 79 年 8 月 24 日，维苏威火山爆发前夕，也就是该城未失踪的时候，它的占地面积约为 23 万平方米，人口达到 5000 人。

赫库兰尼姆城是建立在发源于维苏威火山的两条溪流之间的高地上，四周环绕着

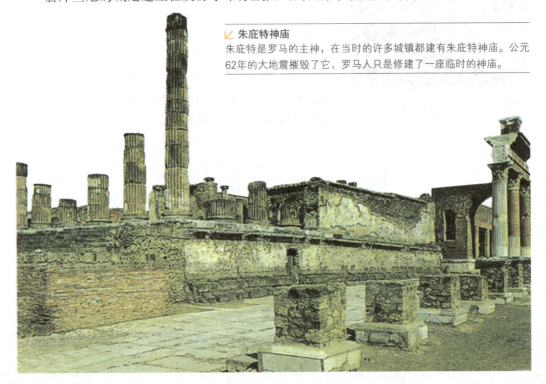

朱庇特神庙
朱庇特是罗马的主神，在当时的许多城镇都建有朱庇特神庙。公元 62 年的大地震摧毁了它，罗马人只是修建了一座临时的神庙。

一位乞丐在逃跑的过程中倒地，他的身边还有用来
乞讨的口袋。

这是一家人，包括他们的仆人，都试图尽最大努力逃出灾
难区，但扑面而来的火山灰和毒气很快便将他们吞没。

高墙。但是，覆盖在赫库兰尼姆城的熔岩混杂着大量巨大的岩石，掩埋得又比较深，平均达到了 20 ~ 26 米。因此该发掘工作带来了想象不到的困难。为了穿透异常坚硬的岩层，考古工作者不得不动用空气压缩机、推土机等复杂的现代化工具。但是具有讽刺意味的是，那坚硬的岩浆对于赫库兰尼姆城的破坏力反而比早年发掘的寻宝者造成的破坏要小得多。事实上，火山熔岩对赫库兰尼姆城起到一种保护作用。它虽然使得木料炭化，却并没烧断木头；所以许多门窗在原来的位置就可以自如地开关。

在一家小吃店的柜台上还放着胡桃；修理店里，有铜烛台仍放在远处等待修理……就连墙壁上的涂鸦也被保存了下来。有间屋子的斜坡上，写着一句话："帕吐姆那斯爱艾菲安达。"但是，赫库兰尼姆城的居民们却神秘地失踪了。在最初 250 年的发掘中，仅仅发现 9 具遗骸。所以，人们推测，赫库兰尼姆城的居民大多数逃走了。

但是，事实上并非如此。1980 年，安装地下水泵的工人们发现了两具躺在古海滩

意大利那不勒斯海湾边的维苏威火山，尽管它在近2000年前的喷发毁灭了一个时代，但它的泥浆和火山灰却为我们保存了那个时代的生活画卷。

上的遗骸。一具是稍胖的男子，考古学家们发现他的身旁有条打翻了的船，另一具是女性，长得很美。1982 年，考古学家们在大面积清理海滩时，意外地发现了 13 具遗骸。同一年，用挖掘机来挖掘海堤下面堵塞有岩石的三处石拱门时，其中的一个拱门下，发现了 6 个成年人、4 个儿童以及一个抱婴儿的保姆，他们的遗骨挤作一团，另外的两个拱门下，分别发现 48 具尸骨、19 具尸骨。

经过艺术家精巧的笔复原的赫库兰尼姆城局部图，从中可以看出当时古罗马高超的建筑艺术水平。它为后来的建筑艺术提供了很多可供参考的东西。

也是在同一年，考古工作者对海岸边的 10 间小屋进行了清理工作时，发现大量保存完整的遗骸。

总共算起来，赫库兰尼姆城大约出土了将近 200 具遗骸。通过对这些遗骸进行深入细致的研究，了解到在古代罗马，男子的身高一般为 1.70 米，女子为 1.55 米，虽然就健康状况来讲，有几具骸骨有患关节炎、贫血症等迹象，总体说来大部分人的体格健壮、肌肉发达，健康状况还是相当良好的。

赫库兰尼姆城虽说几乎是与庞贝城同时覆灭，这两座城在各方面的状况却存在着较大的差别。据美国《全国地理》杂志 1984 年 5 月号所发表的文章，作者里克·戈尔指出，在公元 79 年维苏威火山喷发的时候，灼热的岩浆在袭击庞贝城之前，就已经有 3 股岩浆流下维苏威火山，很快就把卡在岩浆流动路上的赫库兰尼姆城淹没了，随后岩浆迅猛上涨，将其覆没，所以它比庞贝城要早 7 小时覆没。同时，由于有丰富的地下水浸润而能够使泥土保持潮湿，使得赫库兰尼姆城比庞贝城保存得要好得多。加上不受空气的影响，尽管被炙热的岩浆灼烧过，也保存得很好，因此发掘出来的时候与被掩埋时几乎没有什么两样。

到如今，庞贝城已有大约 3/5 重见天日了，而赫库兰尼姆城发掘完毕之日还遥遥无期，主要由于它掩埋得较深，岩层又坚硬又厚，加上又处在现代城市之下，进展不免困难重重。虽然现在已经发掘出赫库兰尼姆城的 4 个行政区，还有石头街、古罗马广

塞韦里亚大道宽 10.5 米，一部分是车道，一部分是人行道，它实际上已具备了现代公路的雏形。

场、长方形大会堂以及竞技场的一半，但是还有更多的遗迹、遗物被深埋于地下，甚至赫库兰尼姆城的实际规模，也还需要进一步的发掘来评估。基于以上的因素，赫库兰尼姆城被誉为"考古史上最引人瞩目的未完成的工程"。

韩国的海底王陵是怎样形成的

根据民间的传说，在韩国庆尚北道月城郡甘浦海的海底，保存着一座完全按照王的遗嘱而建筑起来的王陵。在朝鲜的历史上，他就是新罗国赫赫有名的第30代文武王，毫无疑问，他的陵墓是这世界上独一无二的海底王陵。据估计，确切的建筑时间可能是在日本的天武时期营建的，但是直到最近，有关这座王陵的具体位置，人们还没有搞清楚。至于它的出土，也几乎可以说是出于巧合。那是1959年，在大王岩海底附近发现了为文武王精心修建的感恩寺遗址，考古学家继续发掘，进而发现了这座海底王陵。

关于这座海底王陵，还有这样的一段故事：当年文武王去世后，埋藏在海底的大岩石中，由于留恋人世的忧患，几乎在每个夜晚都幻化为龙来到

韩国庆尚北道的佛国寺，相传海底王陵中的寺庙也是仿照该寺样式建筑的。

感恩寺，以便镇压东海的倭寇的进犯，所以，人们就依据这些来推测说这里就是龙穴遗址。在后来对东海海上的大王岩所进行的实地考察过程中，在1967年发现了凭借着岩礁的低洼地势而营造的陵墓，也就是今天我们见到的大王岩海底陵墓。

在历史上，这位文武王的势力相当强大。他本人精明强悍，富于政治才干，他治理下的新罗国度，经济繁荣，社会安定，人民生活比较富裕，国家也积累了大量的物质财富。所以，有关的考古界业内人士就此推测，他的这座王陵中也应该会存在着数量巨大的珍贵财宝作为随葬品。上述这些推测，无疑早就引起了众多的淘金者和投机家们的浓厚兴趣，他们掀起了海底掘盗寻宝之风，可以说这种行为已经影响到水下考古行动的进展了。

↗ 在海底王陵中发现的天王彩色雕像

↗ **韩国护国寺一角**
护国寺是新罗王国鼎盛时期的皇家寺院，它的建筑风格代表了新罗王国最高的建筑水平，海底王陵中的许多建筑都是仿照护国寺建造的。

迄今为止，已经在全世界许多海域发现了不计其数的珍贵遗物和遗址。当今众多的水下活动诸如机械化的拖网渔业、水下娱乐业之类的迅速发展，已经使得水下考古遗迹受到相当程度的破坏。

这些水下遗迹几乎完全是偶然发现的，即使在发现后也是很容易消失的，因此，在某种程度上就造成了进行彻底的实地考察的难度。比如说，在彻底的实地考察中，应该降低水位高程，或者将考察地的水排干，使要考察的地方露出水面。

目前，这项考古工作仍在继续进行。到目前为止，可以了解到的情况是：文武王火葬之后的骨灰是被装入石棺里，然后石棺又被沉入海底的。在石棺的上面覆盖有巨大的天然石棺盖。据传说，当海水清澈的时候，人们能够看得到整个石棺的全貌。当然，这上面覆盖着的巨石，的确增添了整体上的庄重、肃穆和神秘感。

至于这样做法，究其根源，应该是有着深厚的文化内涵的。在古代的朝鲜，人们普遍相信在大海底存在有水神，就是指龙王，而且还有龙王居住的宫殿，就是龙宫。而且龙宫正是人死后的魂灵应该去的地方，也就是人希望自己可以长生，既在生前拥有享乐生活，还希望可以把它带到死后继续享用，于是，就幻想有座龙宫可以实现这个愿望。相信文武王当年许遗愿的初衷自然也不可避免地要受到这种观念的影响。正是由于他渴望在死后仍然能够享用生前的荣华富贵，因此，他宁可相信灵魂永生，也甘愿沉入海底，并且为此建造起一座海底王陵来。

↗ **海底王陵中的释迦牟尼雕像**

罗马地下墓穴如何产生

据史料记载，在公元 2～4 世纪，罗马帝国曾实行这样的法律：死去的人只能被火化，或被埋入城墙内。这条严厉的法令被强加于所有罗马居民的身上，基督教徒也不例外。但基督教徒的信仰是：只有把他们死去的亲友埋在地下后，他们的亲人才会复活并获得重生。为了维护自己的信仰，同时又为了不冒犯帝国的法令，基督教徒中的富裕人家就将坟墓修建在了罗马城外的道路两旁。这些坟墓被称为卡塔康巴斯，希腊语是"洞穴"的意思。最初的基督教徒公墓就建在道路两侧的这些空地上。

↗ 奥古斯都陵墓
这是当时富人的陵墓。它的直径达87米，上端是锥形土丘，土丘上种了树，并竖立着皇帝的塑像。

罗马的地下墓穴就是从这些早期的公墓发展演变而来的。那些早期的墓穴是一些简单的洞穴，用以纪念基督教忠实的信徒，同时也表达基督教徒们对基督教的无限忠诚与支持。地下墓穴的建造始于公元 2 世纪，因为公墓的空间越来越拥挤，原本在地面进行的墓地建设最终不得不转移到地下，长时间后就逐渐形成了巨大的地下墓穴。罗马的地下墓穴中的大多数墓穴都有四层，有着一个体系庞大的陈列馆和许多狭窄的通道和阶梯。死者的尸体都放在了墓穴中的壁灶里，这些壁灶有 4.8 米～7.2 米高，8.1 米～18 米长，是由多孔凝灰岩石制造而成的。那么，这个庞大的地下墓穴是怎么样制造的呢？

原来这座地下冥府是由一群被称为"法苏里"的专业人员建造的。这些建造者充分运用了他们的经验和智慧，在罗马的地下开凿出了一个巨大的地下系统。地下墓穴里面长廊鳞次栉比，纵横交错，它们的过道相互连接，并且还分为了上下层，上下层之间是通过狭窄而陡峭的阶梯相连接的。除了这些工作之外，他们还在岩石上精雕细琢，不放过任何一个细微之处。

知 识 链 接

认为死者只有入土才能为安的观点在古代世界各地都惊人的相似，古代中国、亚洲其他地方，非洲、美洲、欧洲都大规模兴建各式墓葬，墓葬建筑成为了世界古代建筑中最具特色的一景。几乎崇尚土葬的民族都把死者生前所用过的东西带入坟墓，成为了一个特定时期的历史见证。

罗马地底的土质属于凝灰岩层，属于一种软性泥土的性质，它们的质料细腻，有时也较粗，并且中间有时还混杂着类似火山喷口的碎屑。这类泥土开掘时极其容易，但是这种泥土一旦和空气接触，便凝固犹如坚石。罗马土壤干燥，掘下几丈或十余丈深，还是见不到水，死人埋葬于地

这是版画《罗马的地下》中的插图，早期的基督教殉教者的遗体被放在地下墓穴里保存起来。

下，可以永久安眠。这样的墓穴安排既不冒犯帝国的法律，又保护了基督教徒的信仰。

为了防止盗墓并且保护死者不受亵渎，早期的隧道挖掘者设计了迷宫一样的长廊和狭窄的通道，使闯入墓穴者几乎无法找到出口或按照原路返回，这样的安排是为了保护死者的灵魂。地下墓穴里阴冷、潮湿，空气中弥漫着令人窒息的尸臭味，更重要的是，那里绝对黑暗，任何进入地下墓穴的人都会被这绝对的黑暗所震惊。

有的墓穴的墙壁是用一根根的人骨堆砌而成。并且中央还设有祭坛，祭坛的底座

这几幅在地下墓穴中发现的浮雕或表现生活场景，或表现交谈场面，图案异常生动。

这是两枚从地下墓穴中发现的金币，金币上"罗马"字样清晰可见。

是使用人骨横着堆放的，祭坛高约 2 米，上面是用一个个人的头骨镶嵌而成的圆形图案，这些头骨都保留了骷髅的形状，有的露出了两个眼洞，有的张着大嘴，使人看了毛骨悚然。祭坛的后面还矗立着高高的人骨十字架纪念碑，这些组成十字架的人骨是经过了精心挑选的，它们一根根放着寒光。除此之外，还有许许多多用人骨拼凑的海盗的符号，并且周围还有完整的人骨柱，靠近墙根儿的地方还有很多没有整理的人骨堆。

地下墓穴是古代基督徒拜祭圣徒和殉教者的地方。几个世纪以来，虔诚的基督徒在地下墓穴中跪拜，以表示他们对那些因信仰而死去的人们的敬仰，这样的人被称为殉教者派。从地下的绘画中可看出，有些不同身份的人围坐在桌旁喝酒吃面包，而这就是一种简单得让人难以置信的仪式。

这种地下墓穴，不仅罗马一城有，意大利各城市也有。不但意大利有，而且法国也有。巴黎的地下墓穴面积巨大，几乎与整个巴黎城市相当。据考古学家的考察，今日的小亚细亚、叙利亚、克里特、爱琴海诸岛、希腊、西西里等地也都有地下墓穴的发现，可见这个风俗分散的广泛性。

今天罗马地下墓穴还在持续不断的发现中。已经发现的墓穴，它们的起点均在郊外，这些墓穴环绕着罗马城垣，成为了纵线向外引申，纵线中有横线来加以贯通。倘若我们把罗马城市比作一只大肚的蜘蛛，那么这些纵横交错的墓穴，就好像一张大蛛网布满了罗马的各个角落。地下墓穴的大小不一，现在已经发现的墓穴，按照初步计算，埋葬在其中的死者，约有 600 万人。

迈锡尼文明及其毁灭

公元前 2000 年左右的早期青铜时代是迈锡尼文明的萌芽时期，大约公元前 17 世纪，希腊人的一支——阿卡亚人在迈锡尼兴建了第一座城堡和王宫。据《荷马史诗》描述，兴盛时期的迈锡尼以金银制品名扬天下，被人们称为"富于黄金"的城市。

现存的迈锡尼城堡的平面形状大致呈三角形，位于查拉山和埃里

▷ **迈锡尼古墓**

阿斯山之间的山顶上，城墙高 8 米，厚达 5 米，用巨大的石块环山修建。有一座宏伟的大门开在西北面，门楣上立有三角形石刻，雕刻着两只虽无头但仍威武雄健的雄狮。这两只狮子左右对称的雕刻形式显然是受到东方文化的影响，是欧洲最古老的雕塑艺

狮子门

此门位于迈锡尼城堡的入口处，除了防御功能，城门还具有浓厚的宗教色彩：门楣上方的石狮分立在巨柱两侧，时刻守护着女神。

术，迈锡尼城堡的正门也因而被称为"狮子门"。

迈锡尼城门上的一对石狮子从1876年起就再也不能保持安静了。谢里曼等人在城内发现的墓圈A，吸引了全世界的目光，人们似乎又看到了3000多年前生动鲜活的"多金的迈锡尼"城。古代希腊世界迈锡尼文明的重要遗址陆续被发现，如梯林斯、派罗斯、雅典等。M.文特里斯在1952年宣布他已可以释读迈锡尼时代的泥版文书，并证实它们是希腊语文字。至此，当前历史学界已公认爱琴文明的这部分历史是讲希腊语的人的历史。人们目睹了迈锡尼文明时代王宫的残垣断壁，面对令人惊叹不已的王室宝藏，自然会发出疑问：如此辉煌的文明，是怎么毁灭的呢？

由于可靠的文字资料实在太少，线形文字泥版文书和《荷马史诗》所提供的信息又过于简单，所以，要回答这个问题，实在不是一件容易的事，于是许多学者都不约而同地从考古学的角度去研究。最初，谢里曼夫妇在这里发现了五座坟墓，后来，第六座坟墓又被希腊考古学会派来监督他们的斯塔马太基发现。这六座长方形的竖穴墓大小、深度不同，深0.9～4.5米，长2.7～6.1米，以圆木、石板铺盖墓顶，但大部分已经坍塌。共有19人葬在这六座墓穴中，有男有女，还有两个小孩儿，同一墓中的尸骨彼此靠得很近，大多用黄金严密地覆盖着这些尸骨。妇女头上戴着金冠或金制额饰，身旁放着各种名贵材料做的别针以及装饰用的金匣，衣服上装饰着雕刻有蜜蜂、玫瑰、乌贼、螺纹等图案的金箔饰件；男人的脸上罩着金面具，胸部覆盖着金片，身边放着刀剑、金杯、银杯等；两个小孩儿也被用金片包裹起来。

考古学家的发现远不止这些，在谢里曼发掘圆形墓圈A的75年之后，即1951年，希腊考古学家帕巴底米特里博士发现了被称为圆形墓圈B的第二个墓区。这个墓区在狮子门以西仅百米之遥，发掘出来的珍宝完全可以与谢里曼的发现相媲美，而且时代与前者十分相近。

英国考古学家韦思等在大约与帕巴底米特里发现圆形墓圈B的同一时期，又发掘了9座史前公墓，地点是在独眼巨人墙以西、狮子门之外的地区。这些圆顶墓（因形似蜂房，又叫蜂房墓）约建于公元前1500年～前1300年，均属于青铜时代中期。

公元前1400年～前1150年左右的青铜时代末期是迈锡尼发展的鼎盛时期。从迈

锡尼城遗留下来的城堡、宫殿、墓葬及金银饰品中都能看出
这一王国当年的强盛，但是要找到其消亡的原因，确实不是
一件容易事。我们尽管能从考古发掘中得到一些启示，但
要把不会开口说话的遗迹、遗址、遗物唤醒，实在是一件
困难的事。

↗ 女性陶俑

　　有人认为，迈锡尼世界的毁灭与一些南下部落的入侵
有关，特别是多利亚人。但也有人持与此认识相反的见解，
他们指出，迈锡尼世界在西北方的入侵者来到之前，已经衰
落。迈锡尼文明的统治至公元前13世纪后期，已开始动摇。
据考古资料看，多利亚人在公元前13世纪期间，并未进入
希腊世界，他们涉足此地是在迈锡尼文明的不少城市已经变
成废墟的很长一段时间以后，多利亚人面对的是一个已经不可避免要毁灭的世界。因
而，公元前13世纪末以来迈锡尼文明世界的各地王宫连遭毁灭之灾，与多利亚人无
关。考古资料也提供不出当时多利亚人到来的物证，于是 J. 柴德威克在对古文字研究
的基础上提出大胆假设。他指出，多利亚人臣属于迈锡尼人的历史事实，可以从神话
传说中有关赫拉克利斯服12年苦役的故事中反映出来，多利亚人作为被统治者早就遍
布在迈锡尼世界各地。赫拉克利斯的子孙返回伯罗奔尼撒，却道出了多利亚人推翻迈
锡尼人只不过是内部的阶级斗争的真情，根本不存在所谓的多利亚人入侵。以派罗斯

↗ 爱琴海锡拉岛上的壁画——决
斗的少年

为例，当时便存在很严重的经济问题，青铜不够用，青铜
加工业已衰落，国家经济组织疲惫不堪，税收不齐，经济
面临崩溃的边缘。有限的土地不能满足经济发展之需，国
家只能靠积蓄的产品度日，要么就从地方额外征收黄金。
当时受到挑战的还有神权，村社不按祭司要求行事，有的
人甚至敢不履行宗教义务。由于受到其他部门或其他国家
的过分压力，中央的高度集中化受到了破坏。在这种形势
下，派罗斯的王宫随时都有覆灭的危险。这一切都可能是
导致派罗斯毁灭的主要原因。

　　另有一些人认为天灾是祸根，天灾造成人口减少，食
物短缺，大量小村庄被放弃，王宫经济发生危机。迈锡尼
为了远征小亚细亚富裕的城市特洛伊，倾国出兵，围攻10
年方才攻陷。迈锡尼大量的人力、物力和财力在这场旷日
持久的战争中严重消耗，从此国势一蹶不振。

　　还有人提出，迈锡尼文明遗址中有几个地方是毁于不
知什么原因引起的火灾。这样，活跃于东地中海的海上民族
便吸引了这些猜测者的目光，他们认为是这些海上民族

破坏了小亚细亚、巴勒斯坦、叙利亚、埃及等地的许多城市，促使赫梯帝国灭亡、埃及帝国衰弱，当然迈锡尼世界也受到了影响。甚至有人说当时的派罗斯有一支装备着20条船的大舰队，可最终被海上侵略者打败。反驳者指出海上民族在公元前13世纪时并未进入希腊。从泥版文书中看，在派罗斯陷落之前，国家除了正常的换防之外，一直没有任何特殊的军事行动。

　　派罗斯王宫没有防御工事，这一点更让人难以理解。如果说派罗斯的灭亡是由于大意所致，那迈锡尼、太林斯等地不仅有保证战时水源的设施，而且有巨石筑就的高墙，可谓壁垒森严、固若金汤，却也没能免于灭亡。

迈锡尼纯金面具，据说是依照阿伽门农的面部特征而制成的。

　　学者们经过一番深入的研究之后，不但没能解开迈锡尼文明的衰弱之谜，同时又提出了一些新的问题：迈锡尼没有金矿，而黄金又是从何而来？固若金汤的迈锡尼城怎么会屡遭沦陷？还有埃及人、腓尼基人都在其坟墓墙上刻下了文字，后来的希腊罗马人也树立了有文字的墓碑，迈锡尼人已普遍掌握了线形文字，并且用来记写货物清单，可是他们为什么不将死者的姓名和业绩刻在墓碑上呢？这到底如何解释呢？一切还有待后人的深入考察。

吴哥城消失的文明

　　1861 年的一天，有 5 个人在中南半岛的原始森林里搜索着。四周灰暗的树荫遮天蔽日，绊人的树根到处都是，不知名字的昆虫任意叮咬着他们的皮肤，匍匐在地上的毒蛇随时都有攻击人的可能。在 5 个人中，走在最前面的是法国生物学家亨利·墨奥特，跟在他身后的是他从当地雇佣的 4 名仆人。这时候，仆人们一个个浑身无力，直冒冷汗，向墨奥特请求道："主人，请不要再往前走了，我们回去吧！我们再也不敢向前走了，这会触怒恶魔与幽灵。即使你给我们再多的钱，我们也不干了……"

　　墨奥特所要寻找的，就是已经消失了几个世纪的古城——吴哥城。本来，墨奥特是为了寻找一种珍贵的蝴蝶才来到这个高棉地区的。

　　在深入高棉内地后，他与 4 名被雇佣的当地土著人开始进入一大片阴暗深沉的丛林区，希望能捕获一种罕见的蝴蝶品种。他们一行 5 人沿着中南半岛的湄公河逆流而上，约走了 480 千米，然后乘坐一条小船由湄公河支流深入内地，到达高棉的金边湖。一路上奇景异兽不断出现，很多罕见的植物、昆虫在这片未开化的丛林地带展现出生命的光彩，这使墨奥特大开眼界，兴趣大增。然而随行的土著人却变得越来越烦躁不安，在走了一大段路之后，他们竟然止住脚步，不愿再前进一步。

　　"主人，我们只能跟随您到这里，再向前……"

　　"再向前怎么样？你们看，我千里迢迢来到此地，到现在还没捉到一只蝴蝶，我可不愿意就这样前功尽弃，空手而回。再说……"

　　"可是主人……"仆人争先恐后地抢着说道，"前面那座密林里藏着许多幽灵，它们不但会让人迷路，还会用可怕的毒气把我们全部杀死。"

　　"幽灵？"墨奥特对他们的话感到可笑，这些迷信的土著人居然还相信在这个时代里有幽灵存在！但他没有别的办法，只能鼓励胆怯的随从道："这个时代不可能存在幽灵！就算真有，我们这么多人，肯定会把幽灵吓跑。要是能够把幽灵抓住，不仅比捉蝴蝶有趣、刺激，而且你们也可以因此成为人们心目中的英雄。你们还怕什么？"

　　土著人对墨奥特的话不以为然，仍然不断地恳求墨奥特不要冒险："主人！这可不是开玩笑的，听说丛林里有魔鬼的咒语，所以几百年来一座大城堡一直孤单地待在丛林里，没有人住……"

↗吴哥城遗址

　　这些土著人所说的古城就是 12

世纪时，吉蔑人在丛林中兴建的吴哥城，这座古城最兴盛的时期是13世纪。中国商务使节兼旅行家周达观在1296年的著作《真腊风土记》中详细记载了它的盛况：

在吴哥城门口，任何人都可以自由出入由士兵驻守的城门，只有狗和罪犯除外。一种用瓦覆盖的圆形房屋是那些养尊处优的王宫贵人们的住所，这些房屋都是面向着旭日初升的东方。奴仆则在楼下不停地忙碌着。有几百间石屋和二十多座小塔围绕着一座黄金宝塔，这就是巴容神殿。神殿的东边则有两头金色狮子守卫着金桥。这一切都显示出吉蔑帝国的繁华和气派。

无比尊贵的国王穿着富丽堂皇的绸缎华服，头上时而戴着以茉莉花及其他花朵编成的花冠，时而带着金冠，身上更是佩戴着许多稀世珍品：珍珠、踝环、手镯、宝石、金戒指……当百姓或其他国家的大使想见国王，便于国王每日两次坐朝时，席地而坐以等待国王的驾临。一辆金色车子在鼓乐声中缓缓地载来国王，此时大家在响亮的螺声中需要合掌叩头，等国王在传国之宝——一张狮子皮上坐定。然后众人要等螺声停止，才敢抬头瞻望国君之威仪，并将诸事奉告……

由此可以得知，吉蔑帝国不但国力强盛，而且秩序井然，这个民族的人口曾达到200万。

当然，当时的墨奥特并不知道这些，他只是看到土著人表情严肃地向他比画着，一股好奇心从他心里陡然升起："丛林中居然隐藏着一座大城堡，如果把它公诸于世，岂不举世震

↗ 吴哥城出土的女子立像

↗ 吴哥城寺庙中心的圣塔

惊!"这种想法逐渐取代了他原先捉蝴蝶的愿望。"这样吧，我给你们加倍的钱，你们再陪我往前走一走，探个究竟，好吗？"

随从们尽管心里很不情愿，但还是鼓起勇气，怀着战战兢兢的心情，小心翼翼地再向前走。他们一直在这荒凉的丛林中搜了4天，仍旧毫无结果。第5天他们仍然什么也没发现，墨奥特没有办法，只得率领仆人折回。就在此时，忽然他们眼前呈现出5座石塔，尤以中央那座最高、最宏伟，塔尖在夕阳的映照下熠熠生辉。

墨奥特看到这座被长久埋藏在丛林中的古城，不禁瞠目结舌。他找到了举世闻名的吴哥城！吴哥城堪称一座雄伟庄严的城市，东西长1040米，南北长820米，几百座设计独特的宝塔林立，周围还有类

↗ 吴哥巴扬寺神化的国王石像头

似护城河的宽200米的灌溉沟渠守卫着。有许多仙女、大象及其他浮雕刻在建筑物上，其中172人的"首级像"显得尤为壮观雄伟。从这座古城中有寺庙、浴场、图书馆、纪念塔及回廊来看，在此兴建都市的民族当年的文化必定十分发达，他们那高超的建筑技术在世界建筑领域中堪称一流。

后来，墨奥特因感染热带疾病去世而没能揭开古城的秘密，但法国方面继续进行探索。到现在为止，人们还没有找到吴哥城荒废的原因。查遍所有的史料，也只能得知在1431年的时候，暹罗人以7个月的时间，将吴哥城攻下，搜刮了大批战利品而去。第二年他们再度光临吴哥城，却发现这里已经变成了一座空城，人畜皆无，这就是吴哥窟。于是人们做出了种种猜测。有人认为，吴哥城被暹罗大军攻陷之后，这里的居民被强行带到某地去做奴隶了。然而幼子、病弱者、老迈的人也不见了，难道这些人也可以充当奴隶吗？有人认为国内曾发生过一场大规模内乱，国民互相残杀，所有的人无一幸免。然而让人不解的是，城内没有发现一具尸体。

还有人认为可能有一场可怕的传染病侵袭了吴哥城，这场传染病夺去了大部分居民的生命，侥幸生存者为了避免传染病继续流行，将死者全部焚毁，然后怀着哀伤的心情远走他乡。而真实的情况到底怎样呢，有幸到过吴哥窟的人们仍在搜寻着答案。

↗ 四面塔群

令人惊奇的土耳其地下城市

世界上有许多神奇而又古老的地方，土耳其的卡帕多基亚就是其中之一。它位于土耳其的格尔里默谷地，有许多奇形怪状的石堡，这一地貌是由火山熔岩硬化后形成的。真正使卡帕多基亚闻名世界的是这里地下城市的发现。

迄今为止，人们在这一地区发现了大约 36 座地下城市。其中并不是所有的都像卡伊马克彻或代林库尤附近的地下城市那么大，但都称得上是城市。现在人们已经描绘出了这些城市的俯视图。熟悉这一地带的人们认为，地下城市的数量肯定比这要多。现在所发现的地下城市相互间都相通，以一系列地道连接在一起。连接卡伊马克彻和代林库尤的地道，足有 10 千米长。

地下城市确确实实存在着，可谁是它的建造者呢？它们是什么时候建成的？用途又是什么？对此，人们众说纷纭。当然也有人举出具体的史实加以考证。史实之一是，据记载在基督教诞生早期，这一新生宗教的信徒为了寻找避难之地来到了此地。最早的一批大约在公元 2 世纪或 3 世纪至此，以后一直延续到拜占庭时期，也就是阿拉伯军队攻打君士坦丁堡 (即今伊斯坦布尔) 的时候。然而考古学家发现他们并不是真正的建造者，因为在他们到来之前地下城市就已经存在。

这一带的地基是由凝灰岩构成的，因为附近就是火山群。只要有黑曜岩，即火石，地基就十分容易被凿空，而火山在这一地区十分常见。就这样，也许花了不过一代人

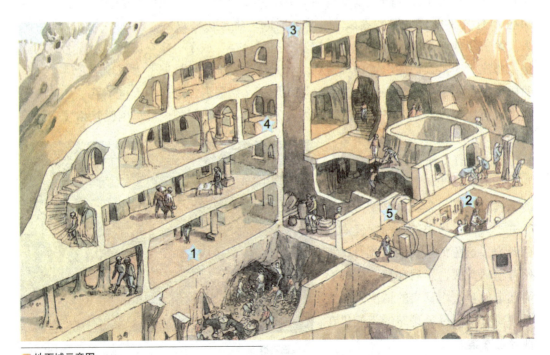

↗ 地下城示意图
①地下街道 ②小教堂 ③通风井 ④箱式床 ⑤滚轮门

的时间，地基就被掏空了。地下城市大多是超过 13 层的立体建筑。在最低的一层，人们甚至发现了闪米特时代的器物。

问题是人们修建这些地下城市有什么用途？他们为什么要躲避在地下？一个最有可能的原因是由于对敌人的畏惧。那么谁又是敌人呢？

首先，假设地面上的敌人拥有军队，在地面上，他们肯定能看到耕种过的土地和没有人烟的房屋。而地下城市里建有厨房，炊烟将通过通气井冒出地面，

格雷梅国家公园位于土耳其安纳托利亚高原中部的火山地带中，面积为96平方千米，这里有许多火山爆发形成的溶洞以及变化万千的石林。

很容易被敌人发觉。要把待在鼠洞般的地下城市里的人们饿死或者憋死是一件轻而易举的事。所以，有研究者推测，人们恐惧的不是地面上的敌人，而是能飞行的敌人。这种猜测是否有道理呢？

当然有。根据书中的记载，我们知道所罗门大帝曾经利用一只飞行器把这一地区搞得鸡犬不宁。不仅他本人，他的儿子，所有服从他的人，也都曾乘坐过飞行器。阿拉伯历史学家阿里·玛斯乌迪曾描述过所罗门的飞行器，并大致介绍了他的部族。当时的人类对于飞行器现象产生恐惧，这是很有可能的。也许他们曾被剥削、奴役过，所以每当报警的呼喊响起来的时候，人们就纷纷逃进地下城市。当然这种说法也仅仅是一种推测。人们至今仍不知道土耳其地下城市的真正用途，但神秘的地下城市却引起人们更多的关注。

凝灰岩石堡

地下城

神奇的语言文字

文字起源新说是否有依据

　　文字在本质上是人与人之间通过约定俗成的可见符号进行交流的媒介，是记录语言的书写符号系统。一般传统的文字起源与发展说都认为文字发展有四个阶段：图画文字、谜画文字、音节文字和字母文字。最古老的图画文字被古文字学家确认为出现于公元前 3500 年的美索不达米亚地区，它是由苏美尔的一个城邦——基什创造的。在那里发现的刻在一块几英尺见方的大理石石碑两面上的 12 个左右的图画清晰地表明了人们的记载意图。后来，当文字发展较为显著的时候，削尖的、楔形的茎秆儿笔成为常见的书写工具，楔子形状的文字本身逐渐被称为由拉丁语"楔形"或"楔子"而来的楔形文字。

　　专家们历来认为，"文明摇篮"和文字发源地是西亚一些地区。生活在美国的立陶宛女考古学家玛丽姬·吉姆布塔斯却提出了她自己不同的看法。在挖掘历史文物的过程中，她发现了一种可追溯到公元前 7000～前 6000 年的古代欧洲残存下来的文字符号。基于这一发现，有人认为世界上最古老的文明应该形成于从巴尔干中部和东部山脉到乌克兰西部，自多瑙河中游到亚得里亚海南部这一带地区。

　　沿着吉姆布塔斯的足迹，考古学家先后发掘出 5 个公元前 5000 年曾繁荣一时的古欧洲文化遗址。这些人类最古老的文字的见证发现于南斯拉夫贝尔格莱德以东 14 千米的温察城，因此，可能是苏美尔商人不但给巴尔干地区的居民运去商品，还为他们提供了第一批文字。近 20 年来，由于确定绝对年代的技术不断得到改进，上述说法才开始受到冲击。借助于确定绝对年代法证明，温察文化的符号与古代苏美尔人的象形文

早期的图画象形文字，这时人们用一些极为象形的符号和特殊的标记来代表某一特定的意义，并使大众能够接受、认同和使用。

字之间存有一个长达 2000 年的历史断裂期。研究人员认识到，温察文字绝非是从外部输入的，而是"土生土长"的。他们在残存的陶土上找到 200 多个包括数字和度量衡在内的单个字符。

定居芬兰的德国语言学家哈拉尔德·哈尔曼是语言文字史专家，普斯出版社出版的 570 页厚的著作《世界文字史》便是他献身这一巨大工程的力作，也是迄今为止将所有文字体系集于一部、考证极为详尽的珍贵文献。他在其著作中的叙述条分缕析，理顺各种文字之间的横向关系，理由充分地修补它们之间短缺的环节，最后的结论是彻底否定了迄今为止被教科书一直采用的文字起源学说。

他认为，世界上最早的文字体系并非出自古代苏美尔人之手。此前 2000 年，即公元前 5300 和公元前 3500 年之间，古代欧洲一个文化区即已经使用过一种文字，它的残迹历经数千年漫长岁月到如今才被发现，这种文字至今尚未破译。人类历史上首批文字

这是出现在欧洲的岩画，这些刻画符合实际上就是早期人们为了表达特定含义的约定俗成的标记。这些标记后来就演变成早期的文字。

应该属于宗教文字，因为所有写有文字的出土文物都是在宗教寺院和祭祀场所发现的。这清楚地表明，是神职人员最早试验用这种新颖的方法记载宗教礼仪、祭祖活动、殡葬仪式和丰收祭典的。他们一直严守其书写秘密，书写一向为宗教界人士所垄断，当然，神职人员并非轻而易举地便掌握了这种书写技艺。他们的祖先早在 1.5 万年前便在松脆的山崖上刻画过第一批带文字性质的连续图画。这种古代欧洲刻画符号发生和

图为在美索不达米亚出土的泥版画，图画上的许多楔形文字实际就是早期的文字，大多数考古学家认为这就是人类最早的文字。

这块泥版写于公元前2100左右，它是世界上最早的医案，它列举了药膏和其他外用药的配制方法。右下角的药方是："先把龟甲、纳加西和芥茉筛过，再揉成团。用优质啤酒或热水清洗患处，然后用这种药物来搓患处，最后涂上油来按摩，并敷上捣碎的松香。"

发展时间大体相当于中国的仰韶文化时代。在当时，中国也有类似的刻画符号，也同样没有得到破译。而只有古代的苏美尔文字是破译了的。

宗教文字于公元前4000年中叶突然消失。当时来自南俄草原的另一支操印欧语的游牧部落野蛮侵入欧洲农民居住区。在其残酷统治下，欧洲再度陷入长达2000年之久的无文字时代。最近研究成果证明，并非所有古欧洲文字都在历史上消失了。古代欧洲宗教文字被毁1000多年之后，有人仍在白垩上潦草地刻过类似温察文化那样的女性偶像。人们还发现，公元前2000年的至今尚无法解读的克里特岛宗教文字"线条A（Linear A）文字"尚留下60多个古欧洲单个符号。这说明有1/3的古欧洲文字不曾被历史淘汰掉，它们留到最后闪耀出宝贵的价值。

由此看来，"文明摇篮"是欧洲，并非西亚地区。古代欧洲的神职人员早在古代苏美尔人使用文字前数千年就已经创造出人类历史上第一批文字。这是两位欧美考古学家提出的一种新见解。从给出的证据来看，他们是有一定道理的，但是鉴于文字古老的发展历程，我们不能够武断地去判断一个源远流长的事物开端是什么样子。所以关于文字起源新说是否有根据，还需要进一步的考证。

图为刻有楔形文字的泥版画，泥版上的文字表示某一富人拥有的牛羊等财产的多少及数量，官府以此来确定他们的税收。

泥版文书是如何制成的

　　楔形文字是两河流域特有的产物，其书写材料、书写工具和书写技巧在世界上也是独一无二的。这与两河流域木材稀少，但却有着得天独厚的两河冲积平原泥土的环境有关。苏美尔人那时还不懂得造纸的技术，他们就用黏土做成长方形的泥版，用芦苇或木棒削成三角形尖头在上面刻文字，然后把泥版晾干或者用火烤干。这就是后来人们所说的泥版文书。古代埃及时期，文字刚刚进入图画文字或者谜画文字的时候，一般重要的文字典籍都会用泥版文书来记载。因为这种书写材料比起纸草、羊皮纸、木材或者一些铁制、青铜等之类的书写材料来说，具有两大明显的优点：一是可以即时取用，并且造价低廉；二是坚固耐用，保存时间持久。一开始，苏美尔人的泥版是圆形或者角椎形的，不便书写和存放，后来苏美尔人便将泥版改为方形的。苏美尔人的大部分文字材料都是刻在这种方形泥版上才得以保存下来的。到现在为止，人们在两河流域已经挖掘出了几十万块这样的泥版文书。由于苏美尔人用的是芦秆或木棒做成的、尖头呈三角形的"笔"，落笔处印痕较为深宽，提笔处较为细狭，后来人们就把两河流域的这种古文字称为楔形文字。楔形文字后来流传到亚洲西部的许多地方，丰富并促进了它们的文化以及它们之间的交流，为人类文明发展做出了重大的贡献。公元前2007年，苏美尔人的最后一个王朝衰亡之后，巴比伦王国把这份宝贵的文化遗产继承了过来，并且使之发扬和光大。

　　经考古学家研究发现，泥版的制作过程是这样的：先把黏土使劲儿揉搓，根据需要做成大小不一的长方形状，并把棱角磨圆。一般是一面较为平坦，而另一面则要较为凸出。泥版做好后，就可以在上面书写了。书吏首先用细绳在上面划好格子，然后用芦苇笔或其他的书写工具在泥版上刻字或者画图。泥版的两面都可以刻字，但为了避免书写一面的时候把另一面擦掉，书写时通常要先刻平滑的一面，然后再把泥版翻过来，在凸出的另一面刻写。小的泥版可以拿在手上刻写，大的则把它放在特制的架子上。两面都写完之后，就把它晾干或烧制，经过晒干或火烤的泥版非常坚硬，印刻在上面的文字或图案可以长久保存。现在考古发掘的泥版最古老的已经有5000多年的历史，最近的也不会少于3000年的时间。泥版的书是没有办法去装订的，所以如果一块泥版写不下一篇文章，那么这

这是在两河流域出土的一块刻满了楔形文字的泥版。这些泥版上的符号许多已有十分明确的含义，它已被考古学家破译。

这是一封泥版信,上面写着:"你亲爱的妻子生了一个小孩儿。"

这是写于公元前2350年左右的便携式泥版,泥版上的三行文字列举了向拉格什的一位神献祭的牲畜和兽皮。右边的符号表示"绵羊"和"男人"。

这是写于公元前2100年的一封便携式泥版,上面列举了苏美尔信使应携带的啤酒、面包和其他口粮。

几块泥版上都要有全书的标题和编号,而且下块泥版一般要重复上块泥版最后一行字,以便读者查寻。如《吉尔伽美什》史诗的开始是"关于见过的一切人",这句话就成为全书的标题,这部史诗共写了12块泥版。这样的泥版文书,在尼尼微遗址就发掘到2万块以上,现在总共约有几十万块,涉及政治、经济、文学、艺术等各个方面的内容,烦琐而且繁重,但是在当时来说,已经是很先进的技术了。想要成为一个泥版工人还需要花时间学习和锻炼。

泥版的保存与保密也别具特色,经过晒干和烘烤的泥版非常坚固耐用,可以保存很长久的时间,但存放不方便。如果拿我们现在用的约50页的32开本的文字量写在泥版上,就会有50千克的重量!因此,泥版的存放就完全不能像书籍一样。存放在图书馆里的文字版书,成套的泥版要用绳子捆起来,附上标示这些泥版各自内容的一个小型的泥版块,放在架子上或书库里。也有的用篮子或泥坛、泥罐存放。一些重要的文件或者需要保密的书信,则采用一种特殊的"信封泥版"来保存。即用另一块泥版盖在印有重要文件的泥版上,用软泥封住两块泥版的四边并盖上印章,在外部泥版的表面,往往刻有该文件的副本或内容概要。这种方法可以有效地防止泥版的意外损坏或者伪造和篡改。信件的保护也是这样,把写有信的泥版包上一层薄薄的黏土,收信人接到信后,只要把这层黏

这是公元前1700年左右的一块算术题泥版残片,泥版上图文结合。右下角的文字大致可以译为:"一个正方形的边长为一,在其内做四个三角形,其表面积是多少?"在苏美尔和巴比伦的学校里,书吏们要学习解决这类问题。在将来的某一天,他们要精确地画图,并计算复杂的农田面积。

公元前1800年左右刻在一块四方石头上的苏美尔王表，是最早的历史文献之一。王表记载："乌尔纳姆统治了18年，舒尔吉统治了48年，阿马尔辛统治了9年，舒辛统治了9年，伊比辛统治了24年。"

土去掉就可以读到信件的内容了，虽然剥落外层黏土的过程也许并不太轻松。

泥版文书的创制过程和中国制陶的过程有一些相像，人类的文明是如此奇妙地互相感应着的，泥版文书的创建展示了人类智慧的结晶，但是关于泥版文书的创制里仍然有很多没有解开的谜题，如泥版文书的材料要如何调制？泥版文书在长久的保存过程里遇到水以后字体的扭曲会不会使释读有产生误解的可能？如果有，这问题又是如何解决的，这还得等待智慧和时间给出答案。

纸草文书记录了什么

公元前525年，埃及开始处于波斯的统治之下。公元前332年，波斯向亚历山大大帝投降，埃及成为了希腊的一部分，并处于亚历山大大帝的管理统治之下。但在公元前323年，在能够顺利地管理这整个国家的政权之前，亚历山大大帝去世了。他的一位将军托勒密在公元前305年自称法老，从此开始了一个漫长的托勒密王朝。随着公元前30年克娄巴特拉女王的去世，托勒密王朝也结束了它的统治。埃及此后又成为了罗马帝国的一部分。

古埃及人最早使用象形文字，约公元前27世纪，他们的字库已经比较可观了。后来他们又发明了拼音字母，形成了象形文字和拼音文字并用的状况。经过长期发展演变，形成了由字母、音符和词组组成的复合象形文字体系。现在在金字塔、方尖碑、庙宇墙壁等一些被视为神圣或者永恒的地方，人们仍然可以清楚地看到古代埃及的象形文字。后来为书写的方便，又发展出了称为僧侣体的更为简化的象形文字。古埃及拼音字母的流传对西方拼音文字的发展产生了深远影响。英国古文字学家伯纳德·格伦费尔和阿瑟·亨特在发掘埃及王室遗址——俄克喜林库斯古遗址的时候，发现了很多希腊和罗马统治时期的埃及遗迹。他们于

图为埃及书吏使用过的木质笔盒，里面装着书写使用的材料，一支芦苇笔，两个墨盒，其中一个放黑墨，另一个放红墨。

1895年开始，花费了10年时间研究埃及的古遗迹，在该课题的研究期间，他们发现了许多古代的纸草文书（写在纸莎草纸上的文献）。

这些纸草文书包括法律文件、信件、请愿书和收据等，为我们了解希腊人和罗马人的生活方式提供了重要资料。另外，还有一些已遗失的古典学术权威和学者作品的复本，例如柏拉图、索福克勒斯等的作品。总而言之，有关纸草文书的研究对了解埃及这一时期的状况提供了一个独特的视角。

纸草（纸莎草）是一种与芦苇相似的植物，盛产于尼罗河三角洲。纸草英文名字叫papyrus，据说英语里的"paper"一词即源于此。人们把纸草切成长度合适的小段，先剥去芦苇的表层，再把白色的内茎剖开。内茎是一层层地粘贴在一起的，把它们压平，拼排整齐，联结成片，风干后即形成了适合书写的纸一样的纸草。他们用芦苇秆儿等做笔，以菜汁和黑烟末制墨，在纸草上写字。但是长时间后纸草会干裂成碎片，所以极难保存下来。所幸的是，还是有极少数的纸草文书流传于世，藏于大英博物馆的一份纸草文书记载了古埃及人的算术和几何成就，相传是一位名叫阿摩斯的僧人从第十二王朝的一位国王的旧卷子上转录下来的。这些纸草为我们提供了极其珍贵的古代信息。

古代埃及的数学很发达，现今对古埃及数学的认识，主要根据两卷用僧侣文写成的纸草书；一卷藏在伦敦，叫作莱因德纸草书，一卷藏在莫斯科。埃及人很早就用十

此纸草文献写于大约距今3500年前，仍然清晰可辨。它讲述的是一位法老抗击叛乱的故事。其中第一行写道："我将拿起手中的武器平息叛乱"。

大约在公元前 3300 年，当时的埃及人开始用文字书写，他们的象形文字很可能表示完整的单词或概念。同时，不少文字也具备了表音的功能，出现了 25 个表音符号。许多象形文字被简化，并且上下粘连，类似现代的草书。

古埃及人发明了一种纸，称为"纸草"（papyrus）。它取材于尼罗河边生长的纸莎草茎叶的根部。英语里的"纸"(paper)就来自于"纸草"这一单词。

进制记数法，但却不知道位值制，每一个较高的单位是用特殊的符号来表示的。例如 111，象形文字写成三个不同的字符，而不是将 1 重复三次。埃及算术主要是加法，而乘法是加法的重复。记载有一位法国人（具体不可考）弄明白了纸草书上文字的含义，使人们知道，古埃及人已经学会用数学来管理国家和宗教事务，确定付给劳役者的报酬，求谷仓的容积和田地的面积，计算建造房屋所需要的砖块数目等，还可以用来计算酿造一定量酒所需的谷物数量。用数学语言来说，就是古埃及人已经掌握了加减乘除运算、分数的运算，还解决了一元一次方程和一类相当于二元二次方程组的特殊问题。纸草书上还有关于等差、等比数列的问题。另外，古埃及人计算矩形、三角形和梯形的面积等的结果，和现代的计算值十分相近。比如，他们用公式（d 为直径）计算圆的面积，将直径减去它的 1/9 之后再平方。计算的结果相当于用 3.1605 作为圆周率，这相当于取 π = 3.1605，虽然他们并没有圆周率这个概念，但这已经非常了不起了。埃及的科学文化水平在当时就显示了这样充足的数学知识，因

纸草残片上，上面右边的祭司体文字反映的是对左侧三角形几何问题的处理。纸草是目前发现的古埃及最大的数学课本的一部分，它反映了古埃及工程师如何测量金字塔及其他建筑物的高度问题。该纸草书写于公元前 1650 年左右。整个纸草最初为长约 5 米，高约 33 厘米的纸草卷。

这块泥版上刻的是一位古埃及的书吏，泥版上部的文字是他夸耀自己在社会中的重要地位。

此实在是只有古埃及人才能够建成如此精密又如此宏伟的奇观——金字塔。

古代埃及人积累了一定的实践经验，但还没有上升为系统的理论。莱因德纸草书用很大的篇幅来记载 $2/N$（N 从 5 到 101）型的分数分解成单位分数的结果。为什么要这样分解以及用什么方法去分解，到现在还是一个谜。这种繁杂的分数算法实际上阻碍了算术的进一步发展。

埃及纸草文书是不是仅仅记载了关于数学的东西，古老的埃及有着内涵丰富的文化，纸草文书是不是专门用来记载科学创见的，或者其他的一些记载被损坏了以后还不曾发掘出来？有待考证。

古老的印加人有文字吗

1200 年左右，以太阳之子孙自称的印加部落征服了库斯科盆地和以它为中心的邻近部落及氏族，在高原上建立了强大的印加帝国。印加帝国农业和手工业水平都有着较高的发展水平。印加人用棉花或羊驼毛在织布机上织布，并能编织出各种式样、色泽鲜艳的动植物图案和几何图形，他们把劳动、生活等场景刻在陶制或青铜铸造的器皿上，能够达到以假乱真的程度，据说 1533 年西班牙殖民主义者打进库斯科的印加王御花园时，竟然把点缀园景的金花、银花当成了鲜花，伸手去采摘的时候才发现是人工镂刻的。印加人的天文知识也达到了相当发达的水平。信奉多个神的印加人把日月星辰都视为神灵，从而把天文学和信仰巧妙地联系在一起。他们通过对星辰、尤其是对月亮圆缺的长期观察，编制了相当精确的历法。为了观察太阳位置与农业季节的关系，印加人在库斯科附近建造了观察台。在马丘比丘还发现了一个土语叫"因蒂华姐娜"的古代测时仪器。

印加文化如此丰富，瑰丽神奇，但是印加人到底有没有自己的文字却一直是史学家长期以来争论不休的一个问题。有的学者认为，印加陶器上那些类似豆子的符号就是他们的文字，是一种特殊的会意文字，只是尚未破译出来而已。有的学者则认为，16 世纪以来，在库斯科太阳神庙里的金柜装饰物上的那些"图画"就是传说中的象形文字。1980 年 5 月，英国工程师威廉·波恩斯·格林经过整整 7 年的考察，写了题为《介绍印加人的秘密文字符号》的学习论文，提出以下观点：印加文字由 16 个辅音和 15 个元音组成，这种秘密文字是美洲最早的象形和表意文字之一。然而，这种观点却并不被史学界、考古学界和学者所接受。

更多的学者认为，印加人没有自己的文字，他们创造了结绳记事的方法，管理有序的驿道制度和有关宗教技艺等的教育制度去维系整个印加帝国的正常运行。印加的结绳记事方法有两种：基普和基尔卡，主要用于辅助记忆、统计和记事。但是这两种方法通常为少数祭司、贵族所垄断。基普是印加人用羊驼毛或骆马毛编成各种结的彩色绳子。

印加人的"基普"，即采用结绳记事的方法，他们记事的绳一般采用羊驼或马毛编织，再在主绳上用细绳打结表示别的意思。

图为在秘鲁一带出土的刻有符号和图像的陶罐。在这些陶罐上也有一些表意的符号，可能是印加人创造的文字。

1981 年 1 月 19 日，在秘鲁利马省拉帕斯村发现的印加古记事绳长 250 米，是迄今发现的最长的记事绳。细绳的不同颜色代表不同的事物。根据专家们研究，褐色代表马铃薯，白色代表银，黄色代表金，黑色代表时间，红色代表士兵。印加人借助绳的颜色、结的形状、大小和位置，来对各种重要事件、自然现象进行区别

↗ 印加文明遗址马丘比丘
"马丘比丘"的意思是"古老的山峰"，它座落于安第斯山脉两座险峻的山峰之间，是印加帝国的都城遗址。这座建于西班牙人入侵前100年的城市，现已成为传奇般的印加文明的一个代表。

↗ 印加人古记事绳

和统计，印加王则通过原始邮政系统传递的记事绳，来了解各地的收成、账目和治安等状况。基普是一种辅助记忆的手段，而不是一种文字形式。基卡尔是另一种辅助记忆的手段，它是画在毛织品、布板、石板上的历史图画符号。基卡尔的形式是多样的，一种是在布板或织物上画的没有年表的历史图画符号；一种是在一些奇怪的石板上画的像堡垒开放状的一排排四边形。有的学者推断这只是一种计算和统计的符号。最初侵入印加帝国的西班牙人曾记述，他们在库斯科的太阳神庙附近的一所专门的祭司秘房中，发现了贴在木板上的大幅粗布画，画布记述着印加人的传说和历史事件。16世纪，西班牙驻秘鲁总督托莱多曾亲眼见过那种布板，上面画着印加统治者的像，人像的周围有关于印加神话传说的符号。但遗憾的是，布板的金框被西班牙殖民者劫走，金框中的历史图画被焚烧化为灰烬，因此并不能成为事实的依据。

在印加王国有专门掌管和运用"基普"的官员，官名为"基普卡马约克"，一般均为贵族和贵族子弟，他们经常陪同印加王使臣去各地巡游，负责监督税收和人口统计，实际为王室的会计和兼职秘书。他们依据记事绳向国王汇报情况。在印加王国为贵族子弟设立的学校里，教师还专门传授结绳记事的知识和方法。专家研究说这样的学校设立在首都库斯科，培养从事专职工作的专业人才，学习期限是4年，第一年学克丘亚语，第二年学天文历法，第三年学会表达和识别基普，最后一年学习其他专门知识。

印加王国是西班牙殖民主义者入侵前美洲最主要的文化中心，在印加文化中占重要地位的巨石建筑群和纵贯南美洲的石砌大道，令当今建筑师都赞叹不已，然而这一切如果说是在没有文字的情况下完成的，实在难以让世人信服。虽然到现在为止确实没有确凿的证据证明印加人有过文

印加人在不借助任何文字或其他书面语言的情况下统治庞大的帝国，他们创造了文字的替代品——"基普"，即结绳来传递信息。

字，但史学家和学者一直在努力地寻找，所以关于印加文字的有无问题还会继续争论和探索下去。

比里斯顿石刻文：峭壁文章

当世界上的大多数人还生活在岩洞或窝棚里的时候，苏美尔人在位于今天伊拉克的两河流域，即美索不达米亚的南部创建了第一个城市文明。苏美尔人的起源尚不能确定，他们或许从里海地区迁徙而来，于公元前5500年左右到达美索不达米亚。在以后的3000多年里，他们建造了最早的城市、创建了世袭君主制，他们还发明了一种书写系统，这使他们成为最早的能够记录历史的人。

1835年，宁静的波斯小镇比里斯顿来了一位名叫亨利·克莱斯维克·罗林逊的年轻英国军官，他是奉命来这里执行任务的。

刚来到这里，他就听说附近的古驿道旁有一块奇特的悬崖石刻，上边刻着些谁也看不懂的铭文符号。这一传闻引起了罗林逊的好奇心，他决定去见识一下。

站在陡峭的山岩前，仰望着眼前这面高达103米的巨大悬崖石刻，罗林逊惊叹不已。

↗ **罗林逊头像**
英国楔形文字研究方面的先驱亨利·克莱斯维克·罗林逊，他成功破译了楔形文字，为后来的学者能够读懂阿卡德语及最终破译苏美尔语奠定了基础。

这组石刻大概是描述国王检阅来自不同部落战俘的场景：象征光明幸福的阿胡拉·马兹达乘坐着战车在空中飘行。在他下方，高大的国王身罩披肩，左手执弓，脚下还踏着一个人。9名服饰各异的人被绳索捆绑着，列队向国王走去。

画面四周及下方刻着14行楔形文字，其中包含了3种不同的语言。尽管不太明白它的确切意思，但他知道这块石刻的意义非同寻常。

接下来的几年时间里，罗林逊多次来到这里。他冒着生命危险，靠着绳索和短桩搭建的壁架攀上崖壁抄写这些铭文。而最难到达的部分就只好出钱雇了个库尔德男孩儿，用绳索将他吊上悬崖，把铭文拓印下来。

罗林逊为什么甘愿为这些楔形文字冒这么大的风险呢？

这要从遥远的古代开始讲起。幼发拉底河和底格里斯河之间有一片被称为"美索不达米亚"的富饶土地，这里孕育出了著名的两河流域文明。公元前4000多年，南部的苏美尔人创造出了世界上最古老的文字，并产生了独特的书写方式。

当时的人们还不懂得造纸，就用黏土做成矩形泥版，在上面刻字，然后再把泥版

↗ 比里斯顿峭壁上的浅浮雕

这块刻在高出地面103米的峭壁上浮雕描绘的是大流士（左数第三个）以胜利者姿态审判9位反叛首领，铭文则歌颂了他的功绩。

晾干或烤干。由于写字的笔是用芦苇秆、木棒或动物骨头做成的，落笔时力度大速度缓，印痕宽而深；提笔时力量小速度快，印痕窄而浅，好像木楔子，人们因此把它称为楔形文字。

这种苏美尔图形文字很快被两河流域的居民吸收，并在其基础上变化出各自的文字。后来，当显赫一时的巴比伦帝国烟消云散、亚述帝国落下帷幕、而波斯帝国也只剩下残垣断壁后，人们开始将这里遗忘，楔形文字也就渐渐退出了人们的记忆，再也无人能懂。直到近代，楔形文字和这段被遗忘的文明历程才又被重新发现。

1616年，一位名叫皮托·德拉·凡勒的意大利探险家进入已成蛮荒之地的美索不达米亚探险，第一次将刻在陶碑上的楔形文字带回了欧洲。很多专家都不以为然，认为那只不过是装饰花纹或鸟类偶尔留下的爪印。直到19世纪初，随着此类发现的增加，研究者们才终于认识到他们的错误。

尽管资料不少，破译工作却毫无头绪，德国哥廷根大学的希腊文教授格劳特芬德耗费了多年时间，才读懂了波斯石刻上40个楔形文字中的8个，其中的难度可想而知。

罗林逊发现的比里斯顿石刻之所以重要，就是因为它有一个独特之处——石刻上的铭文是用古巴比伦文、埃兰文和古波斯文分别写成的。只要将它们之间相互参照，就有可能解开楔形文字之谜。很快地，罗林逊于1843年成功翻译出了那段古波斯文，弄清了这块石刻铭文的来历。

公元前522年3月，波斯暴君冈比西斯率大军远征埃及的时候，有一个叫高墨达的僧侣，谎称自己是被冈比西斯处死的皇弟巴尔迪亚，在波斯各地和米底挑起了叛乱，波斯国内情势相当危急。但是，冈比西斯在回国途中突然暴毙，一时间波斯贵族群龙无首。这时，一个贵族用手段获得了皇位，并平定了叛乱。他就是历史上有名的大流士一世。

为了称颂自己的功绩，大流士让人将他平定叛乱的经过，刻在米底首都爱克巴坦那（今伊朗哈马丹）郊外比里斯顿附近的一块大岩石上，既可以接受子孙万代的瞻仰，又能避免后来的统治者的破坏。

接下来，罗林逊将它们与楔形文字对照，楔形文字的奥秘最终被揭开。

原来，最早的楔形文字是像阿拉伯文字一样从右到左书写，排成直行的。可是这样既书写不便，又容易碰花刚写上的字，后来就把字形侧转90°，改成从左到右书写的横行。

在罗林逊最初宣布自己能够看懂楔形文字的时候，许多专家纷纷对这位外行嗤之以鼻。就在这时，英国皇家亚洲学会做了一个不寻常的测验：皇家学会向 4 个人分别发出了密封好的信件，里面装的是同一篇最新出土的亚述语楔形长文。这 4 个人中，除了罗林逊外，其他 3 人都是著名的楔形文字专家。当他们各自将翻译好的文字寄回时，4 篇内容基本一致的译文终于让所有怀疑者闭上了嘴巴。

就这样，骄纵颓废的古巴比伦人，凶残好战的亚述人，苏美尔人的洪水传说，英雄和帝王的伟大业绩，充满智慧的生活谚语……那个遥远的时代开始从蒙尘的泥版中一点点浮现出来。

纳尔迈的石雕版：方寸之间的历史

↗ 下埃及标志——神鹰荷鲁斯

远在旧石器时代，非洲北部已有居民。那时北非的气候温和湿润，雨水充沛，满布着草丛和森林，各种动物隐没其间。当时的居民以渔猎和采集为生。大约在 1 万年前，最后一次冰河退去，北非的气候逐渐转为干旱，雨量减少，茂盛的植物变得稀疏从而消失，出现了浩瀚无垠的沙漠，于是许多居民便陆续迁徙到尼罗河两岸。后来他们在这里过渡到新石器时代的农耕生活，进而创造了金石并用的文化，尼罗河流域的文明从此开始。

1898 年，在埃及考姆艾哈迈尔的一个神庙废墟中，J.E.魁贝尔和 F.W.格林发现了一块精美的盾形石雕版。

石雕版曾经作为奉献给神庙的供品，被埋在神庙地界之内。在石雕版的一面上，戴

↗ 上埃及标志——白色百合花

考古未解之谜

地中海

尼罗河三角洲

布西利斯 · 孟迭司
下埃及
阿斯里比斯 · 布巴斯提斯
吉萨 · 海利奥珀利斯 西奈半岛
阿布西尔 · 孟菲斯
达赫舒尔
列什特
海拉克列奥波利斯 麦杜姆
阿布宰尼迈

撒哈拉沙漠

沙乌那

扎耶特

中埃及
达拉
尼
拜哈里耶绿洲 罗
河
法拉菲拉绿洲 红海

艾斯尤特
艾赫米姆
阿拜多斯
图赫 丹达腊
涅伽达
底比斯
上埃及
达赫莱绿洲 哈里古绿洲 埃库拉 希拉康波利斯
阿波里诺波利斯

埃利芳提那

■ 古王国的都城
△ 金字塔所在地
■ 古王国控制的地区
□ 受古王国影响的区域
▬ 沙漠路线

丹克绿洲
第一瀑布
帕塞基斯
土莫斯
图什卡
萨利马绿洲 布亨 下努比亚
第二瀑布
库勒卜

古埃及围绕着尼罗河发展起来，尼罗河在沙漠包围的地带形成了一条生命的飘带。大约公元前3100年，当上埃及和下埃及的两个王国被统一在一起时，埃及国家便诞生了。

着上埃及王冠的法老高举权杖正在击打一个敌人。周围的一组象形文字表明此人名叫"瓦师"，可能是敌人的首领。法老的左边大概是一位高级官员，为法老提着便鞋。神鹰荷鲁斯居右，爪子牵着一个人头，人头上的6根纸草代表着法老在战斗中俘获了6000名俘虏。

在石雕版的另一面，得胜的法老戴着下埃及王冠，正在战场上看被砍去首级的敌人尸体。竖立在他前方的四面旗帜，代表着他的同盟者。画面中间绘有长长的脖子纠缠在一起的神兽，表示一种和睦的意思。画面最下方，象征着法老征服力量的公牛，正在向有围墙的城镇发起进攻。

这位威武的法老究竟是谁？学者们发现，石雕版上的鲇鱼代表"纳尔"的发音，凿子代表"迈"的发音，连起来就是"纳尔迈"。无论如何，这位纳尔迈可不是一位简单的人物，他就是古埃及历史上赫赫有名的第一任法老。

那么石版上记载的这场战争到底是怎么回事呢？为什么纳尔迈一会儿头戴上埃及王冠，一会儿又头戴下埃及王冠呢？

原来，5000多年前的埃及并不是一块统一的土地。在这块沿河铺展开的富饶谷地上，以孟斐斯为界，埃及分为上埃及（埃及南部）和下埃及（埃及北部）两部分，最初分别由不同的王朝统治。上埃及王室以白色百合花为标志，下埃及王室则选择了红色的鹰。顺着从南向北流淌的尼罗河，人们可以很方便地到达下埃及，而返程时的北风将白色的风帆吹得满满的。因而，从地理上看，埃及从来就是一个整体。

后来，埃及突然产生了独立的象形文字。考古学家们推断，由于此时期埃及社会的发展，祭司们发明了这种文字记录体系来加强行政管理的效能。于是，统一的文字使得上下埃及紧紧联结在同一文明载体上。再后来，为了集中管理灌溉工程，为了确保尼罗河全线航运的畅通，需要一个强有力的政府来进行组织，埃及的统一变得势在必行。

公元前3100年左右，上埃及统治者纳尔迈（也称为美尼斯）发动了对下埃及的远征，打败了下埃及的统治者，最终把北至尼罗河三角洲的整个埃及都置于自己的控制之下，成为埃及历史上第一位法老，定都提尼斯。

因此，石雕板上所记载的，其实就是纳尔迈统一上下埃及的这场重要的战争。

有趣的是，记载着如此严肃主题的石雕版，却很可能只是古埃及女性用于化妆的调色工具，因此这块石雕版又被称为"纳尔迈的调色版"。

但是，"纳尔迈的调色版"真正的价值并不在于所记载的内容，而在于记载本身。它是文字记载史上现存的最早实物，也是埃及古代象形文字的最早例证，因此，对于考古学、埃及统一时期的历史和美术来说，是最重要的古物。

当世界刚露出文明的曙光时，百合花盛开的尼罗河畔已回荡着祭司们关于永生的吟唱。几千年后，当法老们的帝国在阿拉伯人扬起的尘土中湮没，关于那个伟大文明的记忆，就只剩下一卷卷深奥的象形文书。千年的岁月不过是过眼云烟，谁又知道当年调色板装扮出的精致容颜凋零在何处了呢？

← **纳尔迈石雕版正面**

↘ **纳尔迈石雕版另一面**

这块距今5000年的纳尔迈石雕版于1898年在希拉孔坡利斯被发现，其顶端是用象形文字书写的国王纳尔迈的名字，中间长长的脖子纠缠在一起的神兽是美索不达米亚文明中经常表现的主题。

哈拉帕印章文字：印度河文明之源

文字是文明的载体，研究一个文明，从它的文字记述中可以得到很多信息。在古印度哈拉帕文化时期，也应该有文字，这从其留下的印章中可以得到印证。然而遗憾的是，这种印章文字还没能得到破解，从而使得哈拉帕文化的内容依然是个谜团。

1853年7月一个骄阳似火的日子，寝食难安的印度考古研究院院长亚历山大·坎宁安无意间翻开了一本陈旧的日记。读着读着，日记的内容使他逐渐忘记了烦恼。

日记的主人梅森是个颇具传奇色彩的英国探险家。当他于1826年穿越巴基斯坦旁遮普地区的多沼泽林地时，意外地发现了一座坍塌的砖石城堡。城堡位于一块不规则的多岩石的高地，高地的顶端覆盖着断壁残垣和东方风格的壁龛等建筑物的废墟。城堡的墙和塔非常之高，但是，由于被弃已久，它们的某些部分显现出岁月侵

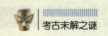

蚀的痕迹。

日记中这段奇遇深深吸引了坎宁安。根据梅森的描述，坎宁安最终在巴基斯坦信德省拉尔卡纳县南部的哈拉帕地区找到了这片遗址。这里位于信德沙漠的边缘，烈日炙烤着枯黄的大地，满目荒凉，被当地人称为"死人之丘"。倾颓的砖石城堡、塔墙等，都和日记里记载的非常相似。

坎宁安万万没有想到的是，当他于1873年返回这里时，遗址已经被破坏得面目全非，当年矗立在古遗址上的城堡也完全消失了。

这恐怕要"归功于"1856年英国开始在印度修建的一条铁路。当铁路铺设到土壤松软的哈拉帕地区时，作为路基的石料变得缺乏。很快地，英国技师们从附近居民那儿获得了灵感。

原来，不知从何时开始，当地居民就发现只要从松软的浮土挖下去一点儿，就能找到一块块规则的长方形石块。因此长久以来，这些古代砖石成为当地最合适的免费建材。根据他们的指点，技师们指挥工人来到这片遗址寻找石料。数不尽的古代建筑砖石被掠走、捣碎，最终变成拉合尔—穆尔坦铁路中的铺轨石。

坎宁安立即着手对这片宝贵的遗址进行抢救性挖掘。但最终由于遗址遭到的破坏太严重，挖掘工作被迫终止。他的努力仅带来一项值得注意的发现——一枚古哈拉帕人的方形印章。

在印度河流域，富人往往把自己的特殊标志刻在印章上随身携带，在需要时盖在黏土上作为签名。有时也把它送给异邦友人作为纪念。这块印章用黑色皂石制成，上面刻着一头公牛，但它却没有印度牛特有的肉峰。图案的周围有六个奇怪的文字，坎宁安认为这些文字肯定不是印度现代文。可惜的是，接下来他得出了一个错误的结论：印章是从外国传入印度的。一个伟大的发现机遇就这样被错过了。

1919年，考古研究员R.D.巴纳吉在距哈拉帕遗址以南563公里一个叫摩亨佐·达罗的地方发现了另一个古代城市的遗迹。

在试挖掘中，出土了三枚烧制的皂石印章。其中一枚印章上刻有一头独角兽的图案，更重要的是，这三枚印章上刻着与之前发现的那枚哈拉帕印章相同的奇怪文字。对此，坎宁安的继任者马歇尔写道："很明显，来自两处的考古发现属于相同的文化时期，在年代上也几乎相同，它们完全不同于我们以前所知的印度的任何东西。"

那么，这两座城市之间究竟存在怎样的联系呢？

为了找到问题的答案，马歇尔兵分两路，巴纳吉于1920年率领一支考古发掘队进驻摩亨佐·达罗；1922年，在哈拉帕的发掘工作也在马歇尔的亲自指挥下展开。

1924年9月，根据丰富的发掘成果，马歇尔兴奋地宣布了一个震惊考古学界的消息——尽管在古印度的任何资料上都没有记载，但这的确是一个久远年代的人们所创造的高水平的本土文明。

就这样，消失五千年的古代印度河流域文明（又称哈拉帕文明）重新被发现了。

哈拉帕文明是约公元前 2500～前 1700 年间印度北部高度发展的文明。当世界上绝大多数人类还居住在山洞中或树枝和泥土建成的简陋棚屋内时，这里已经出现了布局严谨、公共设施发达的大型都市。这一文明范围相当广泛，在长达 1600 公里区域内哈拉帕人所使用的砖块尺度和重量标准都一模一样。更近期的发掘显示，属于哈拉帕文明成熟时期的遗址，北起喜马拉雅山南麓，南至濒临阿拉伯海的坎贝尔海湾，东达印度首都新德里附近的阿拉姆吉普尔，西抵今巴基斯坦与伊朗交界，覆盖地域达 50 万平方公里以上，文明遗址有 250 多处，比同时期的美索不达米亚文明还要可观。

在哈拉帕文化中发现的石制印章，迄今已有 2500 多枚。它们由天青石、陶土、象牙、铜等各种材质制成。这些印章文字是目前世界上已知最早的文字体系之一，阅读方法也颇为有趣儿：上一行由左往右读，下一行由右往左读。

↗ **考古学家亚历山大·坎宁安**
他坐在他在哈拉帕地区 50 年发掘出来的众多的纪念物中间。

20 世纪初，捷克语言学家赫罗兹尼声称他已破译出了 125 个印章文字，并认为该文字属于印欧语系，已由图画文字演进到了带有表音性质的文字。进入 20 世纪 70 年代，越来越多的研究者却认为哈拉帕印章文字应属于古达罗毗荼语。之所以出现这些不同意见，是由于每个印章上的刻画符号只有几个，最多也不超过 20 个；而且刻画符号也很多，已鉴定出的就有 400 多个，还不包括不同的变形。因此，哈拉帕印章文字至今也得不到解读。

哈拉帕文化为何忽然衰落？生态环境恶化的结果、内乱抑或是外族入侵？如果印章文字的秘密仍然无法破译的话，解开这些历史悬案的希望恐怕就像遗址日渐颓败一样，变得越来越渺茫了。

罗塞达石碑：埃及古文明解密

文字是作为一种保存记录的方法而产生的。起初，具有象征意义的图画逐渐在形式上进一步简化，"太阳"可能用一个小圆圈包含在大圆圈里来表示，而水用波浪形的线来表示。在接下来的发展阶段，每一个符号代表一种物体和一种读音，或者仅仅是一种读音。这种用图画代表读音的文字叫作象形文字，埃及的象形文字最负盛名，它最早出现在公元前 3100 年左右。大约在公元前 2700 年，埃及的象形文字更趋标准化，并延续使用了 3000 年。

罗塞达石碑

石碑上用三种字体刻着国王托勒密的一道诏令。最上面的是象形文字，中间为通俗体文字，最下面是希腊文。

1799 年，埃及罗塞达附近的拉齐德要塞。

在挖掘防御工事的法军中突然兴起可怕的谣言，士兵们交头接耳，小声议论着古埃及邪恶的符咒已经降临。很快，谣言也惊动了负责指挥的军官布沙德，有人战战兢兢地将废墟中发现的东西指给他看。

只见一块黑色的玄武石断碑静静地躺在泥土中。它约有桌面那么大，一面镌刻着三段文字，从已经变得有些模糊的字体上来看，它至少已经经历了上千年岁月的侵蚀。

布沙德尽管不大相信这些，但神秘的土地容易使人相信神秘的事情，这块古老的石碑上所篆刻的究竟是什么呢？真的是来自古埃及的邪恶符咒吗？无论如何，他感到这块石碑绝不寻常。于是，布沙德将石碑运往开罗，送呈拿破仑。

结果虽然是虚惊一场，但仍让人瞠目结舌——其中一段石碑铭文，正是已经失传上千年的古代埃及象形文字！

这种古老图画式的象形文字诞生于约 5000 年前，可惜它写起来既慢又很难看懂，因此大约在 3400 年前，埃及人又演化出一种写得较快并且较易使用的字体。古老的象形文字在历经重重劫难后，终于没能挺过岁月的考验，逐渐失传，被人们遗忘了。

随之被遗忘的还有 18 世纪以前埃及的历史，因为尽管古埃及文字资料浩如烟海，却没有一个人能够读懂它们，数千年埃及的历史也就尘封在那一卷卷奇怪的象形文字中。

根据发现地，这块石碑很快被命名为"罗塞达石碑"。

碑上的三种字体刻着同一篇碑文。最上面用的是象形文字，共 11 行；中间是后来使用的通俗体文字，共 32 行；最下面是希腊文字，共 54 行。希腊文是可以看得懂的，只要把它们互相参照，不就明白古埃及象形文字到底是怎么翻译了吗？人们为之激动不已，把它视为上天赐予的通往过去的钥匙。

知识链接

▶ 埃及象形文字

埃及象形文字系统还包括僧侣体和通俗体两种字体。

僧侣体文字是公元 3 世纪当时主要由僧侣使用于埃及宗教文献的草书体，包括宗教或民间的草体书；通俗体文字则是由僧侣体文字极度草体化而演化出来的。这两种文字相对用于纪念性碑文的象形文字更具实际应用性，大大提高了商业文件、私人信件、文学手稿的书写速度。

碑上的希腊文很快就被读通了。

原来，"罗塞达石碑"上的碑文是公元前 196 年埃及孟斐斯城的僧侣们，给第十五王朝法老托勒密写的一封歌功颂德的感激信。他登上国王宝座后不久，取消了僧侣们欠交的税款，并为神庙开辟了新的财源，对神庙采取了特殊的保护措施，所以僧侣们写了这封感激信，并用三种字体写的两种文字刻在这块黑色玄武岩碑石上。

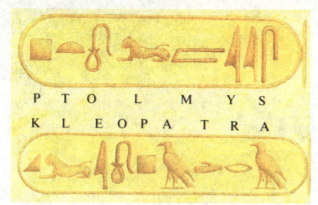

P T O L M Y S
K L E O P A T R A

商博良破译的托勒密的名字（上）及克娄巴特拉的名字（下）。
图中的每个不同形状的物体分别对应着相应的字母。

尽管学者们能借助碑上的希腊文，领悟到象形文字的含义，却依然没有解开古埃及的象形文字之谜。

1801 年，石碑终于等到了与之命运相连的人——法国人让·弗朗索瓦·商博良。从 11 岁第一次见到石碑拓文时起，为了读懂埃及象形文字，商博良勤奋工作了 21 年。

与之前的研究者不同，他跳出了密码转译式的复杂拼凑方法，另辟蹊径。商博良在研究过程中，发现古埃及人写国王名字时，都要加上方框，或者在名字下面画上粗线。"罗塞达碑"上也有用线条框起来的文字，于是他大胆推测：框起来的文字会不会就是法老的名字呢？

按照这种方法，通过对比希腊文法老之名的写法，商博良终于读通了埃及法老托勒密和王后克娄巴特拉这两个象形文字，它们可以从右到左，也可以从左到右，或者从上到下拼读出来。商博良由此确信，象形文字中的图形符号，实际上代表的是发音的辅音符号。就这样，失传千年之久的古埃及象形文字终于被商博良破解了！通向过去那个伟大埃及的大门再次向人们敞开。

尽管托天才之福，象形文字还是重新回到了人间，但是关于当初的绝迹，还有一个不得不说的故事。

公元 6 世纪的埃及处于信奉东正教的东罗马帝国统治下。尽管当时古老的象形文字已经极度衰微，但是在菲莱岛上，还残存着一座供奉爱西斯女神的埃及神庙，这座神庙是埃及象形文字的最后栖息地。可是有一天，东罗马帝国皇帝查士丁尼一世下了一道消灭异教的圣谕，将神庙财产充公，雕塑和绘画运送到君士坦丁堡博物馆，懂得象形文字的僧侣和抄写工匠则全都被投进监狱。就这样，当他们之中的最后一个人在贫病交加中悲惨地离开人世，这种文字就终于彻底失传了。

古埃及象形文字绝对不会是唯一一个被人类亲手葬送的文化成果。只是，这些牺牲品中又有几个能够像它一样幸运，重新回到世人眼前呢？

↗ 商博良像
他成功破译了托勒密和克娄巴特拉名字的象形文字，被称为古埃及"语言学之父"。

寻找消失的历史

挪亚方舟的传说真有其事吗

关于挪亚方舟的故事《圣经·旧约》"摩西五书"记载得很详细：人类祖先亚当和夏娃被逐出伊甸园后在大地上繁衍生息，罪恶充满了世间。上帝非常生气，要用洪水淹没人类，但因见挪亚是位义人，于是让挪亚造了一条船带上家人和所有种类的动物逃命。洪水暴发后，方舟终于在漂浮150天之后搁浅在亚拉腊山巅。有关挪亚方舟和世纪洪水究竟是确有其事还是仅仅是传说引起了许多人的好奇，人们纷纷对其进行研究和考证，几个世纪以来研究成果不断涌现。

荷兰人托伊斯早在17世纪就曾写过一本名为《我找到了挪亚方舟》的书，书中还附有方舟的插图。

1883年，亚拉腊山发生大地震，对灾情进行评估和考察的人员来到亚拉腊山，在亚拉腊山被地震震裂的地段内发现了一艘大木船，由于船体大部分在冰川内嵌着，所以它的具体长度人们无法估计，估计船体高约 12 ~ 15 米。

挪亚方舟

当"大洪水"威胁世界时，挪亚将地球上的动物雌雄各一只载入方舟。

法国的琼·费尔南·纳瓦拉在1955年7月，带着儿子拉法埃尔登到亚拉腊山顶峰，找到了嵌在冰川中的方舟残片，并将一块木板带回，经法国、西班牙、埃及等国科学家研究，这一块木板曾经被特殊防腐涂料处理过。通过碳14法测定，它的年代至少在 4484 年前。

当然，地球曾发生过特大洪水也得到了相当多的科学家的认同。土耳其科学家指出，大约在1.3万 ~ 1.4万年前，特大洪水汹涌的浪潮从今天的黑海越过马尔马拉海进入到地中海，并且许多高达数百米甚至数千米高的人类居住地在巨大浪潮冲进地中海时即被淹没了，今日星罗棋布的爱琴海岛屿形成的原因就在于此，许多传说中陆沉的"亚特兰蒂斯城"可能也被埋藏进了海底。

马尔马拉地区在1999年连续两次发生大地震之后，挪威及法国探测船曾对马尔马拉海底的断层进行探测，证实马尔马拉海底原本是座面积很大的山谷，谷底有许多洼处，似乎是昔日湖塘的痕迹。

因在1985年找到"泰坦尼克"号残骸而在探险界颇有声名的罗伯特·巴拉德在2000年宣称，在距土耳其沿岸12英里远的黑海海平面以下310英尺处，他率领的一支远征小队发现了一个呈长方形的地基。他猜测在被大水吞噬以前，那里可能曾经是一座建筑的旧址。根据近年来的科学发现，科学家们断言，地球上曾发生的世纪大洪水和《圣经》里讲述的挪亚方舟的故事有一定的联系。

↗ 上帝创造世界 壁画
"上帝创造世界"与"挪亚方舟"是《圣经》里有关人类祖先的两个著名传说。

对于挪亚方舟的真实性人们还在不断地研究着，但愿科学的发展能早日给人们一个确切的答案。

↗ 大洪水 壁画

"沙漠壁画"是何人所作

撒哈拉沙漠是世界上最大的沙漠，沙漠里终年气候炎热。撒哈拉沙漠总面积达940万平方千米，几乎占整个非洲大陆的1/3。在阿拉伯语中，"撒哈拉"意即"大沙漠"。然而就在这辽阔和苍茫的沙漠里，居然隐藏了许许多多绮丽多彩的大型壁画，它们是曾经的一个个远古文明的结晶，也吸引着世人的探寻。

1933年，法国一支骆驼骑兵队到达沙漠，不经意间在中部塔西利·恩阿哲尔高原上发现了长达数千米的壁

1909年，法国军人最早发现了塔西利·那杰鲁的壁画，这些壁画的图案多以牛羊马为主，表现了当地人的狩猎生活。

画群，这些壁画都绘在受水侵蚀而形成的岩壁上，五颜六色的纷繁里每一种色彩都那么雅致、和谐，壁画刻画了远古人们生活的情景。法国布莱昂少尉将此消息公布于世，立刻引起了世人的注意。欧美一些考古学家、考察队等都纷至沓来，1956年，亨利·罗特率领法国探险队在撒哈拉沙漠发现了1万件壁画。第二年，将总面积约11600平方英尺的壁画复制品及照片带回巴黎，所造成的轰动使沙哈拉沙漠的"沙漠壁画"迅速闻名于世。

一些考古学家和地质学家考证，在距今约3000～4000年前，撒哈拉原来是湖泊、草原之地。约6000多年前，曾是高温和多雨期，以塔西利台地为起点，北到突尼斯洼地，南到基多湖畔，构成了庞大的西北水路网。多雨期使台地出现了许多积水池，各式各样的动植物于是有了迅速繁殖发展起来的环境。

同样，从发掘出来的大量古文物也能推断出，距今约1万年～4000年前，撒哈拉是草木茂盛的绿洲。另外，从壁画的动物中，马的数量最多，以及水牛的形象来看，当时的自然环境也应该是这样的。当时有许多部落或民族生活在这块美丽沃土上，创造了高度发达的文明。这种文明最主要的特征是磨光石器的广泛流行和陶器的制造。在壁面中还有撒哈拉文字和提斐那古文字，说明当时的文明已发展到相当高的水平。

壁画的表现形式或手法相当复杂，内容丰富多彩。从笔画来看，较粗犷朴实，

知识链接

专家们根据壁画描述的内容或雕刻风格的不同将它分为几个时期：狩猎时期：公元前6000～公元前4000年，这时的壁画人物圆脸丰额；马时期：公元前4000～公元前2000年，这时期壁画人物的发型与夫鲁贝人相似；骆驼时期：公元前2000年以后，这时的壁画由游牧民族创作。

所用颜料是不同的岩石和泥土，如红色的氧化铁、白色的高岭土、赭色、绿色或蓝色的页岩等。图画轮廓是把台地上的红岩磨成粉末，加水做颜料绘制而成的，由于颜料水分充分渗入岩壁内，与岩壁的长久接触而引起了化学性变化，融为一体，因而画面的鲜明度能够保持很长时间，几千年来，虽经过岁月的冲洗而颜色至今仍鲜艳夺目。这是一种颇为奇特的现象。

在撒哈拉壁画群中，有众多的人物形象，其中描绘最多的当数雄壮的武士形象，表现出一种凛然不可侵犯的威武神态。他们有的手持长矛、圆盾，乘坐在战车上迅猛飞驰，表现了征战场面。在壁画人像中，有些身缠腰布，头戴小帽；有些人佩着武器，像是敲击乐器的样子；有些做献物品状，像是欢迎"天神"降临的样子，是当时人们祭神活动的象征性写照；还有些人像翩翩起舞的姿势，轻盈飘逸。从画面上看，舞蹈、狩猎、祭祀和信仰构成了当时人们生活和风俗习惯的重要内容。很可能当时人们喜欢在战斗、狩猎、舞蹈和祭礼前后作画于岩壁上，借以表达他们对生活的热爱或激动的情绪。

1994年12月，在阿尔代什谷的沙夫洞穴内发现了绘有多种动物形象的壁画，经测定这些壁画已有3万年的历史，它们是已发现的最古老的壁画。显然，这些壁画是当时人们的某种崇拜的体现。

有些学者考虑到撒哈拉沙漠的形成过程时，把撒哈拉沙漠的演化分为三个阶段：公元前6000年到公元前4000年左右，在撒哈拉草原居住着很多狩猎或游牧部落；公元前4000年到公元前2000年左右，是骑乘时代即马的时代；公元前2000年以后，随着气候变化，此时是撒哈拉的骆驼时代，沧海桑田的变迁，使草木茂盛的绿洲变成了

右图是马时期（公元前4000~公元前2000年）的壁画，它主要表现游牧民族的生活。左图是德拉尔特·阿卡库斯石窟内的壁画，主要表现的是人们的劳作场面。

这是一幅出现在埃及沙漠中的的壁画，主要表现的是被征服的人们向国王进献贡品时的情景。

大沙漠。

　　撒哈拉沙漠经历这么长的时间的洗礼和变迁，是谁在什么年代创造出这些规模巨大、气势非凡的壁画群？绘制巨画又为了什么？在恩阿哲尔高原丁塔塞里夫特曾发现一幅壁画，画中人都戴着奇特的头盔，其外形很像现代宇航员头盔。这些圆圆的头盔，和画中人穿着的厚重笨拙的服饰令许多人觉得困惑，但它们在外观上与日本陶古很相像。根据对日本陶古的研究结果显示，陶古是在日本发现的一种陶制小人雕像。这些陶古曾被许多历史学家认定为古代日本妇女的雕像。可是经过美国宇航局科研人员鉴定，认为这些陶古是一些穿着宇航服的宇航员。这些宇航服不但有呼吸过滤器，而且有由于充气而膨胀起来的裤子。

　　这么高科技的东西竟然也出现在沙漠壁画里，简单地将其归结为古代撒哈拉居住者的超凡想象力是不能令人信服的。但是究竟是什么种族和人群在什么条件下创造了如此瑰丽神奇的艺术宝藏？他们是怎样将如此丰富的生活内容"想象"出来并用高超的艺术手法刻画到坚硬的石壁上去的？"沙漠壁画"可以称得上是包含了众多谜团的艺术作品。

《荷马史诗》中的特洛伊古城真实存在吗

现今的史学界普遍认为历史上确实存在过特洛伊城。这座城市始建于公元前16世纪，坐落在土耳其西北部的达达尼尔海峡入口处，地处欧亚大陆交通要冲。

公元前13世纪～前12世纪，特洛伊城发展到鼎盛时期，普里阿蒙国王拥有无数的珍宝，令邻邦垂涎欲滴。当时，希腊各城邦逐步发展壮大，图谋向外扩张，富庶的特洛伊城就成为被掠夺的目标。公元前12世纪，希腊各城邦组成联军进攻特洛伊，围困10年方才攻下。《荷马史诗》描述的就是这次战争的故事。特洛伊城陷落后，遭到洗劫和焚毁，然后随着岁月慢慢地沉淀下去成为地下遗址。

特洛伊古城位于土耳其西北部的西拉沙立克山丘下，紧临碧波万顷的达达尼尔海

特洛伊城郊外的防御城墙遗址。在特洛伊战争期间，它起到了防御希腊人的作用，城破之后，希腊人彻底毁坏了这座著名的防御墙。现在，只剩下残墙在诉说着过去的历史。

知 识 链 接

▶ 木马屠城

特洛伊战争是以争夺世上最漂亮的女人海伦为起因，道出以阿伽门农及阿喀琉斯为首的希腊军进攻以帕里斯及赫克托尔为首的特洛伊城的十年攻城战。第十年，希腊一位多谋善断的将领奥德修斯想出了一条妙计。

这一天的早晨非常奇怪。希腊联军的战舰突然扬帆离开了。平时喧闹的战场变得寂静无声。特洛伊人以为希腊人撤兵回国了，他们跑到城外，却发现海滩上留下一只巨大的木马。特洛伊人惊讶地围住木马，他们不知道这木马是干什么用的。正在这时，有几个牧人捉住了一个希腊人，他被绑着去见特洛伊国王。这个希腊人告诉国王，这个木马是希腊人用来祭祀雅典娜女神的。如果特洛伊人毁掉它，就会引起天神的愤怒。但如果特洛伊人把木马拉进城里，就会给特洛伊人带来神的赐福，所以，希腊人把木马造得这样巨大，使特洛伊人无法将其拉进城去。特洛伊国王相信了这些话，正准备把木马拉进城时，特洛伊的祭司拉奥孔跑来制止，他要求把木马烧掉，并拿长矛刺向木马。木马发出了可怕的响声，这时从海里蹿出两条可怕的蛇，扑向拉奥孔和他的两个儿子。拉奥孔和他的儿子拼命和毒蛇搏斗，但很快被蛇缠死了。之后，两条巨蛇从容地钻到雅典娜女神的雕像下，不见了。这个希腊人又说："这是因为他想毁掉献给女神的礼物，所以得到了惩罚。"特洛伊人赶紧把木马往城里拉。但木马实在太大了，它比城墙还高，特洛伊人只好把城墙拆开了一段。当天晚上，特洛伊人欢天喜地，庆祝胜利，直到深夜才回家休息，做着关于和平的美梦。

深夜，一片寂静。劝说特洛伊人把木马拉进城的希腊人其实是个间谍。他走到木马边，轻轻地敲了三下，这是约好的暗号。藏在木马中的全副武装的希腊战士一个接一个地跳了出来。他们悄悄地摸向城门，杀死了睡梦中的守军，迅速打开了城门，并在城里到处点火。隐蔽在附近的大批希腊军队如潮水般涌入特洛伊城。希腊人把特洛伊城掠夺一空，烧成一片灰烬。海伦也被墨涅依斯带回了希腊。特洛伊战争就此结束。

▶ 特洛伊大木马

古特洛伊城的露天大剧场。它的总面积超过1.5万平方米，同时可容纳近4万名观众。它是特洛伊繁荣时期的主要公共活动场所之一。

↗ 特洛伊城遗址出土的巨大的人头像石雕

峡，隔海与巴尔干半岛相望，长期以来，人们一直以为它是《荷马史诗》中虚构的一座城市，并且为此引起过一些争论。19世纪70年代考古学泰斗海因里希·谢里曼通过他卓越的考古发现，使这座荒丘下的古城终于在世人面前从虚幻走向隐约的真实。

谢里曼从小就被特洛伊战争的故事所吸引，故事里海伦的美、阿喀琉斯和部将帕特洛克纳斯之间的忠诚和友谊都让谢里曼深深感动，但印象最深的还是《伊利亚特》里特洛伊城被焚烧时火光冲天的描述及插图，它唤起了谢里曼强烈的好奇心。1870年，谢里曼带着年轻的妻子来到濒临爱琴海的土耳其西北部沿海地带，开始了一生中梦寐以求的伟大事业——寻找特洛伊城。谢里曼召集了100多个民工开始了旷日持久的发掘工作。谢里曼没有科学的考古经验和发掘技术，他遇到年代较晚的建筑物遗址时，不像现代的考古发掘者那样给予绘图、照相、记录和测量，而是立即把它毁掉。这样他发掘了一层又一层，每一层都是属于某一历史时期的城市，一代代的人在这里生活过，一座座城市在这里繁华过。每天他都会有不一样的收获，包括他所要寻找的特洛伊城在内，他发掘出了总共9个城市的遗址，都是不为人知的原始古迹。但问题是这9个遗址里哪一个才是他要找的特洛伊城呢？在第9层他发现了自以为是特洛伊战争时城市的遗址，而事实上，后来的考古发现证明谢里曼早已经挖过了头了，特洛伊战争时的遗址应该在这一层的三层之上。

从考古看来，整个特洛伊城前后延续时间较长，城市是在不断发展、扩大的。特洛伊城遗址自下而上分为9层。第1层大约在公元前3000年到公元前2400年，发掘出一座直径只有90多米的石筑小城堡，有城墙和城门，出现了铜器，有磨光黑陶和灰陶。还发现有一个刻着人面的石碑。第2层大约在公元前2400年～前2200年，城市开始繁荣，筑有坚固的城堡，城堡较第 1 层有所扩大，直径达 120 多米，有城墙、城门，城内有居住遗址和铺砌的道路，谢里曼发现的所谓"普里阿蒙宝藏"就是在这一层出土的，该层有大量的灰烬，估计是于战火硝烟之中被毁掉的。第 3、4、5 层大约为公元前 2200 年～前 1700 年，城市范围较大，但其发展规模和水平都不高，建筑不如以往雄伟。第 6 层为公元前 1700 年～前 1250 年，特洛伊城发展到历史上最大的规模，城墙更为坚固，总长达540 米，至少有 6 座城门。遗址平面呈长方形，布局井然有序，城内发现有火葬墓，葬具为骨灰瓮。德普费尔德认为它属于特洛伊战争时期，但是有的科学家不同意这一观点。他们认为这一层与其他层的建筑风格有很大差异，而且从墓藏的不同葬俗也能看得出来不同，所以，他们怀疑它应该属于另外一种文化，可能是又一个新的民族占领了该城。第 7 层为公元前 1250 年～前 1000 年，可以分为 A、B 两个阶段，A 阶段属于特洛伊战争时期，是与第 8 层属于同一文化系统的人创造的。布利根认为特洛伊在被希腊军队围困 10 年之后，因中木马计而陷落，即是这一时期。B 阶段属于后期青铜器时代至铁器时代。第 9 层属于希腊化时代文明堆积。亚历山大大帝率领马其顿军队越过达达尼尔海峡，进入土耳其，占领

现在

公元前 85-500 年

公元前 700- 前 85 年

公元前 1250- 前 1000 年

公元前 1700- 前 1250 年

公元前 2000- 前 1700 年

公元前 2100- 前 2000 年

公元前 2200- 前 2100 年

公元前 2400- 前 2200 年

公元前 3000- 前 2400 年

◤ 特洛伊城历史变迁示意图

.133

特洛伊古城大剧院遗址，它建于公元前3～前2世纪，由亚历山大大帝主持兴建，它占地4000平方米，可以容纳15000名观众，直到公元7世纪被地震毁坏。

特洛伊。第10层属于罗马时代文化堆积。公元前168年罗马灭掉马其顿，特洛伊也随之处于罗马人的控制之下。

特洛伊城遗址的发现启示我们，文学作品包括神话传说的创造，都可能有其现实存在。但是从科学角度分析，谢里曼对特洛伊城遗址的发掘仍然有不能让人信服的地方，比如他通过什么方式确定出各个层次遗址的年代及其特征属性的？关于特洛伊城的几个层次仍有一些不一样的观点存在。

"空中花园" 真是古巴比伦国王所建吗

作为世界古代七大奇迹之一，古巴比伦的空中花园让人惊叹不已，想象其形而心向往之。然而，正因为没有见到其实物的存在，从而让人对其真实性产生了怀疑。

传说巴比伦空中花园是新巴比伦国王尼布甲尼撒二世所建。因为他美丽的王妃塞拉米斯常常思念她那山清水秀的故乡，加之，她也不习惯于巴比伦炎热干燥的气候和单调的平原景色，所以，尼布甲尼撒二世下令在巴比伦城中建起立体式的空中花园，以博取王妃的欢心。

但是，现在对于空中花园为尼布甲尼撒二世所建的说法，不少

↗ 神秘题字
在这幅17世纪荷兰画家伦勃朗的绘画中，古巴比伦国王在宫殿中举行宴会，他看到一只脱离肉体的手在墙上写字，不禁惊骇万分。神秘题字预示，巴比伦将沦入波斯人之手。

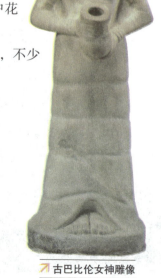

↗ 古巴比伦女神雕像

古巴比伦城墙遗址

人产生了质疑。他们认为空中花园更可能是在尼尼微而不在巴比伦。修建者不是新巴比伦国王尼布甲尼撒二世，而倒有可能是早他100年的亚述国王辛赫那里布，为什么有如此说法呢？

被誉为西方"历史之父"的希罗多德在其书中对巴比伦金碧辉煌的宫殿和神庙建筑以及房屋、街道、商贸甚至连浮雕、装饰等多处细节都做过仔细描述，并且盛赞巴比伦的美丽远远超过了世界上的任何城市。可是书中他却单单不提空中花园，这是一个疑点。

空中花园想象图

当时人们可能从幼发拉底河上抽水灌溉空中花园梯形平台上种植的花草树木。

同样也是罗马史学家的色诺芬在其著作中赞美了巴比伦城墙的雄伟壮观，但对空中花园却也是只字不提。难道根本没有存在过这样一个建筑物？

而且，人们至今没有找到有关尼布甲尼撒建造空中花园的记载，不过在有关亚述国王辛赫那里布的许多文献记载中却不止一次地提到他在尼尼微城中建有一座美丽的花园，并引城外的河水入城中浇灌花木。而辛赫那里布的后代也常常提及，他们常在尼尼微的这个人造山形花园中以捕杀从笼子里放到园中的狮子和野驴为乐。

尼布甲尼撒二世死后23年，波斯人出兵占领新巴比伦城，他们还改变了幼发拉底河道，使河

巴比伦城门复原图

古巴比伦城是人类古代文明的一大发源地，也是世界文明史上的一个著名古都。它是巴比伦文化的象征和结晶，建于4000多年以前。巴比伦遗址现坐落在巴格达东南90千米处。

道远离了巴比伦城。按理说,巴比伦空中花园的花木肯定会因为缺水而枯萎,在百年之后不可能还保持郁郁葱葱。可是在尼尼微的浮雕却表明,亚述人不仅采用"水泵"抽水浇灌人造花园,还用水槽将山泉引入园中。即使无人灌溉,花园依然可以苍翠如初。

以上两种说法都是言之有理,证据确凿,看来,今天的人们不仅不能看到那美丽的空中花园的"倩影",连它的存在也只能是一个谜了。

"斯芬克斯"究竟何时诞生

古代埃及人很崇拜狮子,他们认为狮子是力量的化身,因此古埃及的法老把狮身人面像放在他们的墓穴外面作为守护神。著名的狮身人面像位于开罗市西的吉萨区,在卡夫拉金字塔的南面,距胡夫金字塔约 350 米。斯芬克斯狮身人面像是世界上最大的狮身人面像,石像脸长达 5 米,头戴奈姆斯皇冠,额头上刻着"库伯拉"圣蛇浮雕,下颌雕有象征帝王威严的长须,在阿拉伯文中,它被称为"恐惧之神",象征着君主的威严与权力。每天来到广场参观的人很多,关于斯芬克斯石像的出现时期在学术界也有很多种说法,至今不能得到统一。于是,斯芬克斯的谜依然存在着,不同的只是谜的内容从人换成了石像而已。

斯芬克斯是传说中的恶魔,以关于人的谜语为难题吞食掉许多人的生命,当俄狄浦斯准确无误地回答出它的问题之后,它羞愧至极,觉得无颜再活在世上,于是跳崖自杀。当时的国王瑞翁为了让人们记住这个罪恶滔天的恶魔,便在斯芬克斯经常出没的地方,即今天狮身人面像所在之地,造了一座石质雕塑,流传保存至今成为今天的文化珍宝。传说也许只是因为时代久远,非常神秘,于是就有了人们的种种想象和猜测,根据则不能用科学去考证。严谨的考古学界则有确切的研究,并一直认为狮身人面

表现俄狄浦斯与斯芬克斯的画。这是一个智慧和勇气战胜邪恶的故事。

像修建于大约公元前 2500 年,处于古王国时代第 4 王朝的埃及法老卡夫拉统治时期,下令雕刻石像的就是卡夫拉而不是瑞翁,他要求按照自己的脸形雕刻,为让后世纪念自己,也把狮身人面像这一奇特而浩大的工程作为礼物送给后世的人们。这可能是因为狮身人面像与卡夫拉的容貌比较相近的缘故,所以有此猜想。但是也有反驳者认为,

这完全不能证明石像就是卡夫拉自己建造的，因为他完全可以等到自己统治的时期将石像进行修改，成为自己的脸形样式。

然而科学家们发现，狮身人面像比人们认为的年代可能要更早，甚至早一倍。波士顿大学的地质学家罗伯特·M.肖赫对吉萨遗址进行了第一次从地震方面切入的研究，结果表明，狮身人面像最初雕刻的时间一定比通常人们认为的要久远，因为这座石像裸露在外面，与周围的石灰石床岩受风化和侵蚀的时间要比人们认为的长得多。另外，狮身人面像和其他年代确凿的建筑物侵蚀程度有着显著的差异，这也表明了时代之间存在的距离。

位于吉萨大金塔前的狮身人面巨型雕像。关于它的传说很多。但近代以来，考古学界和科学界更关注的是它的艺术价值。

科学家们利用各种先进的仪器和方法对狮身人面像进行了研究，经过声波穿行速度等科技测试，他们惊奇地发现，狮身人面像的"尾部"是卡夫拉统治时期出现的，要比石像前面的部位和两边部位的壕沟年代晚一半以上的时间。也就是说早在卡夫拉修建狮身人面像之前，狮身人面像的头部就已经存在 1000 年了。这一发现使他们大为振奋，并且深信不疑，地质学家于 1919 年 10 月 22 日在圣地亚哥举行的美国

15 世纪，狮身人面像的鼻子遭到了破坏。

↙ 狮身人面像

这件头饰象征着法老至高无上的地位

由石灰石建成的狮身因风沙、日晒等原因，已被严重侵蚀。

对狮身人面像的修复

经过修复的部位

吃人的怪物——斯芬克斯传说中的形象，它一直是古埃及人的恶梦之一。

地质学年会上提交了他们的研究报告：狮身人面像的实际修建时间是公元前5000年～前7000年。

然而考古学家们完全不能接受这样的研究结论，认为这与他们所了解的古埃及的情况完全不相符合。就他们所掌握的考古知识来看，在卡夫拉统治的几千年前，古埃及人根本不可能拥有建造这一巨型建筑物的技术，甚至也完全不可能有这种愿望的产生。狮身人面像的修建技术比已经确定年代的其他建筑物的技术已经要先进很多，如果再将它的建造年代提前那将是不可思议的事情。如果承认地质学家的结论，那么几千年前，修建狮身人面像的不应该是古代埃及人，而只可能是另外的一群高级智慧生物，或者也只能是还不能确定到底存在与否的外星人。

宇宙学的研究者根据金字塔建筑群种种与天文现象的巧合神奇之处以及金字塔内遗存的超前于现代的物品，推测金字塔是外星人在不同时期单独或帮助法老建造的。科学家以先进的仪器探测发现狮身人面像之下也有类似金字塔内的秘密通道和密室，于是猜想斯芬克斯是否也是出自外星人之手，原本是作为宇航导向的标志而后又被法老发现并占为己用，当然这仍然属于推测。

斯芬克斯像雄伟壮观，它表情肃穆，凝视远方。当年土耳其人攻打埃及时，曾以斯芬克斯的鼻子和胡须做靶子打炮，被打掉的鼻子和胡须现存于伦敦的大英博物馆内。学术界的争论与猜测使斯芬克斯像到现在为止都还扑朔迷离，它凝视远方的眼睛里一定充满了等待被理解的渴望，但是它到底出自谁手、来自哪个久远的年代，都没有准确的答案，期待研究者找到能让大家都信服的证据，拨开狮身人面像后面沉重而神秘的历史迷雾，见到一个完整的有着明确历史内涵的狮身人面像。

太阳门何以神秘

蒂亚瓦纳科文明是5～10世纪影响秘鲁的一种伟大的文明，以精美的石建筑为特征。

作为该文明最杰出的象征和代表，太阳门用重达100吨以上的整块巨型石雕刻而成。造型庄重，比例匀称。高有3.048米，宽3.962米，由一块完整的巨型石岩凿成，中间凿有一个门洞。门楣中间有一个浅浅的浮雕神像，呈人像的头部放射出许多道光线，双手各持着护杖，在其两旁平列着三排48个较小的、生动逼真的形象，其中上下两排是面对神像的带有翅膀的勇士，中间一排是人格化的飞禽，浮雕展现了一个神秘莫测的神话世界。据说每年的9月21日，黎明的第一道曙光总是准确无误地射入太阳门中，"太阳门"也正是因此而得名。

↗ 太阳门
太阳门位于秘鲁的蒂亚瓦纳科城，它是古印加文明最为杰出和典型的代表，它是用一整块巨石雕刻而成的。

太阳门的出现引起了很大的轰动，在印加人创造蒂亚瓦纳科文明的年代，运输工具是很落后的，甚至还没有带轮子的驮重工具。而且蒂亚瓦纳科文明遗址在峰云相交、峭拔陡立的安第斯高原上。太阳门的雄伟和它所处的背景环境有着太大的反差，堪称奇迹。16世纪中叶，西班牙殖民主义者见到这座庄严的古建筑时，认为是印加人或艾马拉人建造的。但是艾马拉人不同意此说，认为太阳门很古老，是太阳神自己建造了太阳门和蒂亚瓦纳科的建筑群。欧美大百科全书记载了两种传说：一个是太阳门是由一双看不见的神秘之手在一夜之间建造起来的；另一种说那些雕像原来是当地的居民，后来被一个外来朝圣者变成了石头。奥地利考古学家阿瑟·波斯南斯基在20世纪上半期提出一个设想，认为该文化可以追溯到1.3万年前，从太阳门秋分时节射入第一道太阳光这点来看，可以认为，太阳门上刻的是历法知识，太阳门是石头日历。后来火山爆发或自然灾害毁灭了这座古老的城市和文明。如果这些图案与符号是表达历法的，那么古印加人又是如何测算出秋分时节太阳与太阳门位置关系的？

为弄清楚蒂亚瓦纳科文明的真实原貌，美国考古学家温特尔·贝内特用层积发掘法证明该文明最早年代为公元300～700年，太阳门约在公元1000年前正式建成。这里原是宗教圣地，朝圣的人群跋山涉水而来，举行朝拜仪式，并建造了这些宏伟的建筑物。苏联历史学家叶菲莫夫、托卡列夫也赞同这一观点。但是反对者也有充分的理由：建造太阳门的安山岩产于的的喀喀湖上一个名叫珂帕卡班纳的半岛上，它是怎

↗ 印加库斯科城遗址
库斯科古城曾是印加人的政治、经济、文化和交通中心。在印加文明衰落后，随着西方殖民者的入侵，印加古城也就完全衰落，只留下一片废墟。

样被搬运到蒂亚瓦纳科来的？玻利维亚的科学家们做过实验，用木筏在水上只能运输较小的石块。如从陆上运输，6 名士兵才能拖动一块半吨重的石头。在当时生产力极其低下的时候，如果要把重达 100 吨的巨石从 5 千米外的采石场搬运到指定地

点，至少需要每吨配备 65 人和数英里长的羊驼皮绳，而以当时的条件不可能达到。另外，要把这么庞大沉重的石门立起来，必须要用大型的起重机。而当时的印加人连车辆都没有发明，他们是怎样把这巨大的石门立起来的？

著名的考古学家卡洛斯·旁塞·桑西内斯和伊瓦拉·格拉索用放射性碳 14 鉴定，蒂亚瓦纳科始建于公元前 300 年，公元 8 世纪以前竣工。一般都认为太阳门是宗教建筑物，不过前者认为蒂亚瓦纳科是当时举行宗教仪式的中心场所，太阳门是一个重要庭院的大门，门楣上的图案反映了宗教仪式的场面。伊瓦拉·格拉索认为，太阳门很可能是阿加巴那金字塔塔顶上庙堂的一部分。美国的历史学家艾·巴·托马斯也认为遗址不是宗教活动的场所，而是一个大的商业和文化中心。阶梯通向之

↗古印加石城遗址
像太阳门一样，印加人的多数建筑物都采用整块巨石雕刻，这是奥兰太坦特的台形门。

处是中央市场，太阳门上的浅人形浮雕，其辐射状的线条表示雨水，两旁的小型刻像朝着雨神走去，以象征雨神的权威。

太阳门是建筑史上的一个奇迹，它超越了它的时代，是南美大陆最负盛名的古代文明奇迹，凡是看到过太阳门的人，无不为它的宏伟壮观惊叹不已，它也吸引了很多专家学者的关注。虽然到现在太阳门仍然还没有揭示它的形成原委，但是相信太阳门的光芒一定可以照亮寻求它骄傲历史的眼睛。

重见天日的古罗马庞贝城

庞贝城是亚平宁半岛西南角坎佩尼亚地区一座历史悠久的古城，西北离罗马约 240 公里，位于意大利南部那不勒斯附近、维苏威火山西南脚下，公元 79 年毁于维苏威火山大爆发。从 1748 年起考古发掘持续至今，为人们了解古罗马社会生活和文化艺

术提供了重要资料。

在风景如画的意大利西南河岸，有一座著名的火山，它的名字叫维苏威。它巍峨险峻、高耸入云，时时刻刻以自己伟岸的身躯俯瞰着碧波荡漾的那不勒斯海湾。

大约 18 世纪初，在距离这座著名的火山西南约 8 千米处，有一天，当地的一群农民正在山下挖掘水渠时，突然，听到"当啷"一声响，铁锹似乎碰到了什么金属物。人们循着发出响声的地方挖下去，结果在翻开的泥土中，他们看到一些金光闪闪的东西在眼前闪耀。"金币，是金币。"意外的收获使得人们兴奋得叫了起来。像风一样，这个消息迅速地传了开来，有更多的人来到这里寻找金银财宝。接着，人们从地底下不断地挖出更多的东西，如陶器、一些古罗马的钱币、经过雕刻的大理石碎块等。细心的人还发现其中的物品上刻着文字，可是人们被寻宝的狂热冲昏了头脑，再加上缺乏专业知识，从而忽略了对其进行更深入的考察和挖掘。

18 世纪，统治意大利南部的是奥地利派驻那不勒斯的总督埃尔伯亲王。他为了能随时在这迷人的海边小住，以享受蓝天碧海的愉悦，就下令在海滨盖了一座豪宅。有一天，当这位亲王考察了他的位于方济各会修道院后面的豪宅后，为了取水方便，他下令在其住宅附近挖一口深井。谁也没想到，这一锄下去后，从此便拉开一场大规模挖掘工作的序幕。

当这口井挖到修道院的花园附近时，凿开火山熔岩、挖到凝灰岩之后，工人们发现，埋在维苏威火山灰下的是大理石铺成的地面。而且，他们还惊奇地发现了三尊雕刻得细致入微、人物形象栩栩如生的大理石女神雕像。

可是令人遗憾的是，发现这些雕像后，埃尔伯亲王接到命令，暂停挖掘，这一停就是 30 年。后来征服了此地的西班牙国王，听说这里曾挖出过珍贵的文物，于是命令继续挖下去，很快人们就在这片土地下，发现了一个不为人知的世界。人们首先发掘出的是一座剧场，埃尔伯亲王掘的那口井，正好是开在剧场的中央。阳光从井口透进来，人们看到了一个原本漆黑的神秘的地下世界，在这儿人们发现了一块碑，上面刻着"赫库兰尼姆"的字样。不久，一位名叫阿尔

↗ **半圆形露天剧场遗址**

露天剧场的观众席呈半圆形，在它旁边还有一个小剧场。小剧场可能用来举行音乐会、演讲等娱乐活动。庞贝人钟爱戏剧。大剧院建于约公元前200年，借助天然地势坐落于一个山坡上，石头砌成的观众席呈马蹄状对称分布，显示出较高的建筑水平。

库比雷的西班牙工程师负责指挥这项发掘工作。这位曾经的国王侍从、当时的上校和那不勒斯工程协会会长，虽然身兼数职，可是对于考古学却一窍不通，而由于他欠缺专业的知识和能力，以至于糟蹋了许多珍贵的文物，给前期的发掘工作造成了很大的损害。

1763年，人们在这里的地下发现了一块石头，上面刻着一座城市的名字，人们才知道，这里是一座城市的遗址，名字叫庞贝。考古人员循此线索才知道，在罗马的史书里记载了这样一场灾难：公元1世纪，一座名叫庞贝的城市被突然爆发的维苏威火山的火山灰掩埋了。这就是那座

图中这个男人试图接近已经身亡的妻子和孩子，但他刚一抬头就被毒气夺走了生命。如此的灾难是绝无仅有的，无数的受害者转瞬间就被夺去了生命。一些受害者表现出与命运抗争的迹象，而另一些则表现出安详平和的最后姿态。这些保持各种姿势的逝者在近2000年以后依然留给世人触目惊心的印象。

古老的深埋于地底的古城庞贝吗？这一发现引起了轰动。令人啼笑皆非的是，这座城市最初是借助一位瘸脚的"考古学家"而得以重见天日的，而他也因此获得了极大的荣誉。

继阿尔库比雷之后，一位名叫威伯的瑞士少校负责指挥此地的发掘工作。他对此做出了很大的贡献，虽然其考古学知识不多，但很专业，懂得这项工作的意义。他为此规划了整套的有系统的挖掘工作。他的重要贡献在于根据发掘出的实物加上自己适度的想象，绘制了一张准确的地图。凭借这张地图，这座仍被泥土覆盖的古老城市，仿佛被一览无余。而事实证明，这座古老的城市就是火山灰下的庞贝古城，这一成果让人万分惊喜。

此后的进展是让人欣慰的，继威伯发现了庞贝的一处半圆形露天剧场之后不久，

一个年轻人正在悠闲地划船

在银杯的底部刻着"阿贝尔斯"的字样，可能是这个杯子的制作者。

这个精美的银杯反映了庞贝城贵族们的奢侈生活。

西班牙人拉威加于1764年发现了奥得昂剧场，后来又发现了记载中的由塞尔西努斯重建的埃及女神伊西斯的神庙。1767年，一处角斗士的营房又被发现。而在1770～1815年，由于西西里王国王室对发掘工作表现出了浓厚的兴趣，在王室的支持和推动下，挖掘工作进展明显加快。1771年，挖到了第奥梅得的别墅；1772年12月，在这座别墅的地下走廊内发现了18具尸体。

随着挖掘工作取得了相当的成就，庞贝城的名气越传越远。德国大文豪歌德也于1787年参观了挖掘现场。英国驻那不勒斯大使汉密尔顿更是挖掘场

地的常客。而就在这一时期，拉威加画出了比较合理的挖掘平面图。1789年，法国占领军尚皮奥内下令继续挖掘。这一年，奥得昂剧场完全出土，它庞大的气势让人惊奇。1880年，那不勒斯统治者的妹妹和妹夫对挖掘表现出极大的兴趣，为了加速挖掘的进程，他们不惜自掏腰包。而正是在这一时期，挖掘工作取得了重大成就：城市的范围划定了，执政官街旁的城墙被挖出来了，随后又开始挖掘竞技

夕阳下的庞贝广场显得寂静、空荡，曾经的繁华、喧嚣已经灰飞烟灭。

场和大会堂。到 1823 年，这座地底的城市基本上露出了它大致的轮廓：一座四方形的古城，长达数千米的古城墙里面有广场、剧场、竞技场、神庙等各种建筑物，规模庞大，建筑精致。而 1824 年，人们又在幸运女神庙和广场周围挖出了公共浴池，还有广场北面的面包房和一座诗人的宅邸。

意大利统一后，庞贝城的挖掘工程变得更加科学有序。以严谨的治学精神和正直廉洁的作风著称的年轻古币学家菲奥勒利，受政府委托，负责此城的发掘工作。他建立了一种可验证的科学考古方法，每天记工作日志，并制订切实可行的计划。在他的指挥下，500 多名工人对古城进行了科学的挖掘及清理工作。他把庞贝城划分为若干区，又将每个区依照街道标志分成几个房屋群，并给每座房子或遗址一个识别编号，这个编号系统一直沿用到今天。

挖掘工作在菲奥勒利的指挥下科学而井然有序地进行着，为防止房子倒塌，在已经清理出来的街道上，他们采用从房顶开始挖掘的方法，逐步将废物清理出来。1863 年，他发明了一种可以再现火山灰掩埋的人或动物的形貌的石膏翻模方法。由于当年裹住尸体的火山灰凝固，形成一层硬壳，而其中的肉体则腐烂消失，于是便形成了人形或兽形的火山灰壳子。菲奥勒利让人用管子将石膏浆注入壳子里，这样一来，就得到了一具具栩栩如生的模型，神态逼真，人们得以从中窥见当时人们的生活状态。此外，菲奥勒利还辨认出妓院、面包房和

人们似乎仍能感受到这条路上的喧嚣与繁华，商店、顾客、手工艺者等仍在忙碌着，劳动所带来的幸福感弥漫在这座城市的上空。

银行家尤肯图斯的府邸。于是，一座规模完整、布局精致的城市在人们的努力下得到了再现，而其完整的程度却仿佛是模刻出来的一样，让人叹为观止。

可是，挖掘工作并没有就此停止，此后人们还不时地从中发现一些惊喜。20 世纪70 年代，一支美国考古队在庞贝竞技场附近发掘出了一座古代的商业性花圃。人们从中发现了许多植物的标本与浇水器具，还有古代花粉、香水瓶等，这显示了当时制造香水和头油商品的迹象。这座被人们称为"赫尔克列斯花园"的场所成为庞贝城曾经存在过商业性种花业的一个明证。

随着庞贝古城的原貌展现在人们面前，其神秘的面纱也逐渐被揭开，作为被火山灰覆盖达千年之久的城市，其城市的布局和规模之大都令人称奇，仿佛是罗马时代的城市出现在了当代一般，吸引了无数的学者和游人到此游览。

走进庞贝，首先映入我们眼帘的是一座灰红色的城市。这个被掩埋的城市，至少有一半已经被清理出来，重见天日。山丘上堆满石块，一列列厚厚的墙壁、一块块青灰色的石板，仿佛是已经晒了 1800 年的太阳一般，在温暖阳光的照耀下，是那么显眼。缺少了屋顶的房屋屹立在那里，仿佛成了一道道用小城墙摆的龙门阵。路面扫得干干净净，镶嵌的石头没有一块缺损或褪色，上面有一些飞禽或花卉的图案。这城市的前面是一望无际的湛蓝的海水，而背后则是雄伟高耸的维苏威火山和连绵不绝的山丘，景色十分壮丽。

遥望山顶，那里有一座座雄伟的建筑，那是罗马人祭祀正义女神的神庙，有维纳斯、奥古斯特、墨丘利等，还有一些没有完工的神庙和欧马希亚伟宅邸。

这是一座面积达 1.5 平方千米的古老城市，四周环绕着用坚固的石头砌成的 4800多米长的城墙，共有 8 座城门。由南到北、由东到西各有两条笔直平坦的大街与各城门相通，并将全城分成 9 个城区，每个城区又有许多大街小巷，纵横相连，路面都用碎石铺成。主街宽有 10 米，铺着平坦的石板，两侧为人行道，中间走车，金属车轮滚碾石板路面所留下的辙痕，使人不难想象当年街上是何等的车水马龙。

城区西南部有个长方形广场，庞贝城许多宏伟的建筑都建在这里，广场四周被高大雕花柱支起的华丽长廊环绕着，既美观又实用，还能遮风挡雨，供人逗留消遣。遗憾的是长廊在维苏威火山爆发前遭到了一场地震的破坏，由于火山爆发前长廊未能完全重建起来，有些大理石材料尚未雕刻，有些已臻完成，加上未能清理的倒塌废物，很难从中得以重见当时的全貌了。位于广场东南的政府大楼，是一座规模很大的建筑物。里面设有议事厅，以供头面人物开会议事。位于广场西南的法院，是一座长方形的两层建筑。根据考古学家证实，这座楼既是法官审案的地方，同时也是海内外富商洽谈生意的场所。因为商人成交大笔生意，无论签订合同还是交纳税款，都不可避免地要与法院打交道。这是一个极其精明的方案，由于法院和外贸交易所同在一处，给海外贸易带来了极大的便利。

广场的东北是庞贝城的商业区，那里店铺林立，各种各样的商品琳琅满目，是庞

贝城最热闹的去处。发掘出的一家水果店显示，货
架上摆满品种丰富的水果，有胡桃、杏仁、栗子、
梅子、葡萄、无花果等，虽然历经1000多年后早
已不能食用，但是其形状种类仍然依稀可辨。经考
古证实，许多店铺同时又是手工作坊，由店主雇佣
一批工人或使用奴隶进行劳动，制作商品，边制作
边销售。日常用品是这类作坊的主要经营项目，主
要有面包、呢绒、珠宝、香料、玻璃品以及铁器
等。有的作坊内工序设备仍历历在目，如呢绒作
坊，有洗涤羊毛的石槽、染缸以及漂白设备等。更
令人大为惊奇的是，有一家面包房里，烘炉里有一
块已经烤熟的面包，不仅其外形保持完整，而且上
面所印的店名还能清楚地辨认出来。

在庞贝城的东南角，是规模宏大的露天角斗
场。角斗场中间平敞，呈圆形，周围是阶梯状看
台，可容纳两万名观众。据考证，这相当于当时整
个庞贝城的人数之和。庞贝城的达官贵人们，为了
娱乐或者摆阔捞取钱财，经常轮番在此举办残酷的
角斗活动。为了吸引观众，他们不仅发布广告，而
且往往在广告中列出自己给观众准备的优待条件，
比如搭棚遮太阳或者洒水净化空气等。例如，发掘

↗ **庞贝公共浴场**

出来的一则广告是这样写的："营造使阿·绥狄厄·策利阿家的角斗士，定于5月31日
在庞贝城举行角斗。届时并表演斗兽，准备搭棚招待。"在角斗风行的古罗马帝国，到
处都设有专门训练角斗士的学校，连小小的庞贝城也不例外。

在庞贝广场的东角，靠近卡利古拉拱门的地方，挖掘出了一座规模很大的公共浴
场。公共浴室也是古罗马公众聚会的重要场所，不仅朋友们到此晤谈，雄辩者也到此
发表演说，作家和诗人也常到此朗诵新作，这里还有阅览图书、进行体育活动的地方。
有关罗马的研究资料显示，建造的公共浴室，舒适豪华，其费用也是昂贵无比的，因
此，市政当局便呼吁富裕的公民出资捐助。在庞贝城的这座公共浴室的墙壁上，人们
就发现镌刻有捐献者姓名的字样。

走进浴室，便可以发现里面的豪华与坚固，屋顶是用大理石砌成的拱形屋顶，
四周的墙壁是磨光的凝灰岩，十分坚固，大部分房间没有被火山喷发物压塌。浴室的
设计就是在现在看来也十分合理和现代化，浴室分男女两部分，每个浴室都分设有更
衣室、冷水浴室、温水浴室和热水蒸气浴室。温水浴室里安放着木炭炉子，需要时可
生火送暖。温水浴室里有加热的器材，是一个有脚的青铜大炉，炉壁上刻着的一头小

庞贝城的幸运大街
它以右边的幸运女神庙命名，却没给这座城市带来幸运。

母牛是赠送者的家徽。墙上装置着很多壁龛，壁龛之间有男像柱，支撑着饰有繁复叶形装饰的横楣，而天花板则由灰泥镶板装饰着。

为了复原以及表现庞贝人当时的生活状况和文明程度，人们在庞贝城的玛丽娜大街附近，建立了一座现代的"古董博物馆"。这座博物馆建于1861年，在1943年战争中被炸毁，1948年得以重建。

这座博物馆共设有4个展室，展出的主要内容是公元前8世纪以来庞贝人家中使用的器物及饰品、彩色玻璃及农具等。其中较为显著的物品是一家铜匠使用过的全套器具，包括刻制工具和材料等。

这个古董博物馆中还陈列着一些珍贵照片和少量实物，这些珍贵的物品对呈现庞贝人的生活有相当的参考价值。这其中有一札世所罕见的"蜡版书"，据说是在庞贝城一个钱庄主人家里发掘出来的。这种书是古罗马的发明之一，先用象牙、骨头或金属制成的针在嵌入方木板的蜡板上写字，再把多块木板用绳穿起来便成了一册版书。其制作工艺比较复杂，书也显得较为厚重，但是便于长期保存。

在展厅里，还有一套2000年前的医用外科手术工具，它是在发掘一座医院时发现的。其中，有专用的镊子、细长针嘴变钳、医用小剪、牙科专用的镊钳、异形小镊子等。这些器械的形制与近代西医所用的并没有什么显著的区别，它表明以实用为特色的外科手术的确是罗马古典医学最发达的门类，而罗马人当时的创新精神和科技文明发展程度也可见一斑。

另一间展室陈列着一些庞贝人当年的生活用品。乍一看，似乎没有什么特别之处，但是你可不能小瞧了这些物品，因为它们实在是非同寻常。这些展品是从一户富人家宅里挖掘出来的，包括一只用优质大理石刻制成的洗脸盆，它的支座上刻满了美丽的图案。那只长方形浴缸则是用铜板压制而成的，虽然已经经历了2000多年，现在仍基本完好可用。有一只破损的类似中国马灯的灯笼，据说它是在一个蒙难男子身旁发现的，由它可证实庞贝城是在夜间被掩埋的。庞贝城距离维苏威火山20多千米，照科学计算，火山喷发物和泥石流到达此地约需大半天时间。因此科学家据此准确地推断出庞贝城是在8月25日凌晨时分开始被火山灰掩埋的。

而在这个博物馆中，最引人注目的展品，是那些展现蒙难者众生相的"石膏人"——这些就是利用意大利年轻的古币学家菲奥勒利发明的石膏翻模方法复制的受难者的尸体。原来，当年在发掘过程中，发现不少由火山灰和岩浆裹着人畜遗骸凝结成的僵石，僵石内有由于尸体腐烂消失而形成的孔隙。起初，人们未予以注意，也无法处理。后来，考古学家利用石膏翻模的方法，把这些僵石里面掏空，再灌注石膏泥灰，一幅幅形态逼真的千姿百态的蒙难众生像便展现在人们面前。

以遍布古城各个角落的300多个蒙难者尸体空洞为模子制成的"石膏人"显示的景象让人触目惊心：在一个住宅中，许多人捂头掩面，面部抽搐，一个母亲在抱着自己努力挣扎的孩子，表情十分恐怖；而另一些房间里，有的人正趴在墙角挖洞，似乎正在寻找逃生的路，有的人则已经爬上了窗台，可是全部被突发的灾难定格。景象显示，其中大部人是因窒息而死的，其悲惨之状惨不忍睹。

在这座博物馆里，有一幅画让人印象十分深刻，画的名称叫作《庞贝的末日》，是由俄国画家布留诺夫于1833年绘制而成的世界名画。据说，为了能够充分表现当年火山爆发时人们那种惶恐而无处可逃的情景，画家在这幅画上整整花了6年工夫。这幅画展示了30多个不同人物在岩浆喷发的那一瞬间转眼被火山岩浆和火山灰覆没的情景，深刻地表现了当时那种惊心动魄惨烈无比的场面，其烘托出的雷电交加和山崩地裂的景象使人如同身临其境，令人思绪万千，久久不能忘怀。

马耳他地窖是庙宇还是坟墓

在马耳他岛繁荣兴旺的佩奥拉镇，一家貌不惊人的小食品店的下面却埋藏着地中海地区一座令人赞叹不已的遗迹——马耳他地窖。马耳他地窖自从发现以来已经吸引了众多的观赏者，但是你可知道这座地窖最初是如何被发现的？

马耳他地窖是建筑工人开凿岩石修建蓄水库时偶尔发现的，起初工人是利用马耳他地窖来堆放碎石废泥的，并且还堆放了垃圾。但是有一个工人认为这个洞穴不同寻常，它好像不是自然形成的，它更像是人工加工的石室。于是，这位工人就将这个发现向当地的考古学家报告，而考古学家的调查，不仅证实了这位工人的发现是具有重大意义的，而且还发现了更多的令人不解的现象。

马耳他地窖里面石室众多，好比一座地下迷宫，最深处距离地面10米，石室一间一间连通，

马耳他哈尔·萨夫列尼的地下陵墓的墓室。这个墓室全部用条形石块砌成。

哈尔·萨夫列尼的地下陵墓的门。这个门是进入地下墓室的唯一通道。

上下有三层。游人游览时莫不对地窖的独特构造啧啧称奇。马耳他地窖的开凿工程十分浩大，它的建筑特色，包括石柱和屋顶，与马耳他岛的许多的古墓、庙宇如出一辙。但是马耳他地窖是庙宇还是坟墓，这个问题现在还没有弄明白，是困惑着众多的考古学家的一个难题。

马耳他岛的庙宇是建筑在地面上的，而这座在石灰岩中凿出的地窖的结构迥异于通常的庙宇，是完全在地底下，而且考古学家在地窖范围内越向下挖掘，越发觉这不是一座庙宇，尤其当发现地窖内竟然有 70 具骸骨的时候，试想，哪一座的庙宇里面竟然有如此多的尸骨？地窖既然不是庙宇，那么它到底是什么作用？它又是什么年代筑成的？

地窖的建筑年代较容易解答。因为马耳他岛上与这个地窖建筑风格相似的庙宇多建于公元前 2400 年左右，当时岛上石器时代的居民以牛角或者鹿角所制成的凿子或者楔子，用石锤敲进岩石以进行开凿，建筑成了不少宏伟的庙宇。而当时居民所用的建造工具也在考古发掘时被挖掘了出来。

在马耳他地窖里面，有一个名为"神谕室"的石室，石室里有一堵墙壁削去了一块、后面是状似壁龛、仅容一人的石窟。一个人坐进去像平时那样说话，声音就可以传遍整个石室，并且没有任何的失真。女人因为说话声音较高，所以不能产生同样的效果。这座石室就在靠近顶处的地方，沿着四周的墙壁开凿了一道脊壁，女人的声音就可以沿着这道脊壁向四处传播了。

因为这个石室的发现，考古学家推测这座地窖可能是在宗教方面有特殊用途的建筑，而这个石室说不定就是祭司的传谕所。而且祭司祭祀的大概是女神，因为考古学家在地窖里发现了两尊女人的卧像，她们都是侧身躺卧的。另外还有几尊特别的肥大，应该是以孕妇作为了蓝本的侧卧像。这些证据显示地窖可能是崇拜地母的地方。然而，不管崇拜什么神，这座地窖阴森恐怖的环境一定会使前来敬神求谕的人肃然敬畏的，每次走进都是诚惶诚恐。这座巨大的建筑深埋于地下，里面是阴暗不见天日，置身这样宽大的石室中，诡秘幽玄的气氛无所不在，充溢着石室的每一个角落。

这样看的话，地窖或许就是一座庙宇。但是，就是在这座地窖里，它还有一个宽度不足 20 米的小室，小室里竟然有 70 个人的骸骨，这应该怎么解释呢？很明显，这种现象已经不是庙宇的用途了。这 70 多具骸骨，并不是一具具完整的骷髅，因为那么小的地方是根本不可能容纳那么多的骸骨的。骸骨在室内是散落的，说明是以一种移葬的方式集中到室内的。这种埋葬方式在原始民族中是很普遍的。所谓移葬就是土葬若干年后，尸体腐烂成为了骷髅，然后捡拾遗骨重新埋葬。这样说来，地窖就应该是善男信女的永久安息之所了？如此说来，这座地窖既是供人礼拜的庙宇，又是供死者安息的坟墓？难道马耳他岛上的居民早期的宗教信仰里包含了崇拜死者吗？

没有人知道马耳他岛的居民是从什么时候开始如此安放骨殖的，也没有人知道为什么要如此安放骨殖。同样地，没有人知道为什么这座庙宇会变为了坟墓，或者它本身就是一座坟墓，抑或是这座建筑物的初期就已经具有了庙宇与坟墓的双重功能。许多屹立在地上的庙宇是模仿早期的石墓建造的，说不定这

大约公元前2000多年时，马耳他属于巨石文化时代，此图是当时一座神殿的遗址。这些遗址都用巨石建成，巨石之间不用任何黏合物，但巨石之间吻合得天衣无缝。

座地窖就是把这种建筑方式倒转了过来，是一座模仿地上庙宇而兴建的地下坟墓。但是这样的疑问、这样的问题已经没有答案了，远古资料的缺乏使得这些问题的深入研究是不可能进行的。马耳他岛的这种举世无双的地下建筑到底是什么用途？为什么如此建造？大概就只能永远是不解之谜了。

摩亨佐·达罗的消失与核战争有关吗

巴基斯坦信德省的拉尔卡纳县南部、印度河的右岸，有一座半圆形的佛塔废墟。这里白天狂风怒吼，沙尘飞扬；夜晚寒风习习，尽收眼底的只有一望无际的信德沙漠。多少年来，这里一片荒芜，满目凄凉，被当地人称为"死亡之丘"，但许多学者更喜欢称它为"核死丘"。1922年，印度勘察队员偶然在这里的佛塔废墟内，找到了几块刻着动物图形和令人费解的文字的石制印章。此后60多年的考古，在这里发掘出了一个建于4500年前的古城遗址，并以此向世人证明了印度河文明与两河流域的苏美尔文明一样古老而灿烂。

这就是举世闻名的摩亨佐·达罗，标志"印度河文明"的古城，1980年被列入《世界遗产目录》。

这座规模宏大的城市建于印度河流域，全部由毛坯砖建成，包括一座卫星城，周围建有壁垒，是青铜时代的古城遗址。城址占地约8平方千米，按城市规模推算，当时的人口在4万人左右。城市街道大部分是东西向和南北向的直路，成平行排列，或

直角相交。主要街道宽达 10 米，下面有排水道，用拱形砖砌成，形成一个独特的排水系统。数千间房屋好像棋子般布满全城。每个住宅都有 6 ～ 10 间房，并有院子，最突出的是一幢包括许多间大厅和一个储存库的建筑物。它可能就是当时摩亨佐·达罗城的国王或首领居住的地方。住宅大都有水井和整洁的浴室，而且有一条修得很好的排水沟，把废水引入公共排水渠中。大小住宅多半都在外墙里面装有专用的垃圾滑运道。居民可以把废物倒进滑运道，滑到屋外街边小沟。小沟又连接下水道系统。如此复杂的污物和污水处理系统，不仅在上古时代是无与伦比的，就是当今世界上的许多城镇也望尘莫及。

古城大体可分为上城和下城两部分。上城首先看到的是高达 15 米多的圆形古堡。从古堡往下走，是著名的大浴池和粮仓，大浴池由红砖和灰浆砌成，四周还有精巧的上下水道。研究印度河文明的专家认为这座大浴池很可能是为宗教仪式服务的。现在，印度河一些地区仍保留着将沐浴用于宗教仪式的传统。下城离上城约 1000 米，当人们置身于两人多高的街墙之间时，迎面会有凉风习习吹来，使人们对古代建筑师巧妙地利用季风进行自然通风的技巧惊叹不已。

古城的挖掘出土了数百件奇异的人形陶俑，描绘了当时的"圣母"祭祀仪式，体现了古摩亨佐·达罗人的艺术创作特点，表现了他们对"神力"的敬畏和虔诚。出土文物中有一尊似是教王一类首领人物的塑像，头系发带，面蓄胡须，左肩上斜搭一件饰有三瓣花图案的大氅，双目微睁，显出沉思的模样。另一件精巧的文物珍品是一个舞女的塑像，全身赤裸，叉腰翘首，栩栩如生，一副高傲尊严的神态。此外还出土了大量石制印章、陶器、青铜器皿等文物。印章上刻有牛、鱼和树木的图形文字，很像古埃及的象形文字和苏美尔人的楔形文字。不过，遗憾的是，这些"天书"至今还没有被人们识读。

城市是文明发展水平的一个重要标志，有学者认为类似摩亨佐·达罗这样先进发达的城市规划只有到 1000 多年后的古罗马时代才达到同等的水平！在这同一时代，世界上绝大部分的人们还居住在山洞中，或是住在用树枝树叶、泥土搭起、垒起的简陋棚屋里，最多也不过是 1000 人以下的村落。

可是，在 3500 年前的一天，这座城市神秘地消失了，葬身于黄沙之下。而且种种迹象表明，这里的居民在一个短暂的时间内突然无影无踪地消失，并遗弃了这座城市。为什么会发生这样的事情？摩亨佐·达罗人在离开这个城市后，去了哪里？为什么在别的地方没有再现这个城市的文明？这些谜团一直困扰着考古学家

从摩亨佐·达罗古城遗址中发掘出的人物造型的青铜器，这可能是当时的一位舞者。

们，争论纷纷。印度语中，摩亨佐·达罗的意思是"死亡之丘"。为什么叫这样一个名字呢？难道一开始就蕴含着某种不解的神秘？

史学家认为，昔日摩亨佐·达罗郊外，也是郁郁葱葱，有着和尼罗河一样宽阔古老的印度河，不仅灌溉着千里沃野，也孕育着人类的文明。只是到了后来，由于过度放牧和种植，破坏了生态平衡，使得植被稀疏，地表土

↗ **摩亨佐·达罗古城遗址**
从这一片废墟中似乎可以看出它曾经遭受过人为的破坏，所以有的学者怀疑它遭受过核打击。

裸露，在强烈的阳光照射下，水分迅速蒸发，然后随风吹蚀，最终沦为一片沙洲。可是，这样的解释却无法说明摩亨佐·达罗人为什么也消失了。

也有人提出，是一次大地震毁灭了城市，可是，这里丝毫没有地震遗留下来的痕迹；有人认为，是一场瘟疫使居民们远走他乡，可是，为什么他们没有在其他地方创造同样的文明呢？还有人认为，是别的部落占领并且洗劫了城市。可是，谁又相信，最为文明的国度会被原始野蛮的部落征服呢？最后，英国科学家杰文波尔力排众议，提出了摩亨佐·达罗城遭受了原子弹袭击。研究者们在城中发现了许多爆炸的痕迹，并且找到了爆炸中心。在爆炸中心1平方千米半径内所有建筑物都成了齑粉，距离中心愈远，建筑受毁坏程度越小。在距中心的较远处，发现了许多人骨架。从骨架摆放的姿势看，死亡的灾难是突然降临的，人们对此毫无察觉。而且这些骨骼中都奇怪地含有足以与广岛、长崎核袭击死难者相比的辐射线含量。不仅如此，研究者们还惊奇地发现，这座古城焚烧后的瓦砾场，看上去像极了原子弹爆炸后的广岛和长崎，地面上还残留着遭受冲击波和核辐射的痕迹。对遗址中的大量黏土和矿物碎片进行分析表明，它们被烧熔时的温度高达1400℃～1500℃，而这种高温，当时的锻造条件是无论如何也达不到的。

联系到古印度史诗《摩诃婆罗多》对5000年前史实的生动描述，后人也可对"核死丘"的遭遇领悟一二："空中响起轰鸣，接着是一道闪电。南边天空一股火柱冲天而起，比太阳耀眼的火光把天割成两半，房屋、街道及一切生物，都被这突如其来的天火烧毁了……""可怕的灼热使动物倒毙，河水沸腾，鱼类等统统烫死。死亡者烧得如焚焦的树干，毛发和指甲脱落了；盘旋的鸟儿在空中被灼死，食物受染中毒……"难怪美国"原子弹之父"奥本海默认为这部印度古代叙事诗中记载的分明是史前人类遭受核袭击的情形。

可是，当年繁华的城市，由于岁月的消磨、洪水的冲刷和盐碱的腐蚀，现在仅剩

下一片片砖瓦残迹。但摩亨佐·达罗遗址也因其令人惊叹的文明、众多难解之谜，吸引了无数的学者和游客。

谁在何时建造了亚历山大灯塔

　　今日埃及最大海港城市亚历山大，早先是马其顿帝国的亚历山大大帝在埃及尼罗河口西面建立的一个古城。公元前236年，古希腊最为显赫的风云人物亚历山大在20岁时继承王位，成为马其顿国王。后来他率领希腊联军，在埃及尼罗河口一个地理位置优越的无名渔村，建起了这个希腊化的城市，并用自己的名字将其命名为"亚历山大城"，命大将托勒密驻守于此。亚历山大大帝死后，埃及托勒密王朝开始兴起，亚历山大便成为托勒密王朝的首都并因此繁荣起来，加上亚历山大位于亚洲、非洲及欧洲三个洲的接合位置，亦能通往尼罗河及地中海的港口，可以想象当时亚历山大的繁荣景象，通商有多么发达，而且被称为"世界七大奇迹"之一的亚历山大灯塔更是照耀着港口，日夜注视着过往的人群，成为朝代更迭的观望者。

　　据史料记载，亚历山大灯塔建于公元前285年到公元前247年间，位于法罗斯岛，督造人为托勒密大将，也就是后来的托勒密王朝的国王，设计师是希腊人。建造此灯塔，一是为了方便当时人们的航海需要，另一方面也

↙ **亚历山大古城部分遗址**

彰显亚历山大大帝的赫赫战功。自从亚历山大海角尖端的法罗斯岛有了它以后，塔顶的柴薪燃烧不息，地中海航船有了导航方向，夜航海难事件大大减少。它一直工作了 15 个世纪，即使亚历山大城多次地震，大部分房舍坍塌，灯塔依然屹立不倒。

灯塔总高 134 米，比现代最高的日本横滨港灯塔还高 28 米。据说，由凹面金属镜反射出来的耀眼的火炬火光，使得夜晚航行的船只在距离它 56 千米的地点就能够找到开往亚历山大港的航向。灯塔塔身是由上、中、下三个部分组成的，全部以纯白色大理石砌成，缝隙用熔化了的铅液浇铸，坚如磐石。下层塔身底部呈方形，塔身随着上升逐渐收缩，高约 71 米，

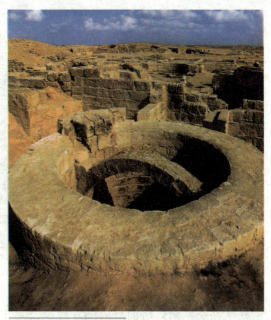

↗ 亚历山大古城神殿遗址

底部每一边长为高度的一半，上面四个角各安置一尊海神波塞冬的儿子口吹海螺号角的铸像，以此来表示风向方位。中层呈八角形，高约 34 米，相当于下层高度的一半。上层呈圆柱形，高约 9 米，上层塔身之上是一圆形塔顶，其中一个巨大的火炬不分昼夜地冒着火焰。塔顶之上铸着一尊高约 7 米的海神波塞冬青铜立像。塔身外围筑环形驰道盘旋到炉室，供马车拉运燃料。这座灯塔实际上也是一座摩天大楼，内设 300 间厅室，供管理人员和卫兵居住。

然而传说只是传说，没有见到实物，终归是一个谜。谁敢相信 2000 多年前能够造出那样庞大的灯塔？一段时间以来，一直没有灯塔的任何实质性东西出现，以证明那个遥远的时代的确存在这样一座雄伟的灯塔，以至于人们不能不怀疑：2000 多年前的亚历山大人果真能建造如此雄伟的巨塔吗？甚至有人认为，历史典籍中所描绘的高耸入云的亚历山大灯塔也许只是个美丽而虚构的传说。

后来经过考古学家们的考证，公元前 235 年的地中海大地震以及随之发生的海啸，将亚历山大城的无数建筑转眼间夷为平地，并使 5 万居民丧生，但法罗斯灯塔却奇迹般地保留了下来。不料在 1301 年、1302 年先后两次的强烈地震将灯塔的部分震塌。随后 1375 年又一次更加猛烈的地震，终于将残存的塔基倾覆于地中海海底。千百年傲视地中海狂风巨浪，为古代航海事业做出非凡贡献的法罗斯灯塔从此销声匿迹。此后的一个多世纪中，亚历山大城战火纷飞，灯塔的光芒在弥漫的硝烟中逐渐被人遗忘。特别是 1472 年，统治埃及的马穆鲁克王朝为了抵御外来者入侵，干脆在灯塔的原址修造了一座军事要塞，命名为马穆鲁克要塞。1994 年，在灯塔旧址附近修筑防波堤时，意外地发现古代石料船之类的东西，于是令世人瞩目的海底考古开始了。

↗ 埃及亚历山大城遗址

考察队在法罗斯灯塔旧址周围发现了公元3世纪地震时没入海底的大量古代文物，其中有托勒密王朝末代女王克娄巴特拉的王宫，她的情夫、罗马统帅安东尼的宫殿，许多小型的人面狮身石像，有头部重达5吨的托勒密王朝二世时期的，其身体和雕像的底座也在附近被发现，底座长达3.5米，侧面刻有托勒密王朝二世的称号。另外，在海底还发现一组巨型雕像，总数达2000具以上。它们体积巨大，高度多在13米以上，重达数10吨。经过长时间水下搜索，考察队终于找到了法罗斯灯塔塔身。经测量，灯塔边长大约36米。在灯塔的每个侧面，都有大量的精美巨型雕像作为装饰。可以想象，昔日的灯塔是何等的壮观！

令人困惑的是，打捞中还发现了古埃及的方尖塔。它是太阳神的象征，也是法老时代的遗物。该方尖塔的头部是花岗岩制成，高1.44米，尖端为金字塔状，在塔的下面用象形文字刻有赛帝一世的名号和它统治的第十九王朝守护神的形象。据推测，此文物应有3000多年的历史，见证了过去的沧桑。此外，刻有大量的象形文字和法老时代的符号的文物也重见天日。

披着神秘面纱的亚历山大灯塔终于得以再现人间，人们对灯塔长期以来是否存在的疑问被彻底打消了，但灯塔周围为什么发现大批雕像和石材，甚至公元前3000年前古埃及时代的遗物，这留给人们太多的猜测，而且灯塔本身到底是在什

在亚历山大城发现的刻有表现亚历山大大帝功绩的石雕艺术品。这也从一个侧面证实了亚历山大大帝的确修建过大灯塔。

么时候建造的也无从考证。

有人认为，灯塔本身是出自于 3000 多年前法老时代的古埃及人之手。更多人认为，灯塔是托勒密王朝所建，这些古埃及时代的雕像和石材只是亚历山大大帝征服埃及后从古埃及神庙征调来的。也许这是一种合理的解释，毕竟当时战事纷纷，亚历山大率军远征，所到之处无所不能，这些东西作为战利品被运回也是可能的。

今天的亚历山大拥有几百万人口，每年的夏天有 100 多万人来此避暑。港口年吞吐货物量 2760 万吨；在港口的海角的确有一座灯塔，但与古灯塔相比却大为逊色。1892 年由避暑行宫改建的希腊—罗马博物馆，收藏着零散的文物，展示亚历山大饱经沧桑的历史，但亚历山大灯塔究竟是在什么时候、由什么人建造的，至今迟迟不见定论。

亚历山大市的法罗斯灯塔是如此知名，以至于"法罗斯"一词已具有"灯塔"的含义。

特洛伊宝藏

读过《荷马史诗》的人一定会为故事中映射出来的远古希腊文明的光芒所深深打动，而始终环绕故事中心的特洛伊古城也必定给人留下了深刻的印象，然而特洛伊城在经历了 10 年的战争后最终毁灭。

19 世纪中叶，德国人海因里希·谢里曼历经辛苦之后终于找到了位于安纳托利亚西北角、濒临达达尼尔海峡入海口的希萨尔利克山的特洛伊古城。在这片古文明遗址中，海因里希·谢里曼发掘出一个装满了奇珍异宝的赤铜容器，里面有金戒指、金发夹和金制酒杯、花瓶等近万件珍宝。其中一件玲珑奇巧的纯金头饰最令人叫绝，它是用金箔将 1.6 万件小金板缀连而成，可谓巧夺天工。他的重大发现在全世界掀起了轩然大波。

根据史料记载，在特洛伊战争发生 500 多年之后，一切从头开始的古希腊人，曾经在他们认定的特洛伊城原址上重建了一座新的城市，名为"伊利昂"。公元前 480 年，为了同希腊人作战，波斯国王曾经到这里为智慧女神雅典娜举行过百牲大祭。公元前 330 年，另一位帝王亚历山大远征波斯之前，也曾在这里拜祈过女神雅典娜。但是到了公元初

荷马雕像

.155

年，罗马执政官尤利乌斯·恺撒来这里凭吊他的祖先埃涅阿斯的出生地时，这里却已经全然没有了往日的繁荣，而是被满目荒芜所取代。直至罗马时代，一座新城才又在这里崛起，但它在经历了几百年的繁华后，又毁于地震。从此，特洛伊逐渐从人们的记忆中淡去了。后来，人们甚至怀疑这个城市是否在地球上存在过。

当年谢里曼的发现也是让人半信半疑，如今一个多世纪过去了，通过考古工作者的艰苦挖掘，特洛伊城已将它的全貌展现于世人面前。人们在30米深的地下发掘出了各个不同时期的特洛伊古城遗址，分属9个不同的历史时期。这充分证明特洛伊文化是真实的，而且历史悠久。在这里，公元400年左右罗马帝国时代的古城遗址仍在向人们展示着当年雅典娜神庙的雄伟气势。

科学鉴定证明，公元前1300～前900年的特洛伊古城遗址是被彻底烧毁的，这有力地证明了《荷马史诗》对历史的描述是真实无误的。人们在这里可以看到厚达5米的残败石墙，里面还发现了大量的彩陶和其他生活用品，它们大多绘有简单的几何图形，造型朴素。数百年来，人们对埋藏于特洛伊之下的宝藏一直将信将疑，虽然谢里曼发现的金面具、金盒、金盘、金制的儿童葬衣以及上万件金制首饰，都证实了宝藏的存在，但人们心中产生的新的疑问是：1890年以后的发现比谢里曼在19世纪70年代挖掘的遗址离地面要近得多，这表明在建立时间上《荷马史诗》的特洛伊城与谢里曼发现珠宝的小城有几个世纪之差，照此推理，这些珠宝不可能属于普里阿摩斯或《伊利亚特》中的任何人的。同时，这也说明谢里曼由于急于到达小山的底部无意中挖通了《荷马史诗》时代的特洛伊。那么，谢里曼发现的黄金制品是不是传说中的特洛伊宝藏呢？或者说，这里还有没有埋藏其他的宝藏呢？

从这里出土的大量不同形式的古代文献里，人们还发现了更多关于古代文明的秘密信息，但至今仍未能破译特洛伊文字。想解开特洛伊传说中的宝藏之谜还有很长的路要走。

惊人的印加宝藏

曾经生活在南美大陆上的印加人早在新大陆被哥伦布发现之前，就已经创造了属于自己的辉煌的古代文明。印加帝国在印第安人的传说中，就是一个金子的王国。由于那里盛产黄金，所以人们在建筑宫殿时会用大量的黄金作为装饰，比如首都库斯科的太阳神庙和黄花园就闪耀着金灿灿的光芒。

最初到南美大陆掠夺黄金的是西班牙人弗朗西斯科·皮扎罗。1533年，皮扎罗率领180名骁勇善战的西班牙士兵穿越危险重重的安第斯山脉到达了印加北部重镇卡沙马尔卡，从未见过奇异白人的印加人以为是天使降临人间。为了打败印加人，皮扎罗精心策划了一场战斗，180名西班牙人以少胜多，打败了4万多人的印加军队。被杀的印第安人有5000人之多，而西班牙人几乎没有伤亡，他们还抓获了阿塔瓦尔帕国王。战斗结束后，皮扎罗不但派人前往印加军营搜刮了价值8万比索的黄金，而且还以国王阿塔瓦尔帕为要挟向印加人勒索巨额赎金，最终13265磅黄金、26000磅白银被送到西班牙殖民者的手中。尽管得到了巨额宝藏，皮扎罗却背信弃义地依然要将国王阿塔瓦尔帕这位最后的印加"太阳之子"杀掉。当阿塔瓦尔帕走上绞架之时，他面对印加人世代崇拜的太阳之神和浩渺神秘的亚马逊丛林，痛切地诅咒这些可恨的刽子手。这些双手沾满了罪恶与血腥的强盗最终都应验了这些咒语，他们在掠夺了印加人的大量金银之后，终因分赃不均而引发了激烈内讧，几乎所有的头目，包括皮扎罗、他的4个兄弟及伙伴都被杀死或囚禁。那批巨额的印加财宝也因此下落不明，不知所终。有关印加人宝藏的传说还远不止这些。1576年，西班牙

↗ 弗朗西斯科·皮扎罗像

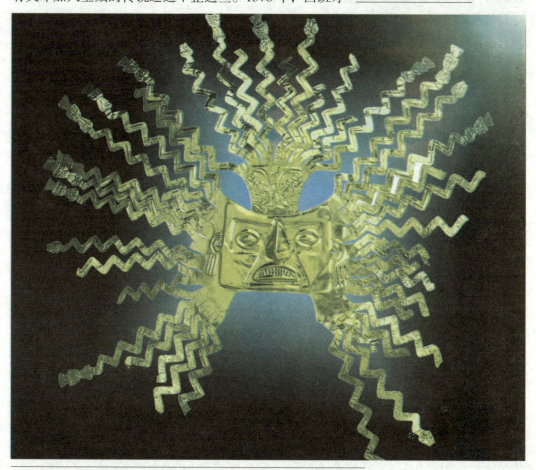

"印加"在印第安语中意为"太阳之子"，图为用黄金制成的印加太阳神像。

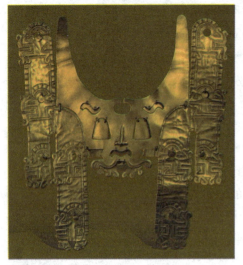

黄金制成的印加人饰品

商人古特尼茨就发现了"小鱼宝藏"。他在一位印第安部落首领的带领下,通过一条崎岖的地道进入了秘鲁印加国王的墓穴,发现了大量令人眼花缭乱的金银珠宝。这个宝藏之所以叫作"小鱼宝藏",是因为其中有许多眼睛由翡翠打制、全身由黄金制成的小鱼。传说在发现"小鱼宝藏"的地方另一侧还埋藏有"大鱼宝藏"的陵墓。几个世纪以来,为了找到"大鱼宝藏",寻宝者前赴后继,寻遍了附近所有的陵墓,结果一无所获。现在秘鲁政府为确保宝藏不落入他人之手,公开宣布在政府不允许的情况下,任何人不得擅自开掘、破坏陵墓。

还有一处印加宝藏,即传说中的印加"黄金湖",也令人格外瞩目。据传,印加王的加冕仪式就在湖畔举行。周身涂满金粉耀眼夺目的新国王,代表着太阳之子的光辉,然后国王在湖水中将金粉洗去,臣民们纷纷把自己最珍贵的宝石、黄金献于国王的脚前。新国王把所有的这些财宝都投入湖中,作

传说中的黄金城

为奉献给太阳的礼品。如此世代积累，黄金湖中就积存了大量金银珠宝。自从 16 世纪西班牙征服印加帝国后，对黄金湖的寻找和打捞行为就从未中断过。最后人们确定传说中的黄金湖就是今天哥伦比亚的瓜达维达湖。1545 年一支西班牙探险队在该湖中捞起了几百件黄金制品，更加证实了黄金湖的传说，更多的寻宝者纷纷被吸引到这里。1911 年，一家英国公司妄图抽干湖水获得宝藏，花费了巨大的人力、

今天的瓜达维达湖正是传说中的黄金湖，也是印加人心目中的圣湖。

财力，结果却没有找到他们想要的巨额财宝。为了保护湖中的宝藏，1974 年哥伦比亚政府下令禁止在湖中打捞任何物品，并派军队加以保护。黄金湖的传说从而也更加神秘了。

　　与"黄金湖"宝藏对应的是"黄金城"的传说，这是一个更让寻宝者向往的地方。皮扎罗在得知这一传说后，为探寻其源头严刑拷打了一些印加贵族。一位贵族承受不了重刑，吐露了黄金的所在——位于亚马逊密林中的一位印第安酋长帕蒂统治的玛诺阿国，那里产有堆积如山的金银，但这个地方只有国王和巫师知道，其他人无从知晓。西班牙人立即组织了一支探险队开赴那个既不知道方位，又不知道道路的神秘地区。面积达 280 万平方千米的亚马逊原始森林是如此广袤无垠、遮天蔽日，在这里每前进一步都意味着向死神的靠近。因此无数的探险队不是狼狈逃回，就是下落不明，损失极其惨重。

　　直到 17 世纪时，有 6 个葡萄牙人带领一群印第安人和黑人闯入了亚马逊丛林。辗转数年，突然有一天他们透过密林发现了一座壮观辉煌的古城遗址和一片大草原。古城中间有一座手指北边高山的石像，几位幸存者将探险经过写成报告，被放置在巴西里约热内卢图书馆里。后来有人依据报告的记载来到遗址，但只找到了小部分的宝藏。

　　传说中的印加宝藏并不止于此，有人统计过，印加人黄金的数量相当于当时世界其他地方黄金数量的总和。但面对危险丛生的亚马逊密林，更多的冒险家只能"望林兴叹"。或许死去的印加王的灵魂附着在这些珠宝上，它们牢牢看守着这些藏在密林深处的宝藏，让世人永远不会找到。

《尼伯龙根之歌》所记载的宝藏

　　《尼伯龙根之歌》全诗分为《西格弗里德之死》和《克琳希尔德的复仇》两部分。传说尼伯龙根宝藏由巨龙看守。尼德兰王子西格弗里德凭借英勇和机智杀死了巨龙，以龙血沐身，成了力大无穷的勇士，并占有了尼伯龙根族的宝物。可是，微风

吹来的一片叶子掉在他肩上，不仅没有沐浴到龙血，而且成
为他的死穴。

听说勃艮第国王贡特的妹妹克琳希尔德十分美貌，
西格弗里德就前往求婚。国王贡特要求西格弗里德帮助
他打败萨克逊人，娶到冰岛女王，西格弗里德答允了。
他利用自己的隐身帽冒充贡特国王，战胜了好战的冰岛
女王布琳希尔德，使她嫁给国王贡特为妻。他也如愿以
偿得以与克琳希尔德成婚。一次，姑嫂发生争执，布琳希
尔德方知是西格弗里德，而不是丈夫战胜了自己，感到
受了侮辱，就暗中唆使贡特的侍臣哈根趁西格弗里德打
猎去泉边喝水时暗算了他。

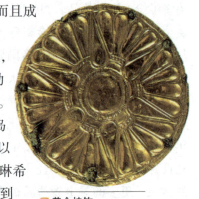

↗ 黄金挂饰
挂饰正面有植物图案。

西格弗里德死后，他的妻子克琳希尔德把尼伯龙根宝藏转移到沃尔姆斯，诗中这
样描述："十二驾马车装载了数不清的宝物，整整四天驶向山上，每个人驾驶九个小
时，这些东西和宝石黄金没什么两样。即使用全部土地和它交换，也不会降低它的价
值，哈根想得到它真的不是没有原因。"可惜，这批宝藏终究还是被哈根抢走了。史诗
说哈根把它放在洞里，沉没在莱茵河里。丈夫被杀，宝藏被夺，克琳希尔德自然发誓
要复仇。

此诗为英雄史诗，自然是传说的成分多，但也有很多史实在内。勃艮第人，后来
也被称为尼伯龙根人，原是生活在斯堪的纳维亚半岛的一支部族。大约在公元前200
年左右，他们逐渐迁移到今天美茵茨以南的莱茵地区。公元435～437年，勃艮第人
和匈奴人发生激烈的战斗，战争以勃艮第人的惨败而告终，几乎导致这个民族的毁灭。
幸存者被赶到今天瑞士的日内瓦地区和法国东南部山区。在那里，勃艮第人又繁衍起
来。与此相关的另一件事是，公元453年，匈奴国王与一个日
耳曼少女希尔狄克结婚，于新婚之夜死去。史学家认为，希尔
狄克是为了复仇而嫁给匈奴王的。史诗把两件史实联系在一起，
加上远古的传说，经过700多年的流传，以及无数行吟诗人的传
唱、加工、润色，才成为定本。

16世纪后，关于勃艮第人的命运就无从知晓了。想一
想，那已经到了宗教改革时期，沧桑巨变。工业革命后科
技的飞速发展，使得传统社会迅速地进入现代社会。或
许，他们的后裔已成为某个普通的银行职员或货车司
机，行走在今日柏林或汉堡熙熙攘攘的街头。不过，
关于那笔宝藏却一直以来吸引着众多爱幻想的人。尤
其是，时不时传来的发现宝藏的消息更证实了尼伯龙
根宝藏并非子虚乌有的传说，它或许就藏在东欧的某

↗ 陶罐
出土于莱茵河流域，陶罐上有几何形
的图案，当时主要用来装水和酒。

个山洞里，或埋在莱茵河厚厚的泥沙之下。

按照时间顺序说，最早让人联想到尼伯龙根宝藏的是 1837 年两名罗马尼亚采石工偶然发现的宝藏。他们在两块大石之间的薄薄的泥土下面，发现了一堆金子，由很大的纯金打造的圆盘覆盖着。再挖下去，数不清的金杯、金壶、精美的纯金发夹、别针、扣环等物露出地表，所有的东西都镶嵌着大大的宝石，璀璨夺目。最后，他们整整挖出了重达 75 千克的宝贝，这是迄今为止所找到的中古欧洲民族大迁徙大动荡时期的最大一笔宝藏。两个采石工目不识丁，不能断定这些东西是真金还是黄铜，是否值钱。他们将所有的东西给了石匠维鲁斯，因他见多识广，经常往来于首都布加勒斯特。两个采石工得到的报酬是 4000 个皮阿斯特（约 500 马克）和一些男人上衣、女人头巾等生活用品。对于他们来说，这已是很大一笔财富了。他们心满意足。

不过，世上没有不透风的墙，终于有人告发了他们，国王的弟弟亲自带队来逼问维鲁斯，他不得已把人们带到邻近的一条小河旁，指出埋宝藏的地点。但人们只找到一小部分财宝，维鲁斯声称其他部分肯定是河水涨潮时把它们冲走了。

虽然有的已经严重损坏，但专门委员会还是抢救出了 12 件文物，经过艰难的修补后，它们重放光芒，耀花了参加 1867 年巴黎世界博览会人们的眼睛，成为当时的头号新闻。随后，它们回到布加勒斯特博物馆，恭候世人的瞻仰与赞美。

太精美的东西是否常常会命运坎坷呢？就如同人长得太美，也会天妒红颜一样，这批宝藏也是命途多舛，劫运连连。博物馆的工作人员没有把这些昂贵的陈列品当回事，保安更是漫不经心。于是，1875 年 11 月，一个风雨交加的夜晚，它们被一个大学生偷走了，他的如意算盘是卖掉它们，从此摆脱贫穷。接着和现在演电影一样，警察们紧急出动，全城搜捕。终于在一个珠宝商那里逮了个正着，坩埚上正放着准备熔化的珠宝。好险！晚来一步，这些珍贵的文物就会被炼成一块毫无想象力的金块了。顺藤摸瓜，警察顺利找到了那个偷窃的大学生，其他宝物他还没来得及脱手。人们在他的钢琴里找到了剩下的宝藏。接着的灾难是一场大火，最后关头虽被抢救出来，但被损坏的部分，金匠们花了一年

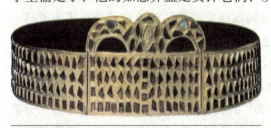

↗ 日耳曼人的玛瑙箱

玛瑙箱是富人们用来存放遗物或宝物的容器。箱子的造型主要有建筑形、人物形和动物形三类，其中以建筑形最为常见，一般按当时的建筑式样来制作，庄重肃穆，豪华典雅，各种宝石布满器身。

的时间仍然无法让它们恢复最初的美丽。然后，就是战争了。第一次世界大战的时候，为了不落入德国人之手，宝藏被转移至雅西。然而，1916年，它们却又被俄国人抢走。40年后，1956年，这批历尽劫难与沧桑的宝藏才重新回到布加勒斯特。

另一次让人们记起尼伯龙根宝藏的发现是所谓的"瓜拉萨宝藏"。1858年，一对儿农民夫妇十分偶然地在西班牙瓜拉萨残余的旧城墙下发现了一批宝藏，其中最珍贵的是9个用纯金做成的有无数珍珠和宝石装饰的还愿王冠。最大的一顶上刻有"国王瑞斯委兹保佑"字样，此国王是公元650年～672年在位的西哥特国王。这批宝藏被走私到法国。但西班牙人自认为是西哥特人的正宗后裔，他们坚决要求法国政府归还宝藏，为此长期争吵，无法了断。后来，在瓜拉萨，西班牙人还发掘出另外两顶精美的还愿王冠，一顶属于国王斯维提拉，一顶属于修道院院长特奥多修斯。还有一个用纯金制成的十字架，是大主教特提乌斯的遗物。

所有这些就是尼伯龙根宝藏吗？它们已经全部被发掘出来了吗？还是它们只是另外一些古老传说中日耳曼首领的财宝？时间到了20世纪70年代，话说有个和谢里曼一样的业余考古爱好者，美茵茨的前市长、工程学博士汉斯·雅各彼，准备向他的前辈学习，手捧《尼伯龙根之歌》，开始寻梦。雅各彼博士的忠实助手是他的儿子——建筑师汉斯·耶尔格。他们所在的美茵茨位于当年勃艮第人的首府沃尔姆斯以北50千米处。可以说，正是当年尼伯龙根宝藏所引起的爱情、仇恨与嫉妒的故事发生的地方。雅各彼博士认为史诗始终围绕着宝藏展开，因此，宝藏肯定是实有其事的，并不是中世纪的僧侣和行吟诗人们向壁虚构。日耳曼部落通常在受到危险的时候把国王的宝藏埋藏起来或扔进河里。因此，史诗里所说的哈根把它放进洞里，沉没在莱茵河里，是民族的固有习俗。雅各彼博士相信以前发掘的那些宝藏都是其他日耳曼部落东哥特人和西哥特人首领的宝藏，真正的尼伯龙根之宝应该还在莱茵河底。并且，为了掩人耳目，按照常理推断，应该在河水最深且最不易发觉的地方。为此，他做了周密的准备，弄清莱茵河河床几百年来的变化。莱茵河平均只有几米深，但在离沃尔姆斯15千米远的格尔默尔斯海姆处，莱茵河转了个几乎180°的大弯，河水也却特别深。水流十分强大，且河床上满是冲蚀而成的洞穴。因此，雅各彼博士打算从那里入手。配备了现代化的科学仪器，诸如探测器、雷达、潜水镜等设备，雅各彼博士充满信心，世人也翘首以待。毕竟，世界充满奇迹。

克里姆林宫地下室有没有伊凡雷帝的书库

　　伊凡雷帝是俄国第一任沙皇，有关他的各种传说众多，其中在俄罗斯便流传着他在克里姆林宫的地下室藏有大量珍贵的书籍和重要文件的说法。但是令人遗憾的是，亲眼见过的人却很少。从16世纪开始就有很多人对这一传闻进行探索，但是都是无功而返，时至今日，所谓的伊凡雷帝"书库"仍是一个谜。

　　1533年，年幼的伊凡四世即位。1547年1月，大主教马卡里在克里姆林宫乌斯宾大教堂为其举行了隆重的加冕仪式，伊凡正式加冕成为俄国第一个沙皇（意即皇帝）。

　　根据有关弗恩修道院的修道士马克西姆·克里柯的传说，伊凡雷帝收藏了大量的书籍，这很有可能是真实的。这些藏书是一大批非常宝贵的古代抄本，数量非常多，足以抵得上一个图书馆。那么，这批书籍究竟藏在克里姆林宫的什么地方呢？

　　在16世纪，一本名为《里波利亚年代记》的书对此事有如下记载："德国神父魏特迈曾见过伊凡雷帝的藏书。它占据了克里姆林宫地下室的2个房间……"

　　但是，在当时的其他文献或记录中，都没有提起伊凡雷帝"书库"的事。这是因为藏书已散失了，还是因为它本来就不存在呢？

　　19世纪，一个德国人为了弄清楚藏书的来龙去脉，还特意来到莫斯科。他查遍了古代记录中所有关于这方面的材料，也没有找到所需要的线索。但是他确信伊凡雷帝的书库还沉睡在某个不为人知的地方。

　　在19世纪末期，俄国著名历史学家扎贝林，曾听某官员说看到过一本很奇怪的书，上面记的全是以前的事。其中有这样一件事：

　　在1724年，彼得大帝决定迁都彼得堡，把莫斯科作为陪都。同年12月，一个在教会工作的名叫奥希波夫的人，来到彼得堡，向财务管理部门提交了一份报告。在报告上谈到了莫斯科的克里姆林宫的地下有2个秘密的房间，房间的铁门上贴了封条，还加了大锁。

　　有关方面对此报告进行研究后决定，立即开始了对克里姆林宫地下室的调查。但是不久之后，彼得堡传来指示命令马上停止调查。

　　1733年，奥希波夫再次提出要求，希望能对克里姆林宫地下室进行发掘。

　　但是，结果如何呢？公文保管处所保存下来的报告中写道："尽管全力以赴，但

克里姆林宫和皇冠

没有发现秘密场所。"

苏联科学院的院士索伯列夫斯基认为，虽然奥希波夫没有成功，但是这并不能说明伊凡雷帝书库就不存在。而且他深信，这个谜总有一天会解开的。

可可岛宝藏

可可岛位于中美洲哥斯达黎加太平洋沿岸以南 600 千米的海面上，面积只有 24 平方千米，风景秀丽，是人人向往的旅游胜地。关于可可岛，有一个十分诱人的传说——岛上埋藏着大量的金银珠宝，事实上，这才是该岛闻名遐迩的根本原因。

有关岛上神秘财宝的传说很多，说法虽不一致，但大同小异。

从 1535 年西班牙殖民头子弗朗西斯科·皮萨罗占领秘鲁开始，利马一直被作为南美西班牙殖民地总督的驻地，这种情况一直持续到 1821 年。当年，殖民军在南美肆无忌惮地残杀印第安人，大量掠夺当地的金银财宝，并将其聚集在利马，然后定期用船只装运至西班牙。当时有人说利马连大路都是由金银铺砌而成，这当然有夸张的成分，但说利马富甲南美却一点儿不假。当科克伦勋爵在海上击溃了西班牙人的三桅战舰"埃斯梅拉达"号和其他几艘战舰后，圣马丁将军也很快兵临利马城下。趁西班牙人大乱之际，以威廉·汤普森为首的英国海盗洗劫了秘鲁太平洋港口城市卡亚俄，并且先于圣马丁的船队，带着劫掠的大批金银珠宝逃离卡亚俄港。据史料记载，这批宝物价值连城，共计 24 大箱，其中包括大量金币、金杯、一尊圣母玛利亚金像以及其他数不胜数的金银首饰和宝石。

↗ 金挂件 南美洲

该挂件发现于一海盗墓地，疑是当年欧洲殖民者从南美掠夺的黄金制品，在运回欧洲途中而遭遇海盗们的攻击，从而流失。图中人物是一南美巫师形象：二目紧闭，似是在施法。

汤普森船长在"玛丽·迪尔"号满载着乘客和贵重物品起航后，改变了主意，他没有将船开往西班牙港口城市加的斯，而是径直往北驶去。他在船员们的协助下，把船上的乘客统统杀死并残酷地扔进了大海，从此"玛丽·迪尔"号成了一艘名副其实的海盗船。经过一番考虑后，汤普森决定往可可岛进发。汤普森的考虑不是没有根据的，因为几个世纪以来，可可岛与世隔绝，其优越的地理位置使他能够轻易地摆脱任何海上监控和追踪，这对南美洲海盗们来说是颇有吸引力的。汤普森小心翼翼地将船上的主要财宝埋藏在可可岛，然后将"玛丽·迪尔"号帆船毁掉，与船员们分乘小艇去了中美洲。

也许是为了摆脱良心上的谴责，汤普森在临死前，决定向一个人透露可可岛上的藏宝秘密，他选中了自己的好友基廷，并将一份平面图和关于藏宝位置的资料交给了他。

基廷曾3次登上可可岛，带回的财宝价值5亿多法郎，但他始终没能找到"玛丽·迪尔"号船上的主要财宝。后来，基廷又向好友尼科拉·菲茨杰拉德海军下士说了可可岛的秘密。这位海军下士很穷，甚至没有足够的钱购买一条船，所以他一直没能去可可岛。菲茨杰拉德临死前，又将藏宝情况告诉了曾经救过自己性命的柯曾·豪上尉。由于种种原因，柯曾·豪上尉也没能去成可可岛。

黄金胸饰 南美洲

金饰品 南美洲
图中饰品是公元700～1500年的南美洲的黄金饰品，在一个黄金做成的竹筏子上，描绘了一个典礼仪式的场景。其中一个头较大的人为该部落的酋长，在主持仪式；其他人在聆听首领讲话。

有关可可岛上藏宝的资料就这样一次又一次地不断传递，一份菲茨杰拉德根据基廷提供的情况写成的资料，至今保存在澳大利亚悉尼的"海员和旅游者俱乐部"里。

1927年，法国托尼·曼格尔船长复制了这份资料，并于1927～1929年两次去可可岛上寻找宝藏。汤普森是在1820年用一个八分仪埋藏这笔财宝的，因为它有很大偏差，这种八分仪在1820年藏宝之后就被回收不再使用了。根据1820～1823年的航海仪表资料，托尼校正了汤普森的某些数据，并确信汤普森的财宝就埋在希望海湾和石磨岛附近的海岛。

托尼·曼格尔找到一个洞穴，它只有在落潮时将近一个小时的时间里可以进入。他独自一人进入，但洞穴水流很急，当他竭力在水下排除洞外杂物时，洞口的水越来越多，差一点儿将他淹死。经过一番挣扎，最终回到岸上，他把这个看成是对藏宝寻找者的诅咒，从此以后再也不敢去那里冒险了。

随着时间的推移，有关可可岛藏宝的资料也越积越多。

曾有无数寻宝人满怀希望去可可岛探宝，结果却总是空手而归。几经折腾，原来风光旖旎的小岛已被折磨得满目疮痍，生态环境也遭到了严重的破坏。

为保护岛上的植物资源，哥斯达黎加政府从长远利益出发，决定禁止人们到可可岛上探宝。同时政府也相应地提高了旅游者在可可岛上应交纳的税金和船只的停泊费。这些措施虽然能大大限制旅游者的活动，却不能阻挡人们对可可岛宝藏的向往。

拿破仑的战利品

1812 年 6 月，拿破仑在粉碎第五次反法同盟的进攻后，毅然决定进军俄国，以清除欧洲大陆上的最后一个顽敌。同年 9 月 14 日，拿破仑率军占领了莫斯科。莫斯科当时几乎已是一座空城：近 20 万居民大部分随俄军撤走，剩下的人数还不到 1 万。当天晚上，城内几处建筑物起火，火势蔓延开来，整整烧了 6 天 6 夜。

拿破仑以战养战的策略，在俄国人坚壁清野战术的打击下，完全发挥不了作用。法军将战线拉得很长，这使得他们运送粮食和弹药的运输队常遭俄军袭击，无法保证军需物资的供应，而俄皇亚历山大一世又不接受和谈。严寒和饥饿威胁着法军，拿破仑不得不在 5 天之后放弃刚刚占领的莫斯科，向西南方向缓慢后撤。法军在撤退途中不断受到俄国农民游击队和正规军的狙击，而且还有暴风雪的袭击。危急关头法军的辎重队伍丢下 25 辆装满战利品的马车，而这批战利品的去向便成了令人费解的谜。

↗ 1805年为拿破仑特制的宝座
其扶手为神话中的"飞狮"镀金形象。诸如此类以动物的双翼作为帝王座椅的扶手的情形很常见，双翼的大小由使用者的地位来决定。

"11 月 1 日，拿破仑继续痛苦地退却。在近卫军的护卫下，他踏上了通向斯摩棱斯克的道路。由于担心途中会遭到俄军的堵截，皇帝决定尽快后撤。"作家瓦·斯戈特

尽管拿破仑在法兰西战役一开始取得了一些胜利，但他却在阿列斯度过了一段艰难岁月，1814年1月~3月这一时段令他真正识到了大厦将倾的危势，他的元帅及士兵已今非昔比了，甚至他的元帅们亦劝他退位。随着拿破仑自身处境的变化，他多年来搜罗的各国奇珍异宝也变得扑朔迷离起来。

知识链接

▶ **拿破仑兵败俄国**

1812年5月，拿破仑率领57万大军远征俄国。俄军坚决抵抗拿破仑的侵略，虽然法军一路取得胜利，但是伤亡极其惨重。1812年9月7日，法军历经博罗迪诺战役（法军有7万人阵亡和重伤）后，即将进入莫斯科。俄国统帅库图佐夫力排众议，决心放弃首都，他要拯救另一半俄军的有生力量。

9月16日，拿破仑骑着高头大马进入莫斯科，亚历山大一世和库图佐夫带着俄国高级将领和大部分莫斯科居民已经撤出了莫斯科。拿破仑本以为亚历山大一世将会妥协，未料到迎接他的却是莫斯科全城的大火。寒冬马上要来临，而俄国人民坚决不投降，此时在国内的马莱将军又策划了一场政变，以及无时无刻不出现的俄国追军和游击队，使不可一世的拿破仑也恐惧了，法军不是战死就是冻死，最后回到法国的只有不到3万人。

图为法军1812年冬季从莫斯科撤退过程中，渡过布雷兹纳河的情景。

远征俄国失利后，让整个欧洲都战栗的大军不复存在，法兰西第一帝国元气大伤。

所著的《法国皇帝拿破仑·波拿巴的生涯》中对这段历史有这样的描写，"拿破仑感到目前的处境非常危险，他深知在莫斯科所掠夺的古代武器、大炮、克里姆林宫中的珍贵物品、伊凡大帝纪念塔上的大十字架、教堂的装饰品以及绘画和雕像等已无法带走，但他又不能容忍让俄国人继续拥有这些宝物，于是命令手下将这些东西沉入萨姆廖玻的湖里。"

他的作品引起了人们的注意，苏联学者尤·勃可莫罗夫觉得这部书可能有助于寻找拿破仑掠夺的宝藏。勃可莫罗夫认为瓦·斯戈特是一位注重史实的作家，他完成和出版这本书的时间在1831～1832年，与拿破仑远征莫斯科仅隔20年，比较可信。那些曾参加了这次远征的人所写的手记或回忆录应该对此有所涉及，于是他决定要查阅一下与拿破仑同时代的人所留下的记录。

阿伦·德·哥朗格尔是拿破仑最信任的两名亲信之一，他曾和另外一个人一起与拿破仑乘雪橇向西疾驰，这件事发生在法军败退之时。勃可莫罗夫在哥朗格尔的回忆录中见到如下一段话："11月1日，拿破仑从比亚吉玛退走。第二天，我们来到了萨姆廖玻。11月3日到达斯拉普柯布。在这里，我们遇到大雪的侵袭……"

哥朗格尔提及拿破仑曾在萨姆廖玻，斯戈特说拿破仑把战利品沉入了萨姆廖玻的湖里。两者提供的地点和日期是完全相符的。勃可莫罗夫向苏联科学院地理研究所的专家咨询了相关情况，对方在回信中说："在比亚吉玛西南29千米的沼泽地有条叫萨姆廖夫卡的河，那块沼泽地的名字也叫萨姆廖夫卡。"

那么100多年来，有人对这块沼泽进行过探索吗？勃可莫罗夫虽然查阅了许多资料，但收获甚微。斯摩棱斯克地方政府内政管理局记录保存室提供的一点儿线索。

1835年，有人根据斯摩棱斯克地区长官的命令率领工兵部队对这个湖进行勘查。他们测量湖水深度时发现，在离水面5米左右的地方，有一堆像岩石般的堆积物，铅

锥碰上去，似乎发出一种金属的声音。尼古拉一世拨款 4000 卢布，用来建立围堰，把水抽干。但后来发现那也只是一堆岩石而已，搜寻就此终止。

随后勃可莫罗夫的探索因故中断，拿破仑的战利品到底隐身何处愈发迷离。

纳粹藏匿宝藏之谜

1945 年 3 月底，第三帝国危在旦夕，纳粹元首希特勒进行着最后的挣扎，为了有朝一日能东山再起，他命令其副手马丁·鲍曼负责设计一个转移柏林庞大的黄金储备和价值连城的艺术珍宝的方案。

马丁·鲍曼接到希特勒的指示后，经过周密部署，最终决定把这些财宝分批运送出来，一批运往色林吉亚丛林地区，另一批运往巴伐利亚南部。一方面，分批运送可以减少人们的注意，如被发现也可减少损失；另一方面，南部的这两个地方相对比较安全，背靠阿尔卑斯山，完全可以在柏林失守后作为负隅顽抗的据点。

让马丁·鲍曼始料不及的是，巴顿将军的装甲部队行动神速，运宝队刚到色林吉亚，盟军就跟了进来。希特勒匆忙下达了一项"就地隐蔽和疏散"的指令，于是这批财宝被仓促地隐藏在色林吉亚南部马克斯村附近的凯塞罗盐矿中。

1945 年 4 月，赫伯特·埃纳斯特少将率领隶属巴顿第 3 军团第 7 军的第 90 师装甲部队开到了色林吉亚，挖宝行动迅速展开。他们在那里找到了 550 只装有 22 亿德国马克的布袋，然后又在离地面 600 米的矿洞中找到一批艺术珍品和许多罕见的古代制服，寻找纳粹宝藏的序幕就此拉开了。

盟军在检查西柏林地堡中的残留物，寻找希特勒宝物的蛛丝马迹。

4 月 8 日，他们又在一个 45 米长、22.5 米宽的地窖里找到了大约 7000 只口袋，口袋里面装满了金锭和金币。除此之外还有大捆的纸币以及金银假牙、表匣、眼镜架、结婚戒指和一串串珍珠项链等。很明显，这些都是从战败国以及集中营的被害者那儿劫掠来的，其中黄金约有 250 吨，艺术珍品 400 吨，几乎欧洲所有纸币币种在地窖中都能找到。

运往色林吉亚的这批德国财宝已经找到，那么另一批财宝又在巴伐利亚南部的何处呢？

美军的情报人员从德国间谍那儿得知，用飞机押运的珠宝埋在了得克森附近的山脚下，同时运送财宝的代号为"杜哈"的专列和5辆卡车在到达巴伐利亚时也被盟军顺利截获。然而是否还有其他的黄金被运走了呢？

据说，1945年4月13日这天，一架满载珠宝的飞机在党卫军将军斯潘卫的押运下飞往德国南方，同时载着52亿德国马克和黄金的两辆列车也随之驶离柏林，其代号为"杜哈"和"鹰"。除此之外，还有5辆装满珠宝的大卡车也离开了柏林，目的地是距慕尼黑西南50千米柏莱森堡的一个矿井。

盟军马上开始着手寻找那批代号为"鹰"的专列所运走的黄金。不久在密顿华特村附近爱因西特尔山上的一个山洞里，盟军发现了一处数量为1吨左右的纳粹金库，被证实是"鹰"专列上运送的那批财物。可令人百思不得其解的是，其数量为何如此之少。其他的大批财宝都到什么地方去了呢？有三种可能：一是分批藏起来；二是被人在路上抢走一部分；三是有人已发现了一些并取走。

经过一番调查，最终确认为第二种情况，即一大部分被别人抢走了。

失踪的黄金就此不知去向。多年来人们对它的下落发表了许多看法。

有人说，这批黄金很可能是德国人勾结美国军队，经过一番密谋后抢掠走的。他们甚至指出，这个集团在1945年6月7日从爱因西特尔山洞中搬走的金锭多达728块。五角大楼的发言人对这种说法提出批评，一再说这是无稽之谈。不管美国军方怎样为自己辩解，他们都无法否认曾组织过300多人员专门调查此案的事实。而且爱因西特尔山洞的黄金失窃一事也被记载在美军第3军团的档案中，白纸黑字，无可否认，就连军队内部的一些官员也存有"不排除其中一部分落到非官方手里的可能性"的看法。

同时，另外一些人更执着地搜集材料，从而较为详细地提供了这批黄金的下落：

1945年6月初，有两个自称为"德国平民"的神秘人物向第3军团驻密顿华特地区的指挥官麦肯齐少校透露了纳粹黄金藏匿的地点。麦肯齐听到这一消息，迅速与上尉博格开着一辆卡车前往藏匿地点。这两个"德国平民"所报告的事情属实，他们确实找到了黄金，并尽可能多地将这些黄金搬上车，途中，博格上尉将司机枪杀。两天后，有人发现他们分别化名尼尔和哈普曼躲藏在瑞士一个名叫维兹瑙的地方。也有人说，1946年5月博格又逃往南美，在那儿的一个大农场里过着神仙般的隐居生活。

黄金真是被麦肯齐与博格掠走的吗？由于没有更确凿的证据证实这一点，黄金失踪案恐怕仍然是美国陆军部卷宗上一桩无法破解的悬案。

印度尼西亚"千佛寺"之谜

几千年来人们对埃及金字塔的探秘保持了长久而强烈的关注热情。而印度尼西亚的"千佛寺"中也有许多神秘之处，知道的人恐怕就少了。

佛教是在印度产生的，由释迦牟尼创立，然而世界上最大的佛塔却不在印度，而是在印度尼西亚。印度尼西亚的婆罗浮屠与中国的长城、埃及的金字塔、柬埔寨的吴哥寺并称为东方文明的四大奇观。婆罗浮屠是世界石刻艺术宝库之一。

↗ 婆罗浮屠（局部）

佛塔基座上刻有 160 块浮雕，这些浮雕都是根据佛本生经故事刻出来的。中部五层塔身和围墙上也刻有 1300 块精美浮雕，描绘了佛祖解脱之前和日常生活的情景，但也不都是佛教的传说，有一些反映的是民间传说故事，有 423 尊塑像。这些浮雕刻画人物栩栩如生，形象逼真。

这座佛塔的名字中融合了印尼文化，并不是印度佛教文化简单的移植。佛塔的数量很多，佛像也很多，庙中佛像有 1000 多尊，大型浮雕 1400 余幅，所以，在爪哇历史中，这座佛塔又被称为"千佛寺"。后来佛塔被后人发掘出来，一大批学者纷纷前来对它进行研究。然而，时至今日，它的秘密仍未被揭开。

秘密之处首先在于建筑。关于佛塔的建筑年代在任何史料中都没有明确的记载。据考古学家们考证，从跋罗婆文写的碑铭上看，那些建筑年代久远，大约在公元 772～830 年，具体什么时间却无法确定。另外，佛塔的设计者究竟是什么人，没有地方考察，而仅能从民间传说中寻找一点儿影子，即可能是萨玛拉罗国王。

其次，塔内众多的佛像、雕石均有着深刻的含义。然而，它却不是容易为今人所理解的，迄今为止世人理解的仅占 20%。如《独醒图》表现了富贵不淫；《救世图》

↗ 婆罗浮屠（局部）

赞扬佛的慈悲宽宏;《身教图》则教育人们不要冤冤相报,而剩下的大部分佛像雕石令人很难理解其深刻含义。

还有一个秘密是数字。在婆罗浮屠的整个建筑中,多次用到了"8""10"等数字。三层圆台上的小舍利塔的数目分别为32、24、16,塔内佛总共有504尊,全部都是8的倍数。佛塔建筑中所有舍利塔的数目是73。而"73"的个位数与十位数之和恰好是10,这是佛教中一种圆空、轮回的教义的体现。另据传说,原来塔内佛像总数为505尊,后来由于塔顶原来的佛像修行圆满,达到涅槃,远走高飞了,所以现在只剩下504尊。原佛像数505这三位数之和也是10,这与舍利塔的总数目具有相同的道理,即从0出发,经过9个实数后,回复到0,故10等于0。佛像在数字方面时时都注重体现教义。

佛塔中类似的谜还很多。随着时间的推移和科学技术的发展,婆罗浮屠佛塔那神秘的面纱正在被人们一层层地揭开。可是,这需要许许多多的工作和付出,它的发现还有待进一步努力。

↗ 婆罗浮屠

古人智慧悬案

纳斯卡地画是外星人的跑道吗

　　纳斯卡沙漠位于秘鲁的安第斯山一带，它是地球上最为干旱的地区之一。整个地区像是被蒸馏过一样，往往好几年滴水不降，是一个人迹罕至的荒凉地带。19 世纪初期，一位飞行员在高空中发现了纳斯卡地区一些神秘的线形网络，认为是古代印第安人的运河遗址，将它们绘成了运河，并把这个消息通知了博物馆馆长，保存在古文书保管所里。遗憾的是，"运河图"长时间地沉睡在保管所里，被世人遗忘。

　　几年后，历史学家鲍尔·科逊克得到了这张充满秘密的运河图，开始仔细解读。他发现在"运河"周围的曲线从整体看，好像是一幅画，画着传说中的海神尼普顿的叉子。这幅画真的是运河图吗？叉子的形状是一种巧合，还是这些曲线有更深远的神秘意蕴？

　　鲍尔率领一支考察队来到了荒芜人烟的纳斯卡高原。他们发现了飞行员说的线形网络是一些清晰的白沟，由于高空的视力误差，将这些线条夸张为运河道，这些白沟大约 15 ~ 20 厘米深，不可能发挥水道的作用，但是这些曲线蜿蜒绵长，有些笔直的直线长达 2 千米。考察队员在思考："在这片被人类遗弃的大沙漠上，究竟画的是什么？谁是这些遗迹的制作者？它们的功用是什么？"鲍尔想找到那个海神的叉子，于是他让队员拿着指南针，一面沿着线路走，一面在地图上标上方位和深度。在大量的测绘工作结束后，沟的整个形状突现了出来，令人惊讶的是，在复杂的线条中，有一只喙部突出的巨鹰图。鹰尾与一条长约 2 千米的笔直的沟相连。运河图的假设被推翻了，沙漠奇画露出了冰山的一角。吸引人们去探索这个未解之谜：制作者是如何完成这样巨大的绘画？运用的又是什么样的巧妙工具？

有一些比较特别的地画并不在平地上，而是被发现于纳斯卡石谷中。

古代人类的科技已达到了哪种水平？

　　在整个考察过程结束后，我们看到了纳斯卡的全部地貌，这里有各种各样的动物和植物图案，以及精确的平行线。虽然经过岁月的洗礼，这些线条依然清晰，由于遗址的庞大，考察队员决定在高空中来观察。可令人奇怪的是，在高空中竟看不到这些图画，只有一片黑色的地表。飞机降低高度也难以窥见沙漠上的线条。

　　在操作了数百天的高空飞行中，考察队员发现只有飞机盘旋到一定的角度时，才能看到这幅地画。而且是整幅地画！在广袤的纳斯卡沙漠上，绘制着数千条线，形成一组组奇妙的图案。还有一些三角形、四边形等几何图形，更让人迷惑的是，每一组图画在几十千米后，还会出现一批，并且两组之间的长度与图形格式十分精确，误差不超过 1°，这种精确度是如何达到的？

↗ 纳斯卡地画
上图是一只猴子的图案。但这些图案究竟意味着什么？人们一直不得而知。

　　考古学家对此有多种看法。科逊克认为这是古人的天文启蒙书。因为他发现远处的太阳光线和与巨鹰喙相连的沟正好重合。把地画的平面图与星象图相比，发现太阳系的各大行星，都被做上了标记，我们可以在地画上找到南半球星空的众多星座。而著名的考古专家丹尼肯认为，这是一群外星智能生物所建造的临时机场。那些笔直的沟是他们铺设的两条跑道，而那些图案是机场的标记。这样看来，纳斯卡地画就极有可能是通往天体的交通线。如果按照图形飞行，会到达秘鲁的南部，在峭壁上也有巨大的标记符号和一个指向内部的光束圆环。这一带的居民说，这些图形和线条不是我们普通人类的创作，而是半神半人的"维拉科查人"的作品。

　　然而，令人不可思议的是，人类直到 20 世纪才发明了飞机，所以有人会猜测纳斯卡线条是外星人登陆机场的跑道，但是这些巨画的成因及其作用依旧没有定论。现在考古学家认为，把纳斯卡地画看成是外星人的跑道，这一观点是基于 20 世纪人类的想象水平的，认为如此巨大的规模只有飞机跑道堪与媲美。随着科学技术的发展，人们对自然的认识，对超大型的事物，不再像以前那样惊讶了。

图为纳斯卡地区的线形地画。人们一直搞不懂它究竟有什么样的含义。

知 识 链 接

　　对于纳斯卡地画究竟是什么人画的，长期以来人们有许多种说法。几乎没有一种说法令人信服。因为人们一直怀疑当时的人没有条件在地面绘制那种图画，但实际上只是现在的人们无法想象当时人们的意识及行为罢了。

因此，可能存在比飞机跑道更加巨大的事物，是我们现在还不能了解的。

　　考古学家试图从发现的文物实证上做逻辑推理，但这一切都是推测和想象。如果不是天文启蒙书，那么，正好重合的太阳光线如何解释？如果是外星人的飞行跑道，那些图像难道只是引航的标记吗？到目前为止，这些遗迹依旧是一个难解的谜团。但是，伴随考古学家的工作越精细，发现这些线条和图形越充满着丰富的内涵。

西班牙的史前画廊

　　1879 年，考古学家索图勒在西班牙阿尔塔米拉的一个洞穴内发现了大量壁画。经过索图勒的考证，这些壁画被证实是出自原始人之手，描绘的是当时的各种动物。然而，许多考古学家对此不置可否，因为他们是反对达尔文的进化论的，自然不能接受这一结果。

　　但是，这些绘画最终被证明是史前艺术的最伟大的发现，其中大部分都是公元前 1.5 万～前 1 万年的作品。

法国拉斯科山洞岩画

　　1902 年，即在索图勒去世约 14 年后，考古学家阿贝·亨利·布罗伊尔也来到了这个洞穴，不少动物的骨头被他从地下挖了出来，上面的雕刻画几乎和穴顶上的一模一样。

　　于是，人们再也不能怀疑这些绘画的真实性，而该洞穴也就此被称为"史前艺术的西斯廷教堂"。这些绘画的保存状态也同样出乎众人意料。在欧洲，特别是在西班牙的东北部和法国的西南部还发现过 100 多个洞穴刻满了石器时代的绘画和雕刻，但是，许多都因时间和气候的原因而毁损了。

　　人们称创造这一艺术的人为克罗马尼翁人，他们生活在公元前 3.2 万～前 1 万年，也就是石器时代。他们虽依靠采集植物和狩猎为生，却也不乏创造性的想象力。考古学家的研究表明，他们独特的文化有其连续性，生活在公元前 1.5 万～前 1 万年的马格德林人的文化是这一时代文化最晚期的代表。

　　这些绘画的制作过程是这样的：先用尖利的燧石雕刻出轮廓，然后添加各种不同的颜色。当时的艺术家们不能创造出绿色和蓝色，但可能从氯化锰、煤炭和烟灰中提取了黑色和紫黑色。褐色、红色、黄色和橙色是由铁矿石、动物血或脂肪和植物汁液混合制成的。首先用骨制的臼和杵将铁矿石研磨成粉末，然后倒入动物血或脂肪以及植物的汁水，搅拌均匀，最后这些颜色就制出来了。作画的工具也是品种繁多：手指、兽毛或羽毛制成的刷子，或一根捣碎的树枝条。不过艺术家们有时也用苔藓做垫料，或者用中空的芦苇秆把颜色吹出来。

在阿尔塔米拉，考古学家们不仅发现了马格德林人令人叹为观止的艺术，而且还发现

西班牙阿尔塔米拉山洞岩画

了用牛脂制成的赭色画笔。这些画是当时的艺术家们小心翼翼地在几乎无法透入日光的昏暗的内室中完成的，这表明当时人造光已经被使用了，事实上也的确已发现了石灯。从穴顶上的绘画我们可以知道当时的人们已经使用某种形式的脚手架。

许多考古学者认为，这类洞穴壁画很可能是某种迷信仪式的组成部分，即通过符号的诅咒使野兽易于捕获。古人也可能认为他们的捕获物身上所蕴含的勇猛和力量会通过绘画这种媒介而传给他们自己。这些绘画也可能是给青年猎手的教科书，用来教导他们如何来杀伤野兽，因为许多画上的标枪正刺在兽类的最致命处。

公元前1万年，冰川时代即将结束，气候慢慢变得温暖起来，自然万物开始复苏，马格林德人离开了洞穴来到地面。农垦时代就这样开始了，人类正朝着文明不断迈进。而史前画廊就成了他们留给历史的一笔丰富的遗产。马格林德人学会了耕种，却丧失了想象力与丰富的创作才华。这一切都淹没在历史的尘埃之中。

神秘的非洲原始岩画

在世界文明发源地之一的非洲有许多史前原始岩画，这些岩画精美绝伦，分布极为广泛，约有十多个国家，如阿尔及利亚、埃塞俄比亚、埃及、莫桑比克、肯尼亚等都有这种原始的艺术作品保留下来，而且数量非常多，流传也很广。其中约有1.5万幅岩画遗址在塔西里被发现，而在撒哈拉地区约有3万幅。

这些岩画有相当复杂的表现形式和手法，还有丰富多彩的内容。粗犷朴实的笔画使用的是水混合塔西利台地上的红岩石磨成的粉末冷制而成的颜料，由于颜料中的水分能充分渗入岩壁内，长久接触后发生化学变化，使颜料溶进岩壁。因而很多年后，

羚羊与人
大羚羊的形象较为写实,造型准确,姿态优美;而人物形象则采用了夸张手法,图案性较强,富有节奏感。

画面依然鲜艳夺目。

早在 1721 年,一个葡萄牙人旅游团从委内瑞拉出发到莫桑比克旅游观光,一个旅游团成员偶然在岩壁上发现了一幅画着动物的岩画。随后人们又发现了位于阿尔及利亚东部的巨大的颜料库,它位于撒哈拉沙漠中的恩阿哲尔山脉,这条山脉长 800 千米,宽 50 千米 ~ 60 千米,岩画的主要颜料就是那里蕴藏着的丰富的红沙土矿藏。1956 年,一支法国探险队在这片广阔的山区里竟发现了 1 万多幅作品。

科学家们根据这些岩画所反映的内容,推断撒哈拉地区以前并不是沙漠,而是存在着一群生活在旧石器时代和新石器时代的人们,他们的谋生手段是猎取大型水栖动物,也放牧羊群。大量考古资料证实,公元前 8000 年 ~ 前 2000 年,在地质学上是非洲寒武纪的潮湿期,那时撒哈拉地区并不是沙漠,而是一片布满热带植物的草原,这种草原正适合狩猎。

在非洲原始岩画中,有许多神秘的人物形象,有的是手持长矛、圆盾的武士,他们乘坐战车迅猛飞驰,仿佛雄伟的战士;有的场面则是人们射击野鹿和狩猎野牛,他们手持弓箭,个个身材魁梧。科学家们由此得出以下结论:当时战争频繁,甚至成为了人们的职业,而在经济中占突出地位的是狩猎。画面上有些人戴着小帽子,身缠腰布;有些没有武器,做出敲击乐器的样子;有些人像是欢迎"天神"的降临,做出贡献物品的样子,仿佛是描述祭神的画面;有些人则像是跳舞,舞姿呼之欲出。其中还有画着巨大的圆脑袋的人像,他们的服饰非常厚重笨拙,除了两只眼睛,脸上什么也没有,而且表情呆滞。人类发明了宇宙飞船以后才明白这些画面的意思,现在的宇航员穿上宇宙服、戴上宇宙帽后,与那些圆头人像有着惊人的相似。

究竟是谁创作的非洲原始岩画呢?许多人认为是当地的土著布须曼人创作的。布须曼人的文化中心正是撒哈拉地区,在这个中心地区发现的许多岩画都可以证明这一

沙漠岩画经历了四个时期,最早的是"狩猎时代",画的是撒哈拉为草原绿色时的情景。稍后开始畜牧,进入"牛的时代",画的是平原放牧情景。后来沙漠化开始,绘画主题变化,进入"马的时代",骑马种族追逐住在岩场处的敌人。随着沙漠化加剧,骆驼替代了马,进入"骆驼时代"。

↗ **人像**
穿着奇异服饰的人像看起来与宇航员有些相像。

点。北边的塔西里，东北的西班牙，南边的非洲中部及南部，东边的埃及岩画都是从这个中心地区传播开来的。

而一些欧洲学者则坚持认为外来文化的传播创造了非洲史前岩画，有的干脆说非洲史前岩画是欧洲史前岩画的复制品。他们认为首批欧洲移民尼安德特人在公元前5万年左右来到非洲，大批克罗马农人在4000年后移居非洲，他们是欧洲史前岩画的创造者，是他们把岩画带到了非洲。

但不少专家指出，岩画中表现了非洲一些部族的人种特征，例如非洲人一般都是高耸臀部，这是欧洲史前岩画中不可能有的。

非洲岩画究竟是天外来客的随心之作，还是非洲土著布须曼人的智慧结晶，或是欧洲史前岩画的复制品？现在仍然众说纷纭。然而非洲岩画的发现对世界原始文化研究有着重要的意义，它能使我们了解、考察非洲原始部族的生活与社会形态，这一点是毋庸置疑的。

而在所有的非洲原始岩画中，撒哈拉大沙漠的壁画尤为壮观。

撒哈拉大沙漠位于非洲北部阿特拉斯山脉与苏丹草原以及大西洋与红海沿岸之间，它巨大的面积几乎占据了非洲全部面积的一半。

这些充满神秘色彩的沙漠壁画是德国探险家巴尔斯于1850年在撒哈拉考察时无意中发现的，有鸵鸟、水牛及各式各样的人物像。由于缺乏考古知识，当时这些壁画并没有引起他的重视。

23年后科学家专门对这些壁画进行了考察，结果发现在画中记述的都是1万年以前的景象。

在撒哈拉大沙漠中部的塔西利台地恩阿哲尔高原上，人们又偶然发现了一处巨大的壁画群落。这个壁画群落长达数千米，全都绘在岩阴上，上面刻画了远古人的生活情景，五颜六色、色彩雅致。此后一些考古学家、考察队纷至沓来。亨利·罗特于1956年率法国探险队在沙漠中发现了1万件壁画。第二年，他们回到巴黎，带回面积约合11.6万平方英尺的壁画复制品及照片，成为

这幅画表现的是被放牧的牛群，描述的是一种比较完善的、以畜牧业为基础的生活方式。

撒哈拉沙漠化后，岩画开始出现线刻的骆驼图像，多为概括的几何图案。

当时轰动世界的考古新闻。

在沙漠中还发掘出许多的村落遗址，它们都是新石器时代的人类遗址。从发掘出的大量文物来看，撒哈拉在距今1万年～4000多年是一个草木茂盛的绿洲。当时在这里劳动、生息、繁衍的部落和民族，创造了高度发达的文明。磨光石器的广泛流行和陶器的制造是其主要特征。当时的文明已发展到相当高的水平，从壁画中的撒哈拉文字和提斐那文字可以看出这一点。

壁画中绘有很多的马匹，还有形象生动、神态逼真的鸵鸟、大象、羚羊、长颈鹿等，甚至有描绘水牛形象的壁画。科学家断言，以塔西利台地为起点，南到基多湖畔，北到突尼斯洼地，构成了撒哈拉地区庞大的西北水路网。台地在多雨期出现了许多积水池，沿着这些积水池，繁殖出各种各样的动植物，撒哈拉文明得到高度发展，昌盛一时。

人们同时发现，只有极少数地区才有关于骆驼的壁画，而且这些骆驼形象的壁画都属于非洲岩画的后期作品。

大约在公元前400年～前300年左右，撒哈拉成为沙漠，骆驼才从西亚来到这里，罗马的疆土扩张时期也在此时。根据壁画内容可以推测当时人们很可能喜欢在战争、狩猎、舞蹈和祭祀前后在岩壁上画画，用画来鼓舞情绪，或者是表达对生活的热爱。这些画生活气息非常浓郁，非洲人民勤劳勇敢、乐观豪迈的民族性格和鲜明的地方特色得到了充分的体现。

另外一些学者以人种学为研究方向，认定并非由非洲本土的布须曼人绘制了岩画，其中之一的根据是布须曼人对透视法一无所知，而非洲岩画中却充分运用了这一技法。从西班牙东部、北非、撒哈拉、埃及等地区岩画之间的相似之处，一些考古学家推测在遥远年代，从地中海有一群人漂泊到好望角去了，当他们漫游到撒哈拉及东非大平原时，那里是一片绿色而且充满生机的绿

此撒哈拉沙漠岩石水彩画，表现的是正在放牧的早期牧人的生活情形。

洲，正是他们理想的狩猎区和栖息的家园，而后他们停留在山区高原，在那里创作了许多最早的非洲岩画，他们就成为最早的狩猎者以及狩猎艺术家。

然而这些只是他们的主观猜测和臆想，毫无根据可言。至于说岩画不是布须曼人的作品，原因是他们不懂透视法则更显得荒谬。因为即使说后来的布须曼人不懂岩画知识和技巧，也并不代表那些已灭绝的布须曼人不懂。这种知识与技巧只有极少数人才能掌握，而且传授方法非常神秘，所以，后来的布须曼人看不懂前人所画的岩画并不足为奇。何况因年深日久不少岩画已模糊不清，后来者也难以辨认了，以人种学观点为依据是一种种族偏见，缺乏足够的说服力。

知识链接

▶ **非洲旧石器时代考古**

非洲旧石器时代考古在世界上占有重要地位。这里不仅发现了迄今为止年代最早的人类化石和石器文化，而且是世界上已知的人类各发展阶段没有缺环、年代前后相继的地区。迄今所知最早的石器发现于东非肯尼亚的科比福拉，以及埃塞俄比亚的奥莫和哈达尔地区，年代距今约200万～250万年。旧石器时代早期，在非洲存在两大石器文化传统：奥杜韦文化和阿舍利文化。旧石器时代中期，在北非有莫斯特文化和阿替林文化；在撒哈拉以南地区，有中非的石核斧类型文化，如山果文化和卢本巴文化，南非的彼得斯堡文化、奥兰治文化、斯蒂尔贝文化和班巴塔文化。旧石器时代晚期，非洲气候极为干旱，发现的遗存数少，在北非有与欧洲石叶文化相似的代拜文化，在撒哈拉以南地区则有奇托利文化等。

还有个别学者认为很难弄清岩画究竟是非洲本土的古老艺术还是外界文化的辐射，而且他们认为任何伟大艺术都是国际性的，没有必要把任何艺术都贴上民族的标签，这种工作是毫无意义的。如同世界其他地区的画廊一样，非洲文化也兼容诸多民族及其原始宗教派别的艺术。尽管这种泛论并不能让所有的人满意，但它提供的认识非洲岩画出处的思路仍有可取之处。

种种说法尚无定论，但原始岩画有利于人类认识撒哈拉大沙漠的史前文明却是无可厚非的。

委内瑞拉浮雕和墨西哥人头石像有何玄机

1938年，11座全部由玄武岩雕刻而成的人头石雕像在墨西哥的原始森林里被发现了。这一发现轰动了国际考古学界，来自墨西哥及世界各地的考古学家和历史学家都对这11座人头雕像表现出了极大的兴趣，纷纷前往墨西哥进行考证、研究。

这11座人头雕像的外貌很奇特，最大的长16米，最短的长6米，最重的有20吨。最奇怪的是，所有的这些的雕像都是只有脑袋，没有身躯和四肢。看着这些奇特的雕像，人们不禁疑问：古人为什么要雕刻这些只有脑袋的雕像呢？古人雕刻它们的意图是什么呢？古人又为什么把这些石头脑袋放置在原始森林中呢？更加令人惊奇的是，其中一颗的石头脑袋上雕刻了许多奇形怪状的图画式的象形文字，科学家推测这或许就是石像雕刻者留下的线索，告诉后人他们的意图以及石像作用的文字。但是，迄今为止，这重要的线索没有被人所识破，这些文字至今仍然没有人能够全部解读。

这些石像都是威武的军士，极其精细地刻画出了人物的面部表情，神态逼真，表明了当时在雕刻方面已经具有了相当高的水准。这些雕像被考古学家看作古代美洲雕刻艺术的代表作品，完全体现了那时的艺术水平。

这些石刻人头雕像的作者是谁呢？是谁雕刻了它们？有的学者认为很有可能是传说中的拉文塔族人，原因在于：1.根据历史学家的研究，墨西哥有确切的文献资料可考的历史是从公元前2300年左右开始的，而公元前2500年~前2000年是墨西哥的"前古典文化时代"。就在"前古典文化"这一阶段中，墨西哥人已经创造了象形文字、记数法与历法。最重要的就是，这时的墨西哥人经常用重达几十吨或者几吨的巨石雕刻面带微笑的石刻雕像。根据这些线索来推测，这11座玄武岩雕刻而成的石刻雕像很可能就是墨西哥古典文化的先驱——奥尔梅克时期的奥尔梅克人的作品。2.根据历史学家的考证，在墨西哥地区流传着这样一个古老的传说：远古时代苍茫的原始丛林中，生活着一个创造了高度文明的部落，即拉文塔族。他们居住的宫殿金碧辉煌，传说他们的许多宏大建筑物都是用巨大的金块砌成的拱门，因此，有理由认为是拉文塔族创造了这些巨石雕像。

但是，有的学者认为，这样的理由太过牵强，原因

图为位于墨西哥特诺奇蒂特兰城太阳大金塔顶上的玄武岩人头石雕。石雕身上还刻有花纹。

如下：1.史书的记载，拉文塔族是1000多年前突然消失得无影无踪的。他们究竟到什么地方去了？他们又是怎么样消失的？他们的失踪之谜已经成为了人类历史的一个千古之谜。直到今天，谁也无法说出他们曾经生活过的具体地点以及他们生活的具体情况。怎么可以单凭口头流传的没有事实根据的传说就认定是拉文塔族的雕像呢？2.雕刻巨型石像的原料是玄武岩，竟然全部是从3000多千米外的地方搬运而来的。因为石像所在的原始森林中是没有这样的玄武岩的。根据科学家的考察，当时的墨西哥以及整个南美洲都没有车轮，也没有牛、马等畜力运输工具，只靠人力，是用什么办法把重达数十吨的整个的石块儿运到了遥远的原始森林的？这同样是

栩栩如生的女性雕像

一件匪夷所思的事情。

　　古人雕刻石像的用意以及用途是什么呢？为什么雕像只有脑袋呢？它们的脸形又是以谁作为模特呢？人们百思不得其解。无独有偶，委内瑞拉的巨型浮雕同样充满了谜团。委内瑞拉的山区树林中有一块占地大约3000平方米的巨石，平时它就是一个普通的石头，毫无出奇的地方。但是，清晨的阳光照射到一个特定的角度时，奇迹出现了，巨石表面突然显现了许多极其美妙的画像，一段时间后，这些画像便会自然消失。或许图像的出现只是一种自然的巧合。但是科学研究表明，这些图像是人工雕刻而不是自然形成的。这些图像的雕刻者精通光学原理，巧妙地掌握

图为特诺奇蒂特兰太阳大金塔塔身的石雕，它图案丰富，但以各式神像为主。

了雕刻的角度与刀口的深度，因此只有当阳光射到了特定的角度时，巨石浮雕方可显现。这些浮雕总共7幅，居中的是一条巨蛇，接近蛇头的地方是几个大钟；还有一幅浮雕是奇特装束的带盔甲的战士。这不似人类的怪相，是否就是外星人的形象呢？而这些浮雕是否是外星人访问地球后留下的礼物呢？

　　所有的一切困扰着人类，这所有的问题都还没有答案。所有的一切究竟是什么原因呢？它们背后的玄机是什么呢？它们是人类自己的作品吗？或者它们是外星人送给我们的礼物？真的有外星人吗？

谁绘制了最早的古地图

　　在世界的七大洲中，南极洲是最晚被人们所认识的大洲。并且因为南极洲终年风雪狂暴，气候条件十分恶劣，鲜有人类到达过南极洲。可是，一幅古地图的发现却打破了人们这固有的观念，这幅古地图说明了早在几百年前，人类就已经开始对南极洲探险，并且绘制了最早的地图，这是多么不可思议的事情，令人惊讶不已。

　　这幅最早的古地图是皮瑞雷亚斯的地图，它不是任何的骗局，而是1513年在君士坦丁堡绘制成的。1957年，古地图被送到了美国海军制图专家、休斯敦天文台主任汉南姆那里，经过科学分析研究，认定古地图不仅异常准确地描绘了地球外貌，而且包括了一些我们今天也很少勘察或者根本没有发现过的地方。这幅古地图被称为"古地图之谜"，是世界的重大奇迹之一，那么，它的"奇"究竟在什么地方表现出来呢？

海柏波里安
埃利达诺司
欧洲
山脉
伊斯特罗
卡西特里兹岛
色雷斯　本都
里海湾
黑海
吕底亚　亚美尼亚
海格立斯　　　　　　　印度
立柱
叙利亚
尼罗河
阿拉伯
亚洲
波斯湾

这是早期欧洲人绘制的世界地图，从这张地图可以看出欧洲人虽然知道地球是圆的，但对各大洲的了解还是十分模糊的，他们还不知道世界上还有美洲、大洋洲和南极洲。

这幅古地图描绘的是"冰层下的地形"，也就是南极洲穆德后地被冰雪覆盖之前的真正的面貌。自从公元前4000年，穆德后地被冰雪覆盖以来，世人就无缘一睹它的真面目。直到1949年，英国和瑞典的一支科学考察队抵达南极，对穆德后地展开全面的地震调查，人们才能一睹它的芳容。

难以想象18世纪之前，古代任何人都不可能知道南极洲的真实面目的情况下，古地图的绘制者却绘制了精确而且清晰的南极洲，他们难道到过南极洲？更令人不解的是，几千年来，人们并不知道南极洲的厚达4500多米的冰层的下面有山脉，但是古地图不但绘制了这些山脉，有的甚至标出了高度。我们今天的地图是借助回声探测仪才绘制出来的，那么，古地图的绘制者是怎样得知这一切的？

其他古地图还包括"泽诺地图"，地图上的挪威、瑞典、德国、苏格兰等地的精确度以及岛屿经纬的精确度，达到了令我们现代人吃惊的地步。除了精确之外，"泽诺地图"还绘有今天并不存在的岛屿，根据专家的猜测，这些岛屿以前确实是存在过，不过现在已经沉入了海底，还有一种可能就是它们已经被南下的巨大冰块所覆盖了。这些岛屿的存在证明了地图的真实性，难道会是今天的人们来绘制早就已经不存在的岛屿吗？地图的真实反而使人们有了更多的困惑：远古的人类，科学难道已经发达到如此的地步，他们竟然可以绘制这样精确的地图？他们的地图有什么作用吗？他们应该不是为了绘制而简单地描画了远古的地形的，那么，地图的用途是什么呢？难道是古人远航所用的吗？

现存两块羊皮纸的地图残片，上面分别写有"回历919年"（即1513年）和"回历934年"（1528年）的字样。这两块羊皮纸吸引人的地方在于它们的绘制独特。地图上的陆地与海岸线呈现明显的歪斜现象，并且南美洲看上去比实际大了许多。人们本来以为是地图绘制者的失误，然而经过仔细的研究却发现它们竟然与第二次世界大战中

↗ 在希腊出土的刻有地图的陶瓷残片

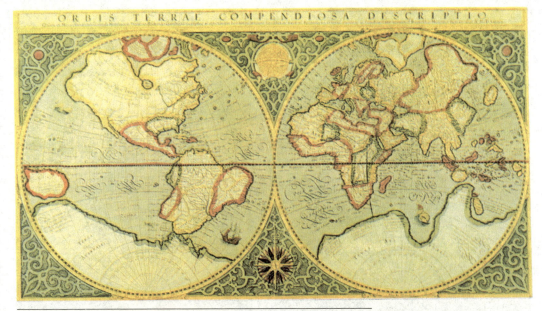

这是18世纪欧洲人绘制的世界地图，从中可以看出人们对世界的认识不全面。

美国空军的地图非常相似，而美国空军的地图是采用正距方位作图法绘制的地图。正是因为从空中俯视地面，所以陆地与海岸线呈现了明显的歪斜现象。由于地球是一个球体，离开地图中心的区域就好像是下沉了、歪斜了，所以南美洲看上去比实际大了许多。古地图的绘制情况是如此的不可思议，而美国登月飞船上所拍摄的地球的照片竟然与古地图有惊人的相似之处。难道这又是一个巧合？难道这古地图是古人从天空中绘制出来的？这样的猜测的确是让人吃惊的，但是除此之外，我们还有什么更好的答案呢？

但如果要绘制这样精确的地图，就必须具备两个基本的条件。其一是必须在空中飞行，其二是必须有在空中拍摄的器具与技术。人类掌握空中拍摄的技术不过是近期的事情，古代的人们是如何掌握了这样的技术？他们的拍摄器具又是如何制造的呢？如果古人不具备这样的条件，他们又是怎样绘制出地图的呢？并且地图的精确度是这样的令我们赞叹。

是外星人帮助古人绘制的地图吗？很明显，许多学者并不赞同这样的观点。那么，如果不是天外来客的帮助，我们的祖先是怎样绘制出地图的呢？到底是什么人绘制了地图？他们又是采用了什么样的方法来绘制的呢？他们绘制这样的地图用意是什么呢？他们为什么要绘制在今

这是飞机从空中拍到的南极洲的形状，人们就是根据这种实测绘制每一个地方的地图。

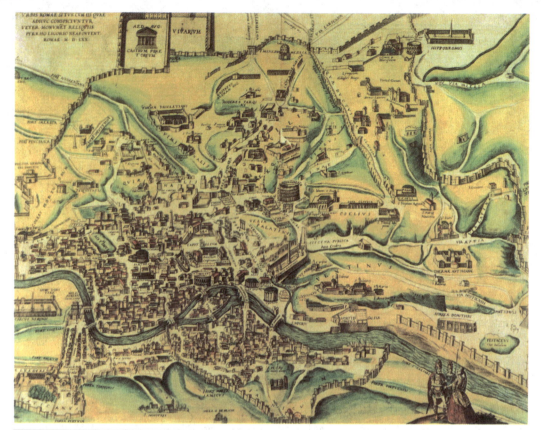

这是罗马人绘制的罗马市地图，它已基本接近现代市政地图，也为现代绘制地图提供了参考。

天的人们看来是超出了他们的实际需求的地图呢？

面对这些疑问，我们期盼学者们的研究给一个满意的答案。

澳大利亚原始洞穴手印是谁留下的

在大洋洲的史前文化中，南澳大利亚的库纳尔洞穴发现的 2 万年前的岩壁画，成为一个引人注目的现象。土著先民们最初用手指甲刻在软石灰岩壁上的一些细小线条、一些弯曲迂折的但仍然很流畅的凹线刻画，成为库纳尔洞穴岩壁画中最早的遗存。那时的岩壁画的图形已经有横切面呈 "V" 字形的，甚至还有几个颇为工整的格形图案。作为太平洋岩画群体中年代最为久远的画面之一，澳大利亚岩画画面虽然很简略，但作者的原始意念已经有明确的表露，包括原始的祭祀仪式及与其新石器时代文化的源流关系。

在早期的具有代表性的岩刻画的画面上，脚印和手印也醒目地分布在其上，而且对脚印和手印的刻画粗细、手法并不相同。脚印的雕琢很精致、细腻，造型准确，生动形象，依脚趾的排列和方向去选取刻画的维度，而不是根据踩踏的脚印去刻画，画技不能和蘸了颜料而印成的岩绘画相比，但其留下了澳大利亚原始土著居民的较早的足迹。手印的刻画有些粗糙、拙陋，用较为宽而粗的块面表现，不仔细辨别很难看出是手的印记，但拇指还是很容易辨别出来的，整个手的画面显得抽象而简单。在太平洋岩画的群体中，岩画的作者大都是崇拜鸟的氏族，动物脚印的数量在岩刻画的画面中也占有一定的比重。以鸟类的脚印为最多，而且这些脚印大都随鸟类在其生存环境中的地位而有大小的区别。尺寸较大、粗壮、痕迹较深的鸟脚印，或许表示鸵鸟在那个生活环境中所拥有的不寻常、非同一般的地位，其他鸟的脚印很小，但是种类很多，有三叶片状，有圆点状的，也有箭头状的。

在澳大利亚沙漠中发现的巨大的人手形的岩画。它可能是土著居民用手工雕刻而成。

澳大利亚原始居民在岩壁上留下足印之后，人类艺术起源时期的一个可靠而珍贵、神秘而伟大的标本就产生了。在澳大利亚的古人类遗址中，人们普遍地发现了赤铁矿石块儿以及磨盘，这分别是用作颜料和研磨用的。而土著人在向自己的身上涂抹红色时，澳大利亚土著人再生的意念已经萌发，与之伴随的是用颜料在岩石上作画的原始艺术的诞生。在新南威尔士西南部的蒙戈尔湖的河床一带，曾出土了大量史前猎人的生产和生活的遗迹，他们采集植物的果实，捕猎袋鼠、山猫和鱼类等。而且在这处遗址中还发现了一位妇女的墓葬，这是具有一定仪程的葬礼，所埋葬的洞穴便成为了岩画的写实素材，并开创了太平洋岩画画面中大量出现的圆穴凿刻艺术的先河。

在澳大利亚广阔的领土上有上万幅原始洞穴岩画。或许从2万年前开始一直到今天，澳大利亚的土著居民从来没有停止过岩画的绘制与雕琢。北澳大利亚岩画中的"祖灵"形象非常显著。地处约克半岛的一个洞穴里保存着几百幅主题是人物的岩画，那些人物或许是英雄、是神灵、是祭司，艺术家们不得不为原始土著居民的人物画所赞叹与倾倒。而种种人物形象或许都与澳大利亚人心目中的祖先即最先来到这片土地的人有关。原始人类的迁徙活动使澳大利亚最早住民的构成众说纷纭。总之，北澳大利亚岩画中的祖灵形象为研究澳大利亚提供了丰富形象的资料，对寻觅澳大利亚史前文化的源头具有重

↗ 手形图案

像这样的手形图案可能是把颜料涂在艺术家的手上绘制成的。至少从公元前2.2万年起，在澳大利亚就开始实践这种艺术形式了。在澳大利亚南部和东部的洞穴中发现的图画表明了，艺术对这一大陆最早人类的重要性。

要的意义。

此外，在澳大利亚一些文化遗存十分丰富的地区，岩画画面的主要题材是鸟形人。作者用一条带状的彩色线条勾出椭圆形的脸框，再用密集的短线条在脸框上装饰出细细的绒毛，眼和嘴连在一起，眼睛用细线条勾画出睫毛，很像鸟的形象。鸟

形人面的岩画在东亚和太平洋地区的岩画中也很丰富，在夏威夷岛上的崖壁画中，鸟形人面成为最引人注目的主题。澳大利亚的鸟形岩画，清楚地反映了崇拜鸟部族的迁徙路线，而这条路线与澳大利亚的最早土著居民进入大洋洲的历程恰好是重叠的。岩画能不能成为亚洲的先民迁徙到澳大利亚会合的一种印证？土著人谨慎地崇敬岩画中的人物，认为他们是澳大利亚山河的缔造者，他们有着永存的精神和无穷的力量。成为氏族印记的岩画中的鸟形人面形象，其背后是一种强大人群与种群的力量。

澳大利亚岩画通常采用夸张的手法对人身体的某个部位进行放大。画人的双臂时，采用"透视法"，将其画得硕长劲健，充分显示出人攫取食物的力量。双腿用粗实的线条画得很有力量。用明确的线条勾勒出脚趾和脚踝。虽是夸大、变态的造型，人体的主要特征还是很明显的。可以把变态的人体看成是一种写实的记录和一种大胆的创意，早期农业开发的艰难，强大的人体是落后的经济形态的一种补充，也包含了早期人类祈望谷物丰收、人丁兴旺的执着的理想和愿望。澳大利亚岩画对人类早期生活的记录可谓文明史上的重要一页。

同时澳大利亚的原始岩画在一些形象上展现了一种古老而又新奇的原始美，一种人类初萌时期的混沌美、朦胧的美，某种程度上是超现实的美。从澳大利亚原始岩画中，我们看到了澳大利亚原始土著居民及人群的足迹，看到了人群不断的迁徙与融合的痕迹，看到了原始居民对生命的理想与期望，更看到了原始艺术的灿烂光芒。

刻画了其他图案的岩洞画，也是当地土著居民用来表达某种特定含义的。现在，人们只能用艺术的眼光来审视这些岩画了。这是一幅由多种形象组合而成的岩画，其中有人手印、澳大利亚特有动物图案以及人们生产劳作的场景，可能是2万年前绘制的。

中国考古未解之谜

古代遗址的不解之谜

半坡遗址之谜

　　黄河，我们的母亲河，它孕育了众多的文明，创造了灿烂的文化。半坡遗址就是在它身边的村落，这个遗址告诉了我们太多的东西，又留下不少谜团。半坡遗址是1953年被考古队发现的，随后几年中，考古工作者进行了多次发掘，渐渐揭开了这沉睡了6000多年的原始村落的面目，它位于陕西省西安市东郊，当时林木繁茂，自然环境异常优美。发掘中考古工作者认识到这是一个典型的原始村落，有较高的发展水平。但村民们的生活状态具体如何，人们之间是什么样的关系呢？这些都有待发掘材料的证明。

　　半坡村落遗址南北长300余米，东西宽200余米，呈椭圆形，南部为居住区，北部为公共墓地。东北角有烧陶窑址。居住区、墓地与烧陶窑址之间有一条大壕沟相隔。这条壕沟长70多米，宽深各约5～6米，向两边延伸，起防护的作用，被壕沟围绕的是居住区。在居住区内，最显著的是中间有一座大房子，其结构和建筑方法是半地穴式的。所谓半地穴式，是指建造时先挖出一个平整的坑，然后再搭建房屋，以使房子一半处在地坑中，这种方法在技术落后的情况下易于使房屋稳定。大房子门向东开，中间为火塘，作用应是村落成员们举行集体活动的地方，如商量大事、接待外族重要来客，可以称为全村的政治文化中心。北边有许多小房屋，小房子的房门都朝向大房屋，形成不甚规则的半圆形房屋群。

　　中小房子有半地穴式和地面建造式两种，从外表来看有圆形和方形之分。墙壁是用草和泥抹成的，房屋中心都有一个灶坑，是村民们做饭的地方。从房屋中灶坑附近的灰烬中发现有烧残的兽骨，没吃完成堆的螺

↗ **半坡遗址　仰韶文化半坡型**
该遗址位于陕西省西安市半坡。半坡遗址出土的彩陶可以说是中国彩陶文化辉煌的开始。

蛳，可以看出半坡村人早已脱离茹毛饮血的蛮荒生活，过上了比较殷实且安定的日子。

半坡人已知道进行农业生产，使用石头、兽骨和陶片制造的工具。石器以磨制为主，但仍有少量的打制石器。有些磨制石器也只是在打制的基础上，仅对刃部稍加磨制。石器制作方法的改进对人类来说有重大意义，标志着人类具有了征服自然的能力。遗址中发现生产工具达 600 多件，有斧、铲、锄头。先民们就用这些工具焚树造田、种植粟等农作物，这是典型的"刀耕火种"。在一座房子下面还发现了一陶罐保存完好的粟，粟虽已炭化，但皮壳却清晰可辨。这是半坡人过上了农业生活的有力证明。

当然，渔猎还是村民们非常重要的食物来源，从遗址中发现许多的渔猎工具和残留的大量兽骨可以推测出来。打猎使用的工具丰富多彩，最重要的是弓箭，有不同的样式，仅箭头就有柳叶式、三棱形、扁平三角形、圆柱尖头式等。弓箭的使用，让人们的捕猎能力提升了一个台阶，可以更安全、快速地捕到猎物。

陶器也是村民生活中重要的物品，有各种形状的盆、罐用于储藏、煮食物，盛水等。村中有一个公有的制陶作坊，制陶技法已很发达。早期的制法以捏制法为主，到了中晚期，开始出现用转速很慢的转轮加以修整的制法。彩陶是具有代表性的一种陶器，彩陶花纹是在制作陶坯过程中绘上去的，然后入窑烧制，这样彩绘可以经久不脱。

→ 人面鱼纹盆 仰韶文化半坡型
陕西省西安半坡遗址出土。半坡遗址的彩陶以人面鱼纹盆最为著名，图案高度意象化，充满神秘色彩。

↘ 半坡遗址 新石器时代

彩绘多以红色和黑色为主，题材多样，色彩对比强烈。内容除了人物形象外，还有反映动植物、天文等各个方面的写实图案。其中尤其以鱼形纹居多，最具代表性。这些彩绘早已超出实用的范畴，而是先民们创作的文化艺术了。在一些陶器的彩绘上发现了较多刻画符号，有人认为是早期的文字。也有人认为只是随意留下的，并没有什么意义，也无法识读。究竟是不是文字，仅从这些符号是不能确定的，如果哪一天也能像甲骨文一样发现众多材料，说不定汉字史又要向前推了。

人面纹葫芦瓶 仰韶文化半坡型
陕西省西安市半坡遗址出土。葫芦瓶是半坡遗址中的典型器物，依葫芦的形状制成。

在居住区附近有氏族的公共墓地，排列有序，位于居住区之北。这里已发掘出成人墓 170 多座，各墓排列纵横有序，成人墓多为一人一墓，合葬的较少。随葬品为日常生活用的陶具诸如罐和壶之类。半坡人对成人和小孩儿是用不同方式埋葬的。小孩儿墓地发现有 70 多座，绝大部分就是葬在屋旁，用瓮装着，不入公共墓地。可能是夭折不祥不能入氏族墓地，也可能是由于灵魂观念及亲子之情，把幼儿留在身边。

随着发掘工作的不断深入，半坡村民的生活状态逐渐明了。整个村落，居住区是中心，四周有防护沟，沟北为墓地，东边为窑场，从这种统一规划可看出，当时人们过的是一种有组织的生活。房屋的大小相近，随葬品数量及质量上相似，所以人们之间并无贫富差别。总之，他们过的是一种集体而平等的原始村落生活。

"华夏第一都"到底在哪里

中华民族具有悠久的历史，从早期的人类到原始氏族社会，这块土地上有过我们祖先的身影。随着生产力水平的提高，社会的不断进步，尧、舜、禹三代之后，禹的儿子启废除统治权禅让的传统，夺权成立父子相承的国家——夏。"夏"也便成为我国历史上第一个国家政权，我们今天对于夏代的了解相当贫乏，只有少数文献中一些零星的记载。由于商都殷墟的发现，对商王朝的文明状况，我们有了较清楚的了解，而此前的夏代却仍是一片空白，几乎都要让人淡忘这个曾统治华夏几个世纪之久的王朝。如果能找到夏朝的国都遗址，我们就不会对夏代如此迷茫，但作为"华夏第一都"的夏都到底在哪里，长期以来一直是困扰历史学家的难题。

有人说是位于山西省运城市的夏县，据称，因我国奴隶社会第一个王朝夏朝在此建都而得名，号称"华夏第一都"。其历史悠久，为中华民族的发祥地之一。相传是嫘祖养蚕、大禹建都的地方，素有"禹都"之称。该说法不过至今还没有在夏县找到有说服力的文化遗址。

有人说应该是在今许昌西部的禹州。禹州市是中华民族发祥地之一，大禹因治水有功曾在此受封"夏伯"。禹的儿子启继位后，于钧台大宴天下诸侯，建立了中国历史上第一个奴隶制国家——夏朝，亦被称为"华夏第一都"。夏都是在禹州吗？目前仍不得而知。

1959年夏，中国科学院考古研究所组织了一支考古队，开始了探寻夏都的田野考察。从传说中夏人活动的中心地区豫西开始，在拨开重重迷雾后，考古队将目光锁定在河南偃师二里头，集中对其进行考古发掘。以此为标志，中国考古学界开始进入了有目的、有计划地探索夏文化的时期。

早期奴隶制夏王朝的存在无可非议，但由于文献和考古资料的缺乏，夏代的文化面貌始终无法确认。20世纪60年代末，考古工作者在河南省偃师县二里头村发现了一些古文化遗址，出土陶器十分特殊，介于龙山文化与商代之间，引起了学术界的极大兴趣。二里头村，位于偃师县西南9千米的洛河南岸。古文化遗址包括二里头、圪当头、四角楼、寨后和辛庄5个村，面积375万平方米。1957年发现后，1959年开始进行发掘和研究工作，先后发掘面积达1万平方米。文化遗物的特征介于龙山文化晚期和商文化早期之间，尚属首次重要发现，命名其为"二里头文化"。这处遗址的最下层被确认为夏文化，出土有铜刀，为我国发现最早的青铜器。其上层为商代文化，发现有大型宫殿基址，面积达1万平方米。遗址中出土了大批工艺精良的铜器与玉器，应为夏商时期的都邑遗址，在考古学上占有极重要的地位，对了解和研究夏商文化的历史有很大意义。

经过几十年的研究，可以确认二里头遗址是一座早期王城。但这座都城是属于商代的，还是夏代却还不清楚。2003年，考古人员又在现已发现的中国最早都城遗址"二里头遗址"中找到了两座大型宫殿建筑。其中一座，呈缺了一个角的长方形，东西长为110米左右、南北宽100米，东北部折进一角。整个庭院范围都是建造在高于地面半米的夯筑平台上。庭院四周为走廊，除西廊是外有墙、内有走廊外，其余三面中间都是墙，内外皆有走廊，说明在庭院北、东、南三面可能还会有相邻的庭院。这座宫殿的样式，后代有许多建筑物都沿用。新的宫殿建筑群的发现又吸引了人们的目光，无论从其规模，还是样式，都是皇宫大院的建筑。

这两座宫殿遗址的特殊之处和意义，不

↗ 青铜爵 二里头文化
高20厘米，尾长26厘米，河南省偃师市二里头出土。这是二里头文化中最具代表性的青铜器，造型细巧，素面而无纹饰。

↗二里头遗址7号基址与宫城南墙

完全在于认定它们是王宫，更重要的是它们的位置。早先考察知道二里头遗址所处的
社会，很可能是处于夏商两代分界的时期，其上层是商文化遗留，其下层为夏文化遗
留。而这两座宫殿初步考定是处于夏文化层，那岂不是说，我们可以确定这是夏代的
都城了吗？有位考古专家激动地说，"这意味着人们几乎可以从中触摸到中国第一个王
朝的脉动了"。

　　然而事实上，二里头遗址是不是夏都并未得到公认，首先就此遗址本身的时期
争论仍在继续，有人说属于夏文化晚期，有人说属于商文化早期，更为普遍的说法是
"界于夏商之间"。历史学家冷静地说，"二里头遗址本身还存在着许多未解之谜，作为
都城的二里头，它的内涵布局及其演变过程、它的文化面貌及其社会生活与组织结构、
它的族属国别以及人地关系等诸多课题，目前还只是粗线条地把握"。

由发掘甲骨而发现的殷墟是商代的古都吗

假龙骨——小屯村人的意外发现

　　时间倒推到1899年，那时还是清朝末年，当时的北京国子监祭酒王懿荣，因
为患病而吃药。他随便翻看一包刚买来的中药，以检验药的成色，发现一块"龙

骨"上有些奇异的刻画符号。他没有轻易放过这个发现，而是立刻去药店查探，得到更多的有字龙骨，综合这些材料他得出这些符号肯定是商代的文字。此后他就不断以高价收购这些甲骨，一些商人也投其所好。此事逐渐为人所知，很多人便纷纷加入收购的行列，从此甲骨身价倍增。因为有巨大的利益，知道甲骨文来源的商人便长期隐瞒真正的出土地点。10年后，著名甲骨文学家罗振玉终于得知出土位置——河南安阳小屯。

甲骨出土数量不断增多，古文字学者罗振玉在1910年释出了十几位商王的名号和死后的谥号，这更加证实了小屯村就是湮没的殷墟。

公元前16世纪前后，商汤灭夏，在中原地区建立了商。在当时特殊的历史背景条件下，商王盘庚曾5次迁都，最后定都于殷。直到商纣亡国，273年间殷一直是商代晚期的统治中心。周取代商以后，殷民迁走，殷都也在漫长的历史变迁中沦为一片废墟。

对甲骨的发掘

甲骨的发掘工作也经历了几个不同阶段，大体分为：早期的滥采滥挖、中期的低水平集众发掘、解放前的科学发掘、解放后科学系统发掘。

1899年，甲骨文为世人所知后，其身价陡增，当地地主、农民、古董商等为牟取暴利集众挖掘。1904年冬，小屯村地主朱坤率先集众在小屯村北地、洹河南岸的农田中建起了挖掘工地，大肆挖掘甲骨达数车。同村人霍文元、刘金声等人见有利可图，

世界文化遗产——殷墟

也集众挖掘，双方为了争夺甲骨还发生了群体械斗。最后，安阳知县下令禁止私掘，但禁令并未维持多久，私掘现象依然严重。

后来，历史研究所成立之后，便派董作宾于1928年8月到安阳小屯村调查甲骨出土及保存情况。董作宾在小屯村一带多处调查走访，了解到近几年在小屯村仍有甲骨出土，便从村民手中收购了部分甲骨。经过这次调查，认为小屯村的地下还有甲骨出土的可能，遂从1928年10月至1937年先后进行了15次考古发掘。这15次发掘中，第1～9次以小屯村为重点，得甲骨6500余片；第10～12次以距小屯村3千米远的洹河北岸的侯家庄为重点，挖掘了王陵墓葬，但没有甲骨出土；第13～15次仍以小屯村为重点，得甲骨多达1.84万余片。其中收获最大的一次为1936年春开始的第13次发掘，出土甲骨1.7万片，并有完整的和较完整的龟腹甲200多个。

有字甲骨 商

河南省安阳市殷墟出土，台湾省台北市"故宫博物院"藏。1936年殷墟甲骨的发掘取得了重大进展，1.84万余片甲骨在沉睡3000余年后重现世间。上图是这次发掘中出土的较完整的骨片。

殷墟殷代车马坑

通过这 15 次科学系统的发掘，不但发现了很多商代晚期的遗址、墓葬，同时还获得有字甲骨 2.4918 万片。后来，从中选出近 1.3 万片辑成《殷墟文字甲编》和《殷墟文字乙编》。这 10 年的殷墟发掘是在考古专业工作者的指导下进行的，出土的甲骨等文物也收归国有，因此这是甲骨学史上的极大收获。特别是后 5 次发掘，对殷墟建筑基础的遗留及墓葬的排列情况都做了详细研讨，为中国考古学的形成奠定了基础。

解放后，文化部设立文物局。从 1950 年春到 1977 年，文物局对殷墟进行了十几次有组织、有计划的科学发掘工作，共获得有字甲骨 5000 多片及商代青铜器等珍贵文物，并使商代殷都的面貌整体呈献在世人面前，获得了甲骨学史上的空前收获。

甲骨文的文字特征和占卜之谜

甲骨文并不是一种处于起源阶段的简单文字，无论从文字的形体结构还是史料证据上，都说明甲骨文是一种比较成熟的文字。在距今约 6000 年的西安半坡遗址出土的陶器上，有二三十种刻画符号，郭沫若和于省吾通过考证都认为其是汉字起源的简单文字。约距今五六千年的大汶口文化时期的文字，更被认为是处于发展阶段的早期文字，而且其形体与商周文字较为接近。因此，许多学者都认为，在甲骨文字出现之前，中国的汉字可能已经经历了两三千年的发展和演变。

甲骨文已经不是最初的简单符号，它是商代文明的标志之一，其发达与成熟在许多方面都有所表现。从已出土的甲骨文看，其句子的构成已经具备了现今汉语的表达方式的雏形。不仅甲骨文中的词句已经具备了后来汉语表意方式的基本特征，而且甲骨文中的单字也已经具备了后来汉字的主要特征。汉代许慎《说文解字》中提出包括象形、指事、会意、形声、转注、假借在内的"六书"，甲骨文字也已经大体具备了这"六书"所包括的内容。

从甲骨文中可以看出，商朝时，人们对神的崇拜已经具有宗教意义。人们通过向神灵卜问来预测吉凶祸福，这在当时是非常流行的。甲骨文就记录了大量的占卜卜辞。

据研究发现，当时用于记录占卜卜辞的龟甲和牛胛骨是经过精心修饰的。在殷商时代，龟甲主要从南方进贡而来。据专家鉴定，出土于殷墟的龟甲多是取材于南方江淮、珠江流域，其特大者则是产于我国近海的海龟。

学者们从一块已破译的甲骨上得知，商代武丁时期，一个雀地的诸侯一次向商王进贡"五百龟甲"。从其他甲骨文材料看，向殷王室进贡龟骨的人多为殷王之官或附属的方国之人。雀地的诸侯一次就送来 500 只龟，可见当时殷王室储存的龟甲数量是十分庞大的。

当时的社会，畜牧业已经很发达，可以提供大量的卜骨。1973 年在安阳小屯发掘的 H99 是当时存放骨头的一个窖穴，里面存放着大量未经加工过的牛胛骨。可见，卜

甲骨 商

骨也是预先收集，以备随时取用的。

从发现的甲骨看，它们都有被锯、削、刮、磨的痕迹。卜甲一般是将乌龟的甲壳分成凸起的背甲和较平的腹甲两部分。连接背甲与腹甲左右两边的甲片，就叫甲桥，其位置在乌龟的前后足之间。在锯开上下甲时，甲桥留在腹甲上。腹甲、背甲都要经过一系列的整治。要除去鳞片、胶质等，背甲一般从中间剖开，并将中脊凸起部分锯去，在上面钻一孔。卜骨主要用牛肩胛骨，不分左右。其整治方法是将骨的顶端骨臼的圆形削磨成月牙形，以使骨臼与骨面平整。

甲骨经整治加工以后，还要经过钻凿才能用于占卜。钻凿是在甲骨的反面加工出窠槽，由呈椭圆形的凿和呈圆形的钻作用而成。钻和凿都只加工到距甲骨最薄的地方而不透过骨面。钻凿大致有三种：一是有钻无凿，二是有凿无钻，三是钻凿并用。

甲骨钻凿完毕，即已完成了占卜前的所有准备工作。当时的占卜内容是十分丰富的。

占卜的起始程序叫"灼龟"。钻凿的第一种和第三种，都是在钻处进行烘烤，这叫"灼"。第二种则在紧挨凿的左边或右边施灼，称"单灼"。在甲骨反面施灼之后，它的正面就会出现裂痕，直裂的兆纹称为"兆干"，横裂的称为"兆枝"。占卜者就是根据兆枝的走向来判断吉凶祸福的。

在占卜结束之后，把所问之事刻写于卜兆旁边，这就是卜辞。卜辞刻在甲骨的正面和反面的均有，但前者居多，这以武丁时期甲骨文为多。有的卜辞正面刻不完，就在反面接着刻。早期甲骨文中多见这种正反两面相衔接的卜辞。

殷人契刻卜辞有一定的格式。一篇完整的卜辞可以分为前辞、命辞、占辞和验辞四部分。前辞，也叫叙辞或述辞，记述占卜的时间和占卜者。命辞，也称贞辞、问辞，即命龟之辞，是向龟陈述要卜问的事。占辞，即根据卜兆而判断吉凶。验辞，即将占卜之后应验的事补刻下来。

甲骨上的卜辞除契刻以外，还有朱砂或墨书写的卜辞，这种书写的卜辞字形特别粗大，比同一版面上的刻辞字形大得多。

由甲骨文引出的殷墟遗址

继发现甲骨后，大规模的发掘工作随之而来，于是，一座标志古代文明的都市遗址——殷墟遗址被发现了。

殷墟是商代后期的王都所在地。河南安阳市西北 2.5 千米的小屯村是遗址的中心，洹水两岸的后岗、武官村、高楼庄、花园庄、孝民庄、侯家庄、四盘磨、大小司空村等 10 多个村庄都在遗址的范围内，总面积约 24 平方千米。

殷墟遗址从 1928 年开始发掘，共经历了 15 次发掘。抗日战争爆发后，发掘工作被迫停止。1949 年，殷墟的发掘工作继续进行，直到今天尚未间断。从遗址上看，小屯村是当时的王宫所在地。到目前为止，已发掘出 70 多处房基遗址，其中有大型宫殿和宗庙基址，也有小型居住址，都排列有序。在房基附近还发现有 700 多个大小深浅不同的窖穴，这些窖穴大都用来贮藏粮食、器具、甲骨，少数则作为居穴。在小屯村也发现有墓葬，它们集中分布在宗庙基址周围，多为人祭坑。另外，在遗址的东边曾发现包括有名的妇好墓在内的属于王室贵族的中型墓。

↗ **"祭祀狩猎"涂朱牛骨刻辞 商**
河南省安阳市殷墟出土，北京市中国国家博物馆藏。这是一块牛胛骨版记事刻辞。骨版正面刻辞4条，背面2条，共160余字，字内填朱。这片刻辞保存完整，对研究商代社会历史和天文气象价值甚高。

王陵区分布在洹水北岸的侯家庄和武官村一带。在这里共发现 13 座大墓和千余座小墓、陪葬坑，其中赫赫有名的商王大墓就在武官村。据推测，大墓多半是王陵，小墓和陪葬坑应该是附属于大墓的陪葬墓和人祭坑。

古代居民遗址和墓地在其他各村也有发现，但规模较之都略小，在小屯村东南的苗圃北地和小屯村西北的北辛庄分别发现了规模较大的铸铜和制骨作坊遗址。

殷墟是我国考古史上最早的、历时最长的、规模最大的考古发掘之地，所获实物资料也极为丰富，其中经科学发掘所得刻字甲骨将近 3 万片，青铜器多达几千件，以及不计其数的玉、石、骨、角、牙、蚌、陶等各类遗物。所有这些都是研究商代历史最珍贵的实物资料。

总之，甲骨文与殷都遗址是一个难得的文物宝库。甲骨文中还有许多内容没有破译，它们和许多历史问题联系在一起，形成一个个谜案。研究甲骨文字，将有利于破解许多历史谜团。

塞外雄关玉门关之谜

一提到玉门关，人们便会联想起大漠孤烟、缭绕烽火和离愁哀怨的画面。

这在很大程度上是由于唐代诗人王之涣那句"春风不度玉门关"给人们的印象太深刻了。

其实，1000多年前，玉门关是一个繁华的边关。那里万里晴空鸿雁高飞，茫茫旷野驼铃急促，商队络绎不绝，旅客川流不息。沿着这条道路，中国把美丽的丝绸，精致的瓷器，特产的茶叶，独到的中草药，率先发明的火药、造纸术和印刷术通过这条"丝绸之路"传送到世界各地。同时，中国又从"丝绸之路"上输入了不少有用的东西，例如苜蓿、菠菜、葡萄、石榴、胡麻、胡萝卜、大蒜、无花果等原来没有的作物，渐渐从西域到内地落地生根。汉朝时，从伊犁河流域引进乌孙马，从大宛引进汗血马。从丝绸之路还传来了西域各地的音乐、舞蹈和宗教，使中华文化艺术吸取了新的养料。

玉门关地处"丝绸之路"的咽喉要道，控制着河西走廊以西的北线。翻开地图，在甘肃西部边陲地区不难找到"玉门关"。然而，这是现代的玉门关市，它与历史上的

↗ 阳关故址
位于甘肃敦煌县城西70千米处。阳关因居玉门关之南而得名，是古代中外陆路交通咽喉之地，也是丝绸之路南路的必经关隘。

↗ 玉门关遗址
地处甘肃敦煌市西北 90 千米处小方盘城。西汉武帝时设置为通往西域的重要关隘，常设重兵驻守。它与西南之阳关同为当时通往西域各国的门户——出玉门关为北道，出阳关为南道。

玉门关名同实异。现在的玉门关市，是中国大西北的一座石油城。

　　根据古籍记载，玉门关在敦煌西北 90 千米的地方，人们在这一带的荒漠之中，发现了一个名叫小方盘的土城堡，它曾经被认为是汉代玉门关遗址。登上古堡远眺，它的北面，有北山横亘天际，山前有疏勒河流过。残存的汉长城由北向南，连贯阳关。在这里还发现过写着"玉门都尉"的木简。看起来像是铁证如山，小方盘定是玉门关无疑。

　　然而，对这座里面仅有几间土房、大小与北京的四合院相差无几的古堡，今天也有人提出了质疑：难道当年设有重兵守备、通往西域的重要交通孔道，竟是这样的一个小据点？

　　虽然，人们对于汉代玉门关的故址莫衷一是，但是，人们宁愿把这仅存的古堡视为玉门关的遗迹。千百年来，多少人千里迢迢来到这里瞻拜，登上古堡，遥望大漠，追忆祖先的光辉业绩。在古炮台上，人们会思念起汉朝大将李广利麾军浴血奋战的壮烈场面，可以"听到"唐朝诗人王昌龄"黄沙百战穿金甲，不破楼兰终不还"的豪迈歌声。

劝君更尽一杯酒，西出阳关无故人。

湖北铜绿山矿冶遗址开始于何时

中国古代的许多矿冶技术曾在世界遥遥领先，而我国古代有关这方面技术的记载以明代科学家宋应星的《天工开物》记载得最为完备、最为系统。不过，这本书也是仅限于作者个人的见闻和经历，所以里面的内容都很简略，不可能全面反映我国古代在矿冶技术上的成就。实际上，我国古代的矿冶技术的成就远远超出了我们现代人的想象，近二三十年来的考古发掘就证明了这一点。

在距离湖北大冶县城 3 千米的铜绿山上发现了一处 2000 年前的古铜矿遗址，该时期相当于我国春秋末期至战国初期。铜绿山，据《大冶县志》记载："山顶高平，巨石对峙，每骤雨过时，有铜绿如雪花小豆点缀土石上，故名。"其奇特的地貌和遍地盛开的莹蓝色铜墙铁壁草吸引着历代矿工来这里开发铜矿资源。铜绿山古铜矿遗址是迄今为止已经发掘的古铜矿中生产时间最长、规模最大的一个。

在这个遗址中，考古工作者发掘出大量用来支护井壁的圆木，采矿用的铜斧、铜锛、铜凿、木槌、木铲、铁锤、铁锄以及运载工具藤篓、木钩、麻绳等，另外还发现了少量陶罐等生活用具。

在距离开采地不远的东北坡，考古工作者们又发现了古代炼铜遗址。共发掘出了外形、结构基本相同的炼铜炉九座，炼铜炉上还设有炉基、炉缸和工作台。炉基用沙石、黏土等细细夯筑而成，台基内还设有风沟；炉缸在发掘出来的时候已经残破不堪，据鉴定，为高岭土等耐火材料筑成；而炉身经历千年都已坍塌；工作台用黏土、矿石垒筑在炉侧，台面高于炉缸底部。在这些炼铜炉内残留着数量不等的炉渣，而附近的渣坑中的炉渣堆积竟高达 1 米多，据有关专家粗略估计，此矿区遗存的炉渣至少在 40 万吨以上！对这些炉渣中的含铜量进行测验的结果更是让有关专家大跌眼镜！因为在三号炉西侧发掘出的粗铜其含铜量为 93% 以上，而炉渣的含铜量仅为 0.7%！对大冶湖边出土的铜锭进行铜含量测定，竟为 91.86%。在距今 2000 年前的古代，提炼铜的技术已发展到如此高超的地步！

在我国春秋战国时期开采冶炼技术已经如此发达，说明我国古代劳动人民对金属的认识更为久远。事实也是如此，古代奇书《山海经》就已经比较详细地记载了战国以前矿业开发的情况，书中曾经明确提出当时的产矿地有 167 处，其中有铜矿 52 处。春秋战国时期进一步发展，其规模不断扩大，如《管子·地数》记载道："凡天下名山五千二百七十二，出铜之山四百六十七山。"从这两组数据中，我们可以真切地看出那时矿冶业发展得多么迅速！

江西瑞昌铜岭古铜矿遗址是我国迄今为止发现的年代最早的采矿遗址。在这之前，人们一直认为西周晚期开始出现冶铜业，而瑞昌古铜矿遗址的发现使我国采铜历史往前推进了数百年。

　　瑞昌古铜矿遗址面积约1平方千米，采矿区约有二十多立方米。发掘出竖井53口，平巷6条，斜巷3条，露采坑一处，木溜槽1处。由于这个采矿遗址开采的时间比较长，所以经历了好几个时期。所幸的是，其地层叠压关系清晰，出土的遗物比较多，对其中的一件木制滑车进行测定，结果为商代中期的遗物，从而有力地证明了早在商代我国已经有了较发达的采矿业。除此之外，遗物中还有陶制的鬲、罐、豆、盆、纺轮等；木制的滑车、锹、铲、水槽、瓢等；竹制的筐、盘、篓等；铜制的斧、凿、锛等。

　　其中出土的木溜槽也同样改写了我国冶炼技术的历史。这个木溜槽长3.5米，据有关专家鉴定，为分节水冲法选矿用的一种原始装置。而这种分节水冲法人们一直以为产生于宋代，在这之前文献资料中并没有记载。瑞昌铜岭选矿槽的发现，把我国的这种选矿技术往前推了2000年！

　　就目前的考古发现来看，我国铜的开采与冶炼技术最早出现在商代，那么，以后还会有新的考古发现推翻这个结论吗？由于考古本身的偶然性，谁也不能保证。

　　我国人工冶铁开始于什么时候也同样是一个悬而未决的问题。地质学家认为是在春秋战国之间；历史学家力主东周时期已经有了铁器，并从古体铁字的一种写法推猜东方的夷族最早掌握了炼铁技术；而另一历史学家则认为早在西周就已经有铁器了。

　　值得一提的是，在驰名中外的北京周口店龙骨山山顶洞人的遗迹中，考古工作者发现了很多串最原始的项链，这些项链是用红线把一颗颗青鱼上眼骨穿起来制作而

↗ 铜绿山矿冶遗址近景

铜绿山铜矿竖井

湖北省大冶县铜绿山出土。上方的是平巷，用来运输；图中的木架结构是当时采矿用的矿井支架。下方方形或圆形的木支护井口，是竖井的井口。仅此 11 号矿体，就清理出炼炉八座，整个矿区的炉渣，更超过 40 万吨，可炼出红铜 10 万吨。

成的。让人惊奇的是，线之所以是红色，那是因为线是用赤铁矿粉染成的！在十多万年前，人类就已懂得利用金属铁锈做颜料，这究竟是偶然的利用，还是已掌握了这门技术呢？

放眼世界，人类掌握冶炼技术的年代更是扑朔迷离。据说，当年在苏联的瓦什卡河岸上发现了一块稀有金属的人造合金，制造年代为距今 10 万年前！在秘鲁高原考古学家发现了一件铂制装饰品，要知道，熔化铂必须要有 1800℃的高温熔炉！

这些现象该如何解释呢？有志于此的人可以进一步探索。

长城的两端到底在什么地方

长城是中华文化的瑰宝、人类文化的财富。"不到长城非好汉"这句话更是每个中国人耳熟能详的名言。现在长城不仅是中国人心中的圣地，而且世界各地的人也对它敬仰不已，只要提到中国，便会想起中国的万里长城；只要来到中国，就一定要去万里长城。中国的长城号称万里，实是当之无愧，并无疑义，但长城的两端到底在什么地方却有着不同的说法。因为长城的修筑前后历经 2000 多年，很多长城并不是绵延不绝连在一起，以及早期修筑的颇多损坏，以致对长城两端所在地的认识出现了不同的意见。

第一种说法，据《史记·蒙恬列传》载："秦已并天下，乃使蒙恬将三十万众北逐戎狄，收河南（今内蒙古河套以南），筑长城，因地形，用险制塞，起临洮，至辽东，延袤万余里。"这表明了秦始皇修建长城的两端，即临洮和辽东。秦始皇修的长城其实包括三段，东段起于现在内蒙古德化县内，向东基本上是沿着今内蒙古和河北交界处蜿蜒东行的。进入辽宁以后，折向东南，一直延伸到朝鲜境内的平壤大同江北岸。其终点即是所谓的"辽东"。秦始皇长城的中段，从东至西由内蒙古兴和县，北依阴山，南靠黄河河套，西抵乌兰布和沙漠北缘。西段长城，经考察西起甘肃省岷县，循洮河东岸向北至临洮县、兰州，再东折至榆中县。

专家认为，今天的岷县就是秦朝时期的临洮县，是秦代万里长城的西边起点。现在其遗址旁竖立着一块碑，其上写的却是"战国秦长城遗址"，原来在春秋战国时期各诸侯国都修过长城，秦国也不例外。这一段从临洮为起点的长城就是秦昭王时修建的，后来秦始皇加以修缮。可惜的是，经过长时间的侵蚀，我们很难相信西起临洮的这一段长城是否存在过，因为几乎看不到绵延于山川田野的城墙。为了探访秦朝是不是在这儿修过长城，有人几十年来走遍这里的每一个角落，寻找昔日的长城，并且找到了很多秦代遗物，不过这并不能证明修长城之说，因为这一带本来就是秦朝活动区域，找到一些秦代遗物并不能说明什么问题。

第二种说法是万里长城东端到辽东，西端为现在新疆罗布泊地区。此种说法是基于汉代所修筑的长城之上的。汉朝时期，北方游牧民族匈奴强大起来，不断在汉朝边境滋事，为此，汉高祖刘邦亲征匈奴，但却以惨败结束，被围困了七天七夜，后来用谋士陈平的策略，才得以逃脱。在匈奴威胁下，汉初国力衰弱，只得年年给匈奴交纳大量贡品，以求平安，但边境的骚乱并没有完全停止。经过汉初几代皇帝的休养生息政策后，汉武帝时国力空前强盛。于是汉王朝不再唯唯诺诺，而是主动出击，派遣大将卫青、霍去病等率军多次给予匈奴巨大的打击。经过一系列战争，打通了甘肃经河西走廊到新疆罗布泊的交通要道，并使西域各王国臣服于汉朝的统治。

汉武帝在军事进攻的同时，还着手另一项工作，即大规模修筑长城。汉武帝有四次大规模的修筑，第一次在公元前127年，在击溃盘踞在此地的匈奴后，将防御匈奴的北方边界推进到今内蒙古阴山南麓的原秦始皇长城一线。第二次在公元前121年，夺得被匈奴占据的河西走廊，而后几年修筑了由今甘肃省永登县至酒泉的长城，东面与秦始皇所修长城相接。第三次在公元前111年，用了两年时间，修筑了酒泉至玉门关段的长城。最后一次修筑长城是在公元前104年~前101年，修了玉门关至新疆罗

万里长城是有史以来最长的建筑物。

布泊段的长城。

那么，长城的西端是否应该认为是在罗布泊呢？汉代在河西走廊到罗布泊的这段长城和我们一般概念中的长城不同，只有相隔的城墩、烽火台，而它们之间缺少相连接的城墙。不过其功能却是相同的——驻防，互相通报敌情。如果不认为是长城，那么这条千里屏障又如何称呼？

第三种说法是长城分别是东到山海关，西到甘肃的嘉峪关。这两座雄关修建得气势磅礴，至今保存完好，又经过多次修复，一东一西相互对峙，所以被认为是万里长城的两端。此说其实是明长城的两端。明代是最后一个大规模修筑长城的朝代，在其统治的200多年中几乎从没停止过长城的修建，因为明朝有着更为严重的边患。在周边众多实力强大的政权的压力下，明朝为求得安宁与和平，只得年年用大量银子在崇山峻岭中铺就一条坚固的防线。朱元璋建立明政权，占领北京，推翻元朝的统治。此时的元政权并没有被消灭，而是退出了北京，回撤到今长城以北，仍有东至呼伦贝尔湖、西至天山、北抵额尔齐斯河及叶尼塞河上游、南到现在长城一线的广阔地域。而且元政权的统治者并没有完全死心，而是时时不忘收复失地，重新入主中原。在陕西、甘肃、辽东都有不服从明政权的规模庞大的军事政权，时刻让明朝统治者寝食难安。明代中后期，北方女真族政权兴起，更是成为明朝廷的心腹大患，这时修建长城的工程也更为浩大。

还有人认为万里长城的东端并不是山海关，而是辽东鸭绿江畔。只是由于山海关

↗ 八达岭长城

到辽东一线修筑比较简陋，到现在基本被损坏，所以认为万里长城是明代修筑得比较精良的嘉峪关与山海关之间一段，其两端是这两座雄关。

万里长城的两端到底在什么地方、以什么时候的为标准来定，众说纷纭，至今尚无定论。

南越王国宫殿之谜

20世纪80年代，广州先后发现了西汉南越王墓、南越王宫署遗址的地下石构建筑、南越国御花园和南越国宫殿遗址，其中南越王宫署遗址具有浓厚的岭南地方特色，被评为国家十大考古发现之一。

体现了2000年前南越王国宏大规模的南越王宫署遗址包括两个部分：其一是1995年发现的南越国宫署御花园。另一部分是南越王宫署主宫殿区，其遗址主要在现在的广州儿童公园位置。

长久以来，人们在一直争论："番禺城"究竟存在与否？南越王宫为什么会大量存在着石头建筑？目前南越王宫殿350多平方米的发掘现场只占儿童

↗ 玉剑首 西汉
横宽6.2厘米，1983年广东省广州市象岗山南越王墓出土，藏于广东省西汉南越王墓博物馆。

↗ 广州南越王墓后部主室遗骸及部分出土文物

公园东南一个角，整个宫殿最精华的部分还在 2 万多平方米的儿童公园下面。宫殿虽找到了，但是人们又在猜测：宫署之外还有没有一个城呢？据史料记载，秦末汉初时期全国有十多个商都，而岭南就只有"番禺"这一个重要的商都，来这里经商的人不少都财运亨通，发达者甚众。按照考古专家推测，南越王宫署之外应该还有贸易区（市）、老百姓生活区（坊、里）以及城墙等，然而这些东西目前却一点儿出土的迹象都没有。南城王宫署只是番禺的一部分，当时的城在哪里？城墙修建在什么地方？专家们至今仍无法回答。在南越王宫署的发掘过程中，专家们发现了 2000 多年前的南越王宫、1600 多年前的东晋古井、1000 多年前的唐末漫道等珍贵的历史遗迹，但最令专家兴奋的是一枚大约 5 厘米高、质地坚硬、未完成的象牙印章。这枚象牙印章虽然只有一只

核桃大小，上面还有一道裂痕，但它在考古史上却有重要的意义。首先，这枚象牙印章刚好出土在唐代的漫道上，在它的周围还有一些象牙材料、水晶、外国玻璃珠等文物。同时南越王墓曾出土过五根象牙，明清时期的大新路是有名的象牙作坊，这枚唐代象牙印章也使广州的象牙工艺制造史中间的空白得以填补。其次，该印章虽然没有打磨完成，也没有署名，其上却大有乾坤——上面的头像无论从脸形还是发式上来看，都是一个明显的外国人头像。这枚印章不是中国传统的长方形或正方形，而是椭圆形，而西方印章的形式正是以椭圆形为主。种种迹象表明，这是枚给外国人刻的印章。专家们兴奋地说："据文献记载，唐代广州聚集了数万外国人，尤其以西亚阿拉伯人为多，但一直以来苦于缺乏具体物证，这枚象牙印章的发现正好证明了这一点。"但具体这枚印章上面的"老外"到底是哪一国人、当时的广州外国人的数量有几何，专家们还不

↗ 金缕玉衣　西汉

此玉衣长 173 厘米，广州市南越王墓博物馆藏，汉代贵族迷信玉可以保持尸体不腐，故用玉片制成高级的殓服——玉衣，皇帝穿的用金丝连缀，称金缕玉衣。图中这件为首次发现的金缕玉衣。

能做出详细的解释。

一直以来，在考古学界有这样一个共识——中国古代建筑以木结构为主，西方古代建筑则是以石结构为主，一木一石，形成中国与西方在建筑文化上的分野。但是在出土的南越王宫殿和以前出土的南越王御花园，都发现了大量的石质材料，诸如石柱、石梁、石墙、石门、石砖、石池、石渠等。有专家认为，整个南越王宫署的石建筑普及程度，可以用"石头城"来形容，甚至有的结构与西方古罗马式建筑有相通之处，这在全国考古界都是罕见的。

随着南越王宫殿的进一步挖掘，南越王宫署的历史之谜还会更多，目前专家们又提出"南越王宫署石渠流向图形之谜""御花园龟鳖石池上的建筑之谜""带刺的瓦当有什么功用""黑皮黑肉的鹅卵石来自哪里"等谜团。这些谜团的揭开依赖于考古专家们的进一步发掘研究。

景山平面图为何酷似打坐的人像

景山在紫禁城北门神武门对面，元代时本是大都城内的一座土丘，名叫青山。传说明代皇宫在这里堆存煤炭，又俗称煤山。崇祯十七年（1644 年）三月十九日拂晓，李自成率起义军攻进北京，崇祯帝朱由检逃出宫城，在煤山东麓的一棵槐树上自缢。清顺治十二年（1655 年），改名景山。

1987 年 1 月，在北京地区航空遥感成果展览会上，爆出了一个惊人的消息：遥感拍摄的北京景山公园平面园林图，酷似一尊盘腿打坐的人像，被称为"景山坐像"。这不是杜撰，而是通过精密的遥感技术测定的。在园林北部的寿皇殿建筑群是"坐像"的头部，大殿和宫门组成眼、鼻、口。眼睛眯着，面带笑容；胡须是松柏；肩、胸、手、腿是南部那座山。"景山坐像"引起了科技界和考古学界的广泛兴趣，几年来，专业人员为此做了大量的研究考证，但收获甚微，至今还是一个没有解开的谜。

↗ 景山全景

↗ 景山同赏亭——明崇祯帝自缢处

后来，关于"景山坐像"又有了一个新说法。武当山拳法研究人员谭大江经过倾心研究分析，认为北京"景山坐像"与武当山"紫霄坐像"均为道家养生图示。"景山坐像"系道教之神，"坐像"头上戴冠，面有胡须，双手合并放在腹前，特别符合道教之神的貌态，与真武大帝像相似。而且"景山坐像"建于明朝永乐年间。明成祖朱棣打进南京，夺了皇位，为得到了真武神的帮助，因此即位后即建宫观报答真武神。

若干年前，谭大江与有关人员在对武当山古建筑群研究中就发现，武当山紫霄宫建筑群与其周围山势地形是根据人体形象巧妙安排的，酷似一尊人像，所以称为"紫霄坐像"，与"景山坐像"有异曲同工之妙，所以说，两者都是道家练功养生的示意图。这个推断很让人迷惑，道家为什么要将建筑设计为养生图示而却又让人不易发觉呢？谭大江认为，道教的经典《道藏》虽包含十分庞杂，但始终贯穿着一个愿望——"长生不老"。道家按照"天人合一"的道义修性炼真，并力图把这种奥秘告知世人。但是，道家最讲究的是"冲虚""恬淡"，在清高脱尘的心理和观念的支配下，他们又不愿将"天机"廉价地送给"俗人"，所以他们便煞费苦心地在建筑布局上暗示众人，通过这种玄妙的方式来启示他们。说"景山坐像"是道家练功图示，还在于北京景山公园的建筑布局、方位以及建筑景点的名称都符合道家内功修炼的术语要求，而道家修炼功的术语从来均是以隐语出现的。

但这毕竟只是一家之见，并不能完全地解释清楚。那么，这座建筑到底要告诉人们什么呢？在500年后的今天，"景山坐像"所引起的争论仍然是个谜。

乐山大佛如何能保存得如此完好

乐山大佛坐落在乐山市峨眉山东麓的栖鸾峰，依凌云山的山路开山凿成，面对岷江、大渡河和青衣江的汇流处，造型庄严，虽经千年风霜，至今仍安坐于滔滔岷江之畔。又名凌云大佛。乐山大佛是世界现存最大的一尊摩崖石像，有"山是一尊佛，佛是一座山"的称誉。乐山大佛雕刻细致，线条流畅，身躯比例匀称，气势恢宏，体现了盛唐文化的宏大气派。

关于乐山大佛的开凿，历史上还有一段传奇佳话。乐山大佛古称"弥勒大像""嘉定大佛"，开凿于唐玄宗开元初年（713年）。当时，岷江、大渡河、青衣江三江于此汇合，水流直冲凌云山脚，势不可挡，洪水季节水势更猛，过往船只常触壁粉碎。凌云寺名僧海通见此甚为不安，于是生发修造大佛之念，一使石块儿坠江减缓水势，二借佛力镇水。海通募集20年，筹得一笔款项，当时有一地方官前来索贿，海通怒斥："目可自剜，佛财难得！"遂"自抉其目，捧盘致之"。海通去世后，剑南川西节度使韦皋，征集工匠，继续开凿，朝廷也诏赐盐麻税款予以资助，前后历时90年，大佛终告完成。可就是这座享誉世界的大佛，历来仍有许多争论。乐山大佛的高度究竟是多少？有千年之久的乐山大佛又是如何保存得这么完好呢？

↗ 乐山大佛
又称凌云大佛，其姿态端庄安详，是中国也是世界最高大的一尊石刻大佛。大佛依凌云山的山路凿成，面对岷江、大渡河和青衣江的汇流处，虽经千年风霜，至今仍安坐于滔滔江河之畔。

乐山大佛的规模在各类书籍上多有记载，人们比较统一的意见是，大佛头长14.7米，头宽10米，眼睛长3.3米，鼻子有5.53米长，肩宽24米，耳长7米，耳内可并

↗ 江上远眺乐山大佛
其山体轮廓似一睡卧巨佛，它面对三江雄峙千载，阅尽人间沧桑。

乐山大佛佛头

佛头直径约10米，发髻共1021个，眉长3.7米，眼长3.3米，鼻长5.53米，嘴宽3.3米，耳长7米，壮观至极。

立二人，脚背宽8.5米，可坐百余人，但关于大佛的高度说法不一。宋代的《佛祖统纪》《方舆胜览》，明清的《四川通志》《乐山县志》等书中，都记载乐山大佛高"三百六十尺"，也就是相当于现在的110米左右。解放后，科研部门采用吊绳和近景测量的方法对大佛进行了多次测量，确认乐山大佛高71米。《中国大百科全书》《中国名胜词典》《中国名山大川词典》等字典书籍上也明确写有乐山大佛的通高为71米。但1990年由上海辞书出版社出版发行的《中国地名词典》却把乐山大佛的高度定义为58.7米，而且这一观点也同样有很多权威专家认同。

为什么同一座静止不动的石佛，它的高度会有两个差距如此大的数据呢？据有关专家介绍，这两种观点的主要分歧是定义乐山大佛"通高"的不同。文物界在测查文物时，将文物整体的最高点和最低点之间的差称为"通高"。中国的佛像底部多有莲花座，测量时通常将佛像和底部与之相连的莲花座看作一个整体，佛像的高度也就是从莲花座底端到佛像的顶端的长度。

就乐山大佛来说，人们对它的莲花座的看法不一致。有人认为大佛脚下有两层莲花座，一层是大佛的足踏，而在足踏下面还有一层更大的莲花座。因此他们认为大佛的通高应该以最底层的莲花座为起点进行测量，也就是大佛高71米。与此同时，还有人认为大佛脚下只有一层莲花座，因为与乐山大佛类似的隋唐时期建造的弥勒佛像都只有一层莲花足踏，乐山大佛没有道理在足踏下再加一层莲花座。也有人认为，所谓莲花足踏下一层更大的莲花座，实际上是莲花足踏下的一层石基，只不过建造者为了美观庄严在石基的边缘上刻了一些莲花图案。因此这层石基不能计算在大佛的高度之内，所以持这种观点的人把大佛的通高从莲花足踏开始算起，也就是58.7米。究竟乐山大佛最底下一层是莲花座，还是只是一层石基，人们争论不休，至今未有定论。

那么，乐山大佛历经千年又是如何保存得如此完好呢？近些年来，通过专家们对乐山大佛的考察研究，不断揭开大佛的一些秘密。专家们认为乐山大佛具有一套设计巧妙、隐而不见的排水系统，对保护大佛起到了重要的作用。在大佛头部共18层螺髻中，第4层、第9层和第18层各有一条横向排水沟，分别用石灰垒砌修饰而成，远望看不出。衣领和衣纹皱褶也有排水沟，正胸右向左侧也有水沟，它与右臂后侧水沟相连。两耳背后靠山崖处，有洞穴左右相通；胸部背侧两端各有一洞，但互未凿通，孔壁湿润，底部积水，洞口不断有水淌出，因而大佛胸部约有2米宽的浸水带。这些水沟和洞穴，组成了科学的排水、隔湿和通风系统，防止了大佛的侵蚀性风化。也有专家指出，大佛的雕刻结构对大佛的保存起到了至关重要的作用。人们观赏这尊世界第一大佛，往往只看到依山凿就的外表，看到它双手抚膝正襟危坐的姿势，而对它的部位结构则看不真切。其实，细究它的形体结构，是很有趣味的。乐山大佛屹立千年仍然风采依旧，究竟是什么原因使它如此"坚强"，人们仍在争论探索。

悬空寺之谜

悬空寺位于山西浑源县，距大同市 65 千米，是国内仅存的佛、道、儒三教合一的独特寺庙，属于国家重点文物保护单位。悬空寺始建于 1400 多年前的北魏王朝后期，北魏王朝将道家的道坛从平城（今大同）南移到此，古代工匠根据道家"不闻鸡鸣犬吠之声"的要求建成了悬空寺。悬空寺距地面高约 50 米，悬空寺建造的位置山势陡峻，两

凌空欲飞的悬空寺金碧辉煌，十分壮观。

边是直立 100 多米、如同斧劈刀削一般的悬崖，而悬空寺就建在悬崖上，它给人的感觉像是粘贴在悬崖上似的，从远处抬头望上去，看见的是层层叠叠的殿阁，只有数十根像筷子似的木柱子把它撑住。而悬空寺顶端那大片的赭黄色岩石，好像微微向前倾斜，马上就要塌下来似的。于是有不少人用建在绝壁上的"危楼"来描述悬空寺，那么这座绝壁上的"危楼"又是怎么建造的呢？它又为什么要建造在悬崖绝壁上呢？又是什么原因使它历经千年仍旧保存得如此完好呢？

近些年来，专家们对悬空寺进行了多次实地考察，提出了许多新观点。有专家认为悬空寺之所以能够建在悬崖上，主要是由"铁扁担"把楼阁横空架起。专家们介绍说，从三官殿后面的石窟侧身探头向外仰望，会发现凌空的栈道只有数条立木和横木支撑着。这些横木又叫作"铁扁担"，是用当地的特产铁杉木加工成为方形的木梁，深深插进岩石里去的。据说，木梁用桐油浸过，所以不怕被白蚁咬，还有防腐作用。这正是古代修筑栈道的方法，悬空寺就是用类似修筑栈道的方法修建的，把阁楼的底座铺设在许多"铁扁担"上。与此同时，也有专家指出悬空寺之所以能够悬空，除了借助"铁扁担"之力以外，立木（即柱子）也立下了汗马功劳。这些立木，每一根儿的落点都经过精心计算，以保证能把整座悬空寺支撑起来。据说，有的木柱起承重作用；

有的是用来平衡楼阁的高低；有的要有一定重量加在上面，才能够发挥它的支撑作用，如果空无一物，它就无所借力而"身不由己"了。还有专家认为，悬空寺全寺40间殿阁，表面看上去支撑它们的是十几根儿碗口粗的木柱，其实有的木柱根本不受力，所以有人用"悬空寺，半天高，三根马尾空中吊"来形容悬空寺。而真正的重心撑在坚硬岩石里，利用力学原理半插飞梁为基。也就是在山崖上先开凿好窟窿，将粗大的飞梁插到这些窟窿里，这插到山里的一大半支撑着楼体，露在外面的一小半便是楼阁的"基石"。这样，看上去像是空中楼阁平地而起，实际上楼阁的重心在山体。悬空寺到底是怎样建造的，专家们各持己见，争论不休。

那么，悬空寺又为什么要建造在悬崖绝壁上呢？又是如何保存得如此完好呢？人们也是说法不一。有人说以前这里暴雨成灾，只好把寺建在悬崖上，悬空寺处于深山峡谷的一个小盆地内，全身悬挂于石崖中间，石崖顶峰突出部分好像一把伞，使古寺免受雨水冲刷。山下的洪水泛滥时，也免于被淹。也有人说以前这里是南去五台山、北往大同的交通要道，悬空寺建在这里，可以方便来往的信徒进香。而且浑河河水从寺前山脚下流过，当时常常暴雨成灾，河水泛滥，人们以为有金龙作祟，便想到建浮屠来镇压，于是就在这百丈悬崖上悬空修建了寺院。另外，也有人指出这里的山势好像一口挂起来的锅一样，中间凹了进去，而悬空寺恰好就建在锅底。这种有利的位置，不仅使得塞外凛冽的大风不能吹袭悬空寺，而且寺院前面的山峰又起了遮挡烈日的作用。在夏天的时候，悬空寺每天只有3个小时的日照时间，这也正是悬空寺为什么能够历经千多年风吹日晒，仍然牢牢地紧贴在峭壁上的重要原因之一。近些年有专家指出，悬空寺之所以历经千年而保存得如此完好，除上述原因外，也归功于它奇特的建

远观悬空寺，只见其惊险奇绝，正如晋北民谣所唱："悬空寺，半天高，三根儿马尾空中吊。"

造。悬空寺除一进寺门有一条长不及10米、宽不到3米的长方寺院可容数十人外，其余楼台殿阁尽由狭窄廊道和悬梯相连，游人只能鱼贯缓行，不会造成拥挤现象，这就大大减轻了游人对廊道和悬梯的压力。另外，也有专家认为悬空寺还有一个与众不同的特点，就是"三教合一"。在寺院北端的最高层，有座三教殿，我国佛、道、儒三大教派的释迦牟尼佛、老子、孔子端坐一殿。自古以来，各教派为赢得百姓崇信，各执己见，争论不休，故天下寺殿多是分立，而悬空寺却将三教融入一殿，实为罕见。而悬空寺内佛、道、儒三教兼有，历代朝野臣民对其都倍加爱护，这也是其完好无损的一个重要原因。

建造于绝壁上的悬空寺

远望悬空寺，其凌空欲飞，似雏燕展翅；近观，如雕似刻，镶嵌在万仞峭壁。"飞阁丹崖上，白云几度封。蜃楼疑海上，鸟道滑云中。"古代诗人用这样优美的诗句赞美悬空寺，并非夸张。唐朝大诗人李白游完悬空寺，大笔一挥，写下"壮观"二字。明代旅行家徐霞客当年游历到此，惊叹悬空寺为"天下巨观"。悬空寺以其独特的建筑风格和文化内涵吸引着古往今来的游人，那一个个至今尚未被世人解答的谜也给悬空寺增加了几分神秘。

小雁塔为何乍离乍合

清初著名学者贾汉复、王士祯等人记述了小雁塔的另一次裂合："荐福寺塔……十五级，嘉靖乙卯(1551年)地震裂为二，癸亥(1563年)地震复合无痕，亦一奇也。"这第二次的裂开，距王鹤刻字所记不到五年，经过了8年又第二次自然复合起来了。

清道光十八年(1838年)，钱咏在其著作《履园丛话》中又有这样的记载："西安府南十里有雁塔，嘉靖乙卯地震，塔裂为二，癸亥复震，塔合无痕。康熙辛未(1691年)塔又裂，辛丑复合，不知其理。"后

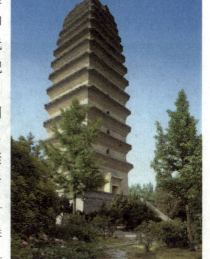

小雁塔
此塔里有一口重万余斤的金代大铁钟，钟声洪亮，"雁塔晨钟"为关中八景之一。

面记载的是前一次砖塔复合 128 年后小雁塔又一次裂开，再经 30 年后自然复合的第三次裂合事实。一个砖塔经过 6 次地震不倒塌，反而自然复合起来，确是一件令人难解的奇事。

小雁塔第四次裂开虽无具体时间记载，但是这是中华人民共和国成立后许多人共睹的事实，自顶至足有 1 尺多宽的裂口，后经西安市人民政府进行加固和整修，才恢复了原来的面貌。

小雁塔的自裂自合共有 3 次，这到底是怎样形成的呢？近年来有人推测，小雁塔的离合和西安地区地面裂缝儿的发展和消亡的机理是一样的，是地壳运动在不同物体上的不同表现，是一种"同质异相"，即地裂、塔裂、地合、塔合。一般裂开时要快速猛烈一些，容易被人们注意到。而合拢起来时则要缓慢得多，地壳在均衡的调整应力的作用下，会自动地缓缓合拢。由于合拢的速度小，所以一般不为人们注意到。

这种因地壳运动引起小雁塔的离合之说，还不能完全令人信服。因为除了小雁塔之外，西安地区在小雁塔发生离合的 3 次地震中，并没有其他自动离合的例子出现，为什么独独小雁塔会四离三合呢？也许当科学更发达的时候，小雁塔离合之谜就会被揭开了。

秦始皇陵兵马俑之谜

探索兵马俑坑

1974 年 3 月，在陕西省临潼县（今西安市临潼区）秦始皇陵东面 3 里的西杨村，几位农民在奋力打井的时候发现了一个陶制人头。农民们十分泄气，因为据说挖井挖到人头是一件很不吉利的事。于是，他们悄悄把人头埋好，又换了个地方继续挖井。可是，没想到同样的情况又发生了，这次他们挖出许多陶制的身体和手。农民们感觉蹊跷，于是他们迅速地报告了有关部门。有关部门立即派考古工作者展开钻探和发掘工作。当地表层被掘开时，神话般的奇迹就展现在人们面前。在 5 米多深的深坑内站满了身披铠甲、手持兵器威武健壮的武士俑和拖拉木制马车的陶马俑。这就是举世震惊的一号兵马俑。1976 年 6 月，第二号和第三号兵马俑坑又相继在一号俑坑的北侧 20 米处被发现。

秦始皇兵马俑共分 3 个坑，每个坑都是独立的一组建筑。这些建筑都是通过在地下挖坑的形式修建而成。

↗ **兵马俑阵　秦**
陕西省西安市临潼区秦兵马俑出土。

↗ **秦始皇陵外景**
位于陕西省西安市临潼区骊山，秦始皇即位后就开始在骊山营建陵墓，历时37年。骊山陵墓仿照都城皇宫的布局建成。在春秋战国时代，各诸侯国的国君陵墓开始出现高大的封冢，以显示墓主人的地位，并种植各种树木，树木的品种和数量也是身份的象征。

一号坑为步兵、车兵混合编组，坑四周是回廊，东西两端是守卫军队，南北两侧则排阵设防，中间9个过洞里，每个过洞四纵队组合，兵车相间，构成主体。二号坑在一号坑东端北侧20米的地方，总面积约6000余平方米，为步兵、车兵、骑兵混合编组。该坑平面布局较为复杂，分东、西两区。东区即"曲天"之首，东西长26.6米，南北宽38米，面积约1050平方米。东西两端各有一南北向长廊，中间是东西向过洞6条，洞、廊相通。全区陶俑分为跪射武士俑和步兵武士俑，这些武士俑均面向东方。西区共有14条过洞，其兵种主要是车兵和骑兵。三号坑位于一号坑西端北侧25米处，呈"凹"字形，东西长17.6米，南北宽21.4米，深5米左右，面积约520平方米。坑内有一辆绘满彩图的战车，车后有4件陶俑。正中两件，前为铠甲武士俑，后为武官俑。三号坑出土陶俑68件，地位十分重要，是秦俑坑的统帅部。

绝妙的陶塑艺术

那么，这些威武雄壮、栩栩如生的兵马俑究竟是怎样造出来的呢？这里还有一个传说。

据说，虽然拥有一个宏伟壮观、巨宝无数的陵墓，但秦始皇仍不满意。他向丞相李斯降旨，让李斯征集4000对儿童男童女准备为他殉葬。李斯想：营造陵墓、修筑长城已是民怨沸天了，如若再征集4000对儿童男童女以备殉葬，岂不是等于火上浇油。到那时百姓万一起兵造反，秦朝江山覆灭了不说，自己也难逃一死。想来想去，他想出了一个好办法。于是，他赶紧上奏秦始皇说："启奏皇帝陛下，臣李斯冒死直言，征人殉葬，必将引起骚动，不如以陶人陶马殉葬，以壮皇帝声威。"秦始皇听了十分高兴，让李斯立即征集能工巧匠到咸阳烧制陶俑。

↗ **秦始皇像**

那么，这些陶俑和陶马是如何制作出来的呢？从目前发掘的兵马俑来看，其制作方法是先制造出不同的模具，然后利用模具分别制造出不同的陶俑，再烧制而成。陶俑的头与身躯的连接部和俑臂与肩部的连接部有明显的接痕，说明这些部分是先单独制作出来的，然后，在烧制前，用泥条把各部分连成一个完整的陶俑，最后才进行烧制。足踏板是用单模制成，再粘接在陶俑脚下。俑的头、躯干、手臂中空，而脚、腿、手却是实心的。这说明当时制作时是自下而上，先做脚和腿，再用合模法制造躯干，最后再把各部分连接起来。最后，等胎干后，装窑火烧，出窑上彩。

陶马的制作比陶俑更为复杂细致，工艺水平更高。其制作方法是，先分别做出马的腿、躯干、头、颈、尾等，然后再把各部分套合粘接。连接后，再在初胎上涂一层细泥，雕塑刻画筋腱、肉褶纹、毛丝纹及马饰等。然后通体涂细泥一层，并打磨圆润光滑。

秦俑的造型，运用了模、塑、捏、堆、贴、刻、画七种传统的泥塑技法，把体、量、形、神、色、质等基本要素表现得淋漓尽致。秦俑不仅体态丰盈、生动逼真，而且其身上各部位都涂上了不同的色彩，显得更加活灵活现、栩栩如生。因此，有人称秦俑艺术是"三分雕塑，七分彩绘"。

享誉世界的伟大奇迹

众所周知，世界上有七大奇迹，它们分别是埃及金字塔、巴比伦空中花园、土耳其月亮女神庙、奥林匹克宙斯神像、罗德岛太阳神巨像、小亚细亚摩孛拉斯国王陵墓、

兵马俑阵 秦
陕西省西安市临潼区秦兵马俑出土。

埃及亚历山大灯塔。不过，除了埃及金字塔外，这些古迹都因地震、火山和战争等的破坏而永远地消失了。然而，当历史巨轮驶入20世纪后，世界上突然出现"第八大奇迹"，它就是享誉全球的秦始皇兵马俑。

1974年春，陕西临潼县发现秦兵马俑的消息一夜间传遍世界各地。不久，《美国国家地理》杂志便以《神奇的兵马俑》为题向世界各国介绍了秦兵马俑的情况。1976年5月，新加坡总理李光耀来到秦俑坑，他是第一个以外国国家元首的身份来参观兵马俑的。李光耀参观后，激动地说："这是世界的奇迹，民族的骄傲。"第一个提出秦兵马俑是世界第八大奇迹的说法的是法国前总统希拉克。1978年他参观秦兵马俑后，说："世界上原有七大奇迹，秦俑的发现可以说是第八大奇迹。

↗ **秦始皇陵兵马俑一号坑全景**
陕西省西安市临潼区，40多乘战车和6000余名军士按进可攻、退可守，随机应变的原则组成的高效常用的矩形军阵，首次让我们目睹了秦军威武雄壮的非凡风采。

不看金字塔不算真正到过埃及，不看秦俑不算真正到过中国。"1980年9月，新华社记者王光麟在《新民晚报》上发表了一篇题名为《参观世界第八大奇迹——秦始皇兵马俑博物馆巡礼》的文章。这是秦兵马俑第一次以"世界第八大奇迹"的称号出现在报纸上。

随着兵马俑在世界范围内的声誉越来越高，秦俑开始走出国门。在短短几年时间里，它们先后到过十几个国家的40多个城市去参加展出。据统计，在展出期间，参观秦俑的观众共达到1000多万人次。每到一处，都会引起该地区的轰动。

兵马俑的真正主人是谁

堪称"世界第八大奇迹"的秦朝兵马俑，自1974年重见天日以来，一直深深吸引着世界无数的专家学者慕名而来。人们无不为其宏伟的气势、精湛的陶制技术所折服。

那么，如此气势磅礴的兵马俑的主人是谁？修建如此大规模的兵马俑坑其目的究竟是什么呢？

一直以来，人们坚信这兵马俑的主人毋庸置疑，就是历史上赫赫有名的秦始皇。因为只有秦始皇才能有如此魄力修造这么大规模的兵马俑，也只有雄才大略的秦始皇才配得上建造这么气势非凡的兵马俑！

确实，作为中国第一位统一全国的封建帝王，秦始皇杰出的政治才能与军事才能是无与伦比的。所以，不少人认为，统一全国后，为了表彰军功，宣扬其统一大业，秦始皇就下令塑造了这些兵马俑，并使之面向东方，"以示秦始皇坐西向东，吞并六国，统一全国的决心和气魄"。不过，也有人认为兵马俑是秦始皇为自己建造的陵园建筑结构的一个组成部分，象征着驻扎在京城内外的军队。不过，还有人认为秦兵马俑坑并不是秦始皇的陪葬坑，不属于陵园的组成部分，它仅仅是一种具有纪念碑性质的建筑物。其目的也是为了显示皇威，宣扬战功。

以上观点虽有差异，但都是基于一点，那就是承认兵马俑的主人就是秦始皇。事实真是如此吗？史书上对秦始皇统一全国后的一举一动，包括收缴兵器、统一文字、修筑长城、建造陵墓等都记载得一清二楚，奇怪的是唯独对其建造兵马俑坑只字不提。这是否有悖常理？

有人于是大胆提出，秦兵马俑的主人并非秦始皇，而是秦始皇的祖母宣太后。宣太后曾经参与过秦国的朝政，权力很大。因为她是楚国人，所以她死后，他的儿子秦昭王就命人塑造了这些兵马俑，象征着护送队，护送宣太后重返故乡。这种看法也不是妄加揣测的，理由如下：

第一，秦兵马俑坑位于咸阳（今陕西西安）以东，面向东方。宣太后的故乡是东方的楚国。所以如果真是宣太后的护送队，那朝向的方向应该是正确的。

第二，据有关专家研究，秦兵马俑根本不具有战斗力！兵马俑坑虽然阵容强大，有马也有车，但其列队方式与战国时期的作战方式不符。据考证，在已发现的三个俑坑中，一号俑坑为右军，二号俑坑为左军，三号俑坑为指挥部，却唯独缺少最重要的中军。一直以来，人们是这样解释的，四号坑也许就是拟议中的中

跪射俑 秦
陕西省西安市临潼区出土。通过革新与变法，秦国拥有了比东方六国更为先进的经济制度，国家经济实力日益雄厚。同时秦还建立起一支强大的常备军，独立而剽悍的骑兵和雄视天下的锐利兵器，使秦军的战斗力远在其他六国之上。因此，秦能统一天下，乃是历史的必然。

代表地位的冠帽
皱纹深陷、胡须已长的中年将军
身高达到196厘米
身披鱼鳞铠甲
已被火烧去的、仅残存少量的彩绘
双重长襦
足蹬钩履，立于长方形方板上

将军陶俑 秦
陕西省西安市临潼区出土。此俑身材高大魁梧，面容坚毅稳重，形神俱备地展现出韬略满腹的大将风度。

军，之所以没有建成，是因为这时爆发了历史上著名的秦末农民起义，大部分修建陵墓的刑徒都被调去镇压起义军了，后来随着秦朝的覆亡，这项工程也就不了了之。如果兵马俑坑是宣太后的，问题就迎刃而解了。既然不是作战用的，当然就没有必要存在中军了。

第三，秦始皇统一全国后，为了让天下人手无寸铁、无法发动叛乱，曾收缴天下的兵器。这些兵器中很大部分都是铁制的。奇怪的是，兵马俑中发掘出来的兵器全是青铜器。以前只是认为既然兵马俑只是象征性的，就没有必要使用正式的新式武器，用已淘汰的青铜器就足够了。可是，我们想想，按秦始皇的个性，他会屈就吗？但如果是宣太后的护葬队，问题就另当别论了。宣太后死时铁制兵器比较少见，那时还普遍使用青铜武器，既然并非打仗，使用青铜器又有何不可？再说，即使有，那也是非常珍贵的，当时正值用兵之际，怎么可能大量花费在这里呢？

↗ **俑群 秦**
陕西省西安市临潼区秦
兵马俑二号坑出土。

↗ **陶马 秦**
陕西省西安市
临潼区出土。

第四，第三号坑内，也是三个坑中地位最重要的一个坑内，有鹿角及动物朽骨一堆。以前认为这是古代打仗前举行祭祀天地和祖先的仪式时遗留的迹象，是为祈求神灵保佑，并进行鼓动性誓师，称之为"祷战"。也许这根本就不是什么"祷战"，而是一个普通的殡葬仪式呢。

第五，关于秦始皇建造兵马俑，史书上没有任何记载，这也就反证了秦兵马俑的主人是宣太后而非秦始皇。即使不是宣太后的，至少也不能说是秦始皇的。

秦兵马俑的主人究竟是谁？秦始皇、宣太后，还是另有其人？谁也说不清楚。不过，在3个坑中，二号坑正在发掘中，在这个过程中能否发现新的证据，我们拭目以待。

谁焚烧了秦兵马俑

秦兵马俑距秦始皇陵1000多米，共有3个坑，总面积达2万多平方米。在一号坑北侧约20米处，还发现了一个未建成的兵马俑坑，即四号坑，有学者猜测它可能是计

↗ **彩绘陶俑 秦**
陕西省西安市临潼区秦兵马俑二号坑出土。彩绘陶俑因大火的焚烧失去了原来的色泽，大部分彩绘脱落。

划内要修的后勤部队俑坑，但也有人认为是象征中军的兵马俑坑。至于为什么突然停建，则很可能是秦末农民起义扰乱了修建计划。

可以看出，原来这些兵马俑是整齐有序地排列着的，但是，一号坑和二号坑的考古发掘现场却是一片残破的景象，一号坑的全部和二号坑的一部分有明显的因火焚烧而塌陷的痕迹。里面的兵马俑有的东倒西歪，有的身首异处，有的头破腹裂，有的臂断腿折。陶俑、陶马身上的彩绘经火焚烧后大都脱落，而坑上面架设的棚木、芦席、顶梁木等也都成了灰烬或者焦炭，坑周围到处是经过大火焚烧而成的赤红色的红烧土。如此景象不能不让人产生疑问：是谁焚烧了秦兵马俑坑呢？又是为什么要焚烧它呢？

对于这个难题，最流行的是"项羽、牧童焚毁说"。据《汉书》转引刘向的疏文："秦始皇帝葬于骊山之阿……天下苦其役而反之，骊山之作未成，而周章百万之师至其下矣。项籍燔其宫宇，往者咸见发掘。其后牧儿亡羊，羊入其凿，牧者持火照求羊，失火烧其臧椁。"其他史籍中也有不少类似的记载。所以，不少学者认为秦兵马俑就是项羽和牧童烧的。但是，也有人反对此说。他们认为，刘向之所以这样写，是为了谏阻汉成帝营建奢华的陵墓，这是一种援古讽今的方式，并不一定就是事实。何况，细细品味此文可以发现，文中仅提到项羽、牧童焚烧秦始皇的陵墓而并没有明确提出焚烧的就是秦兵马俑。事实上，纵观全文，刘向只字未提兵马俑。

由于在三号坑中发现有一堆动物骨骼朽迹和一段残缺不全的鹿角，说明了在秦代卜战仪式依然存在。再以古代丧葬制度和民俗学的资料为据，有人提出，秦兵马俑的火不是别人而正是秦人在陵墓建成之后自己放的。在古代以及一些少数民族的丧葬礼仪中，放一把火来烧毁祭葬物品和墓前某些建筑物是一种很常见的风俗，认为只有这样，死者才能够在阴间继续享受。不过，这种说法也有说不过去的地方。既然要烧，为什么只烧一号坑和二号坑，而独有三号坑幸免于难？就算是秦人自己放火烧的，那么从建成到焚烧的间隔时间应该不会太久，可奇怪的是，根据现场考古发掘来看，俑坑底下普遍都有二三十厘米厚的淤泥，这种淤泥层绝非是短时间内就能够积累出来的。这也说明了在秦朝灭亡之前兵马俑是安然无恙的。所以，这种"葬礼仪式自焚说"也是站不住脚的。

那么，秦兵马俑到底是怎么起火的，或者说究竟是被谁焚毁的？要解答这个难题，只能靠进一步的探索。

战车遗迹 秦
陕西省西安市临潼区秦兵马俑一号坑出土。近景处的战车遗迹可以清晰地看出大火烧后的草木灰痕迹。这让后人对当日的大火产生了无限遐想。

牵马陶俑 秦
通高186厘米，陕西省西安市临潼区秦兵马俑二号坑出土。从陶俑历尽沧桑的面部可以看出当时彩绘的层次与色泽。但大火已使他的面部斑斑驳驳。

考古未解之谜

敦煌莫高窟之谜

敦煌莫高窟的发展历程

敦煌坐落在甘肃河西走廊的西端、党河的绿洲上，是中国西部的一座边陲小城。汉武帝元狩二年（公元前121年），汉朝在那里设置了武威、酒泉二郡，酒泉郡下辖敦煌地区。10年后的汉武帝元鼎六年（公元前111年），汉朝又在此增设了张掖、敦煌二郡，这就是所谓的"河西四郡"。

前秦建元二年（366年）对敦煌来说是一个具有特殊意义的一年。据史志记载，敦煌的第一个石窟就开凿在这一年，其建造者是一个名叫乐僔的和尚。乐僔和尚师徒四人来到敦煌城东南的三危山下时，看见了三危山上的奇景：在夕阳照耀下，山峰发出灿灿金光，在乐僔的幻觉中，仿佛有千万个佛在金光中显现。虔诚的乐僔在三危山下顶礼膜拜，并立志要建造佛窟。他四处化缘，请来了一批工匠，在这沙漠的绿洲上开始了建造石窟的工程。

↗ 敦煌莫高窟

隋唐时期，敦煌莫高窟进入了全盛时代。隋王朝虽然在中国历史上的统治时间只有38年，但保留到现在的佛窟却有110个之多。在莫高窟现存的492个洞窟中，有一半以上建于唐代。安史之乱后，吐蕃乘机侵占河西走廊地区，统治敦煌长达70年。吐蕃也是一个信仰佛教的民族，莫高窟不仅没有因为统治者的改换而遭破坏，还增添了许多具有吐蕃风情的新窟。公元9世纪中叶，唐朝收复了河西走廊的东部。公元858年，敦煌世族张议潮领导河西走廊西部的人民起义，推翻了吐蕃贵族的统治，收复了敦煌及其附近地区，并遣使向唐朝报捷。不久，唐宣宗任命张议潮为归义军节度使，统领河西十一州之地。唐朝灭亡后，

↖ 西夏王供养像 西夏
甘肃省敦煌市莫高窟第409窟。党项族建立的西夏王朝也很崇佛，在莫高窟、安西千佛洞、榆林窟中都留有数量不少的西夏壁画及雕塑。

中国进入了五代时期。后唐同光元年（923 年），后唐任命曹义金担任归义军节度使。中原地区虽然动荡不安、军阀割据，但河西走廊地区在曹氏家族的治理下，却呈现出一片繁荣昌盛的景象，莫高窟的佛洞也在持续地开凿着。

后来，党项族建立的西夏控制了河西走廊一带，这个政权统治敦煌达 200 年之久，这一时期仅留下了为数不多的小规模石窟。1227 年，西夏被蒙古政权灭掉，蒙古族也是崇奉佛教的民族。在这一时期，元朝统治者在莫高窟又开凿了一些洞窟。1524 年，明朝政府封闭了肃州（今甘肃省酒泉市肃州区）西面的嘉峪关，敦煌和内地完全隔绝，莫高窟就在中原文明的发展中被遗落了。

敦煌的艺术

在 1000 余年的历史中，莫高窟的石窟在 10 多个朝代的众多统治者手中不断修缮、添新，也不断倾塌、毁损。总体来说，经历了以下几个阶段。

（1）初期。十六国时期是敦煌莫高窟石窟艺术的诞生期。公元 366 年，乐僔和尚在鸣沙山崖面上揭开了莫高窟艺术的第一页。这一时期的石窟内容以弥勒菩萨、禅定佛、说法佛为主要遗像。它们沉思俯视，垂悯下界，很具有时代特征。北魏时期是石窟艺术的大发展时期。公元 439 年，北魏灭北凉，统一河西地区，并设置敦煌镇。这一时期的主要窟型是有人字坡顶和中心塔柱的"塔庙"（或叫"支提"）窟，壁画内容除本生故事外，多以千佛为主要题材。西魏灭亡之后，北周统治敦煌 20 余年，其统治者宇文氏尊经重儒，宇文邕还曾经念佛，这使得敦煌的石窟艺术得到了很大的发展。现存北周时期的洞窟内容丰富，描写细腻，人物渲染艺术手法多样，在技巧上充满探索精神，为丰富石窟艺术的表达能力提供了许多有益的探索。

（2）鼎盛期。隋朝的两个皇帝隋文帝、隋炀帝都十分信佛，把佛教尊为国教。隋文帝杨坚还诏令全国凡破坏佛像者均以"恶逆论"，从而增加了石窟造像的威严，也使佛教迅速传播开来。唐贞观十六年（646 年），翟思远一家修

力士像 唐
甘肃省敦煌市莫高窟第 194 窟。唐代的莫高窟雕塑使力与美得到了绝妙的结合。

↗ 须摩提女请佛因缘图　北魏
甘肃省敦煌市莫高窟第 257 窟。北魏时期的壁画风格大致分两种：早期以西域画风为主，怪异稚拙；后期吸取南朝画风的精髓，潇洒高逸。此图仍以西域画风为主（特别是在设色及人物特征上），但已带有明显的南朝画风。图下部具有装饰性的山峦很容易使人联想到顾恺之的名画《洛神赋图》中的山峰。

造的今编第 220 窟建成，这是莫高窟艺术的一个里程碑。武则天时期，由于她笃信佛教，再加上不断对西域用兵，从上到下为佛教与石窟艺术的发展奠定了良好的社会基础，许多方面都超过了前代。从神龙元年（705 年）到建中二年（781 年）是盛唐时期，也是唐朝由盛转衰的时期。为了维持西北地区的安定，唐朝大大加强了河西的保卫力量，仅玉门、安西、敦煌三地就屯兵 1.45 万人。当时的将军、都护、军使出兵西域，都带着许多文士、诗人、歌童、舞女、医人、星相术士、画匠、织工等各类随军服务人员。于是，内地的新画风、新技法在莫高窟有了直接的体现。莫高窟的中唐时期称为吐蕃时代。吐蕃时代壁画塑像在精致细腻方面是盛唐艺术的发展，笔墨精

湛，线描造型的准确、生动都应是唐代艺术向深度发展所取得的成就。晚唐开凿的莫高窟石窟现存 60 个，在形式和内容上较吐蕃时代有一些差异。首先，出现了大幅的《劳度叉斗圣变》，这是沙州民众推翻吐蕃统治喜悦心情的直接反映。其次，《维摩诘经变》中吐蕃赞普的形象从壁画中消失。最后，经变中以汉族世家豪族的夫人子女代替了蕃装人物，给人耳目一新的感觉。

（3）衰落期。五代时期莫高窟的艺术风格是晚唐的继续。五代的壁画比较粗犷，特别重视笔、墨、色彩的结合效果，

↖ 供养菩萨图　唐
甘肃省敦煌市莫高窟第 321 窟。唐代的飞天几乎成为莫高窟艺术的代表。这幅壁画中，供养菩萨上方的飞天衣袂飘然，动感十足。

所谓"焦墨其中略施微染"的画法被广泛应用。西夏在莫高窟的早期做法是改修前代洞窟，其画风受甘州和西州回鹘画风影响较大，壁画上的人物造型和装饰纹样，与伯孜克里克石窟的壁画十分相像。元朝统治者也笃信佛教，当时全国比较流行萨迦派的金刚乘。因此，莫高窟现存的元朝石窟几乎都属于风格迥异的金刚乘藏密画派。明朝推翻元朝的统治后，封闭了甘肃酒泉西面的嘉峪关，繁荣近1200年的敦煌莫高窟艺术宣告结束。

敦煌莫高窟是我国古代佛教文化的集大成者，是一座举世无双的佛学宝库。按其艺术形式可将敦煌莫高窟艺术分为彩塑壁画和佛教典籍两大部分。莫高窟前后历时1000多年，保留下来的彩塑多达2400多尊，皆出自历代能工巧匠之手，风格多样，千

↗ 弥勒经变图 唐
甘肃省敦煌市莫高窟第148窟。这幅构图严谨、层次分明、赋色浓丽的图画是盛唐时期最大的弥勒经变图。这幅弥勒经变图的上部建筑可视为唐代真实建筑的一种反映，而精神上要表现的是兜率陀天宫。弥勒菩萨在宫内说法，回廊外天女"执众乐器，竞起歌舞"；人物众多，气势磅礴。

菩萨像 西夏

甘肃省安西县东千佛洞第2窟。敦煌石窟是敦煌莫高窟、西千佛洞、安西榆林窟、东千佛洞、水峡口下洞子石窟、肃北五个庙石窟、一个庙石窟、玉门昌马石窟的总称。这些石窟开凿时代、造像、绘画作风大体相同。此图是西夏时期的壁画。西夏由于崇奉佛教，敬佛供僧之风很浓，境内大兴庙宇、扩建石窟，在敦煌莫高窟、安西榆林窟、旱峡石窟、肃北五个庙、酒泉文殊山、永昌圣容寺和武威天梯山等石窟都留有西夏作品。菩萨美妙的形呈s形，一手举过头部捻动手指，一手下垂提净瓶，一腿微屈，形成了柔和的人体轮廓，带有印度笈多艺术的影子。

姿百态，所以它不失为我国最大、最系统、最为珍贵的一份雕塑遗产。

莫高窟最早的彩塑是十六国时期塑造的，其表现题材比较简单，人物形象带有一些印度人的味道，塑造手法也存在石雕的痕迹，没有充分发挥泥塑特有的自由伸展的性能。隋朝时候，彩塑的形式开始有了明显变化。佛与菩萨由北魏以来的"秀骨清像"变得雍容厚重。唐朝是莫高窟彩塑的极盛时代，艺术家们充分发挥他们的艺术天赋，创造出了丰富多彩、风格迥异的艺术造型，并使塑像更接近写实，使佛与菩萨世俗化，并最终成功地打破了"神"与"人"的界限，使莫高窟艺术更接近生活。

莫高窟壁画的总面积达4.5万平方米。它所反映的范围虽然没有包罗佛教所有的经典内容，但几乎涉及了佛教经典的各部类宗派历史。莫高窟的壁画内容按其性质大体上可分为经变、说法图、民族传统神话题材、供养人像、图案装饰等5大类，其中内容最多的是经变。经变就是佛经故事画，画这种壁画的目的就是向人们灌输佛教思想。它们描绘的内容都是庄严简洁、没有污浊烦恼的西方极乐世界。壁画构图一般都很严谨，描写细腻。说法图是供养者供养礼拜的形象。北魏晚期的说法图，场面宏大，人物众多。中间的佛庄严神圣，两侧的菩萨却生动活

泼、绰约多姿。他们有的交头接耳、窃窃私语，有的手舞足蹈、翩翩而起，有的虔诚献花，有的挽臂游戏，已冲淡了宗教法堂的庄严气氛，增添了浓厚的人间情趣。隋朝时，壁画内容发生了很大变化，说法图已减少，单身菩萨增多。这时期把菩萨画得都很美，几乎不再受西域影响，其着俗装，衣饰华丽，不受固定仪型束缚，和现实世界中的人物很接近。唐朝时说法图已经退到一些次要的、不引人注意的地方，但这一时期的壁画达到了最高水平。供养人像也叫宗教"功德像"，是当时造窟人或参与造窟的人的肖像。装饰图案主要绘于藻井，还有的画在龛楣、橼间和主体画的边上，它没有

↗ 飞天像 唐
纵 95 厘米，横 153 厘米，甘肃省敦煌市莫高窟第 158 窟。

太大的意义，主要是起装饰作用。这时期的各式图案明显受到西域的影响，有劲健和美妍之风，尤其是莲瓣式的龛楣，组织得更为精巧富丽。

发现藏经洞

现在敦煌被人们关注不是因为其悠久的历史，也不是因为辉煌的过去，而是因为莫高窟艺术宝库的发现，因为莫高窟藏经洞的发现。

一个世纪前的中国，正处在日渐衰弱的清朝末年，偌大一个莫高窟艺术宝库由一个云游而来的道士看管起来。这个道士就是那个一提起便让人切齿的"王道士"。王圆箓，原是湖北麻城的农民，因麻城连年旱荒，生活无着，他便逃到肃州（今甘肃酒泉），做了一名边防军卒。退伍后无事可做，就当了道士。王道士云游到莫高窟后，就在今天的第 143 号窟居住下来。此时，敦煌寺院诵的是番经，唯独王圆箓能诵道经，且说汉语。因此，当地人大都请他礼忏，他的生活状况得到了明显改善。

王道士有了些钱后，为积功德，聘请人改造佛窟。1900 年 5 月 26 日，王圆箓早早起来，他要清扫莫高窟北端七佛殿下第 16 号石窟甬道中的积沙。他把这个 7 米长的甬道内的积沙清除掉后，甬道两

◤ 菩萨像 唐
高 274 厘米，甘肃省敦煌市莫高窟第 196 窟。这尊菩萨形体硕大，姿态洒落，颇有气魄，做"游戏坐"式，毫无娇弱柔媚之感；一手放在膝部，头微倾，似在"澄心静虑"。他的躯体体现了"非男非女"的特质，饱满丰硕，既有男性的雄健魁岸，又有女性的刚柔婉丽，透露着旺盛精力和蓬勃的生机。根据此窟题记推断，此窟建成于大顺二年（891 年）前后，此像也应在此年前后建成。

壁露出了宋代人画的菩萨像，虽然画工并不精细，但保存得相当完好。王圆箓漫不经心地观瞧着墙上的壁画。这时，甬道的北壁忽然产生了一声巨响，墙上裂出一道缝隙。他吃了一惊，赶紧凑上前去，用旱烟管在裂了缝儿的墙壁上敲了几下。

结果让王圆箓吃惊不已，墙壁竟然是空的！王圆箓心里一阵激动，料想其中必藏有宝物。王道士轻描淡写地打发走了雇佣的人，耐着性子等到晚上，便悄悄地去打开了这道伪装的窟壁，找到了用泥封着的洞口。

王圆箓打开了这个洞口，一扇紧闭的小门出现了。他打开小门，里面是一个黝黑的高约160厘米，宽约270厘米，略带长方形的复室，室中堆满了数不清的经卷、文书、绣画、法器等。王道士感到不知所措，他取出几份经卷，一路小跑来到县衙，送给县长汪宗翰。汪宗翰见多识广，知道这些古物的价值，便仗势向王道士索要了一批画像和写本。甘肃学台叶宗炽通过汪宗翰，也得到了不少藏经洞的藏品，其中有宋乾德六年（968年）的水月观音像。他建议藩台衙门把这批文物运到省城来保存。昏聩的清政府觉得花高昂的路费运送这些"废纸"根本不值得，便没有采纳这项建议，只是发出了一纸命令，让王圆箓封起藏经洞，从此就不再过问了。

菩萨像 唐
纵172.5厘米，横18厘米，甘肃省敦煌市莫高窟藏经洞出土，英国伦敦市大英博物馆藏。这幅带幡的菩萨像是当时信佛者的还愿作品中的代表作，同时也是保存最完好的幡画。菩萨手拿一个有波纹的玻璃碗，碗中盛有一朵莲花，波纹碗是从波斯输入的。这件敦煌莫高窟藏经洞的精美绢画是英国的斯坦因在20世纪初从中国窃走的。

宝藏重现后的风波

1900年5月26日，道士王圆箓的发现使已经十分荒凉的敦煌再次成为世人瞩目的焦点，许多"学者"慕名而来。

盗取莫高窟宝藏的始作俑者是俄国的勃奥鲁列夫。1905年，当他听说敦煌石室发现古代经卷写本，便于当年10月到了敦煌，以少量的俄国商品作为交换，从王圆箓手中骗去一大批珍贵的文书经卷。勃奥鲁列夫将经卷带回国后，对此秘而不宣，直到1963年世人才知道这一情况。

继勃奥鲁列夫之后来到敦煌的是斯

树下说法图 唐

纵139厘米,横101.7厘米,甘肃省敦煌市莫高窟藏经洞出土,英国伦敦市大英博物馆藏。这幅保存良好的绢画是敦煌藏经洞中发现的绘画作品里年代最早的一件,大约是7世纪前叶的作品。整幅画的构图与敦煌103窟等初唐洞窟最为接近(从隋代的一佛二菩萨的图样发展而来);人物嘴唇的样式与唐神龙二年(706年)的永泰公主墓壁画一致;女供养人的发型和高胸衣服是从隋代到初唐期间极为流行的样式;灵芝形的云朵也是初唐的样式。本图对体积、透视和空间的关注,可以看出初唐时期由于政治、军事的强盛,与西域交通的顺畅对艺术也产生了相当大的影响。

坦因。他对于中国文化并没有什么认识,然而凭着冒险家追寻宝藏的本能,一听到这个消息便匆忙赶到中国,带着一个姓蒋的助手直奔敦煌,想办法结识王道士。

斯坦因想用金钱从王圆箓手中收买经卷,王道士看着斯坦因手中白花花的银子,虽然十分眼馋,但还不足以消除他对神灵及官衙的畏惧,斯坦因想用金钱收买的计划落空了。斯坦因常常光顾王圆箓住的洞窟,千方百计讨好王圆箓,想弄到宝物。一天,他忽然对王道士住处的壁画发生了兴趣,感到自己似乎找到了攻关的钥匙。原来,王道士住进这个佛窟后,剥去了原来的壁画,请人在上面重新画上唐僧西天取经的故事。斯坦因便决定由此突破。

其实,斯坦因对玄奘事迹知道得并不多,他多方查找资料。经过准备之后,便和王道士淡起唐僧及其西游来。他装出一副对玄奘无比崇敬的神情,而且还说自己循着玄奘的足迹,历尽千难万险,从印度穿越峻岭大漠才来到了敦煌。他说得天花乱坠,让王圆箓对他无比崇拜。

深夜,王圆箓终于再次打开了密室的门,拿出一些经卷写本给这位"司大人"看。第二天,王道士又答应了斯坦因的请求,把他引进了密室。斯坦因首次获准进入藏经洞密室,初睹其中所藏丰富文物,简直目瞪口呆。他看见那小小密室里的物品,虽然不是井井有条,却是前所未见的经文卷帙。暗淡的油灯照明下,密密麻麻,一包包的手抄本堆在那里,几乎有3米高,后来经过测量,知道这密室容积近14立方米,几乎满是手抄本和书卷,密室内只留下仅能容两人站立的空间。

从那以后,王圆箓对这位洋大人放松了警惕,任由他进出密室,为所欲为。看到

王圆箓像 1908年　　　敦煌藏经洞藏品 1908年

时机成熟，斯坦因告诉王圆箓说有成捆藏品要暂时拿出来做学术研究，而这样做绝非亵圣，因为抄本、书卷让诚心向道的人鉴赏等同宣扬佛法，功德无量。斯坦因还不断捐一点儿钱资助重修寺院，而且从来不提购买经卷的事，让贪心的王圆箓十分欢喜。斯坦因一边讨好王圆箓，一边利用中国助手屡次乘夜窃取大捆的珍贵文物背到营房。最后，这个以寻宝有功而被英国皇室封为爵士的家伙，共弄到24箱稀世奇珍，共计3000多卷经籍，另外5箱装着满满的绢帛以及200多幅经书。

斯坦因盗宝成功的消息，极大地刺激了其他帝国主义者的贪欲，他们争相派"考察队"前往敦煌。

1908年，法国汉学家伯希和也来到了莫高窟，他凭着对中国文化的研究，在斯坦因没有挑走的经卷中挑走了更珍贵的6000多卷写本和一些画卷，装满了10辆大车，几经辗转运到巴黎。他还给带不走的塑像和壁画拍了照片，印出了6大本，名为《敦煌千佛洞壁画集》，又把洞窟编了号码。他还拿着极少的一部分汉文写本来到北京炫耀，他的行为引起了爱国学者的极大愤慨。1909年，北京学部才正式发布文告，并拨款到甘肃，命令敦煌县令陈泽把千佛洞所剩的古写本全部运到北京。然而这批宝贵的文化遗产在启运到京的途中被各地官吏层层盗窃，又因此受到很大损失。这批文物

伯希和调查藏经洞 1908年
1908年，他在敦煌以非法手段从莫高窟藏经洞弄走了大批经卷及画卷。

全部运到北京后只剩下 8697 卷了，经整理后保存在京师图书馆。

1911 年 10 月，日本人吉川小一郎和橘瑞超率领大谷光瑞探险队也赶到敦煌，从王道士手中骗得古写本经卷四五百卷和两尊精美的唐代塑像。

1914 年，斯坦因又来到中国，用 500 两银子从他的"旧友"王圆箓手中"买"走了 600 多卷古写本经卷。至此，他共骗得织绣品 150 多方，绘画 500 多幅，还有图书、经卷、印本、写本共 6500 多卷，成为敦煌艺术宝藏的第一盗匪。同年，俄国人鄂登堡也来到敦煌，盗走了不少文物和塑像，还剥去了一些壁画。

1924 年，美国人华尔纳匆匆来到敦煌，他用事先准备好的特殊化学胶布剥离盗走 26 方唐朝洞窟中的壁画，还窃取了几尊唐代塑像，这些东西现在收藏在美国哈佛大学的福格艺术博物馆和波士顿博物馆。

帝国主义分子掠夺的敦煌莫高窟文物数量十分惊人，仅北魏到北宋的古写本就有 2 万多卷。内容包括佛经、道经、摩尼经、诗赋词曲、小说、方志、信札、户籍、账簿、借贷契约、历书、医书等。除此之外，还有绘画、织绣等工艺美术品 1000 多件，其中有一件唐咸通九年（868 年）的一卷刻本经卷，卷头有一幅"佛说法图"，是世界上最古老的一件雕版印刷品，也是被盗文物中最珍贵的一种。

敦煌莫高窟的文物被劫掠后，莫高窟也随之名扬世界，国内外学者们从各种专门学科的角度，对以敦煌为研究对象的学术领域进行深入的研究，形成了独特的"敦煌学"。

谁封藏了藏经洞

敦煌藏经洞经卷的发现，对人们研究历史、文化、佛教等都产生了深远的影响。当然，如同许多其他宝藏被发现一样，围绕敦煌经卷的谜团也随之而来——如此丰富的经卷是

→菩萨头像 唐
甘肃省敦煌市莫高窟出土，日本 hermitage 美术馆藏。

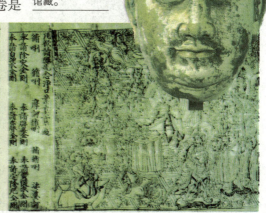

↗《金刚波罗蜜经》唐
出于甘肃省敦煌市莫高窟藏经洞。1900年发现于敦煌藏经洞的雕版印刷品《金刚波罗蜜经》，为卷轴装，刻印精良，印品完整，并有"咸通九年（868年）四月十五日王玠为二亲敬造普施"字样，为雕版印刷术成熟之作。

↗ 金刚力士像 唐

被谁封藏起来的？封藏这批经卷又是出于何种目的？这些问题从所藏经卷被发现到现在，一直悬而未解。有人认为，敦煌各寺院把没有用途的书卷集中在一个洞窟中，形成了藏经洞，这种说法被称为"废弃说"。

主张"废弃说"的代表学者是盗取敦煌文物的第一大盗匪——斯坦因。日本学者藤枝晃也主张"废弃说"，他认为废弃的原因是随着中国印刷术的发明，印刷的佛经取代了卷轴装的佛经；图书馆的重新布置导致了原来的卷轴佛典遭到废弃，时间是在1002年以后不久。

有人对此提出了不同意见，认为洞中的经卷是因为躲避战乱而有目的地藏起来的。主张"避难说"的代表人是另一位盗取敦煌文物的"名流"——法国汉学家伯希和。伯希和认为唐代发生了"安史之乱"以后，驻扎在敦煌的军队被调入内地平定叛乱，吐蕃人乘机占领了敦煌，这一时期史书上称为吐蕃占领时期。1068年，党项族在敦煌建立了西夏政权的统治。藏经洞中的藏品却没有西夏文书，而且藏品的堆放也没有一定的顺序和分类，所以伯希和认为在第一次党项攻打敦煌时，为避免兵灾，当时僧人匆忙将这些东西堆入洞中，封了起来。中国有的学者也主张"避难说"，但他们认为经卷的收藏并不是发生在党项族攻打敦煌的时候。有些中国学者认为北宋绍圣年

↗ 说法图 唐
出于甘肃省敦煌市莫高窟。这幅说法图是莫高窟唐代壁画中最精美的作品之一。图中的空白是1924年被美国人华尔纳粘走所留下的痕迹。上方的四身飞天是这一题材中最具代表性的佳作之一，飞天相向对称，气韵相通，各具神韵，前呼后应。飞天扬散花朵飘然而下，祥云缭绕虚空，画面造型、动感和意境都达到了极佳的水平。左面作为说法图局部的菩萨像被华尔纳粘走，现已流落海外。

↗ **报恩成道经 唐**

纵25厘米，横460.5厘米，甘肃省敦煌市莫高窟藏经洞出土，北京市故宫博物院藏。《报恩成道经》，全称《原始洞真慈善孝子报恩成道经》，共32册。所见的是第一卷，款署："天宝十二载（753年）六月二日 白鹤观为皇帝敬写。"白鹤观是一位为皇帝抄写道经的经生。除本卷外，敦煌写经中还收有白鹤观抄写的另两部经卷，即《太上大道玉清经卷二》《太上业报经缘经卷》。这三件道经作品纪年均是天宝十二载，并且全是为皇帝而写，时间在五月至六月间。《报恩成道经》是敦煌藏经洞劫后所余的作品，书写严整娴熟，点画方峻严切，碑味十足。

间（1094～1097），黑汗王朝向北宋提出攻打西夏的请求，得到了北宋王朝的回应。当地僧人为了防止佛教典籍在战火中毁灭，主动采取了保护措施，将经典汇集一处，藏入洞中，并在外面画上壁画，进行了精心伪装。

究竟藏经洞中的经书是谁藏的、什么时候藏的，还是被抛弃的，至今还没得到完满的解答，仍是个未解之谜。

北京古城墙为何独缺一角

《诗经·商颂》云："商邑翼翼，四方之极。"可见古代筑城时就有了城墙。

封建社会后期建筑时期最长、工程量最大的城是北京城。它最初称为元大都，城方六十里，十一门，至元四年（1267年）始用夯土版筑。今天北三环路北还有土城遗址。《光绪顺天府志》说，北京城雉堞一万一千三十八，炮窗二千一百有八。内城周长约四十里。墙高三丈五尺五寸，围栏高五尺八寸，通高四丈一尺三寸。明洪武、永乐年间都重修加固城垣。宣德九年（1434年），以五城神机营军工和民夫修城垣。这时才把城垣外壁包上砖。正统元年（1436年）到四年才建成九门城楼和桥闸、月城

↗ **京师生春示意图 清 徐扬**

纵255厘米，横233.8厘米，北京市故宫博物院藏。作于清乾隆三十二年（1767年）的这幅图画带有相当明显的欧洲风格，从正阳门外大街画起，紫禁城、景山、西苑、环岛皆在一幅之内。从这幅图中可以发现北京城西北角的建制。

（平常叫瓮城）和箭楼等。城垣内壁也包上砖。各城门外立牌楼，内城四隅各立角楼。城外挖壕建石桥。嘉靖年间又在南边增修了 27 里的外城。修建北京城一直是"皇极用建，永固金汤"的大事。

全城以前门至地安门为中轴，正南正北，整齐如划。从 1972 年和 1975 年美国发射的两颗地球资源卫星在北京上方 900 多千米的高空拍摄的卫星照片上看，最为清晰的就数明代修建的内城城墙了。一般说来，城墙应修筑成方形的，我国的一些古城大都如此。可是北京内城城垣的西北角却不呈直角，城墙到了这里，却成了东北—西南走向的。这究竟是为什么呢？

长期以来，存在几种不同的说法。

第一种说法是，从地形上分析，这是因为元时大都的北城墙，在现今德胜门和安定门以北 5 里处，至今遗迹犹存。它的西北角并无异常，是呈直角的。明代重修北京城，为了便于防守，放弃了北部城区，在原城墙南五里处另筑新墙。新筑的北城墙西段穿过旧日积水潭最狭窄的地方，然后转向西南，把积水潭的西端隔在城外，于是西北角就成了一个斜角。明初时，积水潭的水远比现在要深得多，面积也大得多。为了城墙的坚固和建筑的需要，城墙依地形而呈抹角是合乎情理的，所以这种观点被很多人所接受。

第二种说法是，从国外卫星影像分析，北京城西北角既有直角墙基的影像，又有斜角的墙基影像。这两道墙基的夹角为 35°～36°，正东正西墙基线正位于元代海子西北端北岸附近，和东段城墙在同一纬线上，这说明这里确实曾修过城墙。可是为什么没有修成呢？通过卫星影像还可以看到，从车公庄到德外大街有一条地层断裂带，正好经过城的西北角与那段直角边斜向相交。现在的北京城是明朝永乐年间修建的，建城时北京城四角都是直角。但明清两代，北京及其附近地区经常发生强烈地震，每次地震，北京城西北角从西直门到新街口外这段城墙都要倒塌，虽经多次重修，但无论建得怎样坚固，总是被地震震塌。经风水先生察看，原来地下地基不牢，可能有活断层。皇帝陛下不得不屈服于地震的威力，决定将西北角的城墙向里缩小一块，避开不稳定地段。以后北京地区又经历几次地震，但城墙再没有倒塌。这就是为什么古城墙缺一个角的原因。

第三种说法是，北京城处处的设计都有含义，其中不修全可能是因为上天的暗示。如紫禁城这个名字取自紫微星垣，紫微星垣系指以北极星为中心的星群。古人认为紫微星垣乃是天帝的居所，而群星拱卫之。所以自汉以来皇宫常被喻为紫微。为佐证这个说法，紫禁城内特意设有 7 颗赤金顶（分别是五凤

↗ 角楼 清
高26.5米，北京市。

↗明代北京市街图

楼 4 颗，中和殿、交泰殿、钦安殿各 1 颗），喻北斗七星。有七星在此，谁能说不是天
上宫阙？所以北京城墙缺一角必然有什么含义。其中就有这么一个故事，在明朝初年，
燕王修建北京城，命手下的两个军师刘伯温和姚广孝设计北京城的图样。他们俩在设
计的时候，不知为什么眼前都出现了哪吒的模样，他们很害怕，哪吒说：不用害怕，
我是上天派来的，告诉你们要如何建造都城，你们按我手中的图建造吧。于是两个人
就都各自照着画了。姚广孝画到最后，吹来了一阵风，把哪吒衣襟掀起了一块，他也
就随手画了下来。后来建城的时候，燕王下令：东城照刘伯温画的图建，西城照姚广
孝画的图建。姚广孝画的被风吹起的衣襟，正好是城西北角从德胜门到西直门往里斜
的那一块，所以至今那里还缺着一个角呢！

　　北京城墙缺少一角是因为上面哪个原因，或者都不是，不得而知。

消逝的璀璨文明

"北京人"失踪谜案

北京人遗址位于北京西南约 50 千米的房山区周口店村西部的龙骨山上。远在 60 万年前，古人类就生活在这里，在这片土地上留下了他们的印迹。他们创造了旧石器文化，至今还能找到他们使用过的工具。1987 年还被联合国列入"世界自然与文化遗产"名录中。可惜的是，时至今日，北京人化石还下落不明，成为一大谜案。"北京人"究竟到哪里去了？

1929 年 12 月 2 日下午，考古工作者在经过漫长的期待和挖掘后，终于得到了一个完好的古人类头盖骨化石，这是一个震惊中外的发现。随后，经过多次发掘得到的头骨有 5 个，下颌骨有 15 个，牙齿有 150 余枚以及少量的肢骨，这些人骨化石分属于几十个不同的个体。此外，还掘得 7 万余件石器，虽然都是些非常粗糙的打制石器，往往就是原始人抓起石头一摔，摔出的几瓣有锋利边缘的石头，这些石头就称为打制石器。

北京人化石发掘出来后一直存放在北京协和医院的地下冷藏库中。但是，1937 年日本发动全面侵华战争。外国考古专家呼吁决不能让北京人化石落入日本人手里，而日本人早就想把化石据为己有。于是，国民政府就和美国达成一致意见，把化石运往美国保存，战事结束后再运回中国。时间一直拖延到了珍珠港事件前期，北京猿人化石才从协和医院调出并装箱运往美国大使馆，而后由美军军舰运输完成此项任务。然而，不幸的是，军舰在途中竟然撞上了暗礁，沉没于海底。后来日军在秦皇岛找到了运送存放猿人的箱子，不过，令人惊奇的是箱子竟然是空

↗ **周口店全景**
位于北京市房山区，因 20 世纪 20 年代出土了较为完整的北京人化石而闻名于世，成为古人类研究史上的里程碑。在周口店发掘出的大量人类化石，为研究人类早期的生物学演化及早期文化的发展提供了实物依据。

的。为什么会是空的，化石哪儿去了？一直到现在都没有找到。

有人说，肯定是早被日本人夺去并暗地藏起来，对外便说失踪了。考古学家们因此念念不忘，有人多次到日本探查化石的下落，不过却毫无所获，也许是因为私人的暗访受太多的局限。战后，日本成为战败国，被美军控制，美国于是也在日本寻找，最后也无果而终。化石藏于日本的可能性很大，但为何至今没有任何消息，日本人难道会把化石埋到地下？

第二种说法是被美国人得到了。据说美国人早就知道日本对此也有非分之想，于是先一步做了手脚，然后就栽赃日本人。美国人有充分的时间和极佳的机会进行偷梁换柱。"北京人"装箱后就运往美国大使馆，等待军舰来运输，这期间美国人搬出真正的化石隐藏起来或另外秘密运到美国，用一个空箱子诱惑日本人去抢，最后是顺理成章的"北京人失踪了"。还有一说与美国有关的是，最终美国人也没有得到，而是沉入海底了。美国人偷梁换柱，得到化石后暗暗装上了"哈里逊"号游船，而此船也没有成功抵达，在太平洋中遭袭遇难，永远沉入海底。

↗ 北京人背鹿像（模型）

第三种说法是"北京人"最终不是落入哪个政府手里，而是被个人得到了。仔细推敲，为何多方探寻至今无果，所以此种说法是除了最惨的沉入太平洋一说以外，最有可能的一个。只有被个人得到秘密隐藏才会如此杳无音信，而政府得到肯定会加以研究利用，会透露出消息的。很多人都怀疑，可能被文物贩子、江洋大盗偷了。然而无奈的是，北京人化石从此就没现过身，也没有任何线索。

也许哪一天北京人化石会突然出现，也许将再也看不到它们，这个谜案何时能解开呢？我们都期待国宝重现的那一天。

龙山文化能证明炎帝黄帝战蚩尤一事吗

中华民族是龙的传人，又自称炎黄子孙，这是从何而来的呢？传说上古在黄河流域有个强大的部落联盟，其首领分别为黄帝和炎帝。黄帝姓公孙，名轩辕。蚩尤也是个部落首领，长有四只眼睛、三双手，而且还是铜头铁额，吃沙石为生，不过他不像别的部落首领那样臣服于黄帝和炎帝，而且兴师作乱，于是炎黄联军便与蚩尤不断地发生战争。最后一战，据《山海经》记载，蚩尤请了掌管刮风和降雨的神仙"风

伯""雨师"前来助战，掀起了狂风暴雨扑向炎黄联军，同时又作大雾令炎黄联军不辨方向。这时黄帝也请来天上的女神，请女神止住风雨，做指南车以别四方，最后擒杀了蚩尤。

这段传说太神奇了，神奇得让人难以置信，所以有人说黄帝、炎帝、蚩尤是传说中的人物，不可靠，即使有，也可能只是一个部落的名称。有人说"黄帝他们原本就无其人，无其说"，一句话就否定了古代史书的记载。还有人热衷于从远古神话角度把黄帝等描述成非常怪异的形象。

↗ 黄帝像

那么，炎帝、黄帝、蚩尤等是人还是神，炎黄战蚩尤一事是真的吗？史书记载纷繁复杂，无法说清楚。如果有考古发掘的遗址来证明才最有说服力。

1928年，在山东章丘县龙山镇城子崖首次发现一处遗址，据考察时间为公元前二十几世纪。而后在山东境内和河南、陕西都发现众多类似的遗存，考古学界命名为龙山文化。龙山文化，泛指黄河流域中下游地区相当于新石器时代晚期的文化遗存，也有称为金石并用时代的。其命名缘由，是从首次发现地而来的。龙山文化内涵丰富，主要分布在山东境内，年代约为公元前2500年～前2000年；河南龙山文化，年代为公元前2600年～前2000年；陕西龙山文化，年代为公元前2300年～前2000年。其共性是：以农业经济为主，石器、骨器、陶器等手工业有了一定的发展，在某些遗址发现了铜器。揭开了青铜文化的序幕。

↗ 玉斧 龙山文化

有人说龙山文化能证明炎帝、黄帝战蚩尤一事。我们对于商代以前的社会状况，因为没有文字记载，了解很有限，基本上依据的是后人口耳相传的言说，没有确证。所以首先要按人类社会的发展规律，说明传说中炎帝、黄帝所处的历史时期，是否有可能发生这样的事件。根据人类学、历史学的研究结论，人们在原始社会早期，不可能发生战争。人类社会的发展过程，首先由猿变成人，经过漫长的年代学会制造和使用工具，且这方面能力不断提高，从而人们的生活得到改善，不用过茹毛饮血、食不果腹的日子，于是人口迅速增加，社会组织发展起来，最早产生的形式是动物式的群落，而后变为有血缘关系的部落。发生战争的前提是有大量剩余产品的出现，于是氏族首领就可能利用特权占有多余

↗ 黄帝战蚩尤图

的产品，产生贫富分化。不同的氏族、不同的部落间也可以通过战争掠夺其他部落的剩余产品，而且战俘在初期是全部杀掉的，后来认识到可以强迫战俘劳动，这就是最早的奴隶起源。

龙山文化能否证明哪个时期我们的祖先有可能爆发大规模战争？据学者研究，龙

内壁打磨光滑，施有黑地陶衣，然后用朱红色绘出蟠龙纹，龙的尾部已漫漶不清。整个龙的造型由盘的形状决定，这种手法在此后的历朝历代都得到发扬并传承至今。商代的青铜器中往往可以发现与此盘异曲同工的作品。

这个盘出土于具有典型龙山文化特征的山西省陶寺遗址的贵族墓中，代表了龙山文化中晚期的社会水平及艺术水准。此外，从中也可以透露出作为中华民族象征的龙的形象在相当早的时候已成为中国社会权力的代表，并成为人们广泛的一种信仰。

龙身上的这种纹饰在中国一直流传下来，影响很大。特别是在战国时期，这种纹饰被发挥到一种极致，尤其是在南方的楚墓中，经常可以看到这种装饰手段。

◤ 蟠龙纹盘 龙山文化
直径40.7厘米，高9厘米，山西省襄汾县陶寺遗址出土。龙的形象在龙山文化之前已经出现，但直到此时，它才真正成为城邦（国家）的图腾，并延续至今。

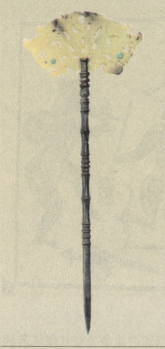

↗ 玉笄 龙山文化
山东省临朐县朱封出土。工艺精细复杂的玉笄是龙山文化中出土玉器中的佳作，在当时只有高级的贵族才能佩戴这样华丽的饰品。

山文化之前还是母系氏族社会的仰韶文化。那么，炎帝、黄帝所处的龙山文化时期是以女性为主导的母系氏族，还是以男性为主导的父系氏族？

这个问题关系到炎帝、黄帝战蚩尤的可能性。在农业发明以前，人们是依靠狩猎和采集来维持生活的，那时候，男子负担猎取禽兽，捕捉鱼类；妇女负担采集野生植物的果实和块根。后来，在长期的采集活动的实践中，妇女们逐渐掌握了种植野生植物的技术。这样，就发展了初步的农业生产，仍旧由妇女来经营。那个时期，妇女在生产上和社会生活中居于支配的地位。因此，那个时期的氏族公社，称为母系氏族公社。经过人们世世代代的劳动，农业和饲养家畜逐渐发展了，代替了狩猎活动和采集活动。社会的生产力发展到这个阶段，繁重的农业劳动和饲养家畜的劳动，逐渐由男子来负担。男子在社会生产上越来越比妇女起着更大的作用，最后完全代替妇女成为社会生产的主要力量。在社会生活中，男子也逐渐居于支配地位。这样，氏族公社内部发生了深刻的变化——从母系氏族公社过渡到父系氏族公社了。

↗ 陶寺墓地 龙山文化
山西省襄汾县陶寺龙山文化墓地。

农业和饲养家畜的发展，把原始社会从母系氏族公社推进到父系氏族公社阶段。龙山文化是父系氏族公社时期的一种文化，就是根据这种情况来判断的。只有到了父系氏族阶段，生产力发展，出现贫富分化，原始社会的平等被打破，大规模战争才可能发生。考古发掘的事实证明，黄帝所处的龙山文化时期，确实是原始社会开始瓦解，奴隶社会渐渐形成的父系氏族时期，发生部落间的战争是完全有可能的。

依据这种解释，黄帝、炎帝是上古的部落首领，为掠夺财富、扩大势力范围与以蚩尤为首的另一部落发生冲突，于是灭了蚩尤。史书还记载，黄帝当时对不服从他的部落都实行征伐。后来，因为利益争夺，黄帝与其同族兄弟炎帝也发生了一场大战，最后以炎帝失败而告终。

这种说法比较有道理，至少说明这个传说有一定的可信性。不过，炎帝、黄帝战蚩尤具体如何，黄帝、蚩尤是什么样的人仍然没有得到明确的解答，依然是个令人迷惑的传说。

三星堆文化之谜

三星堆遗址位于四川省广汉市南兴镇北，这里有一条古河道叫"马牧河"，河道北岸的阶地形似月牙，人们便给它起了个美丽的名字——"月亮湾"，而三星堆则得名于河道南岸的3个大土堆。三星堆遗址的最初发现，是非常偶然的。1929年2月的一天，家住广汉市太平镇月亮湾的燕氏父子在浇灌农田的过程中，锄头锄到了一块石板，他们满怀惊奇地撬开石板，竟发现了满坑光彩夺目的玉石器。不懂文物的他们却肯定这是宝物，于是燕氏父子便在深夜偷偷将一共300多件玉石器取出，搬回家中。过了一年，燕氏父子见周围并无异常反应，为了牟利，他们便携带这些玉石器到城市的少城路——以前最大的古董市场去卖。据说这些被他们变卖的玉器至今仍下落不明。如此多的罕见之宝涌入市场，一时间，广汉玉器在古董商和古玩家之间炒得沸沸扬扬。大批所谓的"淘金者"纷纷涌向月亮湾，去寻觅宝物。

三星堆遗址能以真面目示人也得益于一个机缘，就在燕氏父子出卖那些玉石器的时候，也带了一些送给当地驻军旅长陶宗凯。此人乃一介武夫，对古董一无所知，但他找到了当时在华西大学地质系任教的葛维汉，请他帮助鉴别。葛维汉来自美国，对古董有所研究，他看到这些玉石器后，眼前为之一亮，没想到如此精美的玉石器也会出现在西南地区，他初步认定了这些玉器是周代礼器，是稀世珍宝。就在1933年秋，葛维汉与同是华西大学教授的林铭钧、戴谦和等人组成了对三星堆遗址进行考察的考古队。考古队在发掘中，发现了许多陶器、石器、玉珠、玉圭等稀世珍宝。1936年，考古队将发掘所获加以整理分析，在《华西边疆学刊》上发表了《汉州初步发掘报告》的文章。在报告中，把有关遗址文物称之为"广汉文化"。不幸的是，第一次发掘工作仅仅持续了4年，就被1937年开始的日本侵华战争阻断了。

第二次正式的发掘工作开始于20世纪50年代初期。为配合宝成铁路的建设，考古学家们又一次来到了月亮湾进行考古调查，继续十余年前对遗址的勘探。他们采集了大量石器和陶器标本，根据初步考证，他们确定该遗址可能是西周时期的古遗址。1963年的一次规模较大的发掘是由四川大学历史系考古学教授冯汉骥带领他的学生进行的。他们来到月亮湾的高地上，极目远眺，顿感这是一个不凡之地。冯汉骥深有感慨，他认为这里极有可能是古代蜀人的"都城"。后来的考古发掘证明了他的预言是正确的。

1980年，在全面发掘条件成熟的情况下，由四川省文物管理委员会组织的

↗ 祭祀坑

四川省广汉市三星堆出土。三星堆商代文化遗址1号祭祀坑长4.4米，出土了为数众多的玉器、陶器和青铜器等。

↗ 戴黄金罩青铜像 三星堆文化

横径16.7厘米，纵径21.4厘米，高48.5厘米，四川省广汉市三星堆出土。由铜头像和金面罩组成。倒八字眉，丹凤眼，蒜头鼻，鼻梁直。阔口，闭唇，长条形耳廓，粗颈。金面罩用金箔制成，大小、造型和铜头像面部特征相同，双眼双眉镂空。古代蜀人将黄金制成面罩作为青铜人头像的面部装饰，更是古代蜀人的杰作。

对三星堆遗址抢救性的发掘全面展开了。这次历时3个月的发掘，收获颇丰，不仅出土了不少的陶器、玉器、石器，并且还发现了大量的房屋基址和4000多年前的墓葬。这些陶器、石器让人们了解了4000多年前古蜀人的文化特点，从而也从它们身上见识到了古蜀文化和古蜀人的生活方式。在这次成功发掘的激励下，考古学家们锲而不舍、继续前进，试图进一步揭开古蜀王国之谜。1986年7月23日凌晨2时30分，他们又有了一个重大收获。考古学家以竹签为工具，在谨慎的挑土过程中，发现了一小点儿在灯光照耀下闪闪发光的黄色物体，他们耐住性子，继续挑土，不一会儿，黄色物体显露的面积越来越大，还显出花纹来。先是一尾雕刻逼真的鱼映入眼帘，接着人们又发现了一只振翅欲飞的小鸟。这弯弯曲曲的黄色物体不断地延伸，竟长达1米多，令人惊奇的是，上面除了刻有鱼、鸟纹外，竟然还刻有一个王者之像。考古人员将这一发掘物称为"金腰带"。意识到此发现非同小可，他们立即向政府请派军警保护现场，局面得以控制后，考古人员才公开了发现古蜀王"金腰带"的消息。一时间舆论哗然，三星堆

又一次成为世人关注的焦点。继"金腰带"之后，大量的玉器、象牙、青铜器及金器也被陆续发现，尤其是青铜器中的各式人头像和黄金面罩是中国考古史上的首次发现，具有十分重要的意义。

在考古人员不知疲倦的奋战下，一具具神奇的青铜面具，一件件晶莹剔透的玉器，闪闪发光的金鱼、金叶，离开了它们沉睡的泥土，发出了熠熠光辉。尤其是1986年发现的两座祭祀坑，是三星堆遗址的代表，它们的发现令世人瞩目。其中一号祭祀坑位于三星堆土堆南侧100米左右，坑是一个口大底小的长方形，坑内大概有400多件文物出土；二号祭祀坑位于一号祭祀坑东南，相距大概20米，是一个坑壁稍微有些倾斜的长方竖穴，从这个坑里出土了439件青铜器，131件玉石器，此外还有骨、象牙等器物。这些3000年前的青铜人像雕塑，在中国古代文明史上十分罕见，在东方乃至世界艺术史上都占有十分重要的历史地位。其中一件大型青铜立人像的发掘，填

↗ 三星堆青铜面具
高82.5厘米，宽78厘米，四川省广汉市三星堆出土。这件硕大的青铜面具面部呈长方形，两耳向两侧展开，倒八字形长刀眉，臣字形眼，鹰钩鼻，阔口，露舌，方头，额饰成勾云状，可能用于古蜀王国举行盛大的祭祀活动，象征蜀王或群巫之长。

补了美术史上商代大型雕塑的空白，它总体身高将近3米，是目前为止发现的几尊最大的青铜铸像之一。人像面部的器官雕刻得栩栩如生，头上还戴着用羽毛装饰的发冠。它手臂的动作好像是在进献贡品，人像身着饰有巨龙、云雷、人面花纹的衣服，看上去十分华丽。无论是从它的面部表情、身体动作，还是衣着来看，都体现了浓厚的宗教色彩。因此，有的专家推断这个青铜大立像可能是一个象征着王者的"司巫"。在二号祭祀坑还出土了41件铜人头像，它们的大小、面部比例、神色与真人非常接近，大概也是巫师的形象。

在这两座祭祀坑中，人们还发现了一种被专家称为有"不死"或"通天地"功能的神树，那就是用青铜器制作的铜树。其中最大的一棵，高近4米，由树座、主干和三层树枝组成，体态挺拔，装饰十分精美。树下底盘为圆环形，上有一个描绘着云气状花纹的山形树座。高大的树干一共有3层，一层向外伸出3根枝条，每一根枝条上都站立着一只鸟，枝端挂着一个桃形的果实，十分精巧。除此之外，更让人称奇的是，在树座下面背朝着树干跪着3个人像，他们的表情十分威严庄重，愈发使神树显得神圣无比。这棵神树是目前世界上发现时代最早、形体最大的一株，据推测，后世兴起

↗ 青铜立人像

↗ **青铜神树 三星堆文化**
高3.48米，四川省广汉市三星堆出土。青铜神树称"不死树"，是全世界最大的出土青铜器之一。这满身生长奇物的神树，造型庞大，它象征的是一条通天神道。

的"摇钱树"可能就是在此基础上发展而成的。两座祭祀坑中除了青铜立人像和铜树外，还有玉石器和青铜礼器也是颇为重要的。出土的玉器，其中一部分像斫、斧、凿、刀、锄、舌形器、椭圆形穿孔附饰等，具有浓厚的地方特色，很明显是当地人制造的、蜀人本来就有的玉器；而另一部分像玉璋、玉琮、玉戈、玉瑗等，它们的制造则体现出中原文化的影响。

三星堆遗址重新出现在世人面前，它的社会影响和学术意义是十分重大的。英国《独立报》曾以《中国青铜像无与伦比》为题发表文章，称三星堆青铜像是古代最杰出的艺术制品，而这次大量的青铜文物的出现，也将使人们对中国金属制造的认识上升到一个新的高度，让我们感受到了一个高度发达的早期蜀王国文明的无穷魅力。从对三星堆遗址的研究来看，商的势力和商文化的影响确已达到了成都平原。虽然过去专家们在研究殷墟卜辞时也曾发现有"征蜀""伐蜀""至蜀"的记载，然而遗憾的是，由于人们怀疑商王朝根本无力攻入像四川这样的遥远之地，所以这些记载以前并没有引起人们足够的重视。至于商文化是如何从遥远的中原地区传入四川的，专家们提出种种推测，著名历史学家李学勤经过考察三星堆出土的若干青铜器，认为商文化可能是在向南推进的过程中，经由淮河流域，穿过洞庭湖，沿着长江流域逐步发展到四川地区的。

历史渐渐离我们远去，唯有在对这些遗迹和遗物的考察中，我们才能探寻到过去的讯息。当然，我们从中所感受到的只是一个早期蜀王国灿烂文明的物质表现，至于它那深厚的文化底蕴和神秘的青铜艺术则需要我们慢慢地去品味、去欣赏。

巴人王朝为何湮没

提起"巴人"也许会让人感到陌生，但只要想起四川一带又称"巴蜀"和"阳春白雪，下里巴人"这一著名典故，可能头脑中会有这样一种朦胧印象——巴人不就是居住于我国西南的古老民族吗？是不是喜欢浑身涂上油彩、头戴羽毛、跳奇怪舞蹈？

也许你还会有落后、蛮荒的感觉。其实这种印象是不完全对的，神秘的巴人早在公元前十几世纪就有可以与中原强大的商王朝相媲美的青铜文明。巴人祖先和黄帝是同一支，还是独立地创造长江文明的源头？曾经极其辉煌的巴国社会生活状态怎么样，最终又为何湮没？对此人们有不同的猜测。

巴人起源于湖北清江下游长阳的武落钟离山。巴人为夺取盐业资源曾与以盐水神女为代表的某个母系民族展开争战，并赢得了战争。这是巴人与盐的第一次结合。其后，"巴盐"与"盐巴"在三峡一带上演了一场横贯数千年的大剧。巴人领袖廪君战胜盐水神女后，在清江边（清江古称夷水）建筑夷城，建立了巴王国。这是一个奴隶制国家，是巴人建立的第一个巴国。巴人以虎为图腾，好鬼神，实行祖先崇拜，廪君则是他们最伟大的祖先。在以后的历史中，巴国的军队参加了周武王伐纣的联盟军，成为前锋部队，戴着百兽面具，跳着"巴渝舞"冲锋陷阵，打败了殷商军队。战后巴人受封子国。这就是《华阳国志》中所称的"巴子""巴子国"。此后，巴国在楚国和秦国两大强国的夹缝儿中艰难求存，节节退守，终被秦国所灭。

↗ **象首双耳兽面纹礼器 西周**

四川省彭县竹瓦街出土，这件巴蜀文化的代表性青铜礼器出土于四川省彭县竹瓦街，现藏于四川省博物馆。此器造型及纹饰与同一时期辽宁省喀左出土的青铜器物有很大的相似之处，通体以雷纹为地，盖为盔形，四周饰四鸟形卷身夔纹突棱，肩腹间饰立体象头双耳，圈足与下腹间有跪牛形突棱。

对于巴国的文明，有人说是同黄河文明并列的长江文明的源头。巴人在湖北的生活有个漫长发展过程，独自由原始氏族形成众多部落，再到后来组成5个核心部落"巴、樊、覃、相、郑"，他们在很长的时间里平等相处、无君臣之分。当各部落不断壮大，终于到了需要一个君主统领联盟的时候——"乃共掷剑于石穴，约能中者，奉以为君。"廪君胜出，成为巴人领袖，由于团结，从此强盛起来。而后在长期的发展中，迁入四川，在险山恶水中，独自产生了高度的物质文明和精神文化。在迄今发现的巴人的许多文物上，都有着被专家们称为"巴蜀图语"的刻画符号，动物的、植物的、人物的，造像奇特，这些古怪的印痕，这究竟是发源于巴人原始的艺术灵性，还是大自然神秘莫测的烙印？是装饰品还是占星术？至今仍是一个难以破译的悬念。不过可以肯定这是巴人的精神文化创造，是否是早期的文字呢？史学界一度曾认为巴国只是个好斗的邦国，但却发掘出了"礼乐"用的编钟，显示了巴国具有完整的礼乐制度，而且采用高超的饰金银工艺。出土文物中还有造型奇异的随葬兵器，柳叶型的青铜剑，荷包型的青铜钺。巴国还有独特的生活方式、风俗，如至今让人迷惑不解的船葬和悬棺。巴人确实创造了高度发达的文化，虽然最后被秦所灭，但早在灭亡的8个世纪前就与西周并流，共同汇入中华文明的发展轨道。

但有人持不同意见，认为巴人在廪君一统部落前就与中原黄帝关系紧密，巴人与中原华夏属同一来源，甚至认为是黄帝所统率众多部落中的一支。而且，与巴人并称的蜀国，据说和"夏"同出于黄帝之孙颛顼。巴国出土的大量精美青铜竟然与千里之远、被"蜀道难，难于上青天"的高山深谷相隔绝的殷商青铜器有完全相同的样式。因此巴国的文化并不是完全自生，而是与中原文明本是同根生。巴人与周代有关系比较明确，但是否与黄帝、夏、商有关系还是个谜。

关于巴国的另一个未解之谜是巴人为何突然失踪了，在历史中变得毫无音讯。十数万巴人离奇失踪之谜，千百年来无数人为之苦苦追寻，试图找出谜底，但都是难得其解。

有人说，巴国被秦军灭亡后，其人口也被全部坑杀，这种说法也许更多是基于秦军的残暴和坑杀赵军 20 万之说上的猜测。

有人说，巴国人在亡国后，除死伤外都大规模迁移了。陕西商洛地区考古专家在探寻商洛 900 多个神秘洞窟起源时，又有了失踪巴人的惊人发现。据了解，商洛发现的神秘洞窟均面山临水，故每每进洞，须越过湍急的河流。洞内呈长方形，四壁平整，人工开凿痕迹明显。就目前已知的巴人习性而言，神秘洞窟的本身就与巴人在川生活有着许多相同之处。又发现了船棺葬的残存物，而且还有一些巴人文物相继出土。这些文物与三峡地区出土的巴人文物几乎如出一辙，其器具上的符号也惊人的一致。于是有人产生了一个大胆的猜想：一度失踪的巴人是否像陶渊明《桃花源记》中所描述的那样，为躲避战乱而隐居起来？神秘洞窟莫非是已经消失了的古代巴人的桃花源？

还有一种说法是巴人并没有失踪，也没有离开本土，他们就是现在土家族祖先。从 20 世纪 90 年代中期开始，专家们利用 DNA 遗传技术试图分析古代巴人和今天土

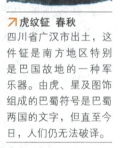
↗ **虎纹钲 春秋**
四川省广汉市出土，这件钲是南方地区特别是巴国故地的一种军乐器。由虎、星及图饰组成的巴蜀符号是巴蜀两国的文字，但直至今日，人们仍无法破译。

家族的关系，多次对三峡和清江流域一带的土家族人的血液和悬崖峭壁上的骸骨进行了基因对比实验。后来史料上之所以不见巴人，是因为巴国不存在了，也就没有人称呼巴人，而他们的后裔依然生活在这片土地上，形成土家族。考察土家族的生活方式、习俗与遥远的巴人的确很相似。不过这种说法也没有得到公认。

奇异的巴人王朝曾有过血与火的历史，在史书记载上无一不是与战争相关联，这个伟大的王国，还存在太多的谜没有解开，让我们无法进一步窥探他们的奋斗历程。

↗ 长江三峡

楼兰古国是什么样子

楼兰，一个动听的称呼，犹如少女芳名。楼兰遗址在罗布泊西岸，今天新疆的若羌县。现在看来是满目凄凉、寸草不生之地，天上没飞鸟，地上没走兽。曾经在此地的楼兰古国有什么样的神秘，在其中发现的3880年前的"楼兰美女"是谁？让我们一起来探寻。

公元6世纪唐代高僧玄奘取经回来路经楼兰，所见为"城廓岿然，人烟断绝"。可知这时候，楼兰已经是个空城了，仅剩下雄伟的城廓。随着自然的变迁，7世纪楼兰古国所在的整个罗布泊都变成荒漠，楼兰古国也湮没在千里黄沙中，一度被人忘却，人们甚至怀疑历史上是否曾有过这个国度。时间一年又一年，尘封的王朝丝毫没有向世人展示它美丽容颜之意，不断地在身上累积厚厚的尘土。

1900年，瑞典探险家斯文赫定率领一支探险队来到塔克拉玛干沙漠的罗布泊一带。由于带路的向导爱尔迪克的迷路，他们在孔雀河下游偶然发现一座神秘的古城遗址。第二年，这支队伍再次来到这片不毛之地。这次探险，他们揭开了世界考古史上楼兰文明的序幕。经过数天的发掘，在古城找到钱币、陶器、丝织品、粮食，以及几十张写有汉文的纸片、100多片竹简和几管毛笔。通过与中国历代有关楼兰古城的文献做比较，考古学家认为这些文物都属于楼兰文明，从而确定这座被湮没的古城就是楼兰。埋在沙漠中的古城终于重现于世！

一个充满神秘色彩，并略带伤感的文明也由此向世人敞开心扉。通过那依然严整的古城建筑遗址，数量众多的石器，做工独特的铜铁器，充满异域风情的饰品以及饱

↗ **楼兰遗址**
楼兰是塔克拉玛干沙漠中丝绸之路上繁荣的商旅驿站和贸易中心之一。而今天都湮没在历史的黄沙之中，不过残存的遗址仍然能显示出昔日这里所拥有的辉煌。

经沧桑的古代文书，楼兰将昔日的繁荣昌盛再现于世。

令考古工作者费解的是，楼兰古国是如何从一个繁华的城邦湮没于沙漠中，并最终成为一所神秘的死城的。楼兰在消失了 1000 多年后，究竟发生了怎样的变化？"青海长云暗雪山，孤城遥望玉门关。黄沙百战穿金甲，不破楼兰终不还。"这是著名的唐诗《从军行》。在这首诗中，楼兰作为一个重要的军事目标出现。事实上，楼兰是汉代西域的一个小国家，它位于塔克拉玛干沙漠的东部。据说，它曾经是一个繁荣富庶的国家，地理位置优越，地处"丝绸之路"要道。中国古代文献中也有关于楼兰的许多记载，最早的是司马迁的《史记》。这些记载，大部分来源于张骞通西域经过楼兰回国后的叙述。汉代的一条丝绸之路要经过楼兰古国，楼兰也因此成为中原与西域各国交通往来的枢纽。

这是一件装饰木板浮雕，1901年，被西方考古学家发掘出来，现藏于瑞典斯德哥尔摩市国立民族学博物馆。

到汉朝时，它改名鄯善国，成为西域重镇；三国时期，成为魏属国；西晋时期，封鄯善王为归义侯；到了公元 4 世纪，为零丁国所灭，至此，楼兰在历史上消失了。从 1901 年斯文赫定的初次发掘，到 1980 年中国考古学家的最新考察，这一系列活动都初步再现了楼兰古国的灿烂文明景象及其对沟通中西文化所起的重要作用。在遗址上发现的文物中，有许多古币，比如中国汉代的五铢钱，还有大量的器具用品，如丝织品、陶器以及漆木器。令人惊奇的是，竟然有公元初就已经被广泛使用的佉卢文，并且有希腊、罗马的艺术品，还有流行在中亚撒马尔罕、布哈拉一带的用窣利文字书写的纸片残件，波斯的地毯残片，以及具有罗马、波斯风格的壁画等。所有这一切都无可辩驳地说明了楼兰古国在中西文化交流中的枢纽地位。

为了唤醒那沉睡已久的楼兰古城，开辟楼兰文明考古的新时代，1979 年，我国新疆考古研究所组织了楼兰考古队，进驻楼兰古城。在这里，出土了 4000 年前的楼兰女尸，发掘出了古城的建筑遗址，以及大量的石器、铜铁器、饰物、文书等，往昔楼兰的繁荣仿佛又展现在人们的面前。

其中，最为著名的就是"楼兰女尸"。在通往楼兰的古老通道上，有一大批古墓，几具完好的女尸就排放在一座座奇特而壮观的古墓里。这些女尸脸庞不大，下颏尖圆，

↗ 如来坐像

248.

高鼻梁，大眼睛，双眼微闭，神态安详，几乎个个是年轻貌美的姑娘。她们赤裸的身体用毛织毯包裹，由起连接作用的骨针或木针点缀着，足下为做工精良的短筒皮鞋。她们头上戴着帽檐为红色的素色毡帽，几支色彩斑斓的雉翎点缀其上，其美貌可想而知。同时，墓中还出土了大量的器物，有木器、骨器、角器、石器、草编器等。其中木器还有盆、碗、杯和锯齿形刻木。为什么这些女尸在这里沉睡了千百年还保存得如此完好？这些女尸是些什么人？这些都有待人们去深入地研究和考证。

与此同时，楼兰古城的建筑风格和技术也引起了人们的广泛注意。古城遗址东西长335米，总面积10万平方米。城墙采用夯筑法建造，大概是由于地域相近的原因，它与敦煌附近的汉长城相似。城墙的四方还有城门，城内有石砌的渠道。城区以古渠道为中轴线，分为东北和西南两大部分。东北部以佛塔为标志，西南部以"三间房"为重点，散布着一些大小宅院。

其中，东北部佛塔的外形如同覆钵，与古印度佛塔有几分相似。在佛塔附近，考古队发现了木雕坐佛像和饰有莲花的铜长柄香炉等物品。同时，许多钱币以及来自不同国家和地区的物品也被发掘了出来。这一系列发掘从理论上验证了这里曾是"丝绸之路"上贸易的中继站，有过辉煌繁华的昨天。

西南部的"三间房"遗迹，是楼兰古城中用土垒砌的唯一现存的建筑遗址。考古人员在此清理出织锦、丝绢、棉布和小陶灯等物，还发现了一批比较完整的汉代文书。历史学界从文书的内容上判断，这里曾是一座官署。在三间房西南的宅院遗址里，考古队清理出了大量的生活用品，如木盘、木桶以及许多家畜的骨头等。这些具有重要生产和生活作用的器物，都在无声地诉说着这里昔日的文明和沧海桑田。

无论楼兰留给了我们多少珍贵的遗迹，多少令现代人叹为观止的不可多得的美丽，那曾经水流清澈、水土肥美的可人绿洲，曾经令世代楼兰人眷恋的心灵家园，最终还是被无情的黄沙吞噬了。难道楼兰古城的消失真的是一个现代人不可推测的神秘力量所为？事实恰恰相反，从出土文物来分析这个问题，考古学家指出，这一问题应当和富有神秘色彩的罗布泊联系起来考察。古楼兰国气候湿润、植被繁茂，汉魏时期的罗布泊就位于古楼兰遗址附近，当时北面的孔雀河与南面的车尔臣河都汇入了塔里木河，

楼兰女尸

这具女尸已有3800年的历史。具有白种人特征。身着羊皮衣服和鞋子，头戴装饰着鹅羽的羊毛帽子。对这具有着1.5米高、40岁左右的女性尸体检查表明，她的肺部被沙漠风尘和煤烟侵入。随着气候的变化，环境日益恶劣，这里的人们不得不面对那几百米高的流沙，加之河流枯涸，居民开始迁移，最终楼兰如其他古城一样被风沙所湮没。

↗ 罗布泊

然后经库鲁克河在楼兰城注入罗布泊，罗布泊湖水孕育了楼兰城的文明。但是，由于塔里木河流水携带大量泥沙沉积湖中，湖底逐渐淤高，终于使塔里木河无法流入而另择流道，从而导致了罗布泊的干涸。4世纪时，由于罗布泊向北移动，使得楼兰城水源枯竭、树木枯死，往昔兴盛的城邦面临着死亡的威胁，城内的居民们纷纷弃城远走，寻觅新的水源，而楼兰古国也随之渐渐消失。除了河流改道、罗布泊缩小以至迁移造成了楼兰古国的消失之外，也有不少研究者猜测，人为因素与社会环境的影响也是一个重要原因。古楼兰的废弃以及城邦周遭的沙漠化产生，直接与当时的居民兴修水利迫使孔雀河、塔里木河南流进行灌溉，造成了孔雀河、塔里木河改流不再流入罗布泊相关联。由于中国历史上战争频繁，各少数民族的纷争不断，这也对当地人们生产生活产生了重大影响。或许出于这种原因，楼兰古城最终如同其他湮没在荒漠之中的城市一样，告别昔日的辉煌而消失了。

以上种种论述虽然提出了有关楼兰古城及其所代表的楼兰文明的一些假设，但是，关于楼兰王国的衰退以致湮没的谜底并没有真正揭开。楼兰古国的居民究竟是哪个民族？在楼兰衰落后，他们迁居何处？他们的后代又在何方？至今仍无人能够解答。

尼雅文明为何消亡

↗ 尼雅遗址 汉

中国的尼雅文明由于英国人斯坦因的发现而闻名于世。它充分体现了作为东西方文明交汇处的地理重要性。它的文明具有中国、波斯、罗马、希腊、印度及中亚各国的综合特点。

20世纪初，在我国西北部塔克拉玛干大沙漠边缘的尼雅地区，英国探险家斯坦因发现了一座古城。古城遗址规模庞大，东西宽约7千米，南北长约26千米，许多城墙、房舍、街道、佛塔的轮廓依然保存得相当完好，其气势磅礴，堪与著名的古罗马庞贝城相媲美。更令人惊讶的是，从这里挖掘出的大量珍贵文物，其中还有很多书写了奇怪符号的

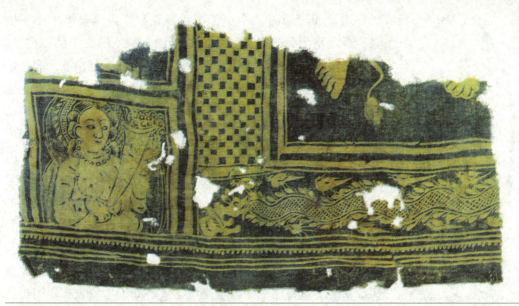

↗ 人物印花棉布　东汉

新疆维吾尔自治区民丰县尼雅1号墓出土。这件棉布是尼雅遗址出土的文物中最为精美的一件，织造精密，文化内涵丰富。左侧手持丰饶角的头带背光的女像，可以认为是佛像，也可以认为是中亚丰收女神阿尔多克洒，还可以认为是希腊女神雅典娜。至今说法众多，莫衷一是。右下方的龙则是中原汉王朝的文化特征；右上方的狮子已成残躯，但仍可看出印度的风尚。

木简。这些发现立刻使尼雅一夜间轰动了世界。那些奇怪的符号是文字吗？如果是的话，写的又是什么？为什么在这沙漠之地会有具有高度文明的古城？这座古城是如何从历史上消失的？

在尼雅考古发掘中发现的奇怪的木简符号，经专家考证确实是一种叫佉卢文的文字。这是一种早已消失的文字，起源于公元前4世纪印度西北部，公元前3世纪印度孔雀王朝的阿育王时期就是使用此种文字。公元2～4世纪曾流行于新疆楼兰、和田一带，而此时在印度随着贵霜王朝的灭亡，佉卢文也随之消失了，距今已经绝迹1600多年，当今世上只有极少数专门的研究者能读懂它。佉卢文能在异国他乡流行起来至今还没有非常合理的解释。不过这似乎并不重要，重要的是木简上的佉卢文写的是什么内容呢？

解读它们，木简内容也许揭示了尼雅为什么消亡。其表述的多是各种命令，如"有来自某国人进攻的危险……军队必须上战场，不管还剩有多少士兵……"，"现有人带来关于某国人进攻的重要情报"；"某国人之威胁令人十分担忧，我们将对城内居民进行清查"。这些文字字体是弯曲形的，没有标点，字与字之间无间隔，给解读带来了困难。但从一些零星的只言片语可知，尼雅王国受到了某个王国的威胁，而且该国力量异常强大，尼雅几乎无力抵抗，只有忐忑不安地等待着那悲惨的命运。因此尼雅的消失，是不是因为那个令尼雅害怕的王国的致命一击呢？

新疆一带古时又称西域，公元前后有诸多小王国，当时都臣服于强大的汉王朝。

料珠项链 汉晋
该项链由115颗料器和珊瑚组成，色彩艳丽，层次丰富，红、绿、蓝色搭配均匀，显示了尼雅人相当高的审美观念。

尼雅遗址属于当时某个小王国当属无疑，但又是哪个小王国呢？有人认为是史籍中记载的精绝国。精绝国位于昆仑山下，塔克拉玛干大沙漠南缘，与今天的尼雅遗址十分接近，而且精绝国的消失也是在公元二三世纪，与尼雅王国的消失时间上重合。不过当时的精绝国可不是滚滚黄沙，而是气候宜人、水草丰茂的一片绿洲。公元二三世纪，中原处于东汉末年和三国两晋的慌乱与纷争中，无暇他顾，致使西域诸多势力较强的王国没有顾忌，也掀起了兼并弱小王国的战争，木简上的佉卢文记载了尼雅的恐惧。无情的战火殃及尼雅，伟大的文明淹没在血腥的厮杀中。

另一种说法是，尼雅被毁是尼雅人自己造成的。从遗址及所发现的文物可以看出，当年的古城盛极一时。清澈的尼雅河从城郊缓缓流过，众多水道交织，大小湖泊星罗棋布，周边是茂密的林木将遥远的大沙漠隔离。但尼雅人的活动却不断地对环境造成了破坏，特别是在1700多年前，生产方式粗放。人口的增加破坏了植被，又大肆砍伐树木，致使水源枯竭。塔克拉玛干大沙漠最终把尼雅吞噬。现在的尼雅遗址中房屋建筑被厚厚的黄土掩埋，只露出一些残垣断壁，到处是破碎的陶器、累累的残骨，还有干尸常常暴露在废墟中。要是当年富庶的尼雅人能看到今天的破败景象，也许他们就会珍惜那片神赐的绿洲。

尼雅的命运令人扼腕叹息，同时又告诫人们：我们只有一个地球，如果不珍惜，即使再辉煌的文明，也会成为一片荒凉的废墟。

丝绸之路通向哪里

现在如果我们去西方，乘飞机最多不过一天就可顺利抵达。然而，在遥远的古代，我们的先民们在西行时，不论是走陆路，还是走海路，不知要克服多少艰难险阻，要花费多少时间。我们的祖先早在距今2000多年前的西汉时期，就不断探索着外面的世界，经过不断的努力，终于走出了一条连接东西方文明的陆上通道，这就是著名的"丝绸之路"。

这条路由中原出发经过新疆一带，而后又通向更远的印度、西亚。最早开通这条道路是在汉代，张骞出使西域后，大规模的商贸活动就兴起了。出于研究的需要，人们给它取名，如"西域之路""中西古商路"等，但都没能通行。1877年，德国著名的地理学者李希霍芬在其著作《中国》里，首次将古代中国与中亚南部、西部以及印度之间的丝绸贸易为主的交通路线，称作"丝绸之路"。1910年，德国历史学家赫尔曼在其著作《中国和叙利亚之间的古代丝绸之路》一书中，根据新发现的文物考古资料，进一步把丝绸之路延伸到地中海西岸和小亚细亚，确定了丝绸之路的基本内涵，即它是中国古代经由中亚通往南亚、西亚以及欧洲、北非的陆上贸易交往的通道，因为大量的中国丝和丝织品经由此路西传，故此称作"丝绸之路"，简称"丝路"。

近年来，中国各地的考古发现表明，在古代世界，只有中国是最早开始种桑、养蚕、生产丝织品的国家。古罗马帝国的显赫军事统帅和政治家恺撒大帝，有一次身穿一件丝绸制作的长袍，出现在罗马剧场，那轻柔光亮的质地、轻盈飘逸的效果让恺撒显得分外耀眼。剧场的人顿时对恺撒的这件长袍发生了浓厚的兴趣，他们认为这件衣服简直是天堂上才有的东西，因此称恺撒穿的衣服为"天衣"。没过多久，在古罗马贵族就以能拥有一件丝绸衣服而引以为荣。中国的丝织品流传广远，是中国人民对世界文明的重要贡献。所以把这条中西交通的商路称以"丝绸"为代称就得到了广泛的认同。

丝绸之路通向哪里？有许多说法，首先其起点就有两种不同观点。

第一种观点认为，丝绸之路的起点是西安。史书记载张骞出使西域是从西安开始，后来西汉与西域的交往都与当时的都城"长安"相关，因此说起点为西安有充分的证据。第二种观点认为，从商贸角度说，真正值得称为起点的应是洛阳。洛阳历史悠久，自古就是能与西安相媲美的繁华城市，在西汉虽然不是都城，但有繁荣的经济，是全国商品流转站，在这里交易而后路经西安再向西域进发。在东汉，洛阳成为都城，更

↗ **丝绸之路示意图**
丝绸之路的起点为中国，向西经过中国的北部和中亚到达位于亚洲西南部底格里斯河沿岸的城市——泰西封，继续向西延伸至地中海。它不是单独的一条路线，而是由一系列的路线组成。通过这些路线，商人们可以避免遭劫。

是一个国际大都会。隋唐时期是丝绸之路最兴盛之时，当时洛阳已经是一个规范的经贸中心，其兴建有 3 个市场：北市、南市、西市。3 个市场各有分工，其中以南市规模最大。南市以商品交易为主，最繁荣时有商户三四千家，除了小商品零售外，与百姓生活密切相关的丝绸、瓷器、皮毛、珠宝、金银等商品由此批发到全国各地乃至国外，因此南市不仅在国内占有重要地位，也是当时重要的国际商业贸易中心。河南省洛阳市考古工作者新近在发掘一批唐朝墓葬中，首次出土 3 个胡俑，这 3 个留大胡子、高鼻梁、着大开领胡服、腰挎皮水囊的胡俑，一个为牵驼俑，两个为立俑，个个颜色鲜艳，栩栩如生。这说明当时洛阳已有西来的商客络绎不绝，这为洛阳丝绸之路"起点说"提供了有力的佐证。

对于丝绸之路的终点有诸多观点。第一种观点认为丝绸之路其实就是到新疆，这段路才是中国商人常走的路。到了新疆，即古西域，就把货物倒卖给西域诸国，而后返回中原。至于西域诸国又与西亚相互贸易就与我们不太相关了。第二种观点是丝路终点是西亚波斯湾附近。丝路是中西交流的路线，以商贸为主，中国商品两汉时就已经在西亚强国古罗马和其他国家通行，可见交流的密切。而且公元 1 世纪，东汉甘英沿着丝绸之路，率领官员代表东汉出使西亚各国，他就到了亚洲最西部，只因遇到大海阻隔没再向前进发，所以说丝路终点是西亚。第三种观点认为，丝路应该更远，其终点是北非，在北非考古中已经发现中国的古瓷器。中国的商品能到那里是无疑的。

历史苍茫，丝路已离我们远去，我们甚至连它的终点都不清楚，不过古老的丝路处处都是中国文明的遗迹，是中国文化西传的见证者。

墓葬的神秘王国

轩辕黄帝陵在何处

黄帝是我国原始社会末期一位伟大的部落联盟首领。黄帝姓公孙，因长于姬水，又姓姬。曾居于轩辕之丘（今河南新郑县轩辕丘），取名轩辕。祖籍有熊氏，乃号有熊。又因崇尚土德，而土又呈黄色，故称黄帝。司马迁所著《史记》记载"生而神灵，弱而能言，幼而徇齐，长而敦敏，成而聪明"，15岁就被群民拥戴当上部落领袖，37岁成为中原部落联盟的首领。轩辕黄帝一生历经52战，降服炎帝，诛杀蚩尤，结束了远古战争。由于轩辕黄帝为中华民族创造了丰富灿烂的文化，后世都尊称轩辕黄帝为"文明之祖""人文初祖"。黄帝死后，人们选择了"桥山之巅"，将他深深埋进黄土里，希望"黄帝灵魂升天，精神永远常在"。这就是今天海内外中华儿女拜谒的中华第一陵——黄帝陵。

不管黄帝众多传说的真伪，但黄帝陵却自古以来就有，黄帝陵在哪里呢？

第一种说法是黄帝陵位于陕西北部今黄陵县境内的桥山之巅。据《史记·五帝本纪》载："黄帝崩，葬桥山。"自秦统一六国后，历朝历代每岁祭奠黄帝陵持续不断，因此黄陵县境内的黄帝陵有很多各代的遗迹。陵冢在桥山之巅。桥山有沮水环绕，群山环抱，古柏参天，有大路可通山顶直至陵前。山顶立一石碑，名为下马石，上有"文武百官到此下马"字样。古代凡祭陵者，均须在此下马，步行至陵前，陵前有一祭亭，亭中立一高大石碑，上有郭沫若题"黄帝陵"三个大字。祭亭后面又有一块石碑，上书"桥山龙驭"四字。黄帝陵冢在山顶平台的中央，陵冢高3.6米，周长48米。四周古柏成林，幽静深邃。历代政府对保护黄帝陵古柏都很重视，宋、元、明、清都有保护黄帝陵的指示或通令。据《黄陵县志》记载，桥山柏林约4平方千米，共6.3万余株。历朝历代政府为了表示尊祖，宣扬礼制，都会去祭祀黄帝，又因为此处陕西黄帝陵最早由秦始皇祭奠过，于是后来者都到此祭祀。不过很多人并不认同这就是黄帝陵

↗ 黄帝像

黄帝陵冢

陕西省黄陵县城北桥山。西汉司马迁《史记》载：黄帝崩，葬桥山。故而历代帝王大都来此祭祖谒陵。陵内有刻着"黄帝陵"三个大字的祭亭。整个陵墓高3.6米，周围48米。桥山下的黄帝庙大殿正中上有"人文初祖"巨匾，内有14株古柏，其中一株称为"轩辕柏"，据说是黄帝亲手种植的。

所在地。

第二种说法是黄帝陵应在今河北省涿鹿县的桥山。

根据《魏土记》的记载："下洛城东南四十里有桥山，山下有温泉，泉上有祭堂。雕檐华宇被于浦上。"《史记·五帝本纪》载"黄帝与蚩尤战于涿鹿之野"；北魏著名地理学家郦道元所著《水经注·漯水篇》载"黄帝与蚩尤战于涿鹿之野，留其民于涿鹿之阿"，也有记载此处为"桥山"的介绍。涿鹿县的桥山，在今河北省涿鹿城东南20千米，它以山顶上天然形成的一座拱石桥而得名，海拔981米。在桥山附近的一道山梁上，还有一个巨大的四方石桌，传说是祭祀黄帝时在此摆设祭品的。石桌右侧有一峭壁，壁面平整，像一块巨大的石碑，上面布满与象形文字一样的图案。传说这是古人刻石记事而留下来的遗迹。我国古代有许多帝王到桥山举行祭祀活动。

第三种说法是黄帝陵在北京平谷区。明《顺天府志》卷一上记载："（北京）平谷区东北十五里，传为轩辕黄帝陵，有轩辕庙。"黄帝当时曾在北京附近河北涿鹿一带建都，死后又葬在这里。唐代陈子昂的诗说："北登蓟丘望，求古轩辕台。应龙已不见，牧马空黄埃……"李白亦有"燕山雪花大如席，片片吹落轩辕台"的诗句。南宋著名丞相文天祥诗曰："我瞻涿鹿郡，古来战蚩尤，轩辕此立极，玉帛朝诸侯。"北京市文物研究所与平谷区文化文物局组织中国社科院、历史博物馆、北京历史研究所等单位的专家学者，到平谷区山东庄村实地考察这个村西的轩辕陵，并确认这座轩辕陵即是中华民族始祖黄帝之陵。不过认为这个陵和陕西桥山的黄陵一样，是黄帝的衣冠冢。

据说全国共有黄帝陵7处，甘肃、河南、山东、河北等地都有黄帝陵，哪一个是真的黄帝陵呢，轩辕黄帝陵到底在何处？这同黄帝的其他传说一样还没有答案。

商代妇好墓的主人究竟是谁

殷墟是商王朝后期的王都，据文献记载，自盘庚迁殷至帝辛亡国，历经8代12王。据历史学家确认盘庚迁殷为公元前1300年，武王克商为公元前1046年，共有200多年，商王朝居殷最久是无可争辩的。按理，出土最多文物的就应为诸商王的陵墓了，特别是一些功勋显赫的商王，但可惜的是，已发现的商王陵都被历代盗墓者洗劫，失去了研究的宝贵资料。直到妇好墓发现，一大批文物才得以面世。妇好墓位于当时小屯村的西北地，这里原是一片高出周围农田的岗地，1975 年冬考古工作者对其进行考古勘探，在这一带用洛阳铲打孔钻探，几天后在钻一个孔的时候发现土层有变化，工作人员马上兴奋起来，这预示着里面可能有遗迹。这时在场的人谁也没有出声，小心翼翼地向下铲去，在大概钻到 6 米深时，慢慢向上拔铲，探铲提上来了，满铲都是鲜红的漆皮，漆皮就是腐坏的棺木，气氛顿时活跃起来，大家异口同声地说："是墓葬。"

发掘结果证实，这便是妇好墓。妇好墓保存完好，随葬品极为丰富，共出土不同质料的随葬品 1928 件，有玉器、象牙器、骨器、宝石器、青铜器、蚌器等，其中制作水平最高的是青铜器和玉器。青铜器共 468 件，以礼器和武器为主，礼器类别较全，有炊器、食器、酒器、水器等。尤为珍贵的是有诸多成套器皿，圆鼎 12 件，每组 6 件；铜斗 8 件，每组 4 件。还有成对的方壶、方尊、圆鼎；有的酒器竟配有完整的 10 觚、10 爵（觚、爵为古代的青铜酒器）。

玉器类别比较多，有琮、璧、璜等礼器，做仪仗的戈、钺等，另有工具和装饰品。其中，玉人是研究当时人的发式、头饰、着装等的形象资料。各种动物形玉饰有龙、凤，有兽头鸟身的怪鸟兽，而大量的是各种动物形象，以野兽、家畜和禽鸟类为多，如虎、熊、象、鹿、马、牛、羊、鹦鹉等，也有鱼、蛙和昆虫类。

人们惊异于墓葬的奢华，感叹随葬品的精美和极高的艺术成就，于是疑问产生了：这个墓主人究竟是谁呢？肯定是个显贵无疑，那么又是哪个显贵？商代历史几乎没有记载，甲骨文的发现及释读，却使人们得知了部分情况。

从出土文物看，有部分铸有铭文，其中铸妇好铭文的共 109 件，占有铭文铜器的半数以上。其实，妇好墓的发现正好解决了一个难题，因为专家们在此之前早就知道有"妇好"这个人。解读甲骨文的记载，妇好为商王武丁的妻子，是我国有文字记载的第一位文武双全的女将军。甲骨文中有关她的记录有 200 多条，属于数量相当多的。她曾率领 1.3 万多人的军队去攻打前来侵略的鬼方，并大胜而归，因功勋卓著而深得武丁、群臣及国民的爱戴。妇好终因积劳成疾而去世，国王武丁予以厚葬，并修筑享堂时时纪念。

这个墓葬便是妇好的了，大量刻有"妇好"的铭文器物，说明是她所有。而且墓室中发现兵器：商妇好大铜钺。钺主要是作为军权的象征。妇好墓出土了 4 件青铜钺。其中一件大钺长 39.5 厘米，刃宽 37.5 厘米，重达 9 千克。钺上饰双

↗ 妇好墓内部 商

↗ 妇好墓出土的铜鸮尊 商

虎扑噬人头纹，还有"妇好"二字铭文。该钺并非实战兵器，而是妇好权威的象征物。

虽然墓葬与甲骨文一定程度上可相互印证，认定墓主就是妇好，不过她又是什么样的人呢，甲骨文本身的记录也是让人无所适从。

有的甲骨片上说她是个大元帅，带兵镇压奴隶起义，辅助国王武丁南征北战；有的龟甲上说她是个诸侯，有自己的领地和供奉；也有的龟壳片上说她是商王武丁最宠爱的王后，武丁对她情深意笃，为她的怀孕和生子而焦虑。从这些发现上看，有人综合以后，说她是王后又有独立的领地，兼为一方诸侯。

可是后来发现的龟壳片上又出现了奇怪现象，有一些铭文中居然说她又嫁给了武丁前几代的君主，而且嫁了三个人！这令研究妇好的人们产生疑问：妇好到底是一个人，还是一类人的总称？为什么她在时间跨度长达 300 年间嫁给 4 个商王？于是原来肯定的墓主"商王武丁的王后"这个妇好，究竟是不是墓主，还是另有其他妇好？历史之谜解开一层，又显出一层。商代妇好墓主人究竟是谁？

曾国国君墓为何建在随国

繁杂浩大的发掘

随县地处湖北省中北部，居长江之北、汉水以东，是江汉平原与中原之间的丘陵带。厉山，传说中为炎帝神农氏的家乡，即位于随县，这里至今仍遗留下了许多神农氏活动的踪迹，如神农洞、炎帝神农碑等。殷商时，随县是王朝的南土，这在殷墟甲骨卜辞上有清楚的记载。在西周时代，随县成为周天子所封同姓诸侯的领地。

1977 年，某部为扩建营地，在距随县县城西北约 3 千米处名为擂鼓墩的丘陵地带实施修建工程。施工人员因红砂岩坚硬，阻碍施工，就用炸药把红砂岩炸得粉碎，然后用推土机推平，结果，发现了褐色的软土，再往下则推出了青灰色的石板。施工人员立即停止施工，迅速向上级做了汇报。

↗ 曾侯乙墓椁室（局部） 战国
位于湖北省随州市擂鼓墩。

经多方支持，考古发掘工作于 1978 年 5 月上旬正式开始。首先是清理填土，接着是清理填土下的石板。石板向下是褐土与青灰泥相间的夯层，再往下是竹网、丝帛、篾席，木椁也随着发掘工作的深入展现在世人面前。在木椁四周与坑壁的空隙里，填有大量木炭。考古工作人员一铲铲地挖出木炭，共清理木炭 31360 千克，至此，墓室的椁板全部暴露出来。考古工

↗ 曾侯乙侯墓出土的铜冰鉴 战国

作人员连续作战，至 5 月 30 日，淤泥清理工作基本完毕，发掘出的大批文物令世人为之一振。

地下奢华的寝宫

曾国为楚国附庸国，公元前 433 年，楚惠王专门为曾国君主曾侯乙制造了礼乐器铜钟。

地下寝宫的墓坑方向正南，墓口东西长约 21 米，南北宽 17 米左右，总面积为 220 平方米。坑内置有木椁，高 3 米左右，分为北、中、东、西四室，且均为长方形。其中，中室面积最大，长约 9.75 米，主要放置整架的宗庙编钟、编磬和其他多种乐器，并有大量的青铜礼器。编钟靠近西壁和中室南部，其他随葬品的摆放井然有序，这充分反映了墓主人饮酒作乐的生活场景。

东室长 9 米左右，为墓主的"寝宫"，放置着墓主的特大型双层套棺和 8 具陪葬棺，以及 11 具葬宠物的狗棺。墓中人骨经鉴定，墓主人为男性，45 岁左右；陪葬的均为女性，年龄在 13 岁～25 岁，尤以 20 岁左右居多。这些应是曾侯乙生前的妻

↗ 曾侯乙编钟 战国

湖北省随州市曾侯乙墓出土，春秋战国时期，统治者为显示等级差别，制作了青铜礼、乐器供权力阶层使用，并制定了相应的礼制，不同地位使用不同等级的器物。曾侯乙编钟的出土，证明了当时"礼坏乐崩"的现象已相当普遍。

妾妃嫔。各室中面积最小的是北室，南北长为 4.25 米，主要放置大量的兵器、车马器、皮甲胄，有 2 件高 1.3 米、重 300 千克的大铜缶用以盛酒，并有 240 多支竹简，简文记载的是用于葬仪的车马兵器，有自制的，也有赠送的。西室与中室并列，长 8.65 米，主要放置了 13 具均为女性的陪葬棺，除了极少一些玩具与服饰外，再无其他葬品。

6 月底，发掘工作基本完成，出土文物共有 7000 件之多，如此多的文物，令人叹为观止。其中乐器 1.2 万件，包括编钟 64 件；礼器、宴器 140 件；兵器最多，共 4500 件，由此可一窥当时楚国强大的武力。如此多的随葬品充分说明了墓主人曾侯乙的地位。

别具一格的手工制品

曾侯乙墓出土的青铜器器种数量之多、器型之大、铸造之精、纹饰之美、保存之完整，在历代出土的青铜器群中独占鳌头。这批青铜器的材料主要为铜、锡、铅合金体，铜占 80% 左右。出土的这些青铜器体积较大，重量较重，有 5 件超过了 100 千克，另有 2 件大樽缶是迄今发现的东周时期最大最重的酒器。令人吃惊的是，铸镶法首次发现于曾侯乙墓的青铜器上。在出土的这些青铜器中有一件造型精巧、结构复杂的樽盘。樽是一种盛酒器，盘则是一种盛水器，出土时，樽盘浑然一体，寓变化于整齐之中，达到了玲珑剔透的艺术效果。

↗**彩漆内棺 战国**
湖北省随州市曾侯乙墓出土，由于外棺的保护作用，内棺保存得较为完好。但内棺顶部的丝绸已经腐烂，鲜艳的朱红漆在外棺被打开后，逐渐变成褐黄色。

曾侯乙墓出土的数量众多的青铜礼器和乐器在当时引起了轰动。这些编钟及其他古乐器的出土，是中外音乐史上的一大奇观。乐器或由青铜构件和木石构件混合组成，或由木竹制成，共 125 件（套）。其中的编钟，是目前中国出土乐器中规模最大、质量最佳、完整性最好、音律协奏性最高的顶尖精品。

曾侯乙墓共出土了 5012 件漆器，使用漆器的范围远远超过中原。曾侯乙墓出土

↘**十六节龙凤纹玉挂 战国**
湖北省随州市曾侯乙墓出土。

的漆器彩绘和雕刻以鸟兽形纹、几何纹和龙形图案为主，大多是木制用品。这些用品包括衣箱、食盒、餐具、梳妆用品等，其中以5件衣箱和一件鸳鸯形盒的彩绘最为出色。春秋战国时期金银器极少，曾侯乙墓出土的那件金制酒器：方唇直口，浅腹平底矮足，双环耳，名"盏"，是迄今出土的先秦金器中最大最重的一件，约2150克。

考古人员从墓主人尸骨周围清理出500多件玉饰品。曾侯乙墓出土的玉缨是一件16节的龙凤玉挂。整件玉挂集透、平、阴雕等玉雕技艺于一身，共刻有大大小小的37条龙、7只凤及10条蛇，皆栩栩如生，玲珑剔透，实为古代玉雕之精品。

永留人世的谜团

曾侯乙墓的发掘，带给了人们一个个谜团，如战国时期的曾国在我国古代历史上只是一个名不见经传的小国，为什么这个小国的国君墓能具有如此规模呢？如在周代，礼器的使用权是泾渭分明的，其使用具有严格的限制，不同等级的人只能使用与自己身份和地位相符的礼器。曾侯的级别算是很低的，按当时规矩只能用"七鼎"，而曾侯乙墓出土的礼器却完全不管这些，规格极高，几乎达到天子的规格了。

除礼器外，曾侯乙墓出土的乐器也同样规格极高，这使不少学者怀疑墓主曾经是周

↗ 甬钟及铭文 战国
湖北省随州市曾侯乙墓出土。

天子执掌礼乐的"大乐"，只是目前为止还没发现充分证据可以支持这种观点，更何况如果曾侯乙真是周的"大乐"，为何史书典籍中没有关于他的一点儿记载？不过，大多数学者不认同这种观点，他们认为这种现象不足为奇，因为众所周知，春秋战国时期正是"礼崩乐坏"的时代，周天子的地位已江河日下，越位现象也屡见不鲜。

除了这个问题有争议外，人们争论得最激烈的还是这个墓为何会在随县出现。因为曾侯乙是曾国国君，而湖北随县在当时则属于随国，堂堂一国之君，怎么会在别国建自己的墓地呢？有学者认为，战国时代的随国其实就是曾国。确实，这种一国两名的现象在我国古代并不鲜见。如魏又称为梁、晋又称为唐、韩又称为郑等。石泉的《古代曾国——随国地望初

↗ 曾侯乙墓的鸳鸯盒 战国

探》就详细论述了这一观点。他指出："随国和曾国都是姬

姓国，都是西周分封于江汉的诸姬姓国之一。就两国的地望来看，也是一致的。从宋代出土的曾国青铜器到曾侯乙墓，都分布在随枣走廊一带，而且都是从南阳盆地迁入随枣走廊的。"这个说法，也是有一定说服力的。

但是也有的学者不同意此种观点，他们认为，在西周时期，曾国就已经与随国并存了，这在文献中是有明确记载的，说随国就是曾国显然是不合理的。

究竟哪种说法接近事实呢？看来，只有躺在墓葬里的曾侯乙最清楚！

中山王墓为何有众多的鲜虞族珍宝

公元前770年，周平王迁都洛邑（今河南洛阳），中国历史进入东周时期。东周分春秋和战国两个历史时期。春秋时全国共有一百多国，经过不断兼并，到战国初年，只剩下十几国，大国有秦、楚、韩、赵、魏、齐、燕七国，即有名的"战国七雄"。除七雄外，并存的越、宋、卫、中山、鲁、费等小国后来也都被七国所吞并。

↗ 玉人 战国
河北省平山县中山王墓出土。

中山国是春秋战国时期北方少数民族鲜虞族建立的方国，位于河北省中部，因城中有山而得名。1978年以来，对中山王墓的发掘和对中山国都城灵寿城的勘探，揭开了中山国千古之谜。最令人叹为观止的是，出土的文物诡异奇巧，是北方少数民族特色文化与中原文化融合的结晶，多为稀世珍宝，在世界各地展出时不断引起轰动。

1974年，考古学者在平山县三汲乡的南七汲村发掘了1号、3号、4号、5号和6号等战国时期的墓葬以及无数的车马坑和陪葬墓，发现了战国时期中山国的都城灵寿古城，而离城西2千米处的1号墓就是中山国王后的陵墓，结果发现挖掘的出土文物都具有北方民族的文化风格。

1号墓和2号墓都有高大的封土台，其中1号墓保存较好，封土台南北长110米，东西宽92米，高15米，成三级台阶状。台上有带回廊和厅堂的三层建筑。两座墓都有陪葬墓和车马坑。王陵的墓室结构基本相同，平面为长方形，中间为方形椁室，南北为两条墓道。其中1号墓的椁室用厚约2米的石块砌成，椁室内约有4层套棺。两个墓

↗ 错金银镶嵌龙凤形铜方案 战国
河北省平山县中山王墓出土。

出土的随葬器数量惊人，总数达到 1900 多件，其中包括青铜礼器、乐器、生活用器、雕塑，以及玉石器、漆器、陶器等。

春秋战国时期，大量错金银器的出现，成为这一时期工艺水平高度发展的一个标志。北方少数民族地区出土的大量金银器工艺所体现出的水平，令人瞠目结舌。

墓中出土的许多文物堪称艺术珍宝，比如错金银镶嵌龙凤形铜方案，错金银的青铜动物形器座，错银双翼青铜神兽以及牛、犀牛、虎噬猪等形象，形如大树的十五连盏铜灯和银首人俑铜灯等，这些器物的形制特点都是战国前期所没有的。尤其是翼龙、水牛座、犀牛座以及龙凤方案座等青铜镶嵌工艺品，其镶嵌的技巧和图案，与战国前期颇不相同，技艺精湛、造型生动、组合巧思，为其他镶嵌器物难以比拟。

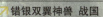

错银双翼神兽 战国
河北省平山县中山王墓出土，双翼神兽具有明显的北方少数民族文化风格，并带有波斯风格，铸造工艺及躯体上的纹饰则是中原地区的风格，集威武勇猛、矫健敏捷于一身，活灵活现。

如错金银镶嵌龙凤铜方案，周身饰错金银花纹，下部有两牡两牝四只侧卧的梅花鹿环列，四肢蜷曲，驮一圆环形底座。中间部分于环座的弧面上，立有四条神龙，分向四方。四龙独首双尾。龙身蟠环纠结之间四面各有一凤，引颈长鸣，展翅欲飞。上部龙顶斗拱承一方形案框，斗拱和案框饰勾连云纹。此案动静结合，疏密得当，一幅特殊的龙飞凤舞图跃然眼前。

再如十五连盏铜灯，高 82.9 厘米，座径 26 厘米，重 13.8 千克。由灯座和 7 节灯架组成，全灯仿若一棵茂盛的大树，树干周围伸出 7 节树枝，托起 15 盏灯盘。每节树枝均可拆卸，榫口形状各不相同，便于安装。树枝上装饰着夔龙、鸟、猴等小动物，构思奇特，造型新颖。

中山陵墓作为处于北方地区的中山国陵墓，在铭文记述的资料和金银器工艺方面，向世人展示了中山国的历史与文化面貌。墓中出土了大量具有中原文化特点的文物，如青铜礼器、陶礼器等都与同时期的赵国、魏国墓葬出土的文物近似。有趣的是，它同时又出土了许多反映游牧生活的帐幕构件、巨大的"山"字形青铜饰件和动物造型的金银青铜饰品。

考古学家认为，中山国最早可能是北方民族鲜虞族所建立的国家，所以有鲜虞族的器物在墓中。有些考古学家则

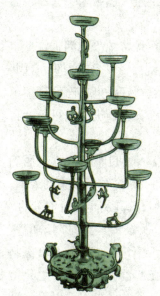

十五连盏铜灯 战国
河北省平山县中山王墓出土。

认为，在战国时期，出现鲜虞族器物在中山墓中的原因，是由于不同民族长期的交往与共同生活，使得文化上的差异逐渐消失，中山国同其他列国一起经历了当时的民族大融合。

孰是孰非，还有待人们的进一步探索。

汉景帝陵墓为何如此奢华

大凡对历史教科书有印象的人都应该记得西汉初年有一个"文景之治"。所谓的"文景之治"也就是指在汉文帝和汉景帝统治的 40 年中，汉王朝社会稳定，经济发展，百姓安居乐业。可以说，汉景帝在我们心目中是一位开明的贤君形象。

可是，随着阳陵，即汉景帝陵墓的初步发掘，这个观点却受到越来越多人的质疑。考古队不仅在阳陵中发掘出大批奢侈的随葬品，更令人震惊的是，在其陵墓南边发掘出数里长的殉葬坑！坑中尸骨不计其数，以千百计，很多骨骸的手脚上还戴着镣铐。如此众多的殉葬者是怎么回事呢？难道汉景帝竟然是一个嗜杀成性的人吗？

有人认为，这也许是当时的一种丧葬仪式，不值得大惊小怪。或者说是奴隶制时代人殉的残余。毕竟，西汉离人类野蛮时代并不遥远，我们不能用现在的标准来要求古人。

有人认为，这些人也许是建墓工人。朝廷怕他们泄露机密，于是在陵墓竣工后就干脆把他们全部坑杀了。这种说法听起来也不是没有道理，历史上坑杀建墓工人的事并不鲜见，如秦陵的修筑就是一个例子。再加上很多人骨的手足上还戴着镣铐，说是做工的奴隶也并不矛盾。

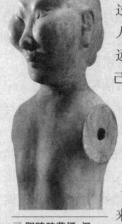

阳陵陪葬俑 汉
陕西省咸阳市正阳乡张家湾村北。

有人认为，这些是战俘的尸骨。因为在景帝统治期间，曾发生过著名的"七国之乱"，也许是平定这场叛乱后，汉景帝为防止这些人东山再起，就把这些战俘全部坑杀。地点刚好距离自己的陵墓不远，这也许是巧合，但也许是顺便就做了殉葬者，也能趁机显示自己的威仪。

也有人认为这些死难者既不是建墓工人，也不是战俘，而确实就是汉景帝显示自己尊贵地位的牺牲品，是纯粹意义上的人殉。他们还从史料上考证了汉景帝在历史上的口碑其实是徒有虚名的。

据《史记》《汉书》记载，有一次，汉景帝与吴王刘濞的儿子，也就是他的堂兄弟在未央宫下棋。下着下着，两个人争执起来，当时身为太子的汉景帝跳起来，一把抓起铜棋盘子就往堂兄弟头上砸，堂兄弟顿时脑袋开花，一命呜呼。从这件事上可以看出汉景帝应该是一个性格暴戾、做事不计后果的人。

平定了"七国之乱"，维护和巩固了国家统一，是汉景帝在历史上留下的光辉一笔。可是，有人认为，汉景帝在这件事上其实没什么功劳，相反，还犯有严重过失。景帝即位后，听从晁错建议，采取削藩措施加强中央集权。当时势力甚强的藩王之一刘濞本来就有野心，又因为莫名其妙痛失爱子而早就记恨在心，以至于"多年不朝"，现在机会终于来了。吴王刘濞借口晁错离间刘家皇亲骨肉，联合其他王国打出"诛晁错，清君侧"的旗号起来造反。汉景帝惊惶失措，怪晁错惹来大祸，竟然把晁错给杀了。哪想刘濞一伙本来就不是为了"清君侧"，而是冲着皇位来的，杀了晁错照打不误。幸亏景帝身边还有一个周亚夫可以独当一面，力挽狂澜，把"七国之乱"给镇压了下去。这样一位大功臣，不久竟然也被汉景帝治罪，在狱中饥饿而死。由此可见，汉景帝是一位既昏庸又无能的皇帝。司马迁在《史记·孝景本纪》中对景帝的评价也没有什么像样的言辞。"七国之乱"这么大的一个历史事件就不见于《史记·孝景本纪》却散见于周亚

↗ 阳陵陪葬坑发掘现场
陕西省咸阳市渭城区正阳乡张家湾村北。

夫、刘濞等人的传记中。莫不是连司马迁也认为汉景帝在平定"七国之乱"这件事上的作用是微乎其微的？

　　一些历史学者说"汉景帝只是沾他父亲和儿子的光，作为'文景之治'，他不够格"。事实难道真的是这样的吗？随着阳陵的进一步发掘，也许我们不久就能知道答案！

马王堆汉墓之谜

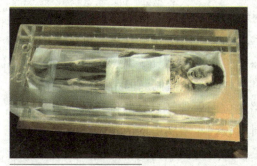

↗ 马王堆女尸——辛追夫人
湖南省长沙市马王堆出土。

火坑墓里出女尸

　　1971年，马王堆旁一家部队医院修建地下医院。在打孔探测过程中，马王堆汉墓偶然地被发现了。

　　发掘工作开始于1972年初，东边的土冢被考古人员编为1号墓。封土被挖开后，露出了斜坡墓道和四级台阶的长方形墓穴。

墓穴的白膏泥被清除后，发掘出了大量木炭，约有 5000 多千克。木炭清除后，一座巨大的椁室完整地展现于世人面前，椁室上覆盖了 26 张黄色的竹席。整个椁室由厚重的松木板构筑而成，长 6.73 米，宽 4.9 米，高 2.8 米。4 块隔板以 "井" 字形把椁室分为四个部分，第三层棺内外绘制的图案最为精美，并以朱漆辅之，象征祥瑞的龙、虎、朱雀和仙人的图案反映了汉人崇拜神及

↗ 湖南省长沙市马王堆1号汉墓挖掘现场

"事死如事生" 的葬俗观念。第四层为殓尸的锦饰内棺，内为朱漆外为黑漆，两道质地精良的帛束横缠盖棺，棺四壁粘贴了一层菱花形的毛锦，锦的边缘加饰了一条绒绣锦。

　　千年女尸在封闭较好的 1 号墓内，她的身上穿了 18 层衣物，并覆以两层衾被掩盖住。由此可推断，在中国古代，对于处在贵族阶层的孝子贤孙来说，死去的先辈的墓葬是一定要认真对待的，所以形成了厚葬的风气，恨不得将死者生前衣食住行所用物品全放进墓穴里，以供死者进入阴间享用。1 号墓在规模和随葬品方面，均优于 2 号、3 号墓，并且是女性，在当时 "男尊女卑" 的思想控制下，显然她应是家族中极有权威的长者，故考古学家判断，她的入葬应晚于前二者的入葬。

墓主身份揭秘

　　根据墓中随葬的一些印章、封泥、器皿上的铭文，并结合有关文献的记载，墓主的身份也就清楚了。2 号墓的墓主是轪侯利苍，1 号墓的墓主名为辛追，是利苍之妻，而 3 号墓的墓主是他们的一个儿子。

　　公元前 202 年，刘邦建立西汉。为稳固天下，刘邦分封了 7 个异姓王，各辖一方，听命朝廷。其中吴芮被分封在长沙，乃是长沙王。至刘邦末年，这些诸侯固守一方，严重危及中央统治，于是刘邦除掉了这些异姓王，代之以自己的亲戚。这样就加强了中央对地方的控制。但是长沙王吴芮却因长沙的特殊战略地位而保住了自己的位置，因为在长沙国南边有一个具有较强军事实力的南越国，西汉也为之忌惮。因此，长沙国成为西汉的战略要地。但刘邦并不放心，他既要笼络长沙国，保住这个战略要地，又要防止长沙国的叛乱，就把利苍派到了长沙国以监督、管束

↗ 朱红罗锦袍　西汉

湖南省长沙市马王堆1号汉墓出土。马王堆汉墓出土如此精美华丽的丝织品，与长沙国附近的蜀郡有关。蜀郡素以先进的纺织技术闻名全国，可称 "覆衣天下"。

墓主图 西汉
湖南省长沙市马王堆1号汉墓出土。

长沙王吴芮，使其不敢轻举妄动。又因长沙国的重要地位，利苍不仅被封相且封侯。利苍的封地因在轪县（今河南信阳地区），故称轪侯。利苍死后，他的一个儿子利轪继任爵位。3号墓墓主却是利苍的另外一个儿子，即利轪的兄弟，他是一位带兵的将军。墓穴里出土的十几万字的帛书证明了他非常好学，却极为短寿，大概活了30多岁，死因不明。最后一代轪侯名为利扶（有些史书上记为利秩，实为同一人），因其触犯汉朝法律，丢了列侯的爵位。轪侯在历史上就这样无声无息地消失了。

锦衣玉食精器显奢华

马王堆汉墓随葬品极其丰富，体现了鲜明的时代特点。马王堆汉墓出土的文物不仅数量巨大，而且保存基本完好，鲜艳美丽的丝织品和漆器，极具学术价值的帛书和帛画，都让世人吃惊。

1. 奇奢的丝织品

中国自古即有"缫丝之国"的美誉，汉代的锦绮则以美丽的花纹、柔软的质地、闪耀的光泽、华贵的气息而闻名于世，不但令北部草原上的游牧民族着迷，也使当时世界上的许多文明古国，如波斯、罗马、印度的商人慕名而来争相采购，而且那些国家的贵族们以穿戴中国产的丝织衣物为骄傲，它象征着身份、财富与地位。

所出土的丝织品中最精美神奇的要数墓主辛追夫人身上穿着的两件薄素纱禅衣。衣长128厘米，两袖伸直长190厘米，而重量却轻得出奇，分别为48克和49克，不足一两。这种纱质地又轻又薄，透明度也甚高，故古人称其为"动雾霭以徐步兮"。薄如蝉翼、轻若烟雾的纱衣穿在身上，看上去会产生一种朦胧感，使人显得美艳绝伦。这两件素纱禅衣之精美，完全可以和现代精工织造技术媲美。

2. 千年佳肴世人羡

马王堆汉墓出土的各种各样的食物很准确地反映了汉代发达的农业状况。

食物本来是极难保存上千年的，但由于1号

九子奁 西汉
高20.8厘米，口径35.5厘米，长沙市马王堆1号汉墓出土。这件妆奁，由盖、上层、下层三部分组成。上层放三双手套、絮巾、组带、镜衣；下层底板厚5厘米，凿出凹槽9个，槽内放小奁9个，奁内装胭脂、白粉、油彩等化妆品，以及粉扑、假发、梳篦、针衣等物。器内皆红漆，器外黑漆上贴金箔，上施油彩，以金、白、红彩绘云气纹、云龙纹和锥书云纹。9个小奁非常精致又轻巧。

墓密封甚好，所以发掘出多种残存的食物，在椁室
里到处都有食物，有的放在陶器、漆器里，有
的放在竹筒和麻布袋里，其中有些是已烹饪
好的菜肴。多种粮食，如稻、粟、豆、麦、
黍等放在麻袋里。稻谷出土时就像新鲜的
一样金黄、完整，但由于长时间存放，内
含物质大多分解消失，出土后，即脱水逐
渐干枯。最多的是菜肴瓜果，如甜瓜、枣、

↗马王堆1号汉墓出土的农作物
在汉代农作物考古中，马王堆汉墓的发现最为丰富。

梨、杨梅、藕、桃等。另外，还有一些畜
鱼类，如猪、牛、鸭、斑鸠、鸳鸯等，它们多被烹调成熟食盛放于精美的陶皿或漆器
里。让人觉得有趣的是，陶器里竟盛放着各种调味品及酒类，可见墓主人生前的生活
饮食是极其丰富及奢华的。桃、藕等物刚出土时，还色泽鲜艳，不过很快就化成了一
摊水。

3. 光彩夺目的漆器

马王堆汉墓出土了大量漆器，1号墓有184件，3号墓有316件，这是全国各地发
现的漆器中数量最多、保存最好的一批。其中1号墓的一件双层九子奁，在黑漆的器
表上还贴饰了金箔，金箔上再用油彩绘出变形云纹，更加绚丽多彩。3号墓的一件粉彩
云纹漆奁，其彩绘则用具有油画效果的堆漆法画成，先用白漆勾出凸起的边框，再用
红、黄、绿漆填绘云纹。与这种强烈立体感相反的装饰手法称为锥画，不用笔，而是
用细尖锥或针在将干未干的漆膜上刻画出各种细如发丝而又栩栩如生的图案来，给人
一种阴柔的朦胧美，需借助亮光仔细观察，才能欣赏到图案纹饰的精巧和纤丽。

许多漆器上烙有作坊地名；有些则写有"轪侯家"或"九升"等字样，表明物主
及容量。最有趣的是，许多耳杯和盒、卮、小盘上写有"君幸酒"或"君幸食"，令人
遥想起当年"劝君更尽一杯酒"的宴饮情景。

4. 阴间的侍奉者

墓中挖掘出的木俑是供墓主带到阴间遣役使用的，他们全都称职地守候在墓主的
身边，随时听候派遣。木俑有平雕和圆雕两
种，脸面均彩绘，有些着丝绸衣裳，有些则
直接彩绘出衣裳。

↗乐人俑 西汉
高32.5～38.0厘米，湖南省长沙市马王堆1号汉墓
出土。

除歌舞俑之外，还有乐俑和25弦瑟、7
弦瑟、6孔箫、22管竽等乐器，这些乐器都
是首次发现的西汉实物。其中1号墓出土的
25弦瑟是目前发现的唯一一件完整的西汉初
期的瑟。3号墓出土的一件竽在竽管中发现
了竹子做成的簧片，簧片上有控制音调的银

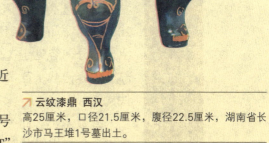

彩漆龙纹勺 西汉
长62厘米，湖南省长沙市马王堆1号汉墓出土。

白色点簧，这是世界管乐器
中最早使用簧片的实物证明。
竽是中国古代的一种重要乐
器，"滥竽充数"的故事想来
大家都听说过。1号墓出土的
12支一套的竽律证明竽在当
时不仅是主要的乐器，而且还
可作为其他乐器的定音标准。

招魂升天的帛画

汉代画在缣帛上的绘画作品颇多，
但大多失传。马王堆1号、3号墓出土
帛画共10余幅，占全国帛画出土量的近
一半。

马王堆帛画最有代表性的应是在1号

云纹漆鼎 西汉
高25厘米，口径21.5厘米，腹径22.5厘米，湖南省长
沙市马王堆1号墓出土。

墓和3号墓出土的两幅帛画。画面呈"T"
字形，顶部裹有竹竿并系有丝带，可以悬挂，是死者出殡时张举的旌幡。旌幡是古代
丧葬仪式中的一种物品，使人高举，随丧葬队伍行进，大概起到识别死者、招魂、导
引灵魂升天的作用。1号墓中的旌幡保存比较完整，3号墓中的则有些残破不整。

1号墓旌幡表现的是一幅死后升天图，自下而上分成三个部分，分别表示地府、
人间、天上的情景。最下面有两只红鳞青色的巨鱼相交，鱼尾各立一长角怪兽，有人
说此怪是打鬼的"方相氏"。鱼背上立有一裸体力士，双手擎着表示大地的平板，其左
右有双蛇环绕，再外边各有一大龟，龟背上站有猫头鹰。大地之上是人间部分。中间
画有两条巨龙左右穿绕于圆璧。璧下左右流苏之上，有两个羽人，悬着一个巨磬，巨
磬的下面，有鼎壶以及成列的人物。圆璧之上，两只凶悍的豹子支撑着一个白色平台，
一位衣饰华贵的老妇人拄着拐杖，身后有3个婢女，前面则是两个拱手跪迎状的男子，
一穿红袍，一穿青袍。画中老妇是1号墓主——轪侯夫人，画中的两个男子应是天国
使者，前来导引墓主人升天。而在帛画最上面，天门已开，天门左右各有一个守门者，
做等待、亲密对语形态。天门之上是天界，正中上方是一个人头蛇身的形象，有人说
是女娲，有人说是伏羲，无论是谁，都应是天界的主宰。天界之中，凡人的一切想象
力都表现了出来。墓中女主人骑龙舞于空中。

3号墓旌幡构图与前者基本相同，由于墓主身份不同，人间部分画的是一个佩剑的男子，前后有9个侍从，显示出地位高于1号墓主。

这两幅帛画特色鲜明，充满了绚丽的神话色彩。画中图案，极具生命力和人间气息。这两幅帛画在构图上，众多的人物、禽兽、器物处理得有条不紊，左右对称，通过昂扬龙首的蛟龙、迎候的司阍，将地下、天界联系在一起，渲染出了升天的气氛。墓主的形象位于画的中央，显示出了主人的高贵身份，使画的中心更为突出。画的线条流畅挺拔，设色庄重典雅，展示了西汉绘画的卓越水平。

古文献的宝库

马王堆3号墓随葬帛书、简牍是继汉代发现孔府壁中书、晋代发现汲冢竹书、清末发现敦煌图卷之后，中国历史上的第四次古文献大发现，可分成六艺、诸子、数术、方术、兵书5类。

1.六艺类。指儒家经典及一些辅助读物。《春秋事语》约2000余字，记载春秋时的史实。《战国纵横家书》约1万余字，部分内容见于《战国策》《史记》，文句也大体一致。还有部分内容记载了苏秦的游说活动，属于现已不见于任何典籍的佚文。

2.数术类。此类书主要是自然科学的著作。马王堆出土的帛书，包括当时的阴阳五行学说、驱鬼避邪信仰、天文气象书籍，其中的《五星占》是现存最早的一部天文书，在天文史研究上特别重要。

3.兵书类。内容属于兵家阴阳家。发现了两幅地图，一幅是《长沙国南部地形图》，另一幅是《驻军图》。画得相当精确，一些水道的曲折流向，与今天的地图大体接近，并附有图例。而《驻军图》是中国乃至世界发现的最古老的彩色地图，反映出古代中国劳动人民的高超智慧。

4.诸子类。包括《老子》和《黄老帛书》。《老子》分《道经》和《德经》两篇，马王堆出土的《老子》，《德经》在前，《道经》在后，与现在通行本顺序截然相反，是目前所见《老子》的最

↗ 升仙图 西汉
纵233厘米，上横141厘米，下横50厘米，湖南省长沙市马王堆3号墓出土。

↗ 帛书《老子》乙本 西汉
纵48厘米，湖南长沙市马王堆3号墓出土。

270.

古的抄本。

5.方术类。汉代将医经、经方、房中术、神仙术等，称为方术。所出土内容最丰富的是《五十二病方》，全书有52题，记载了治疗各类疾病的医方，包括内、外、妇、儿、五官诸科，其中外科病方占70%以上，可以视为汉代的一部优秀外科著作。《导引图》是一幅绘有各种运动姿态并注有解说文字的图，还附有论述气功健身方法的文字。"导引"是把呼吸运动和躯体运动相结合的体育医疗方法，这是我国考古发现中最早的健身图谱。

僰人悬棺为何凿于万仞绝壁之上

在我国四川南部的珙县境内，曾经生活着一个特立独行的少数民族：僰人。从春秋时期到明代万历年间长达2000年的时间里，他们一直在这片土地上耕作、生息、繁衍。在春秋时期，他们被称为"僰人野人"；在汉代，被称为"滇僰、僰僮"；明朝则呼为"都掌族"。然而在明神宗万历元年（1573年）的"僰汉大战"之后，这个部落从此就神秘地销声匿迹了，除了高悬在离地高达百米的断壁悬崖上的265具棺材，他们没有给这个世界留下其他的信息。

这些高高在上的"僰人悬棺"总重超过千斤，都是用质地坚硬的整木雕凿而成。

↙ 悬棺近景

其外形主要有船形和长方形两种。有的选择最为险峻的天然或人工凿成崖石安放，棺木还裸露在外面；有的在绝壁上凿孔，插入木梁，把棺木架在上面。悬棺离地面数十米到 100 多米，在山风中凌空俯视地面，令人可望而不可即。这些悬棺已经在高高的空中悬挂了数百年，经历风风雨雨的剥蚀，至今仍牢实地迎空展示着。悬棺的崖壁上有许多红色彩绘壁画，内容丰富，线条粗犷，构图简练，形象逼真。

现存悬棺最集中的地方是宜宾地区珙县洛表乡的麻塘坝和曹营乡的苏麻湾两处景区。其中麻塘坝亦称僰人人沟，距四川省珙县县城 60 千米，南北狭长，东西两侧奇峰挺拔，险拔峻峭的岩穴之间现存有悬棺 160 多具，许多棺木半悬山崖，距地面一般 25 ~ 50 米高，最高的有 100 多米。苏麻湾距麻塘坝 10 多千米，在陡峭的石灰岩壁上分布着 48 具悬棺，沿着浩浩荡荡的江水，人们在船上就可以看见这些奇特的悬棺。

僰人为何要把棺木高悬于千仞绝壁之上呢？专家们认为，按古僰人的意思，悬棺入云，是吸日月之精气。从科学上来说，西南地区的少数民族由于长期居住在山水之间，他们对山水产生无比崇高的感情，死后葬在靠山临水的位置表明亡灵对山的依恋和寄托之情。至于把棺木放得很高，那是因为高处可以防潮保尸，并可以防止人兽的侵扰。

↗ 悬棺远景

据学者研究，悬棺文化最早起源于吴越地区特别是现在福建、浙江两省交界的地区。之后，由于战乱，这支具有特殊墓葬风格的文化由山路（也有水路）迁入江西，分为二支。一支由江西至湖北，沿长江而上，到达四川。从四川由北到达陕西，由南到达云南（再由云南传入贵州、广西及越南等地）。另一支由江西入湖南，再由湖南进入贵州、广西（也可能成为传入越南的悬棺文化的一支）。

可是所有放置悬棺的地方，上至峰顶、下距空谷，都有数十米到一两百米，而且到处都是异常陡峭的石壁，没路可走。古人是怎样将这些悬棺放置到悬崖峭壁上去的呢？对此，人们多方猜测，代表性的解释有"栈道论"和"吊装论"，还有"洪水说""隧道说""天外来客说"等，众说纷纭，悬棺因此被蒙上了一层异常神秘的色彩。

"栈道论"认为，悬棺是通过修栈道运到悬崖上的洞穴中的。古人可能就像今天造房子搭架子那样沿着悬崖向上搭，当搭到洞穴口时便可将棺一层层递上来，直至送入洞中，或者由山顶搭栈

↗ 悬棺中发现的古人的衣物

道向下直至洞口。证据是现在只要乘竹筏沿九曲而游还可以在两岸的岩壁缝隙处看到一些残存的木料，这就是安置船棺后为确保它的安全而将栈道拆除的遗物。但是存放船棺的悬崖多是单独成峰的，突兀峭拔，崖壁坚硬，由下而上搭架子能搭到数百米谈何容易，特别是在工程技术还极其落后的古代少数民族地区很难实现。"吊装论"认为悬索下枢可以解决千斤之物如何挂上悬崖的问题。1973年9月，公安部门曾侦破了一起盗悬棺案。两名盗贼供认，他们买了数百千克粗铁丝制成软梯，上端紧绑在岩顶的大树根部，一人把风，一人顺梯而下至洞穴，再设法在崖壁上开辟一条栈道，随后盗棺而出。有些人因此认为僰人是反其道而行：先找到安葬洞口，在洞口前架设数米长的栈道，棺木在峰顶就地制成，装殓死者后吊坠而下至洞口，再由人推

悬棺所处的岩壁上有生动的岩画。

进洞去。但人们至今不能断定古人是用什么简陋的机械将悬棺放到洞穴里。因为山顶到涧谷一般均有一两米，鞭长力微，即使百人在峰顶一起用力绞拉辘轳之类的简单机械来吊升岩底的棺木，吊到洞口时也不能放进穴内。

悬棺隐身在云雾缭绕的峭壁之上，充满了神秘色彩，它作为文化发展史中的一个奇迹，沉积了往日逝去的回忆。僰人为何悬棺而葬？刀耕火种的年代如何置棺高岸？僰人是怎样消失的？悬棺上崖壁的红色岩画又在讲述什么故事？这些谜还有待今人解答。

西宫娘娘为何葬于东边

世人皆知有一位西太后慈禧，但并不是每个人都知道曾有一位与西太后并尊甚至身份应高于其上的东太后，即慈安皇太后。慈安皇太后何许人也？说起来她还是清朝咸丰皇帝的正宫皇后。西太后慈禧之所以能成为太后，是因为她是清朝的同治皇帝的生母，子荣母贵，所以在咸丰皇帝死后，慈禧才能由贵妃跃升为太后，与名正言顺的慈安皇太后并驾齐驱。

慈安皇太后对后世的影响之所以远远逊于慈禧，这由她本人的性格所致。咸丰皇帝死后，慈禧出主意，东太后与西太后曾共同垂帘听政。不久，东太后就感到厌烦了，常常推说身体不适。慈禧自然就独揽了朝政大权，统治了中国近半个世纪之久。

慈禧世称西太后，慈安世称东太后，有趣的是，她俩的陵寝却一个在东边，一个

↗ 定东陵 清
河北省遵化县马兰峪，定东陵是咸丰皇帝两位皇后慈安和慈禧的陵寝。两陵之间隔有一条马槽沟，建筑形制相同。

在西边。具体地说，西太后慈禧死后葬于清东陵（今河北省遵化县）的东边，而东太后慈安死后却葬于清东陵的西边。这是怎么一回事呢？

↗ 慈禧太后像
慈禧太后（1835～1908）又称那拉太后、西太后、叶赫那拉氏，满洲镶蓝旗人。咸丰二年（1852年）被选入宫，号懿贵人。后来，咸丰帝病逝于热河行宫。其子载淳即位，其与孝贞皇后并尊为皇太后，徽号慈禧。同治十三年（1874年），载淳死，立侄为帝，改元光绪，仍垂帘听政。光绪二十六年（1900年），八国联军攻陷北京，挟光绪帝仓皇逃往西安。1908年十月，光绪帝去世，慈禧也死去。

民间流传着不同的说法，其中一种说法是对弈赌陵。东宫太后慈安是由正宫皇后升为太后的，可以说是天经地义的皇太后，而西太后慈禧只不过是沾了儿子当皇帝的光才升级为太后的，所以在地位上远不及慈安太后，这样，西太后的陵墓无论是在风水上还是在规模上都不能与慈安太后相比。可是我们知道，慈禧太后向来争强好胜、心狠手辣，她怎么可能甘心屈居于慈安太后之下呢？于是她精心布置了一场赌局，与慈安太后约好，谁下棋下赢了，谁就先挑选陵墓。可怜慈安太后性格柔弱而又心无城府，自然不是诡计多端的慈禧太后的对手，于是西太后就毫不客气地把属于东太后的陵墓给霸占了。

还有另一种说法，认为慈禧在柔顺的慈安太后面前根本就懒得去玩弄什么花招儿，说白了就是明抢了人家的陵墓。传说慈禧太后有一天晚上做了个怪梦，梦见自己死了以后被慈安葬在了清东陵的西边。这个梦给了慈禧一个大大的灵感，她想，如果慈安太后先于她死的话，把她葬在哪里还不是由自己说了算吗？于是，歹毒的慈禧太后就下药把慈安太后给毒死了，并如愿以偿地把她葬在了清东陵的西边。再后来，慈禧为了让自己死后继续过上豪华奢侈的生活，以"年久失修"为借口，对自己的陵寝花巨资大肆修整了一番。

当然也有人认为，慈禧太后生前虽然狡猾奸诈、不甘居人之下，但在祖宗面前她还是有所顾忌、不敢造次的，规规矩矩地葬在了属于自己的陵墓内。这个看法同样有不一样的观点。一种观点认为，东太后、西太后的名称，与她们的地位、资历是没有什么关系的，更不可能由她们的陵墓方位所决定。慈禧太后之所以称为西太后，是由于她生前居住于紫禁城内西边的储秀宫和长春宫，同样的道理，慈安太后之所以称为东太后，则因为她生前居住于紫禁城东边的钟粹宫。正是因为她们生前居住的方位不同，才决定了她们的称号。

西宫娘娘是否理应葬在东边？恐怕这个谜底将永远随着慈禧太后埋进坟墓。

慈禧陵墓的财宝流落何处

叶赫那拉氏，生于 1835 年，卒于 1908 年，从咸丰皇帝的嫔妃到垂帘摄政的西太后，她在血雨腥风的宫廷斗争中站稳了脚跟，最终成为中国封建王朝最后一个掌握实权的执政者。然而，局势已是风雨飘摇、内外交困，慈禧太后带领日薄西山的清王朝走过了 48 年，留下更为颓败的烂摊子撒手人寰。她生前权倾一时、穷奢极欲，死后也不忘富贵荣华，在棺木中堆满金银珠宝，意图将生前的财富带到另一个未知世界。但

↗ 慈禧陵的宝顶即地宫上方的坟丘

慈禧陵的地宫

慈禧的棺椁

显然，她的美好愿望落了空。

在她死后仅20多年，她的陵墓就被盗，她的尸身被弃一旁，长满白毛，而那些价值连城的珠宝当然被洗劫一空，流落世上。慈禧的陵墓在今河北省遵化县的马兰峪，人称"东陵"。做下如此惊天大案的人被称为"东陵大盗"，这个名词如今几乎成为一切胆大妄为盗匪之通称。

清东陵距北京120千米，占地约70平方千米，是清朝三大皇家园陵中规模最大、葬人最多的一座。

自顺治十八年（1661年）建孝陵始，清王朝先后有顺治、康熙、乾隆、咸丰、同治5位皇帝葬于此处，另有15位皇后、136名嫔妃与3名皇子、2位公主葬于此。其中，最豪华的当数乾隆帝与慈禧太后之陵。在清废帝溥仪的回忆录《我的前半生》中曾引述文史资料如此描述道：

墓中隧道全用汉白玉砌成，有石门四进，亦全系汉白玉雕制，寝宫为八角形，上覆圆顶，雕塑着九条金龙，闪闪发光。寝宫面积约与故宫的中和殿相等。乾隆的棺椁是用阴沉木制成的，安放在一个八角井的上边。两座坟墓中的殉葬器物，除金银元宝和明器外，都是些罕见的珍宝。慈禧的殉葬物品，多是一些珠宝翠钻之类，她的凤冠是用很大的珍珠以金线穿制而成的；衾被上有大朵的牡丹花，亦全用珍珠堆制；手镯系用大小钻石镶成一大朵菊花和六小朵梅花，澄澈晶莹，光彩夺目；手里握着一柄降魔杵，长约三寸余，为翡翠制；她的脚上还穿着一双珠鞋。

另外，在棺中还放置着十七串用珠宝缀成的念珠和几双翠质手镯。乾隆的殉葬品都是一些字画、书剑和玉石、象牙、珊瑚雕刻的文玩及金质佛像等物，其中绢、丝制品都已腐朽，无法辨认。

除了溥仪记录的这些以外，慈禧太后棺木内的陪葬品还有蒲翠、白玉、红宝石、金雕等佛像27尊，宝石制成的桃、杏、枣、李等200多枚，以及蒲翠西瓜、丝瓜、玉石莲花、白玉藕、玉石骏马、罗汉等，据不完全统计，共计有珍宝700多种。为填补空隙，还在棺内填放了 4 升珍珠和 2200 多块红、蓝宝石。尤为珍贵的是，慈禧口中含的夜明珠，硕大无朋，晶莹剔透，夜色中放射出莹绿的寒光，百步之外人的头发都清晰可辨。据说，慈禧的棺材一打开，满箱珠宝的光彩耀得人眼花缭乱，连手电筒的光都黯然失色。

"青史留名"的盗墓贼是国民党军官孙殿英。他原是赌棍和贩毒出身的"流氓军人"，在张宗昌部下当过师长和军长，1927 年接受国民党的改编，任四十一军军长。1928 年，孙殿英率部到马兰峪一带。慈禧太后陪葬品之丰厚世人早有耳闻，孙殿英此举显然是预谋已久，盗墓行动亦计划得十分周详。他事先贴出告示，声称要进行军事演习，封锁了附近的交通，然后由他的工兵营长颛孙子瑜带士兵挖掘。当然为了掩人耳目，他们不敢在白天明目张胆地干，都是利用夜色掩护，花了三个晚上的时间将乾隆和慈禧陵墓中的殉葬品洗劫一空。

诗曰："纵有千年铁门槛，终须一个土馒头。"无论你生前如何尊贵，无论你带着多少财富下葬，最终只是一具尸骸而已。后来去收拾的人发现慈禧尸身被挖出后扔在地宫的西北角，全身已被扒光，尸体长满白毛。

溥仪回忆，当时他极度受刺激，各路遗老遗少也纷纷赶到天津租界溥仪的住处——张园，设堂祭奠，叩拜行礼，恸哭流涕，提出抗议，要求严厉惩办孙殿英，后来此事却不了了之。

那么，孙殿英盗取的财宝除了少数用来打点上下，大部分都流落何方了呢？民间传言，孙殿英将盗掘的部分宝藏送给了上司徐源泉，徐氏遂把它埋在武汉新洲徐公馆的地下密室内。徐家的女用人亦回忆道，徐源泉在孙殿英盗东陵后就发了财，1931 年，耗资 10 万大洋建造了富丽堂皇的徐公馆。公馆占地面积约 4230 平方米，极尽奢华之能事。并且，公馆建成后就有一批人在公馆附近被枪毙，这样的巧合不能不令人疑心被枪毙的就是建造公馆的工匠们。但是，徐源泉的儿子、年近八旬的徐均武却否认这个传说。他说自己在 1949 年父亲飞往台湾前曾去广州见过父亲一面，父亲未叫自己从武汉家中携带任何东西，父亲上飞机的行李亦十分轻便，显而易见并无任何财宝。

当年徐家的一些邻居做证说，小时候曾见过徐家的奢华，徐妻还有一顶金光灿灿的凤冠等。所有这些说法都令人将信将疑。可以确定的是，当年身为国民党第六集团军陆军上将的徐源泉，孙殿英的直接顶头上司，他肯定会从孙殿英处得到一些好处。至于这些好处有多少，是否是一笔

↗ 金透雕 清
这两件金透雕葫芦做工精细，花纹精美，是清代金银器中的妙品，代表了清代金银器的最高艺术成就。

（上）錾盘肠纹金指甲套正面和背面，（下）百子如意纹金镯 清

金指甲套采用传统捶打、錾刻、焊接等工艺制成。上部围成圆筒状，錾刻了盘肠形纹，下部做成半包围形，指尖上翘，卷边。金镯采用了范铸、錾刻、焊接等工艺。镯头平直，两端开合处有童子相对而视。边饰是曲线优美的绳纹。每只镯子上有多个隐去的童子。金镯里面有"如意"二字。因此金镯是当时"多子多孙，吉祥如意"的象征。

不小的财宝就不得而知了。

1994年，武汉市有关文物部门曾对徐公馆的密室进行清查，并没有什么发现。关于徐公馆藏宝的传说一直既无法证实，亦无法廓清，看来，这个谜还不知道什么时候才能解开呢。

为何称西夏王陵为"东方金字塔"

970多年前，西北大地出现了一个与宋、辽鼎立的少数民族政权——"大夏"封建王朝，西夏语为"大白高国"。因其位于宋、辽之西，历史上称之为"西夏"。它东拥黄河，西界玉门，南接萧关，北控大漠，地方万余里，倚贺兰山以为固，雄踞塞上，立朝189年，传位十主。13世纪，蒙古帝国迅速兴起并日渐强大，开始对外扩张和掳掠，西夏便成为蒙古对外扩张的首要目标。1227年，成吉思汗包围西夏都城兴庆府达半年，威震四方的成吉思汗虽战无不胜，但西夏人拼死抵抗，双方陷入苦战之局。经过一番惊心动魄的战斗，蒙古大军攻下了西夏都城兴庆府，接着在城里四处抢掠、大肆屠杀，铁骑所到之处，白骨蔽野。历时189年，曾在中国历史上威震一方的西夏王朝灭亡了，党项族也从此消失。只有贺兰山下一座座高大的土筑陵台——西夏王陵，仍然默默矗立在风雨之中，展示着神秘王朝的昔日辉煌。于是，西夏王朝留给后人的，只剩下这些历史遗迹和一个又一个难解之谜。元人主修的《宋史》《辽史》和《金史》中各立了《夏国传》或《党项传》，但没有为西夏编修专史，这无疑给研究人员增加了困难。近年来，研究人员试图从那些废弃的建筑、出土文物和残缺的经卷中，寻找西夏王国的踪迹，以求破译众多谜团。

从20世纪70年代开始，考古人员对矗立在荒漠中的西夏王陵进行了科学的考

察和研究，清理了一座帝王陵、四座陪葬墓、四个碑亭及一个献殿遗址，并从中发现了一些很珍贵的西夏文物。这些文物中有西夏文字，有反映西夏人游牧生活和市井生活的绘画，有各式各样的雕塑作品，有"开元通宝""淳化通宝""至道通宝""天禧通宝""大观通宝"等各个时期的流通钱币，有工艺精巧的各类铜器、陶棋子等文物。更让人惊讶的是，这当中出土了大量造型独特的石雕和泥塑。与此同时，考古工作者还对陵区进行了多次全面系统的测绘与调查，陆续发现了新的大小不等的陵墓。发现的陵墓从

↗ 西夏陵园出土的石柱础

15座增加到70多座，后又增加到200余座，截至1999年共发现帝陵9座、陪葬墓253座，其规模与河南巩县的宋陵、北京明十三陵相当。东西5千米，南北10多千米，总面积50多平方千米，如此规模的皇家陵园在中国实属罕见。人们还惊奇地发现，在精确的坐标图上，9座帝王陵组成一个北斗星图案，陪葬墓也都是按星象布局排列！为什么要这样排列呢？至今仍没人能够解释。

西夏王陵和其他陵园相比，有自己的特点。西夏王陵三号陵园陵城和角阙形制具有西夏佛教的显著特点。研究人员在清理陵塔墙基周围的堆积物时，未发现有登临顶

↗ "东方金字塔"——西夏王陵
西夏陵园在明代以前被掘被毁，地面建筑只剩遗址，但仍保存着大量的建筑材料和西夏文，这对破译西夏王陵留给世人的独特谜题有着重大的价值。

↗ 西夏王陵陵园遗址
每到黄昏，沉落在贺兰山后的斜阳总是忘不了向这些夯土墩送上
一抹古铜色的余晖。这种日复一日的凭吊，如果从1038年西夏
正式建立起算，已近千年。

端的任何形状的阶梯、踏步，角阙
附近也仅发现大量的砖瓦及脊兽残
片，而未发现明显的方木支撑结构，
由此专家们推测角阙之上应为一种
实心的，用砖瓦、脊兽垒砌的高低
错落的塔式建筑，而绝非可以拾级
而上的厅台楼阁，而在此出土的铜
铃应为佛塔角端悬挂的装饰物。研
究人员说这种在陵园中修建的佛塔
式象征性建筑目前尚属首见，这可
能与西夏尊崇佛教有直接关系。另
外，陵园所有角阙和门阙皆由一座

座大小不一的佛塔组成，与陵塔遥相呼应，形成一座气势恢宏的具有浓郁民族特色的
建筑群。研究人员推想，西夏王陵应是以高大宏伟的密檐塔状陵台为中心，四周围绕
高低相间错落有致的佛塔群，从而使整个陵园充满尊崇佛法的宏大气势，突出了西夏
王陵别具一格的建筑特色。

　　西夏王陵另一个与众不同之处是它放置石像的位置。石像生自东汉创制以来，列
于陵园正门外的神道两侧，成夹道之势。而西夏却将月城作为列置石像生之地，与传
统的正门外神道两侧置石像生完全不同。考古工作者从月城残留的遗迹现象中，已找
出了四条摆放石像生的夯土台基，台基呈窄长条形，南北长41.5米，东西宽3.7～3.9
米。月城出土了数百块石像生碎块，研究人员根据石像生碎块的分布状况分析，一条
夯土台阶上可能有5尊石像生，两条台阶上约摆放石像生10尊。三号陵园石像生的摆
放状况可能是4排20尊，改变了宋陵将石像生群列于神道两侧呈"一"字排开的做
法，这样使石像生更加集中、紧凑，缩短了陵园的南北纵向距离，形成了"凸"形的
基本结构，与宋陵方形布局有明显不同。研究人员认为，把文臣武将集中摆列在月城，
突出了皇家陵园的威严和气势。西夏陵月城的设置不同于宋陵，研究人员认为西夏陵
园平面可能是仿国都兴庆府城之平面。陵园前凸出的一块，是仿常见的城门外之瓮城，
突出了月城保卫陵园（陵城）的作用，可见西夏人仍按古代"视死如生"的丧葬要求
设计陵园。另外，研究人员在西夏王陵还发现了中原地区陵墓所没有的塔式建筑。据
此有关专家推测，西夏王陵可能吸收了我国秦汉以来，特别是唐宋陵园之所长，同时
又受到了佛教建筑的巨大影响，使汉族文化和佛教文化、党项族文化三者有机地结合
在一起。

　　西夏王陵以其独特之处吸引着众多研究者，而那一个个未解之谜也给它增加了几
分神秘，使它备受人们的关注。

明十三陵碑文之谜

在明十三陵中，只有明成祖朱棣的石碑上有碑文，这块长陵石碑，正面刻有"大明长陵神功神儒碑"字样，下面刻有朱棣儿子明仁宗亲自题写、为其父歌功颂德的3000余字的碑文。既然十三陵中的第一陵有碑文，其余十二陵为什么不刻上碑文呢？

顾炎武在访问十三陵之后，写出的《昌平山水记》中这样说：传说嗣位皇帝谒陵时，问过随从大臣："皇考圣德碑为什么无字？"大臣回答说："皇帝功高德厚，文字无法形容。"而《帝陵图说》给出了另外一种解释，《帝陵图说》中说，明太祖朱元璋曾说："皇陵碑记，都是大臣们的粉饰之文，不能教育后世子孙。"他这一批评，使翰林院的学士们，再不敢为皇帝写碑文了。后来，写碑文的任务，便落在嗣位皇帝的肩上。所以孝陵（太祖）碑文是成祖朱棣亲撰，而长陵（成祖）的碑文，是明仁宗朱高炽御撰。

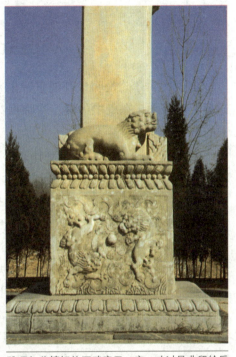

雕琢如此精细的石碑竟无一字，功过是非留给后人评说。

但明仁宗以后各碑的碑文，为何嗣位皇帝不写了呢？依照这种说法，长、献、景、裕、茂、泰、康七陵门前，并没有碑亭和碑。到了嘉靖时才建，嘉靖十五年（1536年）建成，当时礼部尚书严嵩，曾请明世宗撰写七陵碑文，可是嘉靖帝迷恋酒色，又一心想成仙，哪有心思写那么多的碑文，因此就空了下来。

明世宗以外的各皇帝，看到祖碑上无字，自己也就不便只为上一代皇帝写碑文，但如果都写的话，也没有太多的精力。因此，一代一代的皇帝传下来，就出现了这些无字碑。实际上，自明朝中期以后，皇帝多好嬉戏，懒于动笔，而最主要的原因是，如不加以粉饰，他们所谓的"功德"已不能直言了，因而这些皇帝干脆不写了。

还有人认为，这些皇帝的做法是效仿武则天。因为武则天是一个聪明的人，"无字碑"建立，功过是非让后人去评论，这是最好的办法。这些皇帝们知道自己有可以肯定的地方，但同时肯定也有应该否定的地方。他们知道对自己的一生人们会有各种各样的评价，碑文写得好坏都是难事，因此才决定立"无字碑"，功过是非由后世评说。

不管这些说法怎样，到现在，这些无字碑还在十三陵中，同它们身后的皇帝一起，真正是做到了"功过是非由后世评说"。

众说纷纭的明孝陵

据说，明孝陵是明代开国皇帝朱元璋和皇后马氏的合葬陵墓，坐落在紫金山南独龙阜玩珠峰下，东毗中山陵，南临梅花山，是南京最大的帝王陵墓，也是我国古代最大的帝王陵寝之一。

明孝陵规模宏大，建筑雄伟，形制参照唐宋两代的陵墓而有所增益。陵占地长22.5千米，围墙内宫殿巍峨，楼阁壮丽，南朝70所寺院有一半被围入禁苑之中。陵内植松10万株，养鹿千头，每头鹿颈间挂有"盗宰者抵死"的银牌。为了保卫孝陵，内设神宫监，外设孝陵卫，有近1万军士日夜守卫。

明孝陵是明太祖朱元璋的陵寝建筑，但其地宫的具体位置在哪里，众说纷纭，史无定论。加之曾有朱元璋下葬时13个城门同时出殡和葬于南京朝天宫、北京万岁山等民间传说，因此朱元璋是否真的葬在明孝陵也成为数百年来人们心中挥之不去的谜团。

谜团之一：朱元璋是否葬在独龙阜？

专家们采用的精密磁测技术是根据物体磁场原理，通过探测地下介质（土、石、砂及人工物质）磁场的空间分布特征，根据其空间磁力线分布图像的不同，输入计算机分析，来判断地下掩埋物是否存在及其形制的。

最初的测网布置乃以明楼为中心。探测结果发现这条中轴线上没有想象中的地下构筑物。通过异常的向东南延伸的磁导信号，找到了宝城内明孝陵地宫的中心位置，确认朱元璋就葬在独龙阜下数十米处，而且这座地下宫殿保存完好，排除了过去流传的地宫被盗之说。

谜团之二：墓道入口在哪儿？

在对明楼中轴线以北的测网资料分析中，通道状并无连续的异常，相反以东拐向东南的线状异常。而且这种隧道状构筑物的异常是连续的，长度达到120米，具有一定宽度，内径为5～6米。同时判断，该隧道状构筑物的入

↗ 孝陵博物馆正面近景

口之一位于明楼东侧的宝城城墙之下。

经地表调查，在相应的宝城城墙上可看到两处明显的张性破裂的裂口和下沉错位的痕迹，由此推测这里很可能就是隧道状构筑物即地下宫殿的入口之一。

谜团之三：墓道弯曲是岩石"作怪"？

明孝陵与历代帝王陵寝相比，有许多不同之处，其中之一就是墓道弯曲不直。

↗ 明孝陵神道石刻文臣像

通过探测，结果发现竟是两种不同的岩石所致。明楼以北的山坡，地下由两种不同岩石组成，西侧是下中侏罗纪的砾岩，东侧是稍晚的长石石英砂岩。这两种岩石本身的磁性差异很大，更奇怪的是，这两种不同岩体的接触界面呈南北走向，并且位置也靠近明楼中轴线，开始时被误认为是墓道。

由于西侧岩石硬度强，开挖困难，专家根据宝城内的地质特征，认为不排除存在这样一种可能：当年明孝陵的建筑工程主持者已注意到本地岩石的磁性差异，而修改了原有的施工方案。

明孝陵地宫确实在独龙阜下，其墓道偏于宝城一侧的做法，起因是什么，目前尚不可知，但这种做法一直影响到明代后来的帝陵规制。如北京明十三陵中已发掘的定陵，其墓道入口便是偏向左侧，与孝陵墓道正好相反，但避免把墓道开在方城及宝城中轴线上却是它们共同遵循的法则。

谜团之四：宝顶表面巨大的卵石有什么用？

考古人员还发现独龙阜山体表面至少60%的地方是经过人工修补堆填的，宝顶上遍布有规则排列的大量巨型卵石。

经过研究分析，这些巨型卵石是当年造陵工匠用双手从低处搬运上去的，是帝陵美学的要求，还是为了防止雨水对陵表的冲刷和盗陵者的掘挖？

明孝陵坐北朝南、依山傍水，堪称风水宝地。它留给世人的这些谜团也散发着神秘的魅力，给后人留下了广阔的想象空间。

文物的奥秘世界

"河图""洛书"是上古的无字天书吗

　　"河图""洛书"都是中国上古时期流传下来的神秘图案。关于它们的传说是易学史上争论最多、最复杂、最混乱，但同时又是内容最为丰富的问题。

　　相传在我国远古的伏羲氏时代，有一个丑陋的怪物游到黄河边上的城市孟津，背上负着一块刻有一幅古怪的图案的玉版。这个怪物大得吓人，吃了百姓们的稻谷和庄稼，最后竟然开始生吞人类。伏羲听到这件事，带着利剑来到河边要斩除这头妖怪，妖怪打不过伏羲，跪地求饶，自称是黄河里的龙马，并将背上的玉版献给了伏羲。由于它是来自黄河的宝贝，伏羲称这张图为"河图"，后来，伏羲还按照"河图"做出了"八卦"，可以用来推算历法、预测吉凶等。

↗ "河图"

　　到了大禹治水的时候，有一次大禹在洛河引水疏通河道，从干涸的河底浮出来一只可以驮起百十人的巨龟，大禹认为这是一只通灵神龟就将它放生了。不久后，大龟腾云驾雾再次来到洛河，将一块光芒四射的古老玉版献给大禹，上面同样有一些神秘的文字和图画，大禹将这块玉版命名为"洛书"。传说在"洛书"上有 65 个红字。后来经过大禹反复揣摸，整理出历法、种植谷物、制定法令等 9 个方面的内容，古人又根据这九章大法，整理出一本一直传至今日的科学法典《洪范篇》。

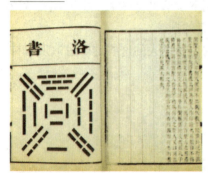

↗ "洛书"

　　上述这些传说在我国古老的典籍《周易》《尚书》《论语》中都有记载。其中比较可靠的是《周易》中的系辞篇，里面是这样记载的："河出图，洛出书，圣人则之。"这与上述传说十分吻合。直到宋代，朱熹解《周易》时，还曾派他手下的学者蔡元定去四川，用高价在民间收购到了华山道士传出的"河图""洛书"等，都是由一些圆圈点构成的图形。另外，还有一个证据是在现在洛宁县长水一带有"洛出书处"石牌两块。1987 年，安徽含山县凌

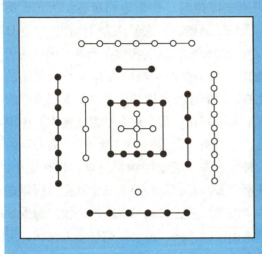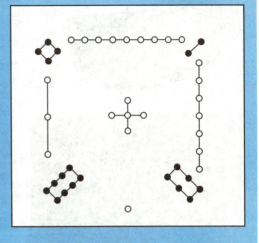

↗ "河图""洛书"

家滩原始社会末期墓葬中出土大量的玉片和玉龟，据专家考证是距今 5000 年无文字时代的原始的洛书和八卦图。

据说"河图""洛书"在古代出现的时候都有普通人无法识别的文字，但后来都慢慢地散佚，现在人们经常看到的两幅图是宋时朱熹的《易学启蒙》中的，因为有图无字又神秘难解，人们把它们叫作"无字天书"。其中"河图"是用黑白环点示数、排列成图的，即一六居下，二七居上，三八居左，四九居右，五十居中。而"洛图"也只有用黑白环点示数的图。有人形容它"戴九履一，左三右七，二四为肩，六八为足，五环居中"。关于河图洛书上的这些神秘的图案，自古以来无人能破译。

早在春秋战国时期，"河图""洛书"已经开始与天命、阴阳、占卜等有关了。孔子周游列国不得意时悲叹说："鸟不至，河不出图，吾已矣夫。"那时就已经有老子、孔子写的关于天命的书《河洛谶》各一种。在两汉时期的算命文献中，"河图""洛书"更复杂和神秘了，共有《河图括地象》《河图始开图》等 37 种，《洛书甄曜度》《洛书灵准听》等 9 种。宋时出现的河图洛书又加进了新的内容，是融天文、人体、阴阳、象数为一体的易学图像，是一种理念的阴阳消长的坐标图，暗喻的范围非常广泛。

对"河图""洛书"的解释非常之多，有些人认为它们是古人对天象的观察活动的记载。原因是有关"河图"的记载最早曾见于《尚书·顾命》篇。记

↗ 鸟形玉饰 新石器时代

鸟为鹰或为鸷，两翼宽广，为猪头形，中间为八角星形太阳纹。这件玉器出土于安徽省含山县长岗乡凌家滩，是鸟负太阳的象征。联想远古时期的"龙马负图"的传说，可以发现原始社会人对动物及自然的崇拜与懵懂。同墓出土的玉龟、玉版也是中国目前最早的关于八卦、"河图""洛书"的文化遗存。

玉龟及玉图 新石器时代

这两件玉器出土于安徽省含山县长岗乡凌家滩的距今约5000年的新石器时代晚期墓葬中。出土时，玉图放置在龟腹甲和龟背甲之间，正面阴刻原始的八卦图形，许多学者认为这是古代"河图""洛书"和八卦有关的珍贵遗存。

墨西哥发现的"阿兹台克"历石中心人像的"十"字、金字塔俯视图中心的"十"字完全吻合。他们提出"洛书"是外星人遗物，"河图"则描述了宇宙生物的基因排序规则，而"阿兹台克"历石则是外星人向地球人的自我介绍。

各种关于"河图""洛书"的说法都还没有真正找到依据，"河图"究竟是一个什么样的图案，"洛书"究竟是一些什么样的书写符号呢？"河图""洛书"的原型是什么？古人又是如何按"河图""洛书"画出八卦的？还有待科学的进一步解答。

载周康王即位时，在东边厢房有：大玉、夷玉、天球、河图。后人就认为"河图"是测日晷仪与天象图标，这些实物在当时是测日观天察地的仪器，在古人眼中带有神圣和神秘的性质，因而才有可能和代表古代王权威严的古玉器陈列在一起。还有根据《魏志》中说的"宝石负图"是一幅"河图""洛书"的八卦综合图，看上去像罗经盘，磁针居中，外面围着八卦，最外层为二十八宿。所以这些"河图"是古代测量太阳的晷仪时根据日影来画出的；而"洛书"则是张天文图，用来概括天文的原理。还有人认为西安半坡出土的石板上用锥刺的圆点排成的等边三角形图案是它们的原型。但这还不过是一种有一定联系的设想，还无法看出这种图案与"河图""洛书"的起源有什么联系。

西南电子技术研究所退休高工杨光和其儿子杨翔宇发现，"洛书"的核心"十"字与

龙马负图寺大殿

《周易·系辞上》说："河出图，洛出书，圣人则之。"《礼记·礼运》中说"河出马图"。传说黄帝东巡河洛，黄河中有一似马非马、似龙非龙的神物背负河图，献给黄帝。龙马负图寺位于河南省孟津市雷河村旁，初建于晋永和四年（348年），现存建筑多为明清两代所建。

红山文化女神庙里的女神是谁

　　1983 年 10 月，在辽宁省建平、凌源两县交界处的牛河梁，考古学家发现了又一处红山文化祭祀遗址，推测其原来是一座女神庙，出土一件面涂红彩的泥塑女神头像，头高 22.5 厘米，面宽 16.5 厘米，形体与真人相当。这是迄今为止新石器时代陶塑遗物最重要的发现。牛河梁红山文化"女神庙"遗址的发现，大约分属 5

↗ **女神庙遗址 红山文化**

或 6 个个体的女神像的陶塑残块。尤为珍贵的是，神庙主室西侧发现的接近真人大小的彩塑女神像，肢体虽已残碎，但头部基本完好，较为完整的还有肩臂、乳房、手等。在此以前还在喀左东山嘴红山文化的祭祀遗址中发现了两个小型孕妇塑像。据研究，女神庙已残碎的女像可能也与孕妇像一样同属坐姿，女神头部两眼都用圆形玉石镶嵌，更显生动。这 3 尊女神像虽有大小的不同，但显然都是原始崇拜的偶像。红山文化年代跨度约略相当于仰韶文化时代，距今已 5000 多年。

　　红山文化是距今五六千年前，一个在燕山以北、大凌河与西辽河上游流域活动的部落集团创造的农业文化，因最早发现于内蒙古自治区赤峰市郊的红山后遗址而得名。红山文化全面反映了我国北方地区新石器时代的文化特征和内涵。其后，在邻近地区发现有与赤峰红山遗址相似或相同的文化特征的诸遗址，统称为红山文化。已发现并确定属于这个文化系统的遗址，遍布辽宁西部地区，近千处。20 世纪 80 年代中期，对辽西东山嘴牛河梁红山文化女神庙、祭坛、积石冢等进行了一系列的发掘。喀左县东山嘴遗址坐落在山梁顶部中央，面向东南，俯瞰大凌河开阔的河川。这是一处用大石块砌筑的成组建筑遗址，呈南圆北方、中心两侧对称的形制。在南部圆形祭坛旁出土的陶塑人像中，有在我国首次明确发现的女性裸像。

　　与东山嘴相距仅三四十千米的凌源、建平两县交界处，分布着大规模红山文化遗迹，包括牛河梁女神庙、祭坛、积石冢群。牛河梁居大凌河与老哈河之间，为东西走向的山梁。这一带地理环境优越，红山文化遗存密集；以高高在上的女神庙及广场平台为中心，十几个积石大冢环列周围，并且都和远处的猪头形山峰相呼应，形成一个互为联系的祭祀建筑群。目前，发掘工作限于局部，但女神庙已出土大量泥塑人像残块，可辨别出至少分属 6 个人像个体。其中最小的如真人一般大小，主室出土的大鼻

大耳竟是真人的 3 倍。泥塑人体上臂、手、乳房等，与泥塑禽兽残块以及彩绘庙室建筑构件、墙壁残块等，无一不是杰出的艺术作品，而一尊较完整的人像头部，堪称雕塑佳作。头像结构合理，五官比例准确，表情生动逼真，不仅是我国文明黎明时期艺术高峰的标志，也是亿万炎黄子孙第一次看到的 5000 年前用黄土塑造的祖先形象，对中华文明起源史、原始宗教思想史的研究具有极其重要的意义。女神庙全长约 22 米，宽约 2 ~ 9 米，主体建筑长 18.4 米。庙由多室组成，主室为圆形，左右各有一圆形侧室。主室北部为一近方形室，南部似有三室相连，成一横长室；左右对称，主次分明，布局严谨而又有所变化。这种建筑格局，作为中国建筑的传统延续了几千年，已可追溯到此。所以这座女神庙不仅是中国最早的庙，亦可称为东方建筑之祖。

⬈ **裸女像 红山文化**
辽宁省牛河梁第5地点2号冢出土。

1983 年秋季，牛河梁女神庙被发现。1984 年，经国家文物局批准，考古工作者对女神庙进行了正式发掘。尽管女神庙的出土是人们翘首以待的事情，但当它真的被挖掘出来的时候，其建筑遗存的完好程度、结构的复杂性，尤其是女神像的规模和精湛的雕塑技艺还是让人大吃一惊。牛河梁遗址由女神庙、祭坛和积石冢等 16 个地点组成，占地约 50 平方千米。女神庙位于牛河梁诸道山梁的主梁之上，其地位的重要性从地理位置上也得到了体现。女神庙和其北部的大型山台是牛河梁遗

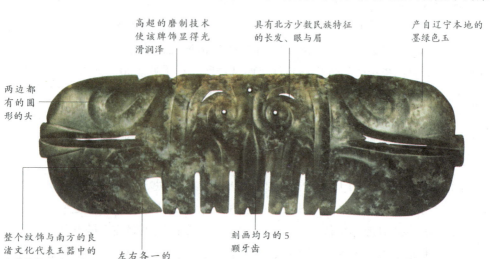

高超的磨制技术使该牌饰显得光滑润泽

具有北方少数民族特征的长发、眼与眉

产自辽宁本地的墨绿色玉

两边都有的圆形的头

整个纹饰与南方的良渚文化代表玉器中的人兽纹惊人的一致，并已初步具备了夏商周三代著名的饕餮纹的特征，可以视为这种青铜器纹样的前身。

左右各一的尖利的爪

刻画均匀的 5 颗牙齿

↖ **兽面玉牌饰 红山文化**
长28.7厘米，辽宁省牛河梁1号冢出土。此器是红山文化出土物及传世文物中的代表品之一。

址的主体。山台地势平稳，系人力加工所为，南北东西各长 200 米，四周砌以石墙，极似城址。引人注意的是，神庙与山台的走向完全一致，说明应是一个整体。在山台北侧也发现有塑像残片和建筑物架，说明另有一座神庙与女神庙以山台为中心呈南北对称分布，从而构成一台（或者也可以说一城）两庙的建筑群体结构。女神像发现于 1984 年 10 月 31 日的上午。一位参加发掘的考古队员后来回忆说，根本无法找到一个恰当的词来表达那时的心情。是欣喜若狂吗？显然不是。当女神像被一点儿点儿剥离出来的时候，人们都屏住了呼吸，整个工地悄然无声，只有小铲和小刷子剥离泥土的声音在沙沙响着。当女神头像完全显露出来的时候，辽宁省博物馆的摄像师不失时机地把这激动人心的瞬间定格在胶片上。后来，这张照片被题为《5000 年后的历史性会面》。照片上，女神坦然而镇定地注视着 5000 年后的人们，嘴角带着一丝若有若无的微笑。

↗ 斜口筒形玉饰 红山文化
辽宁省牛河梁女神庙遗址出土。此玉饰出土时置于死者的臂上，可能是古人用来箍臂的器物。

　　牛河梁红山文化女神庙是中国首次发现的远古神殿，其遗址中文化内涵与宗教遗存的丰富程度都是其他遗址所无法比拟的。它的发现，对中国史前宗教及文明起源的研究都有着非同寻常的意义。女神被有些人称为"中国的维纳斯"，但是这个维纳斯究竟代表何方女神，她究竟从何处、以什么样的身份来主持着古老的红山文化？有人从历史古籍神话传说里查找女神的庐山真面目：《帛书》简述了伏羲、女娲氏族的形成及历史贡献。公元前 7704 年伏羲卒于桐柏鸡公山。女娲代立，时年 52 岁。伏羲二世、三世皆听命于女娲，女娲死后葬于风陵渡。辽宁牛河梁（红山文化）女神庙中宫

↘ 牛河梁女神庙遗址
位于辽宁省建平县、凌源县交界处。

内端坐着一位比真人大 3 倍的裸体女娲娘娘，两边是龙凤巨型陶塑，四周坐满、站满最小也与真人大小一样的裸体女神（有的还是孕妇），她们可能是历代黄帝、少昊、颛顼等氏族的母系祖先。也有人从女神所处的环境及女神庙的历史痕迹考察她的身世归属。但是作为无语的历史，女神的微笑如同蒙娜丽莎的微笑一样等待后人更加精确地解读。

良渚文化为何有众多玉器

　　良渚文化是我国长江下游太湖流域一支重要的古文化，因 1936 年施昕更首先发现于余杭市良渚镇而命名，距今 5300 ~ 4000 年。

　　经过半个多世纪的考古调查和发掘，初步查明在余杭市良渚、安溪、瓶窑 3 个镇地域内，分布着以莫角山遗址为核心的 50 余处良渚文化遗址，有村落、墓地、祭坛等各种遗存，内涵丰富，范围广阔，遗址密集。20 世纪 80 年代以来，随着反山、瑶山、汇观山等高台土冢与祭坛遗址的发掘，以大量殉葬精美玉礼器为特征的显贵者墓地被发现，以及莫角山大型建筑基址的被发现，表明良渚文化是中华五千多年前文明程度最高和最具规模的地区之一，良渚遗址堪称"东方文明圣地"。

　　良渚文化最著名、最有特色的就属它的玉文化，是中国玉文化的源头，并且一开始就显现出不凡的艺术魅力。良渚文化为何在五千年前就有如此出众的玉文化？先民们为何要雕琢那么多玉器，他们又是如何雕琢的？其中有许多谜题等待解答。

　　有人说是因为装饰，美化生活的原因。

瑶山遗址 良渚文化
位于浙江省余杭市。瑶山遗址是一处大型的良渚文化墓地，出土的玉器极为精美。

中国玉文化源远流长，玉在人们心目中有着崇高的地位。玉，一般晶莹剔透，即使有少量瑕疵，也是"瑕不掩瑜"，其石料很稀有，因此也非常珍贵。玉石还不能称为"玉"，要经过匠师的精心雕琢，成为具有各种内涵的玉器，正所谓"玉不琢，不成器"。玉有太多美好的品质，因此就往往把具有高洁品质的人和玉相联系。可以证实东周和春秋战国时期就形成了，把玉当作自己（君子）的化身的

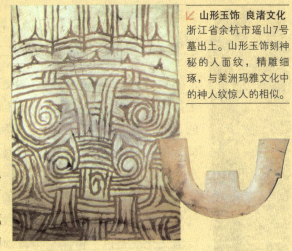

礼仪。贵族、士大夫佩挂玉饰，以标榜自己是有"德"的仁人君子。"君子无故，玉不去身。"君子必佩玉，玉只可配君子。汉许慎在《说文解字》中说，玉，石之美兼五德者。所谓五德，首先指玉的5个特性，即坚韧的质地、晶润的光泽、绚丽的色彩、致密而透明的组织、舒扬致远的声音。然后是比附人的五个美德：仁、义、礼、智、信。

　　装饰生活、美化自己是人的天性，远在9000多年前，生产力水平极端低下的山顶洞人，在闲时也不忘磨制骨器、石头制作项链等装饰品。7000年前鱼米之乡河姆渡的先民也是如此，在选石制器过程中，有意识地把拣到的美石制成装饰品，打扮自己，这就揭开了中国玉文化的序幕。在距今四五千年前的新石器时代中晚期，辽河流域、黄河上下、长江南北，中国玉文化的曙光到处闪耀。而最为著名的便是良渚文化出土的玉器。良渚文化玉器种类较多，典型的有玉琮、玉璧、玉钺、三叉形玉器及成串玉项饰等。这些玉器都造型精致，刻有各式图案，有很强的装饰作用，特别是成串的玉项饰。所以说，良渚文化出现如此多优美的玉器，是出于装饰生活的原因不无道理。

　　另一种说法是，良渚玉器大量产生，不仅仅是装饰，而是有更深的文化内涵。把玉作为装饰品反而是更后的事情了。此说的证据是从良渚玉器本身情况来说的。

　　良渚玉器以体大著称，显得深沉严谨，不太适合随身佩带，是否用于装饰住所还没能考证，但在当时生产力并不发达的情况下，是否会产生这样的需求还值得商榷。

　　最能反映良渚琢玉特色的是形式多样、数量众多，如使人高深莫测的玉琮和兽面羽人纹的刻画。良渚玉琮系软玉雕琢而成，从外观看呈外方内圆、上大下小形，每个面的转角上有半个兽面，与其相邻侧面转角上的半个兽面组成一个完整的兽面。这些物品充满神秘气息，现在看来其形状和图案也是令人惊异，隐隐透出一股凉气。这些玉琮的用途应该与宗教祭祀、财富权力有关。战国《周礼》书中曾有"苍璧礼天""黄琮礼地"之说法。东汉郑玄注"璧圆像天，琮八方像地"，都说明玉琮与对鬼神的崇拜相关。

↙ 玉琮 良渚文化

高18厘米，浙江省余杭市瑶山墓地出土。琮作为礼器，显示了墓主尊贵的地位，是社会权力的象征。

　　因此，他们认为良渚玉器更深的文化内涵是对鬼神的敬畏，是用于祭祀的神器，由此衍生出"玉"被作为权力的象征。这一点从后来的"玉"的地位可以反证，"玉"不仅仅作为装饰，作为美好品质的象征，在中国文化上，从一开始就更多的是作为具有神圣地位的、能显示权力的神器。

　　长江中下游一直就有神秘的巫术文化传统，楚国文化强烈的巫术气息，可能就是从此地久远的文明——良渚文化继承的。有人认为，良渚文化就是以"蚩尤"为首领的部落的文化，据考证良渚文化时期已经有初步的政权，可以称为良渚古国。后被中原炎黄部落为首的青铜文化所打败，共同汇入中华文明之中。从历史上看，良渚文化时代的玉文化不仅没有随良渚文化的衰亡而消失，反而被后来的夏、商、周三代王朝全面继承下来，成为古代中华文明最具特色的内容。夏、商、周三代从良渚文化继承的玉文化，包括一些具体的礼器，如象征王权的军事统帅权的玉钺，祭祀天地的玉琮、玉璧、玉圭、玉璜等；甚至连玉琮上那个表征良渚文化宗教信仰系统的神人兽面纹，都被夏、商、周王朝全面继承下来，成为三代礼乐文明的重要内涵。

　　良渚文化是神秘而又辉煌的，其为何有如此多的玉器，主要是因为装饰，还是因为祭祀尚不能明确，不过良渚玉器形制奇特，肯定包含着先民神秘的思维。

西周微刻甲骨文之谜

　　1976年，考古工作者在陕西省岐山县凤雏村发现了西周初年的甲骨文。据研究，刻有微型文字的甲骨共有293块，大都是周文王晚期到周康王初期的作品。这些刻在甲骨上的文字细若发丝，需要借助5倍以上的放大镜才能辨清。在当时的条件下竟能刻写出这么小的字，简直让人难以置信！一团迷雾笼罩在考古学界：这些文字是怎么刻上去的？

　　2002年，考古工作者在陕西城固县宝山村商代遗址烧烤坑出土了一枚距今约3000多年的铜针。铜针首端又尖又细，末端还有一个微小的针鼻孔，孔径仅有0.1厘米。其做工精致，让现代人为之惊叹。这个铜尖针是做什么用的？有人认为，这样的铜针就是用来微刻甲骨文的。

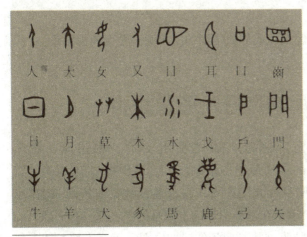

甲骨文中的象形字

那么，微刻出这么小的文字让别人怎么看呢？甲骨上的文字是需要借助数倍以上的放大镜才能辨别得出的！但即使没有放大镜，也不能说明当时就没有办法微刻出这么细小的文字。因为有些人的视力是可以超过常人数倍的。今天选拔飞行员的标准，其中一条就是要求视力必须超过常人。另外，现代医学研究发现，患有某些眼疾的人如中心性网络膜炎晚期、黄斑部病变结痂前期等，看东西会比实物大数倍。西周时期有没有人得这些病，我们不得而知，但也不能排除这种可能性。事实上，古人的视力究竟怎样，我们真的一无所知。据说，在美洲丛林中有一个与外界接触较少的部落，他们竟然能用肉眼看见人造地球卫星！这是否说明，原始人类比现代人类的眼睛要好得多呢？

这些微刻出来的甲骨文有什么作用呢？又是刻给谁看的呢？据专家研究，这几百片甲骨文所记载的内容多是周与商王朝的关系、商王的狩猎以及占卜之类。有人认为，这些内容之所以要微刻是因为关乎军事机密。众所周知，商王朝是被周王朝取而代之的，在灭商之前周人必须进行一番长期而又秘密的准备工作。"这些工作除了发展势力，访贤任能，研究周与商的关系，对商王行踪进行侦察也是必不可少的。"这种记录当然属于国家机密，必须严格保密，所以聪明的周人就想到了微刻的办法。

当然，微刻的办法可能是想出来的，也可能是偶然发现的。如果是想出来的，那说明微刻技术在当时就已经存在了，周王只需要任用一些微刻能手就行。但也许当时并没有什么微刻技术，只是那些专门负责占卜及观察天象等职责的巫史在长期思想高度集中的状况下视力得到了提高或者出现了眼疾，从而恰巧发生了看东西比实物大几倍的事情，于是微刻出这些甲骨文也就是

花园庄甲骨坑内的甲骨堆积层

自然的事情了。

在科技并不发达的古代，人们是怎么完成如此精细的工作呢？至今尚无定论。

长沙楚墓帛画中的妇人形象是谁

1949年春天，湖南长沙市东南郊陈家大山楚墓出土了一幅帛画，距今2200～2300年，是目前世界上发现的年代最早的帛画之一。帛画高约28厘米，宽约20厘米，画面中部偏右下方绘一侧身伫立的妇女，身着卷云纹宽袖长袍，袍裾曳地，发髻下垂，顶有冠饰，显得庄重肃穆。在她的头部前方即画的中上部，有一硕大的凤鸟引颈张喙，双足一前一后，做腾踏迈进状，翅膀伸展，尾羽上翘至头部，动态似飞。画面左边自下而上绘一只张举双足、体态扭曲向上升腾的龙。由于长期埋葬在地下，帛画出土的时候显得比较灰暗，几乎难以辨认。于是也就出现了新旧临摹版的差别之说。早在20世纪50年代初，郭沫若就根据当时旧的临摹版本进行过研究，先后在《人民文学》上发表过两篇文章，论述帛画在我国文化艺术史上的地位。郭沫若认为妇人左上方的一兽一禽为夔（古代传说里的独角兽）和凤，并把帛画定名为"人物夔凤帛画"。画中妇人的身份，郭沫若未做更明确的考证。

↗ 人物龙凤图 战国
高31.2厘米，长23.2厘米，湖南省长沙市陈家大山楚墓出土。

20世纪80年代以来，通过对原画的重新鉴定，加上另外一些年代相近的帛画相继出土，不少专家学者多次撰文对帛画的主题思想以及它的用途做出了迥异的研究结论。如《江汉论坛》1981年第一期发表的熊传新的《对照新旧摹本谈楚国人物龙凤帛画》一文，认为帛画的结构和布局有上中下三层，上层为天空，左上方的兽是我国古代神化了的龙，而不应该是夔。作者认为画中妇人即墓主人的画像。美术史家金维诺也支持这种看法，他在《从楚墓帛画看早期肖像的发展》中，认为这些画上的中心人物均为死者本人是可以肯定的，并认为此类帛画是我国肖像画的滥觞。

但是帛画人物里的妇人究竟是谁？她的身份和地位究竟是什么？她的各种姿势确切地要表达什么意思？这些仍然是未解的谜团，期待更进一步的考证和解读。

勾践剑和夫差矛为何在相邻的地方出土

  吴越之地，自古便以冠绝天下的铸剑术著称。在吴、越两国所铸青铜器中，兵器既精且美。春秋中晚期，随着吴越对外军事扩张的需要，其兵器铸造业也呈现出空前发展、繁荣的状态，因此，"吴矛越剑"不仅为时人所艳羡，其美名还流传千古，为历代所称道。

  越王勾践剑出土于1965年12月，剑出土时，装在黑色漆木剑鞘内，剑与鞘吻合较紧。剑身寒光闪闪，毫无锈蚀，试之以纸，20余层一划而破。可见史书记载的"夫吴越之剑，肉试则断牛马，金试则断盘盏"不是虚妄之语。剑全长55.6厘米，剑格宽5厘米，剑身满饰黑色菱形几何暗花纹，剑格正面和反面还分别用蓝色琉璃和绿松石镶嵌成美丽的纹饰，剑柄以丝线缠缚，剑首向外翻卷作圆箍形，内铸有极其精细的11道同心圆圈。剑身一面近格处有铭文两行8字，为鸟篆，释读为"越王鸠浅（勾践）自乍（作）用铜（剑）"8字。

  越王勾践剑经检测得出其主要成分为铜、锡、铅、铁、硫、砷等元素，各部位元素的含量不同。剑脊含铜量较多，韧性好，不易折断；刃部含锡高，硬度大，非常锋利。脊部与刃部成分不同，采用了复合金属工艺，即先浇铸含铜量高的剑脊，再浇铸含锡量高的剑刃，使剑既坚韧又锋利，收到刚柔结合的良好效果。剑格含铅量较高，这种材料的流动性较好，容易制作剑格表面的装饰。另外，在剑格、剑茎和剑身上所饰的菱形几何形黑色暗纹含硫化铜，有利于防锈，是当时一种先进的独特工艺，这也许就是该剑保存至今2000余年而毫无锈蚀的原因之一。该剑上的8字铭文，刻槽刀痕清晰可辨，是铸后镂刻而成，而非铸就。铭文为鸟篆，笔画圆润，宽度只有0.3～0.4毫米。越王勾践剑集当时各种先进的青铜冶铸技术于一体，代表了当时吴越铸剑技术的最高水准，制作之精湛，可谓鬼斧神工。

↗ **越王勾践剑铭文**

黑色菱形暗纹

剑刃薄而锋利

吴越两地盛行鸟族崇拜，在生活中常出现以鸟族作为装饰的器物。鸟虫篆是当地一种极具个性风貌的装饰字体。这种字体在与吴越相近的楚国也很流行。

正面嵌有蓝色琉璃，背面嵌绿松石。

↗ **越王勾践剑 春秋**
长55.6厘米，宽5厘米，湖北省江陵县马山出土。

略呈弧线
形的锋部

吴王夫差矛铭文

矛身满饰黑色
的菱形暗纹

突出的中脊
上带有血
槽，血槽的
后端各有一
兽头。

错金铭文是
当时贵族所
使用的兵器
上盛行的一
种装饰手法。

吴王夫差矛 春秋
长29.5厘米，宽3厘米，
湖北省江陵县马山出土。

提及勾践剑，不禁使人想起"卧薪尝胆"这段史实。公元前494年，夫差领精兵伐越，大战于夫椒，越军被击败，勾践仅以5000甲兵退保于会稽山上，屈辱求和，卑身事吴。

勾践则表面上臣事于吴，暗地里苦身焦思，发愤图强，伺机复仇。史载他平常置苦胆于座，坐卧即仰胆，饮食亦尝胆，时时提醒自己勿忘会稽之耻。公元前473年，勾践终灭吴，夫差自杀身亡。

"卧薪尝胆"的历史已经过去很久，但勾践这种矢志不移的精神却一直鼓舞后人自强不息，奋发向上，因此1965年越王勾践剑的出土格外引人注目。1983年11月，在湖北省江陵县的楚墓又出土了吴王夫差矛。越王勾践剑和吴王夫差矛都出土在当年的楚汉之地湖北，有什么巧合吗？

有些考古学家和史学家认为是礼赠和赏赐的缘故，由于吴越出宝剑，故在吴越两国与其他国家的交往中，被作为赠赐的贵重礼物而到了楚国。"季札挂剑"的著名典故，就是以剑礼赠外邦之君的一个例子。有些学者则认为是出于战争和掠夺的原因，战争是古代文化传播的重要纽带，吴矛越剑作为一种文化的象征或者战后的战利品，也随着战争来到了当时的楚国。还有人认为，楚越有姻亲，楚惠王之母系越王勾践之女，所以作为陪嫁品的勾践剑留存于楚。当然也不排除有其他可能，比如民间流失到楚国，毕竟当时的诸侯国很小。历史已远去，勾践剑和夫差矛的"相逢"仍然有待考古学家的进一步考证。

传国玉玺流落何方

玺是中国古代封建帝王的宝印。而传国玉玺在所有的宝玺当中无疑是最为宝贵的，有关它的传说几千年来也充满了神秘的色彩。这枚玉玺之所以称为"传国玺"，与历史上赫赫有名的秦始皇有关。

自卞和发现和氏璧后，它一直是楚国王室的重器，后来楚王将它赏赐给了大臣。之后，和氏璧下落不明。后来，和氏璧流传到了赵国。这块和氏璧在赵国时还引出了一场著名的历史剧并留下了一个成语"完璧归赵"。后来秦灭赵国，和氏璧最终还是落到了秦王手里。秦始皇把和氏璧定为传国玺，令丞相李斯在玉上刻"受命于天，既寿永昌"，希望代代相传，没想到在秦二世手里就亡了国。刘邦进咸阳后，子婴"上始皇玺"，刘邦称帝"服之，代代相受"，又把"秦传国玺"御定为"汉传

↗ 受命于天既寿永昌玺 秦（传）
边长2.6厘米，高3.4厘米，北京市故宫博物院藏。此玺发现于乾隆年间，后被进贡给朝廷。但乾隆皇帝对这枚玺并不很重视，认为是仿制品。

国玺"。到了西汉末年，外戚王莽篡位。当时的皇帝刘婴才2岁，传国玉玺由汉孝元太后代管。传国玉玺再一次失踪是在东汉末期。那时政局动乱，汉少帝连夜出逃把传国玉玺落在宫中，等他回来时，传国玉玺已经不见了。不久，长沙太守孙坚征讨董卓时，在洛阳城南甄官井中找到了这枚传国玉玺。

从这以后一直到唐代，随着政局的动荡和少数民族的南下，传国玉玺不断易主。唐高祖李渊得到传国玉玺后，把"玺"改称为"宝"。传国玉玺最终在历史上失踪是在五代。从宋太祖时，就再也没有人见到过这块刻有"受命于天，既寿永昌"的传国玉玺。

不过，有关发现传国玉玺的记载却不绝于书。如北宋绍圣三年（1096年），咸阳段义在河南乡挖地基盖房时，竟挖出一"背螭纽五盘"的玉印。经十多名翰林学士鉴定，为"真秦制传国玺"。清朝初期，据说宫中藏有一枚刻着"受命于天，既寿永昌"的玉玺。可是，这枚被当时人称为传国玺的玉玺却遭到乾隆皇帝的冷落。皇帝都认为是假的，看来这枚所谓的传国玉玺也是伪造出来的，并不是真正的国宝。

那么，真正的传国玉玺流落何方呢？直到现在也没有发现。

银雀山汉简是谁人所制

1972年4月，在银雀山西汉一号墓和二号墓中发掘出土了以《孙子兵法》和《孙膑兵法》竹简书为主要内容的先秦古籍，震动国内外，被誉为中国当代十大考古发现之一。

发掘地点位于山东省东南部的临沂市。临沂历史悠久，文化灿烂。市区东南有两座山岗，相传古代两地均遍布一种灌木。此木春夏之交，鲜花盛开，花形似云雀，东岗为黄色，西岗为白色，故得名为金雀山和银雀山。两岗已被定为省级重点文物保护单位。自1970年以来先后发掘墓葬百余座，出土了大批珍贵文物，现已在银雀山西南麓建成了我国第一座汉墓竹简博物馆。

银雀山汉简数量之多，保存之好，令人惊奇。墓主人是什么身份，为何藏下这么一大批并不容易存放的竹简，而且使其能千年不腐？

有人说，墓主人肯定是个将军。因为发现的竹简都是兵书，其中还有失传已久的、人们不断争论是否曾有过的《孙膑兵法》。秦始皇焚书，使得先秦文献付之一炬，后世人们只能不断寻求散落在民间的文献，每一次发现都激动人心。《孙膑兵法》在其他文献中都有相关介绍，可是却一直没有找到原文，人们都开始怀疑其真实性，直到2000年后，现代人方有幸看到这部书。特别是《孙子兵法》和《孙膑兵法》同墓出土，失传了近2000年的《孙膑兵法》重见天日，解决了历史上关于孙武与孙膑其人其书的千古论争。由于《孙膑兵法》的失传，致使孙武与孙膑、《孙子兵法》与《孙膑兵法》的关系混淆不清。后人或说《孙子兵法》源出于孙武，完成于后人；或说《孙子兵法》是孙武和孙膑两人所为；还有认为孙武即孙膑，是一个人。竹简兵书的出土，证实了孙武仕于吴，孙膑仕于齐，分别是春秋人和战国人，孙膑乃孙武之后世子孙，二人各有兵法传世。

《孙子兵法》是中国古典军事文化遗产中的璀璨瑰宝，是中国优秀文化传统的重要组成部分，其内容博大精深，思想、逻辑缜密严谨。它大约成书于春秋末年，作者为春秋时期伟大军事家孙武。该书自问世以来，对中国古代军事学的发展产生了巨大而深远的影响，被人们尊奉为"兵经""百世谈兵之祖"。历代兵学家、军事家无不从中汲取养料，用于指导战争实践和发展军事理论。东汉末年著名的政治家、军事家曹操第一个为《孙子兵法》做了系统的注解，为后人研究运用《孙子兵法》打开了方便之门。《孙子兵法》不仅是中国的谋略宝库，在世界上也久负盛名。8世纪传入日本，18世纪传入欧洲。现已被翻译成29种文字，在世界上广为流传。英国著名军事理论家利德尔向人透露，他的军事著作中所阐述的观点，其实在2500年前的《孙子兵法》中就可以找到。他也确实对孙武及其著作深感兴趣，不仅为《孙子兵法》英译本作序，还在自己的得意之作《战略论》前面大段引述孙武的格言。1991年海湾战争中，美国海军陆战队军官都奉命携带一本《孙子兵法》，以便在战场上阅读。

《孙子兵法》历代都有著录，而银雀山汉墓出土的竹简《孙

↗《孙子兵法》竹简 西汉
残长21.5厘米、18.5厘米，
山东省临沂市银雀山出土。

子兵法》为迄今为止所见到的最早的传世本，真实地再现了作者的思想。后代传下的版本有多处改动，未能体现原貌，多是后人附会上去的，因此此次发现具有重要的历史意义。

银雀山汉简兵书的内容，除了鼎鼎大名的《孙子兵法》《孙膑兵法》外，还有《为国之过》《务过》《分土》《三乱三危》《地典》《善者》《五名五恭》《起师》《奇正》《将义》《六韬》《尉缭子》《守法守令》等篇；论兵的篇章有《将败》《将失》《十问》《略甲》《兵之恒失》《观法》《程兵》《将德》《将过》《曲将之法》《雄牝城》《五度九夺》《积疏》《选卒》《十阵》等，可以说就是个古代军事文献博物馆，如果其墓主人不是从军的将军，又如何会专门收集如此多的兵书。其次，有能力收藏如此多的文献，这个人肯定具有比较高的地位，有财力去收藏，猜测墓主是个将军是有道理的。

另一种说法认为，墓主可能只是个普通人而已。墓地留下的材料除了一批珍贵的古书外，实在太少了，几乎看不到作为将军应有的富丽、奢侈的随葬品，而且连兵器等随葬物品也没有发现。所以，有人认为，墓主人是个藏书家。从汉简上书写的字体可以推断，藏书时间可能是汉初，而且说是秦末也未尝不可。这

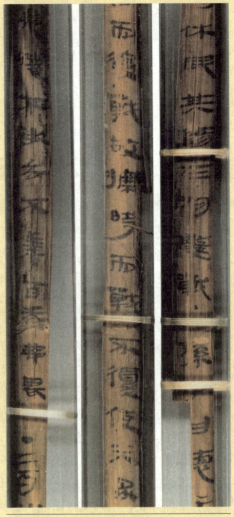

↗《孙膑兵法》竹简 西汉
残长27厘米、26.8厘米、25厘米，山东省临沂市银雀山出土。

↗ 彩绘云气纹漆盘 西汉
左：直径25厘米，高5.4厘米，右：直径27.8厘米，高5.5厘米，山东省临沂市银雀山出土。漆盘内墨书"中射买"三字，饰有云气纹、鸟头纹、弦纹。"中射"为汉代一种军职。这可能与大量兵书的出现有一定联系。

↗ 彩绘云气纹漆卮 西汉
直径10.5厘米，高10.1厘米，山东省临沂市银雀山出土。银雀山汉墓大多为社会下层人士的墓地，出土的文物大都比较质朴。这件漆卮里髹红漆，表髹黑漆，绘红彩，饰有简单的流云纹、弦纹。

段时间社会动乱，民生凋敝，几乎没有人会去特意藏书。从随葬品看，汉墓主人又没有什么显赫的身份，与大批藏书不符。那为何墓主又有众多书呢，有可能是其祖上传下的，为免于被战火烧毁，于是埋入地下。据考，竹简可能比墓主更早就放置墓中了。

银雀山是我国先秦典籍的博物馆，虽然保存这份珍贵材料的人不知是谁，但我们仍然感谢他的馈赠。

乾陵石像为何没有脑袋

乾陵是唐高宗李治与其皇后也就是后来成为一代女皇的武则天的合葬墓，位于今陕西省乾县的梁山上。乾陵除了武则天陵墓前的"无字碑"令人百思不得其解外，乾陵中的无头石像也为有关专家们出了一道不大不小的难题。

↗ 乾陵石像

所谓乾陵中的无头石像，是指排列在乾陵朱雀门两侧的石人群像。东边有29尊，西边有32尊，每尊石像都与真人一样大小，看打扮好像是来自异域他邦的外国使臣，只是他们的头颅全部不翼而飞。

那么，为什么石像上的头都神秘失踪了呢？对于这个谜题，人们是仁者见仁、智者见智。有的人认为，那是八国联军干的事。他们看见这么多个国家的使臣竟然这么恭恭敬敬地守立在中国皇帝面前，感到是奇耻大辱，于是乒乒乓乓把石像头都砸了个稀巴烂。可是史书上并没有提到过八国联军来过这里！

还有人根据文献记载，认为在明朝末年，乾县大面积流行一种可怕的瘟疫，死者不计其数。老百姓中普遍有一种看法，认为是乾陵中的这些外国使臣和洋人在作怪，只有让他们的脑袋搬家，才能拯救整个县。于是大家就商量着把所有石像的头都敲碎了。

在明朝人李梦阳笔下还有这样一个故事，说乾陵的石人在太阳落山后都纷纷变成妖怪为害人间，在村里践踏田地，贪吃猪牛，无恶不作。老百姓气不过，抢起锄头把石像头都给砸了。

还有一种说法，极富现代眼光，认为后人觉得这些石像肯定是价值连城的宝贝，就想方设法把这些石像的头给弄下来了。

总之，乾陵石像为何好端端地没有了头？那些石像头到底哪里去了？这些问题仍需要我们努力去探索。或许，在不久的将来，这个谜的答案就能大白于天下。

武则天无字碑之谜

在今陕西省乾县西北的梁山上，有一座气势宏伟的皇陵——乾陵。乾陵是唐高宗李治及皇后即一代女皇武则天的合葬墓。乾陵东西两侧矗立着两块各高6米左右的墓碑，西面为"述圣碑"，碑文为武则天所撰写，歌颂唐高宗的生前业绩，而东面就是举世闻名的无字碑。

↗ **无字碑 唐**
高6.3米，宽1.8米，厚1.3米，陕西省乾县乾陵。

武则天，中国古代唯一的一位女皇帝。郭沫若称她为"奇女子"。但就是这样一位曾经在中国历史上叱咤风云的女子，死后却没有依照惯例在其陵墓前树碑立传，以表彰其生前的功绩。为什么生前活得轰轰烈烈，死后却自甘沉寂呢？

有人说武则天自小就冰雪聪明，智慧过人，立一块无字碑就是她别出心裁的表现。她认为自己功德无量，无法用文字来表述，取《论语》中"民无德而名焉"之意，故立一无字碑。

也有人认为武则天立无字碑并非是夸耀自己，恰恰相反，是她在晚年时幡然醒悟，自感罪孽深重，无脸述字。当其还为昭仪时，就与王皇后和萧淑妃钩心斗角，最终把她俩活活整死；当上皇后后，又施展出泼辣的政治手腕，培养党羽，消除异己，连长孙无忌也被逼自杀；登上帝位后，更是实行"铁血"政策，任用酷吏，滥施刑罚，残酷镇压反对势力，杀害了大批唐臣。特别是她改李唐为武周，大逆不道，愧对列祖列宗。

还有一种折中的说法，那就是武则天有自知之明，知道时人对她看法不一，议论颇多，于是干脆遗言留下无字碑，"是非功过，留与后人评说"。

近年来，对武则天的无字碑又有新说，认为无字碑的碑文可能埋在了地宫里。因为无字碑的阳面已经打上了方方正正的格子，似乎已经做好了镌刻碑文的准备。

孰是孰非，至今还是一个谜。

千年古画描绘的是什么

唐代高僧玄奘在《大唐西域记》中记下了自己去天竺(今印度)取经途中的所见所闻，里边记载着许多奇闻逸事。也许这些故事不是玄奘胡编乱造的，因为近代考古已经发现了这些神话传说的实物证明，这就是沉寂了1000多年之久的丹丹乌里克的

千年画图。

丹丹乌里克位于新疆维吾尔自治区和田东北部塔克拉玛干沙漠深处，玉龙喀什河畔。其遗址散落在低矮的沙丘之间，一群群古老的建筑物在沙漠中半露半掩着，残垣断壁随处可见，呜咽的风沙似乎在向人们诉说着昔日的辉煌。丹丹乌里克在唐代称梁榭城，属于当时的于阗国，是当时一个非常重要的佛教文化中心，印度文化源源不断地从外面注入，与当地文化和大唐文化相互融合，相生相长，形成了自己特有的文化风格。今天在那里发现的许多古代文书(有多种文字)、钱币、雕刻、绘画等文物，就有力地证明了这一点。

20世纪初，英国考古探险家斯坦因发现了几幅珍贵的唐代木版画和壁画，在世界美术界曾经轰动一时。这就是《鼠神图》《传丝公主》和《龙女图》。抛开其绘画风格和艺术价值不论，单就说其竟能与《大唐西域记》的某些记载完全一致，就够神奇的了。

先说《鼠神图》。据《大唐西域记》记载，于阗国都城西郊有一座鼠壤坟，传说里面的老鼠个个大如刺猬，领头的是一浑身金银色的硕鼠。但人们只是听祖辈们说过，谁也没有真正见过。有一次，匈奴数十万大军进犯于阗，恰巧就驻扎在了鼠壤坟旁。可怜于阗国小人少，只有数万兵力，哪里抵挡得住！于阗国王急得像热锅上的蚂蚁，实在走投无路，想起了传说中的神鼠，于是抱着侥幸心理摆出供品，向神鼠祭拜了一番。晚上，国王果真梦见一巨鼠，建议他第二日出兵，并许诺说必助其一臂之力。第二天交战时，匈奴军的弓弦、马鞍、军服之类不知什么时候都被老鼠咬断了，这样一来，自然丧失了战斗力。于阗军队大获全胜。为了感谢神鼠，国王就下令建造了神祠来供奉它。木版画《神鼠图》就画着一个头戴王冠的鼠头人身像，在其身后还放射着椭圆形光环，威风凛凛地坐在两个侍从中间。或许，这就是传说中的鼠王吧！

木版画《传丝公主》画的是一个贵族模样的唐代妇女。只见她戴着高高的帽子，帽子里似乎藏有什么东西。在她两边都跪着侍女，左边侍女左手还指着贵妇人的帽子。画版的一端画着一个篮子，装满了葡萄之类的小圆物。另一端还画着一个多面形的东西。这幅画是什么含义呢？它想向我们讲述怎样的故事呢？结合《大唐西域记》，这个谜就水落石出了。原来，画上的贵妇人是唐代的一位公主，被皇帝许配给了于阗国王。

↗ **神鼠图** 唐
纵12厘米，横46厘米，英国伦敦市大英博物馆藏。

公主的侍女表情夸张地指向公主的头饰。

唐公主把桑树种子和蚕卵藏在头饰里通过了边境。

在蚕丝传入和田以后，和田产生了自己的丝绸守护神。

此图最为典型的画法是人像上眼皮用红色，眉毛用黑色勾轮廓。

篮子里装满的蚕茧，说明唐公主传播的成功。

梭子、纺织机说明于阗国丝织业的兴盛。

↗ **传丝公主图 唐**
纵12厘米，横46厘米，英国伦敦市大英博物馆藏。

于阗国那时没有蚕丝，国王于是恳求公主带蚕种过来。可是，当时中国严禁蚕丝出口，怎么办呢？这位聪明的公主就把蚕种藏在了帽子里，顺利出了关。如此说来，那画中篮里装的根本不是什么葡萄，而是蚕茧，而另一端画的则应是用来纺丝的纺车。相传这位公主是第一个把蚕桑业介绍到于阗的人，这么重要的人物和事件在艺术上有所表示是很合情合理的事。

关于《龙女图》的故事就更加充满浪漫色彩。与之相佐证，《大唐西域记》里有一则《龙女索夫》的记载。传说在于阗城东南有一条大河，原本浩浩荡荡，奔流不息，哺育着于阗国无数的农田。可不知道怎么回事，河水有一次竟然断流了。这可把百姓们害苦了。听说这与河里的龙有关。国王于是在河边建了一座祠庙来祭祀，果真出现了一龙女，说她丈夫死了，以致如今无依无靠。要是国王能送她一个丈夫，水流就可以恢复。国王同意了，选了一个臣子，穿着白衣骑着白马跃入河中。从此，河里的水真的就再也没断流过。了解了这个故事，再来欣赏这幅被称为古代东方绘画艺术杰作的壁画就不觉得怪异了。壁画的正中画着一名头梳高髻的裸女，佩戴着项圈、臂钏、手镯，身段婀娜多姿，亭亭玉立于莲花池中。左手抚乳右手置腹，欣喜而又羞涩地回头俯视着脚下的一个男童。这名男童也是赤身裸体，双手抱着裸女的腿，并仰视着她。根据古代佛教绘画神大人小的处理方式，很明显，裸女应该是龙女，而男童是她向人间求婚得来的新夫。

实物与史料获得惊人的统一，这在考古学上已不是什么新鲜事。但有的学者仍持有异议。他们认为绘画内容

↗ **骑乘人物图 北朝**

.303

的解释应该从佛教故事中寻求，而不能只停留于当时的世俗生活中。木版画和壁画的内容真是《大唐西域记》里所记载的内容吗？至今谁也说不清楚。

米兰壁画上的带翼天使从何处飞来

举世瞩目的米兰是意大利文艺复兴时期的文化中心城市之一，它那灿烂的艺术光芒辉耀亚平宁半岛。而在中国的新疆，也曾经有个辉煌的米兰古城，可惜它在沙漠中只留下一些让人唏嘘不已的残垣断壁。

1970年新年伊始，匈牙利裔英国探险家斯坦因在米兰遗址惊喜地发现了从未报道过、完全出乎意外的精美壁画。他后来记述说，在去米兰的路上他感到前所未有的神秘和荒凉，其神秘就在于它与世隔绝，数个世纪以来从无人打扰。更使他感兴趣的是，他在米兰挖掘出一堆沙海古卷——藏文书，这些文书是从守卫着玄奘和马可·波罗都走过的去沙洲的路上的古戍堡里出土的。他从一座破坏严重的寺院里，找到了不止一个完好的深亚粉雕塑的头像，在同一寺院里他还挖掘出公元3世纪以前的贝叶书，他简直欣喜若狂了。这一口气挖掘出的一件又一件稀世珍宝，足以使斯坦因富甲天下了，然而，他做梦也没有想到，更大的幸运向他飞来。

一天，他来到了一座凋残的大佛寺，在长方形的基座走廊上，发现了一个圆形建筑。进而，他意外地看见了美丽的壁画。那带翼天使的头像，东方色彩明显不如其他壁画那么突出，完全是希腊罗马风格。他叙述道："在我看来，壁画的整个构思和眼睛的表现，纯粹是西方式的。残存的带有佉卢文的题记的祷文绸带，高度可信地说明，这里的寺院废弃于公元3~4世纪。"斯坦因认为这些壁画明显带有古罗马的艺术风格，在他看来，这些带翼的天使无疑是从欧洲的古罗马"飞"到东方古国的。这个说法引来中外学者的激烈争论。

斯坦因还找到一组欢乐的男女青年群像，"看起来是希腊罗马式的，这是一幅多么

↗ **米兰古城**
米兰古城位于新疆若羌县城东40千米处，遗址平面呈一个不规则的方形，东西长约70米，南北宽约56米。

↗ 米兰遗址上的带翼天使画像

好的中国边疆佛教寺院里喜悦生活的画面"！他还以调皮的语调描述了这组画面："这些漂亮的女郎从哪里得到的玫瑰花冠？这些男青年哪来的酒碗？这一切奇怪现象仿佛是用魔法在卡尔顿周围创造出了沙漠及其滚滚沙丘，而这一伙迟到的饮宴者正在为之惊奇。"这组画面上还出现了列队行进的大象、四辆马车和骑在马背上的王子等，在造型上酷似印度艺术，但也充满了对希腊罗马古典艺术的效仿。佉卢文题记表明，这些画与尼雅卷子属于同一时代。

斯坦因特别为"带翼天使"的发现而激动。他写道："这真是伟大的发现！世界最早的安琪儿在这里找到了。她们大概在2000年前就飞到中国来了。"米兰壁画是新疆境内保存的最古老的壁画之一，这里的"带翼天使"可以说是古罗马艺术向东方传播的最远地点。斯坦因的发现，轰动了欧洲文化界和考古学界，米兰从此不再是一个陌生的名字，而成了世人争睹风采的所在。

在以后的时期里，新疆考古工作者又在米兰佛寺遗址发现了两幅并列的"带翼天使"。天使像为半身白地，以黑线勾镂轮廓，身体涂红色。此画位于回廊圆形建筑内壁近底部，上面有一条黑色分栏线，在这条线的右端上部有一黑红色莲花座，显示出回廊内壁绘画与雕塑的整体装饰结构，这两幅并列的"带翼天使"壁画，参照斯坦因的观点进行分析，可以看出，它们体现了希腊罗马艺术作品的美学追求。罗马艺术家使用灰泥塑成主体的块状，完全可以在护墙的内壁上运用阴阳明暗对比和渲染手法，使富有立体感的人物形象跃然壁上。壁画上天使的眼睛是完全睁开的，双眸明亮，眉毛细长，唇微合，双翅扬起，表现了追求天国生活的自信与博爱精神。这种形式迥然不同于佛教绘画准则，而更贴近古罗马艺术的美学特点。

反对斯坦因这种说法的也为数不少，比如中国学者阎文儒对上述观点就持反对态度，认为斯坦因抱有偏见，因而给予猛烈抨击。阎文儒说，斯坦因不仅抱有偏见，调查研究也不深入，他对丹丹乌里克、若羌磨朗寺院遗址中发现的佛教壁画，有的说法牵强附会，有的强拉西方的古代神话于佛教艺术的题材中，以致混淆了许多观念。阎文儒还认为，斯坦因把丹丹乌里克

千年风沙吹蚀的胡杨木默默地记录着历史的沧桑。

两个木板画解释为《鼠王神像》和《传丝公主》是完全错误的，是对佛教不熟悉所致。对于"带翼天使"不是公元 3 ～ 4 世纪的作品，而是唐代风格之说，他认为斯坦因将绘画时代上推，是为了把这些壁画题材附会到希腊爱神上去。关于"带翼天使"神像的题材，应从佛教艺术中去寻找，因为"带翼天使"神像不仅在巴基斯坦、西亚发现过，在克孜尔、库木吐拉、森木塞木等早期石窟中甚至敦煌莫高窟唐以后壁画中，也多有表现。因此，把它说成是希腊罗马式美术作品，是根本行不通的。

仁者见仁，智者见智，是很自然的。但是，斯坦因在发掘古文物的时候，的确做了有损中国主权和伤害中国人民民族感情的事情，他的学术观点中也夹杂着谬误。

米兰壁画上的带翼天使究竟从何处而来，还有待深入探索，予以破解。

明代古海船有多大

明朝开国几十年后，中国广州等沿海的大都市发展得十分繁荣。在经济获得良好的发展之后，发展海外交通和海外贸易已经是十分迫切的事情。明成祖也想利用对外活动，展示自己的实力，并建立自己的声望。因此，远航活动就势在必行了。要航海就要有能经受大风大浪的海船，明代能造出巨型海船吗？答案是肯定的，因为郑和七次下西洋都使用了巨型海船，并顺利出访远在地球另一边的国家。

不过据史书描述，郑和用的船却不是一般的大，而是惊人的大，明代真的能造出这样的船吗？

在郑和下西洋的船队中，有 5 种类型的船舶。第一种类型叫"宝船"。最大的宝船长 44 丈 4 尺，宽 18 丈，载重量 800 吨。这种船可容纳上千人，是当时世界上最大的船只。它体式巍然，巨无匹敌。它的铁舵，需要二三百人才能举动。第二种叫"马船"。马船长 37 丈，宽 15 丈。第三种叫"粮船"。它长 28 丈，宽 12 丈。第四种叫"坐船"，长 24 丈，宽 9 丈 4 尺。第五种叫"战船"，长 18 丈，宽 6 丈 8 尺。

人们从这些原始记载里了解宝船的概貌，可是疑问也就从此产生了。船到底有多大？这是难解之谜。有的研究者把宝船尺度换算成现代公制，因明代的 1 尺相当于今天的 31 厘米，故宝船竟长达 138 米、宽为 56 米，这种巨型的木帆船，其排水量估计在 3 万吨左右，比现代国产万吨货轮还要大得多！宝船规模如此之大，引起了国内外学者的浓厚兴趣，这样在研究中便产生了一个疑问：如此大的"宝船"在明代可能出现吗？

第一种观点，有人相信史籍中关于宝船尺度的记载，他们认为，从历史渊源、明代生产技术水平以及世界造船能力来看，出现郑和宝船那样的奇迹，并不是不可能的。汉朝时，中国已经是世界上最强大的海洋大国。我们的海上"丝绸之路"已经延伸到了波斯湾。中国是有航海传统的国家，郑和下西洋，不是一个偶然，而是一个必然，它是航海传统上的延续。

郑和下西洋也需要造那么大的船，一是装载官军及应用物资的需要；二是装载赏赐品和贸易物资的需要；三是"欲耀兵异域，示中国富强"的需要。由此可见，不单是远洋航行的需要，特别是明朝政治上的耀兵、经济上示富的需要，促使郑和下西洋建造起这么大的船舶来。

↗ **中国帆船**
郑和率领一支远洋帆船组成的舰队出海。这些船装有两个桅杆，载货量很大。一些帆船比当时欧洲帆船大5倍。

郑和宝船与当时的其他船舶和现代船舶相比较，是很宽的。宽的船体对航行速度不利，为什么用于远洋的郑和宝船却如此之宽呢？原来，当时船舶均由木材建造，作为远洋航行的船只，就需要随着带大量的人员和食品以及应付各种需要的财物，也就是说需要大的载重量和众多的舱室，而要增大载重量和舱室，就需要增加船长和船宽。

第二种观点，认为《明史》没错，船的大小却不同。他们说《明史》记载宝船尺度是可信的，只是其使用的尺度不一样。其使用的度量尺度与明代通用的尺度不同，明代通用尺寸1尺相当于现在的31厘米，而量古船的尺度为更古老的"七寸"尺，这种尺在上古是通行的，相当于20多厘米。不过即使这样，古船也是大得惊人，充分说明我国造船业的先进。

第三种观点，认为不会有那么大的船。他们认为，如果按照《明史》对古船的描述，古船大到超越现代万吨巨轮的程度，这显然不可能，因此，只能是史籍中的记载发生了错误。真正的史书已经被毁，《明史》本身的真实性受到怀疑，而且古人也一直有夸大的传统。

他们引用了南京静海寺出土的郑和下西洋残碑，碑文里说郑和船队为2000料或1500料的海船，据此推算，这种船只能是十几丈长宽而已。因此，郑和下西洋所乘宝船的尺寸，颇有可能是长18丈，宽4.4丈，在明代有可能出现这样大小的船，但也不可能造得太多。

明代能否造出这么大的海船还有待考证，但我国当时的造船、航海技术是一流的，这一点却是不容怀疑的。